교과서 옆 필수구비서

초등수학 개념사전

수와연산 · 도형 · 측정 · 확률과통계 · 규칙성문제해결 · 수학사

한 권으로 배우는 초등 교과서의 모든 개념

집필 심진경 · 석주식 · 최순미
감수 이광호(한국교원대학교 초등교육과 교수)
강문봉(경인교육대학교 수학교육과 교수)
라병소(춘천교육대학교 수학교육과 교수)

아울북

집필하신 분

심진경
건국대학교 사범대학 수학교육과를 졸업하고 20년간 유아부터 중고등까지 수학 콘텐츠를 기획, 개발했습니다. 참여한 프로젝트로는 〈눈높이 수학〉, 〈눈높이사고력 수학〉, 〈쌤콩 수학〉, 〈큐브 수학〉, 〈개념교과서 수학마스터〉, 〈학습용어 개념사전〉, 〈스쿨 수학〉, 〈퍼스트클래스 수학〉 등이 있습니다.

석주식
이화여자대학교 대학원을 졸업하고 20년간 대교 교육연구소에서 유아부터 중고등까지 수학 콘텐츠에 관한 연구 개발을 총괄했습니다. 현재는 어린이 대상의 수학책을 집필하고 있습니다. 그 동안 〈눈높이 수학〉, 〈창의 사고력 수학〉 등 수학 교재를 개발했고, 〈초등수학 개념사전〉을 기획부터 참여하였습니다.

최순미
충남대학교를 졸업하고 20년 동안 100여 종이 넘는 교재 개발에 참여해 왔습니다. 참여한 프로젝트는 〈EBS 초등 만점왕〉, 〈바빠 연산법 시리즈〉, 〈눈높이 수학〉, 〈철저 반복 연산〉, 〈바로셈 수학〉 등이 있습니다.

감수 및 추천하신 분

이광호
광주교육대학교 수학교육과를 졸업하고 동 대학원에서 초등수학 교육으로 석사 학위를 받았으며 Oregon State University에서 박사 학위를 취득하였습니다. 초등학교 교사로 11년을 근무하고 목포대학교 수학교육과 교수를 거쳐 현재는 한국교원대학교 초등교육과 교수로 재직하고 있습니다.
저서로는 〈특수교육 기본 교육과정 초등학교 1~2학년 수학 가, 나〉, 〈특수교육 기본 교육과정 초등학교 5~6학년 수학 가, 나〉가 있고 역서로는 〈이해를 촉진하는 수학교실, 경문사〉, 〈수준별 수학수업을 위한 좋은 문제-경문사〉가 있습니다.

강문봉
서울대학교 사범대학 수학교육과를 졸업하고, 동 대학원에서 박사 학위를 받았습니다. 한국교육개발원 선임연구원을 거쳐, 현재는 경인교육대학교 수학교육과 교수로 재직하고 있습니다. 저서로는 〈초등수학 교육의 이해〉, 〈초등수학 학습 지도의 이해〉 등이 있고, 역저로는 〈수학교육 철학〉, 〈간추린 수학사〉 등이 있습니다.

라병소
서울대학교 사범대학 수학교육과를 졸업하고 건국대학교에서 박사 학위를 받았습니다. 교과서 및 교육과정 심의위원을 역임하였습니다. 저서로는 〈초등수학 교육〉, 〈교양 수학〉, 〈영재 학생을 위한 수학 산책〉, 〈퍼즐을 이용한 창의선 신장〉 등이 있습니다.

교과서 옆 필수구비서 초등수학 개념사전

저자 | 심진경 석주식 최순미　**감수 및 추천** | 이광호 강문봉 라병소　**삽화** | 쌤팍

펴낸이 | 김영곤　**펴낸곳** | ㈜북이십일 아울북　**발행일** | 개정판 1판 1쇄 2015. 1. 9. 개정판 1판 15쇄 2025. 6. 20.
마케팅팀 | 남정한 나은경 한경화 권채영 최유성
영업팀 | 한충희 장철용 강경남 황성진 김도연
제작팀 | 이영민 권경민
표지 디자인 | 전지선　**본문 디자인 및 편집** | 다우
주소 | (우 10881) 경기도 파주시 문발동 회동길 201
연락처 | 031-955-2100(대표), 031-955-2177(팩스)
홈페이지 | www.book21.com　**출판등록** | 2000년 5월 6일 제406-2003-061호
copyright ⓒ 2015 by Book21 아울북 All rights reserved.
ISBN 978-89-509-5690-5　74400

이 책의 내용의 일부 또는 전부를 재사용하시려면 반드시 ㈜북이십일의 동의를 얻어야 합니다.
잘못 만들어진 책은 구입하신 서점에서 교환해 드립니다.

- 제조자명: ㈜북이십일
- 주소 및 전화번호: 경기도 파주시 회동길 201(문발동) / 031-955-2100
- 제조연월: 2025. 6. 20.
- 제조국명: 대한민국
- 사용연령: 3세 이상 어린이 제품

저자의 글

수학이 어렵다는 편견, 이제는 버리세요.

수학은 많은 학생들이 어려워하는 과목입니다. 저학년에서는 수의 크기가 작고 제시되는 도형의 종류도 많지 않지만, 고학년으로 올라갈수록 수식은 복잡해지고, 도형의 종류도 많아지고, 넓이나 부피를 구하기 위해 많은 공식과 단위 사이의 관계도 알아두어야 하지요. 또한 수식으로 된 문제를 풀 때 조금의 실수도 허락하지 않습니다. 도형의 넓이나 부피 등을 구하려면 알맞은 식을 세울 수 있어야 하고, 문장제를 풀 때에는 문제의 의도를 알고 식을 세울 수 있어야 합니다. 이것은 수학이 흥미로운 내용을 다루기보다는 딱딱하고 매순간 정확성을 요구하는 교과이기 때문이지요.

어떻게 해야 수학을 잘할 수 있을까요?
수학을 잘하려면 개념, 원리, 법칙을 잘 알고 있어야 합니다. 또한 수학의 내용은 학년마다 연계성을 가지고 확장되어 갑니다. 따라서 저학년부터 착실하게 수학의 내용을 단계적으로 이해해 나가야 합니다.
수학은 일상생활에서도 필요로 하는 교과입니다. 물건값을 계산할 때, 키를 잴 때, 시간을 잴 때 등 수학적 지식을 필요로 하는 순간들이 많습니다. 이때 배운 지식을 활용하여 문제를 해결하는 힘을 길러 나가야 합니다. 수학은 항상 연필로 종이 위의 문제를 풀어 나가는 것만이 아닙니다. 생활 속의 수학 문제를 잘 해결해 나가는 것이 수학을 잘할 수 있는 근간이 됩니다.
수학은 자신감이 중요합니다. 아는 내용도 문제를 통해 제시되면 아예 생각하기 싫어하는 학생들도 많지요. 수학 문제와 기 싸움에서 지면 안 됩니다. 모르는 문제도 여러 번 읽어 보면 그 문제의 뜻을 알 수 있게 되고, 무엇보다도 자신이 알고 있는 수학의 지식을 적용하여 풀려고 노력하면 해결할 수 있는 것이 바로 수학 문제이기도 합니다.

그럼 어떻게 해야 수학이 좋아질까요?
기초적인 개념과 기본적인 원리부터 정확히 알고 새로운 개념과 원리를 이해하면 수학 공부도 재미있게 할 수 있습니다. 〈초등수학 개념사전〉은 초등수학 교과서에서 제시되는 내용뿐만 아니라 교과서 밖의 수학사와 수학 이론에 관련된 154개의 개념을 체계적으로 정리한 책입니다. 교과서를 공부하기 전이나 공부한 후에 개념별로 정리된 내용을 차근차근 읽어 나가다 보면 어느 새 수학이 친근하게 느껴질 것입니다. 또한 코너에 나오는 실생활 속의 수학이나 수학자, 수학사 등에 관련된 이야기 등은 수학적 개념에 대한 이해를 도울 뿐만 아니라 폭넓은 수학적 지식을 쌓게 하고, 보다 흥미롭게 수학 공부를 할 수 있게 도와줍니다. 더불어 개념쌤의 1분 특강을 통해 놓치기 쉬운 수학적 개념을 확실하게 다질 수 있습니다.

이와 같은 내용들을 접하면서 수학에 대한 친근감, 수학에 대한 자신감, 수학에 대한 실력을 키워가길 바라며, 〈초등수학 개념사전〉이 여러분의 절친한 친구가 되길 바랍니다.

석주식, 최순미, 심진경

감수자의 글

우리 주변에는 많은 수학적 개념과 수학적 사고(思考)들이 존재합니다.

"엄마~ 친구들이랑 놀다 올게요."
"응, 그럼 냉장고 안에 있는 마요네즈 좀 갖다 주고 가거라."
냉장고 문을 연 수연이는 엄마에게 이렇게 묻습니다.
"엄마, 마요…?? 그거 어디에 있는 거예요?"
"냉장고 문 안쪽 두 번째 칸에 동그란 뚜껑이 달린 긴 튜브가 있을 거야."
"아, 이거구나!"

친구들과 놀기 위해 밖으로 나온 수연이는 숨바꼭질 놀이를 하기로 합니다.
"네가 술래니까 우리는 숨을게. 못 찾겠으면 '못 찾겠다. 꾀꼬리' 라고 외쳐. 알았지?"
술래가 된 수연이는 20까지의 숫자를 외우고 친구들을 찾습니다. 몇 명의 친구는 찾았지만 나머지 한 명의 친구는 아무래도 못 찾을 것 같다는 생각이 들었습니다. '못 찾을 때는 뭐라고 외치라 했지?' 하고 아무리 생각해도 떠오르지 않았습니다. 못 찾은 친구를 불러낼 암호 같은 말이 무엇이었는지 도무지 기억나지 않았습니다.
위의 수연이처럼 '두 번째와 동그랗다' 는 개념을 알아야 심부름을 할 수 있었고, 1부터 20까지의 수를 알고 있어야 친구들과의 놀이도 할 수 있었습니다. 하지만 마요네즈라는 단어를 정확하게 기억하지 못했고 친구들과 약속한 암호를 잊어버려 친구를 불러내지 못하고 있습니다.
이렇듯 개념에 대한 이해와 비교, 암호에 담긴 함축적인 의미들을 이해할 때 올바른 수행을 할 수 있습니다. 마요네즈와 머스터드에 대한 비교가 있어야 각각의 의미를 잘 이해할 수 있듯이, '예각' 과 '둔각'을 서로 비교하고 개념을 정리할 때 그 의미를 더 정확하게 받아들일 수 있을 것입니다.
또한 수학자들의 수학적 사고의 결과물로 만들어진 암호와 같은 수학 공식에 담긴 의미와 부호 등에 담겨있는 뜻을 이해하게 된다면 수학적 사고는 더 깊어질 것입니다.

〈초등수학 개념사전〉은 우리 주변과 교과서에 담긴 여러 개념과 공식에 대한 이야기들을 담고 있습니다. 개념을 정의하고 각 개념들을 구체적인 그림이나 자료로 제시하고 유사한 개념들을 비교하여 제시합니다. 또한 수학자들의 수학 공식을 스토리처럼 풀어내고 있어 암호와 같은 수학 공식들을 즐거운 이야기처럼 받아들이게 할 것입니다.

수학이라는 큰 바다의 항해에서 〈초등수학 개념사전〉은 정확한 항해 지도(地圖)가 되고 튼튼한 엔진이 되어 줄 것입니다. 많은 학생들이 〈초등수학 개념사전〉을 통해 수학자들이 생각하고 감탄했던 수학적 즐거움과 수학적 사고, 수학적 자신감을 얻기를 바랍니다.

한국교원대학교 초등교육과 교수 이광호

추천의 글

동화를 들려주듯 이야기로 수학을 풀어가는 책

수학은 우리 주변 어디에나 있습니다. 집안에도 있고 운동장에도 있고 바다에도 있습니다. 우리의 마음 속에도 있습니다. 그렇기 때문에 인간은 태어나면서 누구든지 수학을 합니다. 물건을 세면서 수를 만들게 되고, 왼쪽과 오른쪽, 위와 아래를 바라보면서 사각형을 만들어가게 됩니다. 노래를 부르면서 패턴을 만들어가기도 합니다. 게임을 하면서 지켜야 할 규칙을 인식하기도 합니다. 수학을 하는 것은 그 자체가 아동의 생활이며 즐거운 놀이입니다.

그런데 학교에서 본격적으로 수학을 배우면서 대부분의 아동은 수학을 싫어하고 심지어는 증오하기까지 하게 됩니다. 너무 딱딱하고 알 수 없는 기호와 문자들이 넘쳐나며, 암기해야 할 공식들이 너무 많아서 머리가 터질 것 같습니다. 수학을 잘못 가르치고 있기 때문이죠.

놀면서 수학을 할 수 있다면, 수학이 동화처럼 재미있고 상상력을 키워줄 수 있다면 얼마나 좋을까요? 쉬운 일은 아니지만 불가능한 일도 아닙니다.

〈초등수학 개념사전〉은 교과서에 나오는 여러 수학의 개념과 공식을 쉽고 재미있게, 그리고 무엇보다 동화를 들려주듯 이야기로 풀어나가고 있습니다. 그래서 어떻게 보면 수학 책 같지 않으면서도 수학 교과서에 나와 있는 모든 것을 다 알려주는 책입니다. 그리고 교과서에서는 알 수 없었던 수학에 대한 여러 상식들을 보물처럼 여기저기 감추어 두었습니다. 그런 보물을 하나씩 찾아내어 잘 다듬어서 여러분의 머릿속에 간직해 두는 즐거움도 있을 것입니다.

이제부터는 〈초등수학 개념사전〉과 함께 두려워하고 미워했던 수학과 좀더 친해질 수 있기를 바랍니다.

경인교육대학교 수학교육과 교수 강문봉

수학을 수학답게 하는 책

수학자는 처음 문제를 접하고, 이 문제를 해결하려고 여러 가지 방법으로 생각하고 고민하였을 것입니다. 어떤 문제는 해결하는 과정에서 실수를 하여 잘못 풀기도 했을 것이고, 끝까지 해결하지 못한 문제도 있었을 것입니다. 문제를 해결한 뒤에는 이와 비슷한 문제를 또 풀어 보고 했을 것입니다. 그리고 해결한 과정을 기록으로 남기려 했으며, 그 기록은 후에 남이 쉽게 알 수 있도록 가능한 편리하고 간단하게 표현하려 했을 것입니다. 그래서 후세의 우리들은 최초로 문제를 해결했던 수학자보다 쉽게 문제를 풀 수 있게 되었고, 새로운 문제를 풀려는 시도도 다양해졌습니다.

수학자가 문제를 해결한 후 간단하고 쉽게 나타낸 것을 개념이라 합니다. 개념에는 수학자의 기쁨과 좌절이 함께 녹아 있습니다. 개념학습을 한다는 것은 수학자가 한 것처럼 하는 것입니다. 수학자가 문제를 풀 때 했던 고민을 우리도 같이 해 보고, 그들이 생각했던 아이디어가 왜 중요한지를 같이 느끼는 것입니다. 이것을 필자는 수학답게 한다고 하지요. 수학은 수학답게 해야 합니다.

〈초등수학 개념사전〉은 수학자가 문제를 해결하는 과정에서 발생했던 어려움이나 아이디어를 함께 생각해 보고, 수학자의 생각을 체계적으로 정리하려 하였습니다. 일상생활에서 찾을 수 있고 경험할 수 있는 다양한 사실에서 수학자의 생각을 엿볼 수 있도록 구성하였습니다. 공통되는 생각을 같은 곳에 모아 몇 가지 주제로 나누어 편집도 했습니다. 그래서 여러분들이 학습하기에 편하도록 구성하였습니다. 그렇다고 해서 결코 쉽게 수학을 학습할 수 있는 것은 아닙니다. 여러분의 노력과 정성이 같이 할 때, 보다 큰 효과가 있을 것입니다.

〈초등수학 개념사전〉으로 학습하는 학생들은 수학자의 친구가 되어 그들과 같은 길을 걸었으면 좋겠습니다. 학교 수학에서 배운 개념들이 낱개로 이해되는 것이 아니라 전체가 하나가 되어 느껴지는 수학다운 수학을 할 수 있었으면 좋겠습니다. 그래서 여러분들은 수학자가 맛본 기쁨을 같이 하기를 바랍니다.

춘천교육대학교 수학교육과 교수 라병소

초등수학 개념사전 차례

- 저자의 글 4
- 감수자의 글 5
- 추천의 글 6
- 차례 8
- 이렇게 보세요! 10

수와 연산

01	수와 숫자	14
02	기수와 서수	16
03	숫자 0	17
04	진법	18
05	자릿값	20
06	뛰어 세기	21
07	수의 크기 비교	22
08	수의 단위	24
09	큰 수	26
10	정수	27
11	유리수	28
12	짝수와 홀수	29
13	분수	30
14	분수의 종류	31
15	분수의 크기 비교	32
16	소수	34
17	소수의 크기 비교	36
18	소수의 종류	37
•	한눈에 들여다보기	38
19	가르기와 모으기	40
20	덧셈	41
21	덧셈의 방법	42
22	뺄셈	43
23	뺄셈의 방법	44
24	덧셈과 뺄셈의 관계	45
25	곱셈구구	46
26	곱셈	48
27	나눗셈	49
28	곱셈의 방법	50
29	나눗셈의 방법	52
30	검산	54
31	교환법칙, 결합법칙	55
32	자연수의 혼합 계산	56
33	배수	58
34	약수	60
35	공배수, 최소공배수	62
36	공약수, 최대공약수	63
37	약분	64
38	통분	65
39	분수의 덧셈	66
40	분수의 뺄셈	67
41	분수의 곱셈	68
42	분수의 나눗셈	69
43	소수의 덧셈	70
44	소수의 뺄셈	71
45	소수의 곱셈	72
46	소수의 나눗셈	73
47	분수와 소수의 계산	74
•	한눈에 들여다보기	76

도형

48	평면도형, 입체도형	80
49	선분과 직선	81
50	수직	82
51	평행	83
52	평행선	84
53	각	85
54	예각, 둔각, 직각	86
55	맞꼭지각, 엇각, 동위각	87
56	삼각형	88
57	삼각형의 성질	90
58	사각형	92
59	사각형의 성질	94
60	다각형과 정다각형	96
61	대각선	97
62	내각과 외각	98
63	원	100
64	합동인 도형	102
65	닮음인 도형	103
66	합동인 삼각형	104
67	선대칭도형	106
68	점대칭도형	108
69	직육면체, 정육면체	110
70	각기둥	111
71	각뿔	112
72	각뿔대	113
73	원기둥	114
74	원뿔	115
75	회전체	116
76	회전체의 단면	118
77	겨냥도와 전개도	120
78	입체도형의 전개도	122
79	도형 움직이기	124

80	쌓기나무	126
81	거울에 비친 모양	128
82	성냥개비와 도형	129
●	한눈에 들여다보기	130

측정

83	측정	134
84	시각과 시간	136
85	시간의 덧셈과 뺄셈	137
86	길이	138
87	들이	140
88	무게	142
89	부피	144
90	입체도형의 부피	145
91	부피와 들이 사이의 관계	146
92	부피, 들이, 무게 사이의 관계	147
93	둘레	148
94	넓이	150
95	다각형의 넓이	152
96	원주	154
97	원의 넓이	155
98	겉넓이	156
99	여러 도형의 겉넓이	157
100	근삿값	158
101	수의 범위	159
102	올림, 버림, 반올림	160
●	한눈에 들여다보기	162

확률과 통계

103	분류	166
104	표와 그래프	168
105	막대그래프	170
106	꺾은선그래프	171
107	그림그래프	172
108	줄기와 잎 그림	173
109	비율그래프	174
110	평균	176
111	경우의 수	178
112	나뭇가지 그림	180
113	리그전과 토너먼트	181
114	확률	182
115	집합	184
●	한눈에 들여다보기	186

규칙성과 문제해결

116	규칙	190
117	곱셈표의 규칙	192
118	무늬 만들기	193
119	도형 덮기	194
120	대응	195
121	일대일 대응	196
122	정비례	197
123	반비례	198
124	비와 비율	199
125	백분율	200
126	할푼리	201
127	비례식	202
128	연비	204
129	비례배분	205
130	방정식	206
131	예상하고 확인하여 풀기	208
132	표 만들어 풀기	209
133	그림 그려 풀기	210
134	규칙 찾아 풀기	211
135	간단히 하여 풀기	212
136	거꾸로 생각하여 풀기	213
137	식을 세워 풀기	214
138	나뭇가지 모양의 그림으로 풀기	215
●	한눈에 들여다보기	216

수학사

139	가우스의 덧셈	220
140	피보나치 수열	221
141	피타고라스의 정리	222
142	탈레스의 정리	223
143	유클리드의 정의	224
144	작도	226
145	아르키메데스의 원리	227
146	원주율의 역사	228
147	파스칼의 삼각형	230
148	데카르트와 좌표평면	232
149	뫼비우스의 띠	233
150	에라토스테네스의 소수	234
151	오일러의 정리	235
152	토폴로지	236
153	에셔의 테셀레이션	237
154	만델브로트의 프랙탈	238
●	한눈에 들여다보기	240
●	교과 관련 찾아보기	242
●	이름순 찾아보기	245

초등수학 개념사전 이렇게 보세요!

표제어
〈초등수학 개념사전〉의 표제어는 초·중·고 수학 전체에서 다루는 가장 중심적이고 뼈대가 되는 개념어 154개를 뽑아 선정하였습니다.

표제어의 정의
선정한 표제어에 대한 개념의 사전적인 뜻과 개념의 핵심을 쉽게 풀어 설명합니다.

개념도
선정한 표제어가 수학 교과과정에서 차지하는 위치, 해당 표제어의 상·하위개념을 표시합니다.

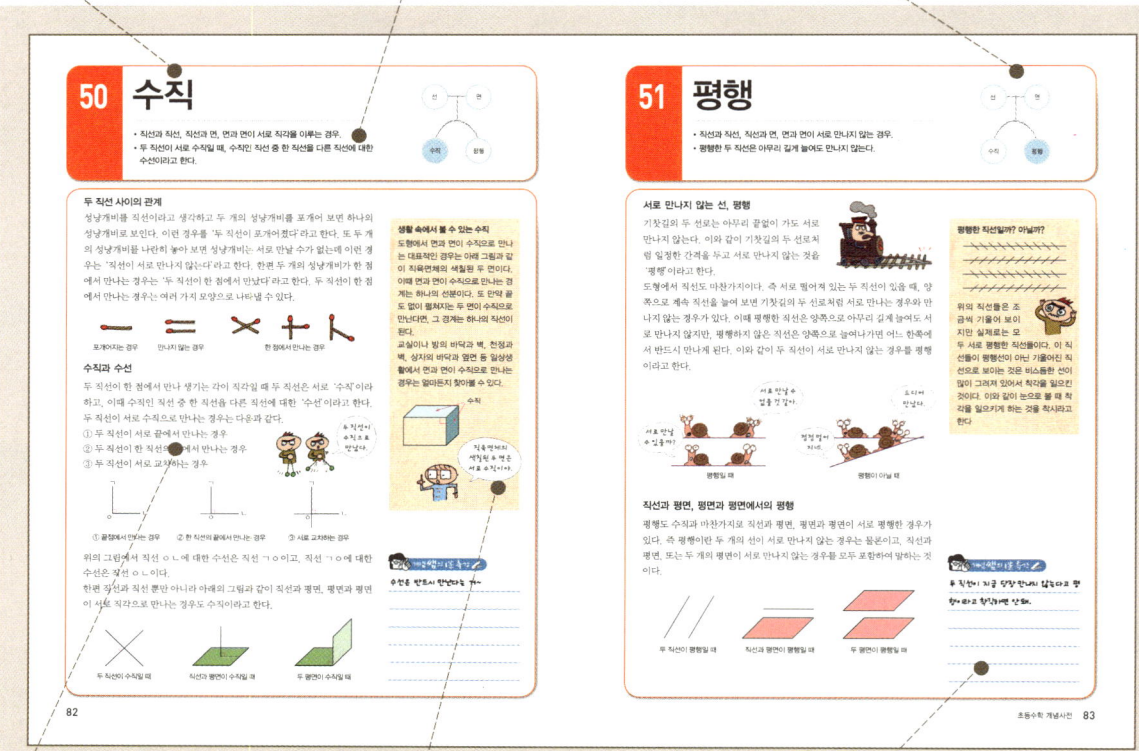

본문
표제어와 관련된 개념을 교과에서 다루는 내용을 다양한 예를 들어, 술술 읽혀 내려가도록 쉽게 풀어 썼습니다. 개념의 이해를 돕는 풍부한 일러스트로 구성되어 있습니다.

읽을거리
개념과 관련되는 다양한 지식을 소개합니다. 수학의 역사, 생활 속 수학 이야기뿐 아니라 재미있는 수학 내용을 다루어 수학에 대한 이해의 폭을 넓힙니다.

개념쌤의 1분 특강
친근한 설명으로 수학 개념을 쉽게 기억할 수 있는 한마디 코너입니다.

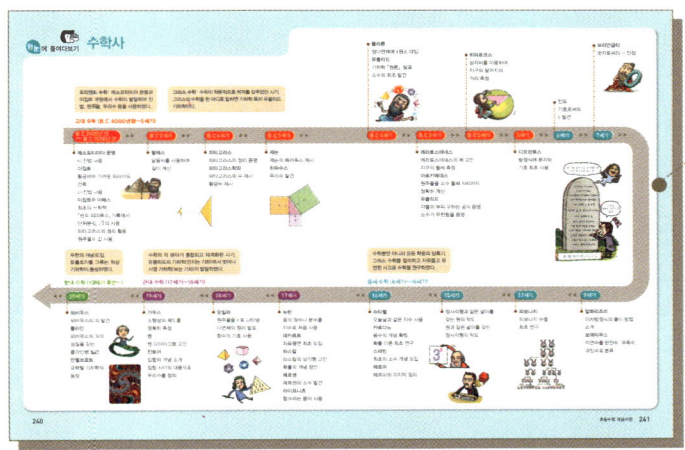

한눈에 들여다보기
수학의 수와 연산, 도형, 측정, 확률과 통계, 규칙성과 문제해결의 각 영역과 관련된 수학사의 흐름을 시대별로 한눈에 들여다보며 개념과 연관지어 학습할 수 있도록 돕습니다.

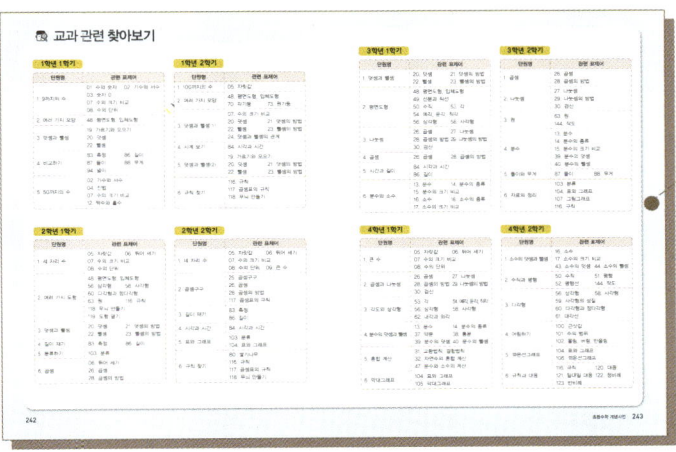

교과 관련 찾아보기
초등학교 수학 교과 관련 내용을 단원별로 정리하고, 단원과 관련 있는 표제어를 나열하였습니다.

일러두기

표제어 선정
〈초등수학 개념사전〉의 표제어를 선정하기 위해 먼저 초등학교 전학년 수학 과목에서 다루고 있는 모든 개념어를 뽑아 정리한 뒤, 수학 개념의 흐름에 맞게 배치하였습니다. 다음으로 초등학교 어린이들이 중학교 교육과정과 연계하여 개념을 정립하는 데 꼭 필요한 내용을 추가적으로 배치였습니다.

표제어 배열 및 표기
수학 교과의 내용을 수와 연산, 도형, 측정, 확률과 통계, 규칙성과 문제해결의 다섯 영역과 수학사 영역으로 나누어 총 154개의 주제별 표제어 순으로 서술하였습니다.

수와 연산

01 수와 숫자
02 기수와 서수
03 숫자 0
04 진법

05 자릿값
06 뛰어 세기
07 수의 크기 비교
08 수의 단위
09 큰 수
10 정수
11 유리수
12 짝수와 홀수
13 분수
14 분수의 종류
15 분수의 크기 비교
16 소수
17 소수의 크기 비교
18 소수의 종류
● 한눈에 들여다보기

19	가르기와 모으기	36	공약수, 최대공약수
20	덧셈	37	약분
21	덧셈의 방법	38	통분
22	뺄셈	39	분수의 덧셈
23	뺄셈의 방법	40	분수의 뺄셈
24	덧셈과 뺄셈의 관계	41	분수의 곱셈
25	곱셈구구	42	분수의 나눗셈
26	곱셈	43	소수의 덧셈
27	나눗셈	44	소수의 뺄셈
28	곱셈의 방법	45	소수의 곱셈
29	나눗셈의 방법	46	소수의 나눗셈
30	검산	47	분수와 소수의 계산
31	교환법칙, 결합법칙	●	한눈에 들여다보기
32	자연수의 혼합 계산		
33	배수		
34	약수		
35	공배수, 최소공배수		

01 수와 숫자

- 수는 사물의 크기나 순서를 나타낸 것, 숫자는 수를 나타내는 기호.
- 수는 숫자라는 기호를 사용하여 나타내는데 사용하는 방법에 따라 그 의미가 다르다.

수와 숫자의 차이

수는 숫자를 포함하여 사물을 세거나 헤아린 양 또는 크기나 순서 등을 말한다. 또 숫자는 0, 1, 2, 3, ……과 같이 수를 나타낼 때 사용하는 기호이다.
즉 꽃 세 송이나 사과 세 개를 모두 '셋' 이라고 말할 때, 셋은 '수' 이고, 3은 '숫자' 이다. 또한 30이라는 수는 십의 자리 숫자 3과 일의 자리 숫자 0으로 이루어진 두 자리 수이다. 이때 숫자 3과 숫자 0은 수 30을 만드는 기호이다.

3송이와 3개는 숫자 3으로 양을 나타낸 수이다.

옛날의 수 세기

옛날에는 수를 어떻게 세었을까? 숫자가 없었던 원시시대에는 손가락이나 몸의 일부를 이용하여 수를 세었다. 원시인들은 자신의 오른쪽 새끼손가락부터 시작하여 몸의 상반신을 한 바퀴 돌아가면서 1부터 22까지의 수를 세었다. 그러다가 좀더 많은 개수를 세기 위해 양 한 마리와 작은 돌멩이 한 개를 일대일로 대응시켜 수를 세었다.
남아메리카의 잉카 민족은 정확한 기록을 남기기 위해 그 당시 구하기 쉬웠던 양털이나 솜을 이용하여 굵은 끈에다 펜던트 줄이라 부르는 여러 가닥의 끈을 매달고 각 펜던트 줄에는 보조줄로 매듭을 묶어 매듭의 크기와 위치에 따라 숫자를 나타내었다고 한다. 그리고 때로는 금색은 '금', 하얀색은 '은', 초록색은 '곡물' 등을 나타내는 색실을 사용하기도 했다고 한다. 또 퀴푸(quipu)라는 매듭 숫자로 계산을 하기도 했다고 한다. 문자나 숫자가 없던 시대에 이렇게 수를 나타내기 위해 줄에 매듭을 묶어서 사용했던 잉카 민족들의 수 세기는 정말 지혜로웠다고 할 수 있다.

〈원시인들의 신체를 이용한 수 세기〉

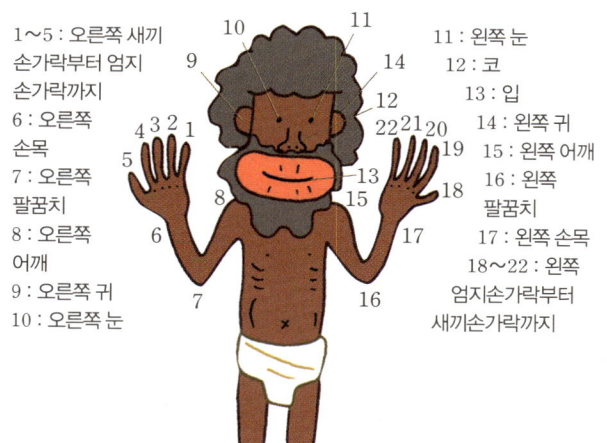

1~5 : 오른쪽 새끼손가락부터 엄지손가락까지
6 : 오른쪽 손목
7 : 오른쪽 팔꿈치
8 : 오른쪽 어깨
9 : 오른쪽 귀
10 : 오른쪽 눈
11 : 왼쪽 눈
12 : 코
13 : 입
14 : 왼쪽 귀
15 : 왼쪽 어깨
16 : 왼쪽 팔꿈치
17 : 왼쪽 손목
18~22 : 왼쪽 엄지손가락부터 새끼손가락까지

〈일대일 대응으로 수 세기〉

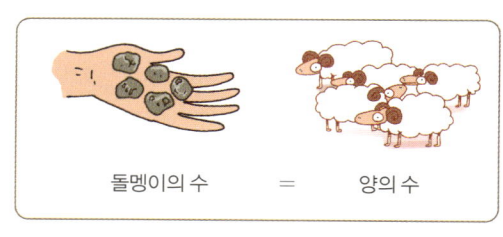

돌멩이의 수 = 양의 수

〈잉카 민족의 퀴푸 매듭을 이용한 수 세기〉

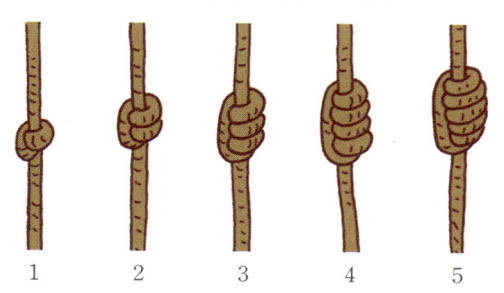

인도, 아라비아 숫자와 오늘날의 수 세기

현재 우리가 편리하게 쓰고 있는 숫자를 '인도-아라비아 숫자'라고 한다. 인도-아라비아 숫자는 1, 2, 3, 4, 5, 6, 7, 8, 9의 9개의 숫자와 기호 0을 말하는 것으로 처음에 인도에서 만들어져 유럽에 전해진 후 사용하게 되었다. 인도-아라비아 숫자가 전파되기 전의 오랜 옛날 세계 여러 나라에서는 각 나라마다 고유의 숫자가 사용되고 있었다. 고대 메소포타미아에서는 진흙으로 만든 판자 위에 쐐기 모양의 문자를 새겨서 썼는데 이것을 '쐐기 문자'라고 한다. 또 고대 로마에서는 'I, V, X, L, C, D, M'의 7개의 기본 숫자를 이용하여 만든 로마 숫자를 사용했다. 그 밖에 이집트에서는 사물의 형태를 나타낸 간단한 기호를 사용하여 숫자를 나타내었고, 중국에서는 막대기 모양 등을 본뜬 13개의 기본 숫자를 사용하여 수를 나타내었다.

그런데 이 많은 숫자들 중 인도-아라비아 숫자가 널리 전파되어 사용되게 된 이유는 무엇일까? 그것은 바로 인도-아라비아 숫자가 가지고 있는 편리함 때문이다. 인도-아라비아 '숫자'는 10개의 숫자로 위치에 따라 수의 크기를 나타낼 수 있었다. 이 숫자의 위치를 자리라고 하는데, 이것은 '일의 자리', '십의 자리', '백의 자리' 등으로 말하는 자릿값을 나타낼 수 있다. 이러한 자릿값의 등장으로 인해 계산이 무척 쉬워졌다. 즉 인도-아라비아 숫자가 유럽에 알려진 이후 셈이나 수의 기록이 아주 편리하게 되었고, 그 후 16세기 과학의 발달과 함께 본격적으로 사용되면서 유럽의 수학이 급속히 발달하게 된 것이다.

왜 인도-아라비아 숫자라고 부를까?

인도-아라비아 숫자는 원래 인도 사람들이 만든 것인데 당시 인도와 유럽을 오가던 아라비아 상인들이 유럽에 널리 전파하였다 하여 인도-아라비아 숫자라고 부른다.
1부터 9까지의 9개의 숫자와 0을 써서 10이 될 때마다 한 자리씩 올려가는 것을 생각해 낸 일은 인류의 역사상 매우 대단한 발명이다. 이 숫자 덕분에 오늘날 우리는 덧셈, 뺄셈, 곱셈, 나눗셈은 물론 이자의 계산 등 복잡한 셈까지도 거뜬히 할 수 있게 되었기 때문이다.

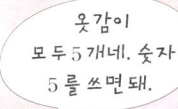
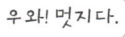

메소포타미아 수(바빌로니아 수)

중국의 수

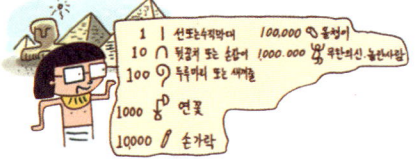
이집트 수

로마의 수

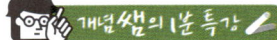

인도-아라비아 숫자의 기본은 1부터 10까지의 숫자가 아니라 1부터 9까지의 숫자와 기호 0이라는 것을 꼭 기억해.

인도-아라비아 수

오늘날에는 1부터 9까지 9개의 숫자와 0을 사용하여 10이 될 때마다 한 자리씩 올려가는 수의 체계인 '인도-아라비아 숫자'를 사용한다.

02 기수와 서수

- 기수는 사물의 개수나 양을 나타내는 수.
- 서수는 사물의 순서를 나타내는 수.

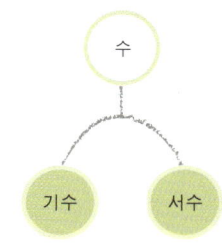

수의 의미

수는 사용하는 방법에 따라 3가지 의미로 나눌 수 있다.
첫째는 사물의 개수를 세거나 헤아린 양(量)의 수(기수), 둘째는 2층, 3층과 같이 순서를 나타내는 순서수(서수), 셋째는 축구선수 등번호나 집의 번지수 등 기호로써의 의미이다.

기수와 서수에 따른 수 세기와 수의 의미

수 '1, 2, 3, 4, 5, ……'는 수가 나타내는 의미에 따라 읽는 방법이 다르다. 개수를 나타낼 때에는 "하나, 둘, 셋, ……"으로 읽어야 하고, 차례를 나타낼 때에는 "첫째, 둘째, 셋째, ……" 또는 "일, 이, 삼, ……"으로 읽는다. 이때 개수를 나타내는 수를 '기수', 순서를 나타내는 수를 '서수'라고 한다.
따라서 수는 그 수가 나타내는 의미에 따라 다르게 읽어야 한다. 예를 들어 '1개', '2명', '3마리'에서 1, 2, 3은 개수를 나타내는 기수이므로 '한 개', '두 명', '세 마리'로 읽는다. 또 '1년', '2층', '3학년'은 순서를 나타내는 서수이므로 '일 년,' '이 층', '삼학년'이라고 읽는다.

나이를 말할 때의 수와 단위

흔히 나이를 말할 때 '살'과 '세'를 혼동해서 사용한다. 그럼 정확히 어떤 것을 쓰는 것이 옳을까?
나이를 나타내는 순우리말 단위인 '살'에는 순우리말 수사인 '하나(한)', '둘(두)', ……을 쓰고, 한자어인 '세(歲)'에는 같은 한자어 수사인 '일(一), 이(二), ……'를 써야 한다.
그럼 인도-아라비아 숫자 다음에는 어느 것을 쓸까? '11세, 27세, ……'와 같이 '세'를 써야 한다.

> 49세   사십오 세
> 마흔아홉 살

양의 수 (기수)	순서수 (서수)	기호 역할의 수
개수나 양을 나타내는 수	사물의 순서를 나타내는 수	양이나 순서가 아닌 서로 다름을 나타내는 수
35kg, 45kg과 같이 양을 나타내는 수	지하 2층 (1층으로부터 아래로 2번째 층)	축구선수 등번호 7번 집의 번지 수

개념쌤의 이분 특강

38은 '삼십팔' 또는 '서른 여덟'이라고 읽어야 하는데 '삼십 여덟'이라고 잘못 읽는 경우가 있지. '일, 이, 삼, ……'으로 읽는 것과 '하나, 둘, 셋, ……'으로 읽는 것을 섞어 쓰지 않도록 주의해.

03 숫자 0

- 빈 자리를 나타내는 수, 아무것도 없음, 시작점, 기준점을 나타내는 수.
- 0의 발견으로 각 숫자들의 위치에 따라 값이 결정되는 자릿값의 개념이 등장하였다.

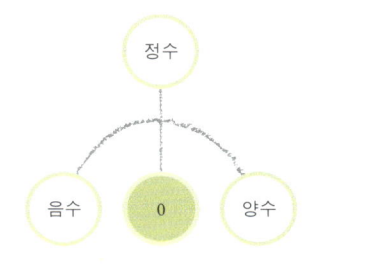

0의 발견

0은 인도-아라비아 숫자 중 가장 늦게 발명된 숫자이다. 고대의 0은 단순히 빈 자리의 의미로 빈 곳을 메우는 기호로 사용되었다가 6세기 말 이후부터 '아무것도 없음'을 나타내는 하나의 '수'로 인정받게 되었다. 이때부터 0보다 작은 수인 음수, 0, 0보다 큰 수인 양수의 개념이 생기고 수를 표현할 수 있는 범위가 넓어지게 되었다. 하지만 0이 수로서 정식으로 인정받은 것은 어떤 수에 0을 더하면 항상 어떤 수 자신이 되고, 어떤 수에 0을 곱하면 항상 0이 된다는 사실을 발견했을 때부터이다.

0의 여러 가지 의미

0은 여러 가지 의미로 사용된다. 먼저 0은 빈 자리를 나타낼 때 사용한다. 예를 들어 두 소수 0.5와 0.005에서 0은 빈 자리를 채우면서 자릿값을 나타낸다. 이때 0.5의 0은 자연수 부분이고, 1.05의 0은 소수 첫째 자리 숫자라는 뜻이다. 이와 같이 0은 수의 크기와 자릿값을 나타내는 데 매우 중요한 역할을 한다. 다음으로 0은 아무것도 없다(無)는 의미로도 사용된다. 예를 들어 통장에 돈이 하나도 없을 때, "통장의 잔액이 0원이야."라고 표현을 한다. 또한 0은 달리기를 할 때 시작하는 지점을 '0m'라고 두는 것처럼 시작점을 나타내기도 한다. 이 밖에도 0은 0보다 큰 수인 양수와 0보다 작은 수인 음수로 나누는 기준점이 되기도 한다.

역사 속의 0의 발견

고대 바빌로니아의 점토판에 새겨진 쐐기 문자를 해석해 보면 0에 해당하는 기호가 있었는데, 이 기호는 수를 표기할 때 비어 있는 자리를 채우는 기호였다고 한다.

또 마야 문명에서는 그림 문자로 숫자를 나타내는 방법이 있었는데 0을 '아래턱에 손을 괸 얼굴' 모양으로 아주 재미있게 표시했다.

인도-아라비아 숫자가 유래된 인도에서도 처음에는 '1, 2'처럼 어떤 단위에 해당하는 숫자가 없으면 그 자리를 비워 놓고 표현을 했다. 그러다가 6세기 초에 빈 자리를 메우기 위해 그들의 언어에 있었던 슈냐(sunya)라는 말에 해당하는 작은 동그라미(●이나 ○)를 사용하기 시작했다고 한다.

빈 자리를 나타내는 0

아무것도 없음을 나타내는 0

시작점을 나타내는 0

기준점을 나타내는 0

04 진법

- 수를 표시하는 방법. 기수법의 하나.
- 자릿값이 올라감에 따라 수가 커지는 정도가 다르다.

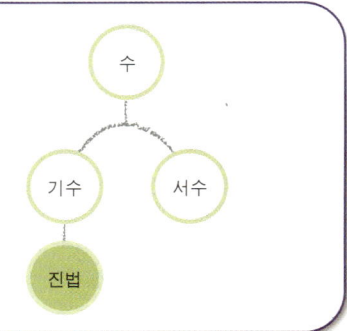

진법의 의미

진법이란 몇 개의 기본 숫자를 이용하여 수를 표시하는 방법으로 자릿값이 올라감에 따라 수가 일정하게 커지는 규칙을 이용하여 수를 표시하는 것을 말한다. 오늘날에는 인도-아라비아 숫자를 사용하므로 0부터 9까지의 기본 숫자 또는 이 숫자 중 일부를 이용한 십진법, 이진법, 오진법 등으로 수를 표시한다.

십(10)진법

십진법은 0, 1, 2, 3, 4, 5, 6, 7, 8, 9의 10개의 숫자를 사용하여 수를 나타내는 기수법으로 수의 자리가 하나씩 올라감에 따라 자릿값이 10배씩 커진다. 일반적으로 우리가 사용하는 수가 십진법이다.
십진법의 수는 10의 거듭제곱을 이용하여 수를 나타낼 수 있는데 이것을 '십진법의 전개식'이라고 한다.

이(2)진법

이진법은 0, 1의 2개의 숫자만을 사용하여 수를 나타내는 기수법으로 수의 자리가 하나씩 올라감에 따라 자릿값이 2배씩 커진다.
이진법의 수는 2의 거듭제곱을 써서 나타낼 수 있는데 이것을 '이진법의 전개식'이라고 한다. 이진법의 전개식을 이용하면 이진법의 수를 십진법으로 나타내거나 십진법의 수를 이진법으로 나타낼 수 있다.
예를 들어 십진법의 수 11을 이진법의 수 $1011_{(2)}$로 나타낼 수 있다. 이진법은 수를 나타내는 방법이 간단하여 컴퓨터에서 사용된다.

오(5)진법

오진법은 0, 1, 2, 3, 4의 5개의 숫자를 사용하여 수를 나타내는 기수법으로 수의 자리가 하나씩 올라감에 따라 자릿값이 5배씩 커진다.
오진법의 수는 5의 거듭제곱을 써서 나타낼 수 있는데 이것을 '오진법의 전개식'이라고 한다. 이진법과 마찬가지로 오진법의 전개식을 이용하면 오진법의 수를 십진법으로 나타내거나 십진법의 수를 오진법으로 나타낼 수 있다.
오진법과 이진법의 수를 읽을 때는 자릿값 없이 숫자만 읽는다.

〈십진법의 전개식〉

$$3264 = 3 \times 10^3 + 2 \times 10^2 + 6 \times 10 + 4 \times 1$$
$$= 3 \times 1000 + 2 \times 100 + 6 \times 10 + 4 \times 1$$

읽기: 삼천이백육십사

우리가 일반적으로 사용하는 수는 십진법으로 나타낸 수야.

〈이진법의 전개식〉

$$1011_{(2)} = 1 \times 2^3 + 0 \times 2^2 + 1 \times 2 + 1 \times 1$$
$$= 1 \times 8 + 0 \times 4 + 1 \times 2 + 1 \times 1 = 11$$

읽기: 이진법의 수 일영일일

이진법의 수는 십진법의 수와 구별하기 위해 수 옆에 (2)를 써.

〈오진법의 전개식〉

$$321_{(5)} = 3 \times 5^2 + 2 \times 5 + 1 \times 1$$
$$= 3 \times 25 + 2 \times 5 + 1 \times 1 = 86$$

읽기: 오진법의 수 삼이일

오진법의 수는 십진법의 수와 구별하기 위해 수 옆에 (5)를 써.

십이(12)진법

십이진법은 0부터 11까지의 12개의 숫자를 사용하여 수를 나타내는 기수법으로 수의 자리가 하나씩 올라감에 따라 자릿값이 12배씩 커진다.

십이진법은 유럽에서 많이 사용되었다. 유럽에서는 연필의 수를 나타내는 다스(1다스=12자루)를 하루를 나타내는 시간의 단위로도 사용했다고 한다. 예를 들어 하루는 2다스의 시간으로, 1시간은 5다스의 분으로, 1분은 5다스의 초로 나타내었다고 한다. 또 영국에서는 1풋(약 30 cm)=12인치, 1파운드(273g)=12온스 등 길이나 무게의 단위에서도 십이진법을 사용했다.

음악에서도 십이진법을 사용한 예를 찾아볼 수 있다. 마디나 음을 반이 아니라 3등분할 때의 개념은 바로 십이진법에서 나온 것이다. 3박자, 셋잇단음표 등이 바로 그 예이다. 왜냐하면 2박자, 3박자, 4박자, 6박자에서의 2, 3, 4, 6은 모두 12의 약수이기 때문이다. 이와 같이 마디나 음을 나누는 개념은 바로 십이진법에서 나온 것이다.

태극기에 숨어 있는 이진법

옛날의 태극기 모양은 지금의 태극기 모양과는 조금 다르다.

태극기의 옛 모양에는 '팔괘(八卦)'라고 부르는 원리가 있다. 건(乾), 태(兌), 이(離), 진(震), 손(巽), 감(坎), 간(艮), 곤(坤)의 8가지가 그것이다.

팔괘를 숫자로 표현하기 위해 '一'(양)을 1, '--'(음)을 0으로 고쳐 쓰면, ☰(111), ☱(011), ☲(101), ☳(001), ☴(110), ☵(010), ☶(100), ☷(000)과 같다.

이 수들은 바로 0부터 7까지의 수를 2진법의 수로 나타낸 것과 같다.

십이진법 활용의 예

⟨시간⟩

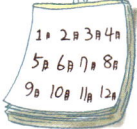

1년의 달 수(12달)

⟨영국의 단위⟩

- 12라인=1인치
- 12인치=1풋
- 12온스=1파운드

1다스의 단위 수(12자루)

⟨음악⟩

3박자　셋잇단음표

⟨키보드의 키⟩

F1에서 F12까지의 12개의 키

육십(60)진법

육십진법은 0부터 59까지의 수, 즉 60개의 숫자를 사용하여 수를 나타내는 기수법으로 수의 자리가 하나씩 올라감에 따라 자릿값이 60배씩 커진다. 육십진법은 1시간=60분, 1분=60초와 같이 현재까지 시간이나 각도의 단위 등에 다양하게 사용되고 있다. 지구의 공전 주기가 360일 정도가 된다는 사실을 알고 있었던 고대 바빌로니아인들은 태양의 모습인 원을 360으로 생각하고, 360을 6등분한 60을 단위로 택해서 사용하였다.

⟨각도의 단위⟩

원의 중심각=360도
원을 6등분 하였을 때 중심각=60도

개념쌤의 1분 특강

☐ 진법에서 사용하는 기본 숫자는 0부터
☐ $n-1$까지의 숫자야.

05 자릿값

- 숫자가 위치하고 있는 자리에 따라 정해지는 값.
- 수의 각 자리마다 나타내는 값이 다르기 때문에 같은 숫자라도 어느 자리에 있느냐에 따라 값이 달라진다.

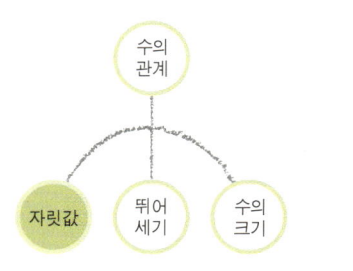

자릿값의 원리

자릿값은 숫자가 위치하고 있는 자리에 따라 정해지는 값으로 같은 숫자라도 위치한 자리에 따라 수의 값이 달라진다. 예를 들어 123, 231, 321은 1, 2, 3으로 이루어진 세 자리 수로 사용된 숫자는 같지만 숫자의 위치가 다르다. 따라서 수의 크기 역시 다르다.

십진법의 자릿값의 원리는 1씩 10이면 10, 10씩 10이면 100, 100씩 10이면 1000, …… 등과 같이 한 자리가 올라가면 수가 10배씩 커지게 된다.

또 숫자가 위치한 자리에 따라 그 수의 값이 결정된다. 예를 들어 35와 53에서의 5는 전혀 다른 양을 나타낸다. 35에서의 5는 1이 5라는 것을 의미하고, 53에서의 5는 10이 5, 즉 50을 의미한다.

또한 수는 자릿값의 원리에 의해 합으로 나타낼 수 있다. 예를 들어 7777은 $7000+700+70+7$로 나타낼 수 있다.

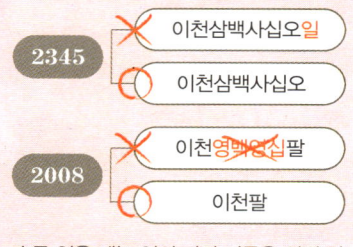

수 읽기와 수 쓰기에서의 자릿값

수를 읽을 때는 자릿값을 읽는 경우와 읽지 않는 경우가 있으므로 주의해야 한다. 또 수를 쓸 때 자릿값이 없으면 그 자리에 숫자 0을 써 줘야 한다.

⟨수 읽기⟩

2345 → ✗ 이천삼백사십오일 / ○ 이천삼백사십오

2008 → ✗ 이천영백영십팔 / ○ 이천팔

수를 읽을 때는 일의 자리 이름은 읽지 않고, 0이 있는 자리도 읽지 않는다.

⟨수 쓰기⟩

사천칠백오십육 → 4756

팔천오십 → ✗ 85 / ○ 8050

수를 쓸 때는 자릿값이 없으면 그 자리에 숫자 0을 써 준다.

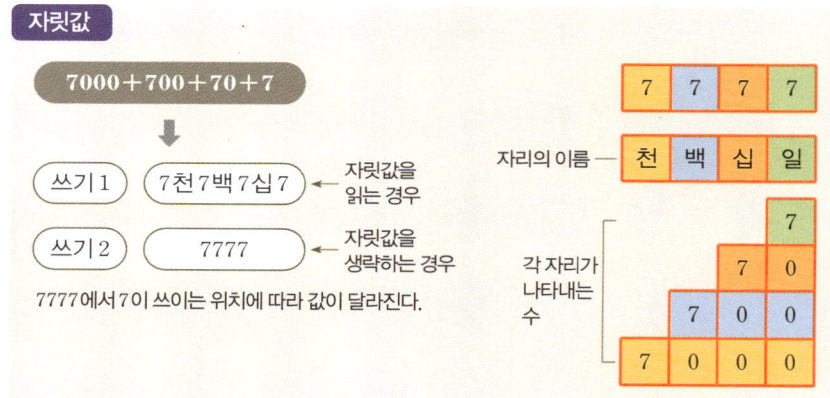

자릿값의 중요성

덧셈, 뺄셈, 곱셈, 나눗셈을 할 때에도 자릿값은 매우 중요하다.

곱셈의 경우 자릿값을 맞추어 쓰면 뒤에 나오는 0을 쓸 필요가 없이 쉽게 계산이 가능해진다. 또 나눗셈의 몫을 쓸 때에도 몫의 자리에 따라 값이 크게 달라지므로 주의해야 한다. 예를 들어 $24÷3$의 몫 8의 위치는 십의 자리가 아닌 일의 자리에 써야 한다.

개념쌤의 노트 특강

숫자 사이나 숫자 끝에 0이 있을 때와 없을 때 그 수가 나타내는 양은 완전히 달라지니까 수를 쓸 때 0을 빠뜨리지 않도록 주의해.

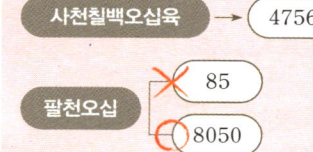

06 뛰어 세기

- 수가 일정하게 커지거나 작아지도록 규칙적으로 건너서 세는 것.
- 1씩, 10씩, 100씩, 1000씩, …… 뛰어서 세면 일, 십, 백, 천의 자리 숫자가 각각 1씩 커진다.

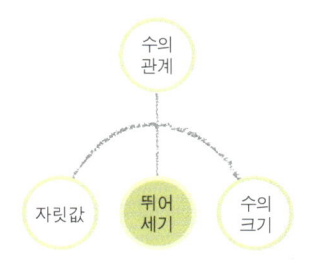

1씩, ……, 1000씩 뛰어 세기

1, 2, 3, 4, 5, ……와 같이 연속하는 수를 차례로 세면 1씩 커지는 규칙이 있다. 또 99 다음에는 100, 999 다음에는 1000, 9989 다음에는 9990이 오게 된다. 이와 같이 수를 연속해서 차례로 놓았을 때, 어떤 수의 바로 앞의 수는 1 작은 수가 오고, 어떤 수의 바로 뒤의 수는 1 큰 수가 오게 된다.

수를 1씩 뛰어 세면 일의 자리 숫자가 1씩 커지는 것과 같은 원리로 수를 10씩 뛰어서 세면 십의 자리 숫자가, 100씩 뛰어서 세면 백의 자리 숫자가, 1000씩 뛰어서 세면 천의 자리 숫자가 각각 1씩 커진다는 것을 알 수 있다.

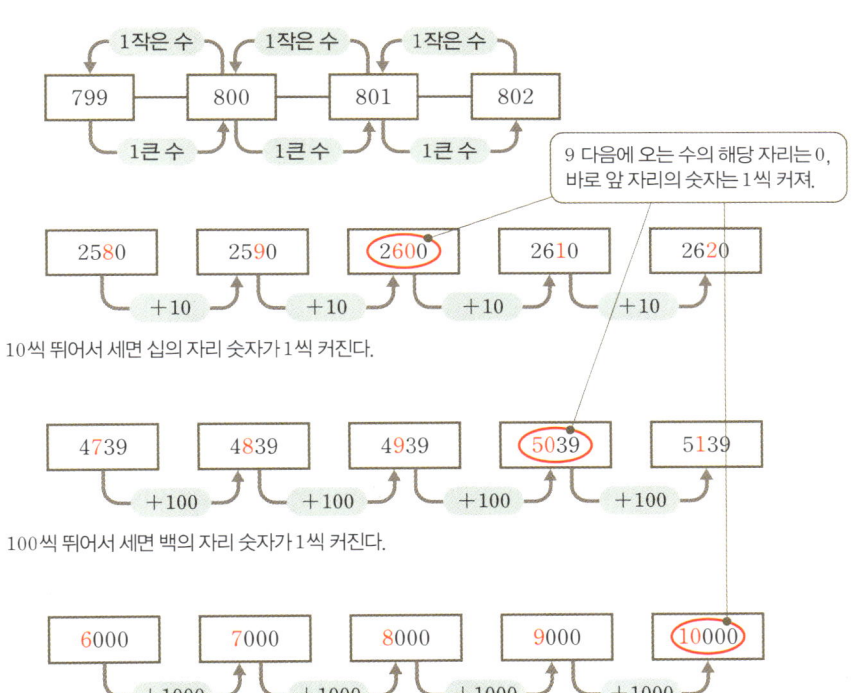

10씩 뛰어서 세면 십의 자리 숫자가 1씩 커진다.

100씩 뛰어서 세면 백의 자리 숫자가 1씩 커진다.

1000씩 뛰어서 세면 천의 자리 숫자가 1씩 커진다.

구구단 속에 들어 있는 뛰어 세기

구구단의 원리는 수를 각각 2, 3, 4, ……, 9씩 뛰어 세기 한 것이다.
구구단을 외우기 전에 2, 4, 6, 8, 10, ……과 같이 수를 뛰어 세어 보면 수의 규칙을 쉽게 이해할 수 있고, 2+2+2=6, 2×3=6과 같이 덧셈식과 곱셈식의 관계를 쉽게 이해할 수 있다.
마찬가지 원리로 12단도 같은 수를 거듭 더하다 보면 수가 12씩 커지는 규칙을 이해하게 되어 곱을 쉽게 구할 수 있다.

- 12×12=144
- 12×13=144+12=156
- 12×14=156+12=168

거꾸로 뛰어 세기

수를 거꾸로 뛰어서 세어 보면 수가 규칙적으로 작아진다는 것을 알 수 있다. 즉 1씩 거꾸로 뛰어 세면 일의 자리 숫자가, 10씩 거꾸로 뛰어 세면 십의 자리 숫자가, 100씩 거꾸로 뛰어 세면 백의 자리 숫자가, 1000씩 거꾸로 뛰어 세면 천의 자리 숫자가 각각 1씩 작아진다.

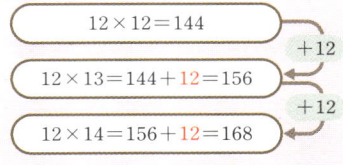

커지고 작아지고, 헷갈릴 필요 없어.
그냥 뛰어 세면 수가 커지고, 거꾸로 뛰어 세면 수가 작아지는 거야 쉽지?

07 수의 크기 비교

- 둘 이상의 수의 크기를 비교하는 것.
- 자릿수가 같으면 높은 자리의 숫자가 큰 쪽이 큰 수이고, 자릿수가 다르면 자릿수가 많은 쪽이 큰 수이다.

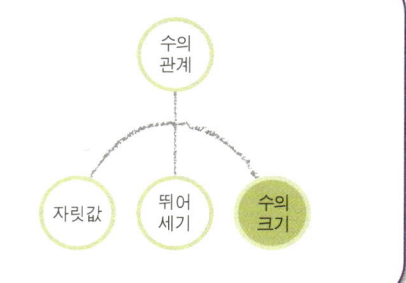

수의 크기 비교의 기호

수의 크기를 비교할 때에는 기호 > 와 < 를 사용한다. 이 기호는 둘 이상의 수나 식의 크기가 서로 다를 때 크기를 나타내는 기호로 '부등호(不等號)'라고 한다.

부등호 > 와 < 가 사용된 식은 왼쪽에서 오른쪽으로 순서대로 읽으면서 '큽니다.' 또는 '작습니다'라는 말을 붙여서 읽는다.

4<6 ➡ 4는 6보다 작습니다.

6>4 ➡ 6은 4보다 큽니다.

한 자리 수의 크기 비교

한 자리 수의 크기 비교는 수만큼 사물을 한 개씩 대응을 시키거나 수를 차례로 나열해서 알아볼 수 있다. 즉 사물을 한 개씩 대응시켰을 때 남는 쪽이 큰 수이고, 수를 차례로 썼을 때 뒤에 오는 수가 앞에 오는 수보다 큰 수이다.

두 자리 수의 크기 비교

두 자리 수의 크기 비교는 한 자리 수와 같이 일대일 대응으로 비교하면 많은 시간이 걸리므로 수 모형을 이용하여 비교하는 것이 편리하다.

두 자리 수의 십의 자리 숫자가 나타내는 수는 수 모형에서 10개씩 묶음의 수이고, 일의 자리 숫자가 나타내는 수는 수 모형에서 낱개의 수이므로 10개씩 묶음의 수부터 비교하면 된다. 즉 10개씩 묶음의 수가 다를 때에는 10개씩 묶음의 수가 클수록 큰 수이고, 10개씩 묶음의 수가 같을 때에는 낱개의 수가 클수록 큰 수이다.

(10개씩 묶음 수가 다를 때는?) 10개씩 묶음 수가 큰 수가 큰 수

(10개씩 묶음 수가 같을 때는?) 낱개 수가 큰 수가 큰 수

또 수직선을 이용하여 수를 비교하는 방법도 있다. 수직선에서 왼쪽으로 갈수록 작은 수이고, 오른쪽으로 갈수록 큰 수이다.

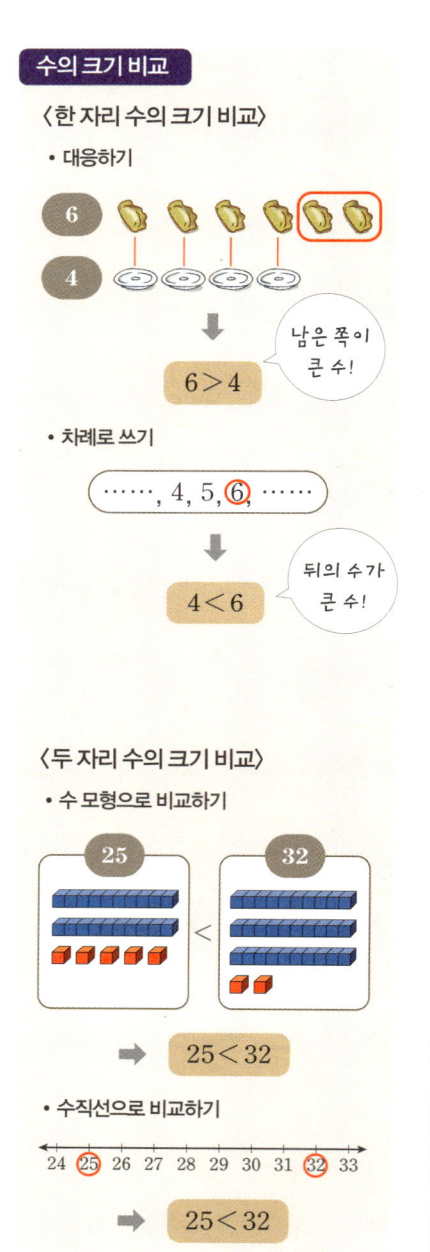

07 수의 크기 비교

자릿값을 이용한 크기 비교

세 자리 수, 네 자리 수 또는 그 보다 더 큰 수의 크기를 비교할 때는 먼저 두 수의 자릿수를 살펴보아야 한다. 왜냐하면 만약 자릿수가 다른 경우에는 자릿수가 많을수록 큰 수가 되기 때문이다.

또 자릿수가 같은 경우에는 각 자리의 숫자끼리 크기를 비교한다. 이때 주의할 점은 일의 자리부터가 아니라 높은 자리의 숫자부터 차례로 비교해야 한다는 것이다. 즉 자릿수가 같은 두 수는 높은 자리 숫자가 클수록 큰 수이다.

〈자릿수가 다를 때〉

〈자릿수가 같을 때〉

부등호 기호를 처음 사용한 사람은 누구일까?

현재 우리가 사용하고 있는 '크다'와 '작다'를 의미하는 부등호 '>', '<'는 영국의 수학자인 해리엇이 처음으로 사용하였다.

당시 부등호로 여러 가지 기호를 사용하였는데 영국에서는 ⌐, ⌐ 가 많이 사용되었지만 기억하기 어렵고 자주 혼돈을 일으키기도 했다. 이후 1세기가 지나서 프랑스의 과학자 부게르가 '크거나 같다'와 '작거나 같다'를 의미하는 부등호 '≦', '≧'를 처음 사용했다. 그리고 이 기호가 정착되기 전에는 §, ff, | 등의 기호가 사용되기도 했다.

자릿수가 다른 경우에는 자릿수가 많을수록 큰 수가 된다.

자릿수가 같은 경우에는 높은 자리인 천의 자리부터 백, 십, 일의 자리 순서로 비교한다.

큰 수의 크기 비교

큰 수의 크기 비교도 위와 같이 자릿값을 이용하면 된다. 즉 먼저 자릿수를 비교하고 자릿수가 같으면 높은 자리 숫자부터 차례로 비교한다.

세 수 이상의 많은 수도 이와 같은 방법으로 쉽고 빠르게 한 눈에 비교할 수 있다.

〈자릿수 비교하기〉

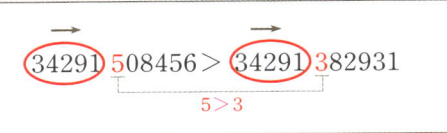

두 수의 자릿수가 다를 때는 자릿수가 많을수록 큰 수이다.

〈높은 자리부터 비교하기〉

두 수의 자릿수가 같을 때는 높은 자리 숫자부터 차례로 비교한다.

개념쌤의 1분 특강

가장 앞에 있는 숫자가 크다고 무조건 큰 수가 아니야. 먼저 그 수를 이루고 있는 숫자의 개수를 세어 보는 것을 잊지 마.

08 수의 단위

- 큰 수의 이름은 만(10^4) 배 단위로 정해지고, 1보다 작은 수들의 단위는 0.1 또는 $\frac{1}{10}$의 거듭제곱으로 나타낸다.

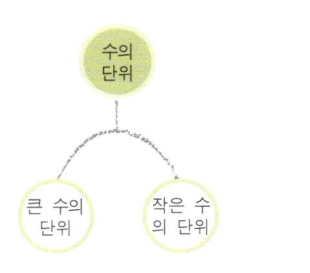

큰 수의 단위

동양에서는 수를 말할 때 네 자리 수를 한 묶음으로 다음 묶음이 될 때마다 새로운 단위의 이름을 붙여서 말한다. 그럼 조보다 더 큰 수의 단위에는 무엇이 있을까? 우선 0이 계속 반복되는 큰 수를 나타낼 때는 10의 '거듭제곱'의 형태로 표시할 수도 있다는 것을 알아두도록 하자. 거듭제곱은 같은 수를 여러 번 곱한 것을 나타내는 방법이다.

10의 거듭제곱
$10^1 = 10, 10^2 = 10 \times 10 = 100,$
$10^3 = 10 \times 10 \times 10 = 1000,$
$10^4 = 10 \times 10 \times 10 \times 10 = 10000, \cdots\cdots$

'항하사(10^{52})'는 인도의 갠지스 강변의 모래만큼이나 많다는 뜻이고, '무량대수(10^{68})'는 상상할 수 없을 만큼 큰 수라는 뜻이다. 무량대수보다 더 큰 수를 나타내는 '겁'은 정확한 수로 나타낼 수 있는 단위가 아니라서 정확하게 정해진 수의 단위에서 가장 큰 수는 무량대수이다. 순우리말로는 십은 '열', 백은 '온', 천은 '즈믄', 만은 '드먼', 경은 '골', 정은 '잘'이라고 나타낸다.

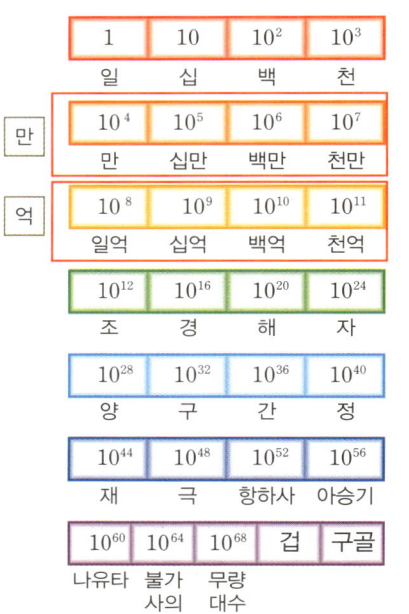

가장 큰 수의 단위 '구골'

지금까지 알려진 가장 큰 수의 단위는 '구골'이다. 구골의 크기는 10을 100번 곱한 10^{100}이다. 또 10의 구골 제곱인 '구골 플렉스'라는 수도 있다. 구골은 1에서부터 자릿수를 따져 가며 올라간 단위가 아니라 큰 수를 표시하기 위해 1938년 미국의 수학자 에드워드 카스너의 9살짜리 조카 밀턴 시로타가 지은 이름이라고 한다. 그러나 구골은 아주 큰 수의 상징일뿐 이 수에 해당되는 것은 이 세상에 존재하지 않기 때문에 학문적으로 중요하지는 않다.

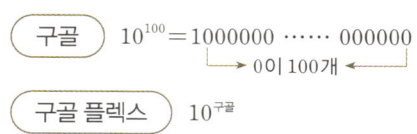

작은 수의 단위

큰 수의 단위를 나타낼 때 10의 거듭제곱을 사용했듯이 아주 작은 수들의 단위를 나타낼 때는 0.1 또는 $\frac{1}{10}$의 거듭제곱으로 나타낼 수 있다. 예를 들어 0.1을 분수로 나타내면 $\frac{1}{10}$이므로 0.1을 2번 곱하면 0.1^2 또는 $\frac{1}{10^2}$이 되고, 0.1을 3번 곱하면 0.1^3 또는 $\frac{1}{10^3}$이 된다.

여기에서 0.1이나 $\frac{1}{10}$은 '밑'이라고 부르는데, 이는 거듭하여 곱한 수를 가리키는 말이다. 또 위에 작게 쓰여진 2, 3, ……은 '지수'라고 하는데, 이는 거듭 곱한 횟수를 나타내는 말이다.

〈작은 수의 거듭제곱 표현〉

$$0.1 = \frac{1}{10} \quad 0.1^2 = \frac{1}{10^2} \quad 0.1^3 = \frac{1}{10^3}$$

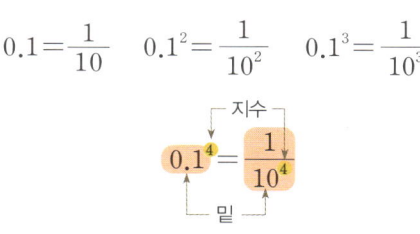

모호, 순식, 탄지, 찰나, 허공

1보다 작은 수의 단위에는 모호, 순식, 탄지, 찰나, 허공 등이 있다.
'모호'는 너무나 작아서 구별할 수도 알아볼 수도 없는 것이라는 뜻이다. 무언가가 분명하지 않고 애매할 때, '모호하다'라고 한다.
'순식'이란 극히 짧은 시간을 말할 때 사용한다. 순식은 우리가 눈을 깜빡하거나, 숨을 한 번 쉴 동안의 매우 짧은 순간을 가리킬 때 흔히 쓰이는 말이다.
'탄지'는 손가락을 튕기는 순간을 의미한다. 그래서 아주 짧은 동안이나 세월의 아주 빠름을 얘기할 때 '탄지지간'이라고 한다.
'찰나'는 아주 가는 비단실에 날카로운 칼을 대어 끊어지는 데 필요한 시간이다. 찰나는 시간적으로는 $\frac{1}{75}$초에 해당한다.
'허공'이란 아무것도 없는 공간을 가리키며, 상상할 수 없이 아주 작은 수이다. 불교에서의 허공을 빛과 모양이 없는 상태를 가리키는 말로, 너무나 작은 나머지 아무것도 없는 것과 같다는 뜻이다.

검색사이트 '구글'의 유래

'구글'이란 단어의 뜻은 '구골(googol)'이라는 신조어에서 유래된 말로 인터넷에 웹페이지를 모두 다 검색하겠다는 의지를 표현한 벤처 회사의 이름이다. 그럼 어떻게 구골(googol)이 아무 뜻도 없는 구글(google)로 바뀌었을까?
이 벤처 회사에 투자자가 시간이 급한 나머지 투자금 10만 달러 앞에 쓴 단어가 'google Inc'였다. 이렇게 실수로 알파벳의 철자를 잘못 쓴 것이 바로 10^{100}을 뜻하는 '구골'이 검색 서비스 회사인 '구글'로 바뀌게 된 이유이다.

개념쌤의 1분 특강

1보다 큰 수는 그 수를 이루고 있는 숫자의 개수가 많을수록 큰 수이지만 1보다 작은 수는 0.1 또는 $\frac{1}{10}$의 거듭제곱에서 지수가 클수록 작은 수야. 혼동하지 마!

09 큰 수

- 만, 억, 조 등의 큰 수.
- 큰 수를 읽을 때에는 앞에서부터 네 자리씩 끊어 읽는다.

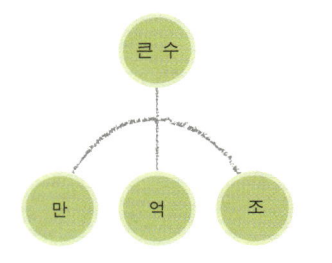

만, 억, 조의 크기

천의 10배는 '만' 또는 '일만'이라고 한다. 만은 1000의 끝 자리에 0을 하나 더 붙여서 '10000'이라고 쓴다. 또 네 자리 수를 읽을 때 일의 자리부터 '일, 십, 백, 천'이라고 읽는 것과 같이 일만의 10배는 '십만', 일만의 100배는 '백만', 일만의 1000배는 '천만'이라고 읽는다.

만 이상의 다섯 자리 수부터는 뒤에서부터 4개의 숫자마다 다른 이름을 붙여 '만', '억', '조'라고 부른다. 만의 1만 배를 '억' 또는 '일억'이라고 하고, 1억의 1만 배를 '조' 또는 '일조'라고 한다. 억도 만과 마찬가지로 일억의 10배는 '십억', 일억의 100배는 '백억', 일억의 1000배는 '천억'이라고 한다. 또 조도 만, 억과 마찬가지로 일조의 10배는 '십조', 일조의 100배는 '백조', 일조의 1000배는 '천조'라고 한다.

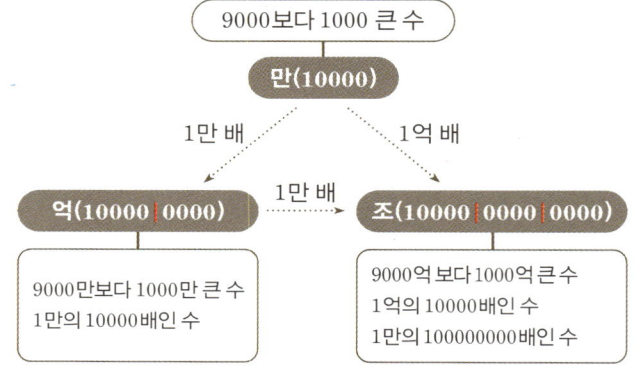

큰 수를 쉽게 읽는 방법

수의 크기가 작든 크든 자릿값의 원리를 이해하면, 아무리 큰 수도 쉽게 읽을 수 있다. 여기서 중요한 것은 수는 네 자리씩 끊어 읽고, 10000배마다 새로운 단위를 사용하고 있다는 것이다.

우리나라는 네 자리씩 끊어서 읽는 방법을 사용하지만 서양에서는 자신들의 언어 습관에 의해 세 자리씩 끊어서 읽고 세 자리마다 반점(,)을 찍는다. 우리도 실생활에서는 서양과 마찬가지로 세 자리마다 반점을 찍어 수를 나타내기도 한다.

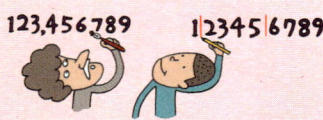

큰 수의 읽고, 쓰기

만, 억, 조 등과 같은 큰 수를 읽을 때는 네 자리씩 끊어 읽는 것이 중요하다. 즉 자리의 이름을 알려면 다음과 같이 일의 자리부터 네 자리씩 끊어 준 다음 '만, 억, 조'의 단위를 표시하고 천, 백, 십, 일을 반복해서 읽으면 된다.

10 정수

- 양의 정수, 0, 음의 정수를 통틀어 말하는 수.
- 양의 정수는 자연수이고, 0은 양의 정수도 음의 정수도 아닌 정수이다.

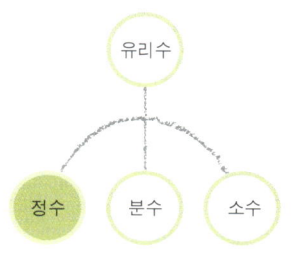

정수의 의미

정수는 자연수와 0 그리고 0보다 작은 정수를 포함하는 수이다. 0보다 작은 정수를 '음의 정수'라고 한다. 음의 정수는 '−'를 붙여 쓴다. 또 0보다 큰 정수를 '양의 정수'라고 한다. 양의 정수는 '+'를 붙여 쓰지만 일반적으로는 +를 붙이지 않는다. 양의 정수는 자연수와 같다고 할 수 있다. 양의 정수는 숫자 앞에 '양의 정수'나 '양수', '플러스'를 붙여서 읽고, 음의 정수는 숫자 앞에 '음의 정수'나 '음수', '마이너스'를 붙여서 읽는다. 이렇게 자연수와 0, 음의 정수를 통틀어서 '정수'라고 한다.

정수의 종류

- 양의 정수 (자연수) : 0보다 큰 정수
  ⇒ +3, +16, +14, ……
  읽기: 양의 정수 삼
  양수 삼
  플러스 삼
- 0
- 음의 정수 : 0보다 작은 정수
  ⇒ −4, −13, −7, ……
  읽기: 음의 정수 사
  음수 사
  마이너스 사

수직선에서 수의 표현

수직선에서 정수를 표현하면 정수가 자연수보다 훨씬 많은 수를 포함한다는 것을 한눈에 알 수 있다. 수직선에서 음의 정수는 0보다 왼쪽에 위치해 있고, 양의 정수는 0보다 오른쪽에 위치해 있다. 즉 수직선에서 가운데 0을 기준으로 오른쪽으로 갈수록 수가 커지고, 왼쪽으로 갈수록 수가 작아진다.

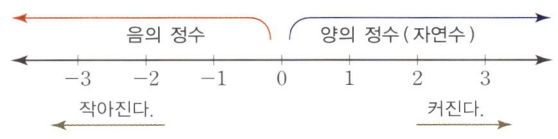

음수의 의미

음의 정수를 포함하여 0보다 작은 수인 음수에 대해서 좀더 자세히 알아보자. 음수는 우리 생활에서 아주 흔히 사용된다. 예를 들어 추운 겨울 날 기온이 영하 10℃까지 내려갔다는 말을 한다. 영하란 0℃보다 낮은 온도를 말하는데 마이너스(−)로 나타낸다. 즉 영하 10℃를 −10℃라고 한다.
또 수면의 위쪽 높이를 +, 그 아래쪽을 −로 나타내기도 하고, 경제에서는 −10만 원과 같이 빚을 −로 나타내기도 한다. 또 기준점을 중심으로 앞으로 전진하는 위치를 +, 뒤로 후퇴한 위치를 −를 써서 나타내기도 한다. 이와 같이 음수는 실생활에서 다양하게 사용된다.

〈음수 사용의 예〉

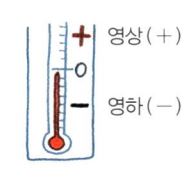
영상(+)
영하(−)

수면 위(+), 수면 아래(−)

앞으로(+), 뒤로(−)

11 유리수

- 정수나 분수의 형태로 나타낼 수 있는 수.
- 자연수, 0, 음의 정수도 모두 분수의 형태로 나타낼 수 있는 수이므로 유리수이다.

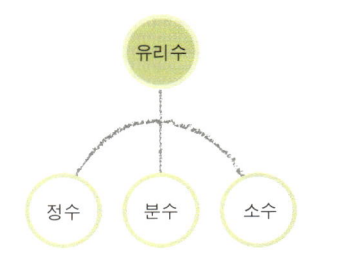

유리수의 의미

정수와 정수가 아닌 분수의 형태로 나타낼 수 있는 수를 통틀어 '유리수'라고 한다. 다시 말하면 유리수에는 양의 정수, 0, 음의 정수와 정수가 아닌 유리수가 있다. 이때 정수가 아닌 유리수는 모두 분수의 형태로 나타낼 수 있다. 유리수는 영어로 'rational number'라고 한다. 여기에서 ratio는 라틴어로 도리, 이성, 그리고 비율이라는 뜻으로 수학에서는 비율의 의미로 쓰인다. 즉 유리수는 '비율의 형태로 나타낼 수 있는 수'라는 뜻이다. 실제로 분수의 형태로 나타낸 유리수인 $\frac{▲}{■}$는 ▲와 ■의 비율 즉 ▲ : ■를 나타내는 수이다.

수의 포함 관계

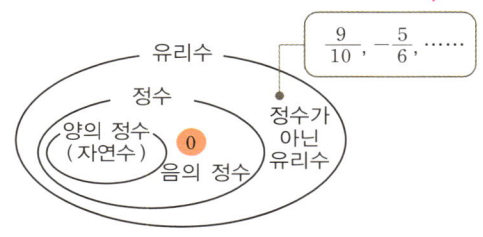

부호와 기호의 차이

덧셈, 뺄셈의 '+', '−'는 숫자 앞에 붙은 +, −는 의미가 서로 다르다. 그래서 덧셈, 뺄셈을 할 때 사용하는 '+', '−'는 '기호'라 부르고, 숫자 앞에 붙은 +는 양의 부호, −는 음의 부호라 부른다.

양의 유리수, 0, 음의 유리수

정수와 마찬가지로 유리수도 유리수 앞에 '+' 부호를 붙인 양의 유리수와 0, '−' 부호를 붙인 음의 유리수가 있다.

즉 $+2, +\frac{1}{2}, +3, +\frac{1}{3}, +4, +\frac{1}{4}, \cdots\cdots$ 등은 양의 유리수이고, $-2, -\frac{1}{2}, -3, -\frac{1}{3}, -4, -\frac{1}{4}, \cdots\cdots$ 등은 음의 유리수이다. 이때 양의 부호 +는 생략하여 나타낼 수 있다.

한편 소수 $0.2, 0.3, 0.4, -0.2, -0.3, -0.4, \cdots\cdots$ 등은 유리수일까? 유리수가 아닐까?

$0.2=\frac{2}{10}, 0.3=\frac{3}{10}, 0.4=\frac{4}{10}, -0.2=-\frac{2}{10}, -0.3=-\frac{3}{10}, -0.4=-\frac{4}{10}$로 나타낼 수 있고, 분수의 형태로 나타낼 수 있는 수는 모두 유리수이므로 앞서 말한 소수는 모두 유리수이다.

12 짝수와 홀수

- 짝수는 2로 나누었을 때 나누어떨어지는 수.
- 홀수는 2로 나누었을 때 나누어떨어지지 않는 수.

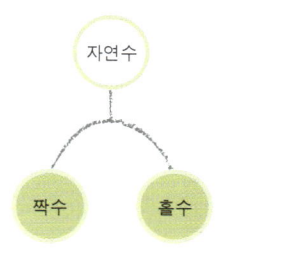

자연수의 짝수, 홀수

자연수를 두 가지로 분류한다면 짝수와 홀수로 분류할 수 있다. 자연수 중에서 2로 나누었을 때 나누어떨어지는 수, 즉 일의 자리 숫자가 0, 2, 4, 6, 8인 수는 짝수이고, 그 외에 2로 나누었을 때 나누어떨어지지 않는 수, 즉 일의 자리 숫자가 1, 3, 5, 7, 9인 수는 홀수가 된다.

중학교에서 0은 짝수일까? 홀수일까?

초등학교에서는 0이 짝수도 홀수도 아니라고 배우지만 중학교에서는 짝수와 홀수의 개념을 음의 정수까지 확장시켜서 생각한다.
즉 $0 \div 2 = 0$에서 몫은 정수 0이고, 나머지가 없기 때문에 0은 짝수이다. 마찬가지로 $-2, -4, -6, -8, -360, -2578$ 등은 모두 짝수이고, $-1, -3, -5, -7, -9, -249, -1683$ 등은 모두 홀수이다.

짝수와 홀수의 덧셈, 뺄셈, 곱셈

짝수끼리 또는 홀수끼리의 덧셈, 뺄셈의 계산 결과는 짝수일까? 홀수일까?
짝수 2, 4와 홀수 1, 3을 이용하여 덧셈식과 뺄셈식을 만들어 보자.

$$2(짝) + 4(짝) = 6(짝), \quad 1(홀) + 3(홀) = 4(짝)$$
$$2(짝) + 1(홀) = 3(홀), \quad 3(홀) + 2(짝) = 5(홀)$$
$$4(짝) - 2(짝) = 2(짝), \quad 3(홀) - 1(홀) = 2(짝)$$
$$4(짝) - 3(홀) = 1(홀), \quad 3(홀) - 2(짝) = 1(홀)$$

즉 짝수끼리의 덧셈과 뺄셈, 홀수끼리의 덧셈과 뺄셈은 항상 짝수이고, 짝수와 홀수의 덧셈과 뺄셈은 항상 홀수이다.
그럼 짝수와 홀수의 곱셈에는 어떤 규칙이 있을까?
짝수 2와 홀수 3을 이용하여 곱셈식을 만들어 보자.

$$2(짝) \times 2(짝) = 4(짝), \quad 3(홀) \times 3(홀) = 9(홀)$$
$$2(짝) \times 3(홀) = 6(짝), \quad 3(홀) \times 2(짝) = 6(짝)$$

따라서 짝수끼리의 곱은 짝수이고, 홀수끼리의 곱은 홀수이고, 짝수와 홀수의 곱은 짝수이다.

짝수와 홀수의 계산 결과

- (짝수)+(짝수)=(짝수)
- (홀수)+(홀수)=(짝수)
- (짝수)+(홀수)=(홀수)
- (홀수)+(짝수)=(홀수)
- (짝수)-(짝수)=(짝수)
- (홀수)-(홀수)=(짝수)
- (짝수)-(홀수)=(홀수)
- (홀수)-(짝수)=(홀수)
- (짝수)×(짝수)=(짝수)
- (홀수)×(홀수)=(홀수)
- (짝수)×(홀수)=(짝수)
- (홀수)×(짝수)=(짝수)

개념쌤의 1분 특강

짝수인지 홀수인지 알아보려면 일의 자리 숫자만 보면 돼. 아무리 큰 수라도 일의 자리 숫자가 짝수이면 짝수이고, 일의 자리 숫자가 홀수이면 홀수야. 쉽지?

13 분수

- 전체에 대한 부분을 나타내는 수.
- 분수는 전체에 대한 부분을 나타내는 분수 이외에도 몫으로서의 분수, 비로서의 분수 등 여러 가지 뜻으로 사용된다.

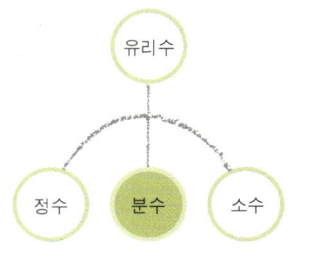

분수의 의미

전체를 똑같이 ■로 나눈 것 중 ▲를 분수로 '$\frac{▲}{■}$'라고 쓰고, '■분의 ▲'라고 읽는다. 이때 전체를 똑같이 나눈 수 ■를 '분모'라고 하고, 전체를 똑같이 나눈 수 중 일부인 ▲를 '분자'라고 한다.

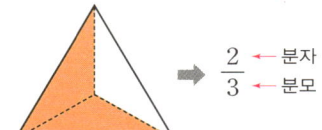

전체에 대한 부분을 나타내는 분수

피자 한 판을 똑같이 8조각으로 나눈 후 얼마만큼 먹고 나니 3조각이 남았다. 이때 남은 피자의 양은 전체를 8로 나눈 것 중 3조각으로 분수 $\frac{3}{8}$으로 나타낸다.

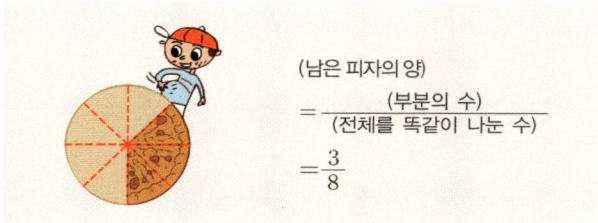

몫으로서의 분수

쿠키 4개를 3명이 나누어 먹으려면 먼저 쿠키를 1개씩 갖고, 남은 쿠키 1개는 똑같이 3등분하여 $\frac{1}{3}$씩 나누면 된다. 이는 $4 \div 3 = 1\frac{1}{3}$로 나타낼 수 있다.

비로서의 분수

2m짜리 나무와 5m짜리 나무가 있다. 2m짜리 나무를 기준으로 5m짜리 나무는 2m짜리 나무의 $\frac{5}{2}$가 된다. 또 5m짜리 나무를 기준으로 하면 2m짜리 나무는 5m짜리 나무의 $\frac{2}{5}$가 된다. 이처럼 분수는 한 수를 기준으로 다른 수의 상대적인 크기를 나타내기도 한다.

연산자로서의 분수

10cm의 $\frac{3}{5}$을 그리려면 몇 cm를 그려야 할까? $\frac{3}{5}$은 5cm에 대하여 3cm를 의미하므로 10cm에 대해서는 6cm를 의미한다. 이처럼 분수는 어떤 수나 양을 늘이거나 줄이는 연산자로서의 역할을 한다.

측정으로서의 분수

1cm 단위로 만들어진 자로 사물의 길이를 측정할 때, 1cm보다 짧은 길이는 어떻게 나타낼까? 1cm의 절반은 $\frac{1}{2}$cm이고, $\frac{1}{2}$cm의 절반은 $\frac{1}{4}$cm이다.
이처럼 분수는 자연수의 단위로 사물을 정확하게 측정할 수 없을 때, 측정의 단위를 세분화하는 역할을 한다.

14 분수의 종류

- 진분수는 분자가 분모보다 작은 분수.
- 가분수는 분자가 분모와 같거나 분모보다 큰 분수.
- 대분수는 자연수와 진분수의 합으로 이루어진 분수.

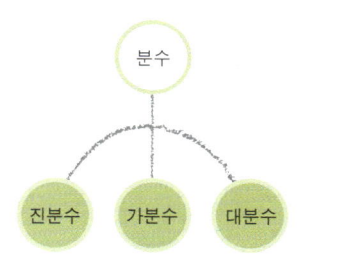

진분수, 가분수, 대분수

분수는 분자와 분모 사이의 크기 관계나 자연수 부분의 있고 없음에 따라 크게 진분수, 가분수, 대분수의 3종류로 나뉜다.

진분수(眞分數)의 '진'은 참의 의미로 원래의 분수를 말한다. 진분수는 분자가 분모보다 작다. 따라서 진분수는 항상 0보다 크고 1보다 작다. 특히 진분수 중에서 $\frac{1}{2}, \frac{1}{3}, \frac{1}{4}, \cdots\cdots$과 같이 분자가 1인 분수를 '단위분수'라고 한다.

가분수(假分數)의 '가'는 가짜라는 뜻으로 임시로 만든 분수를 말한다. 가분수는 분자와 분모와 같거나 분자가 분모보다 크다. 따라서 가분수의 크기는 1과 같거나 1보다 크다.

대분수(혼분수, 帶分數)의 '대'는 허리띠를 가리키는 것으로 모양이 허리에 띠를 두른 모습 같다고 하여 생긴 이름이다. 대분수는 항상 자연수와 진분수의 합으로 나타내고 계산을 하거나 비교할 때는 대분수를 가분수로 고치기도 한다. 물론 가분수를 대분수로 고쳐서 계산하기도 한다.

자연수와 크기가 같은 분수

자연수를 분수로 나타내면 어떤 분수가 될까? 자연수 1을 분수로 나타내려면 아래의 그림과 같이 분모와 분자를 항상 같게 만들면 된다.

또 자연수 2와 크기가 같은 분수는 분자가 분모의 2배가 되도록 만들면 되고, 자연수 3과 크기가 같은 분수는 분자가 분모의 3배가 되도록 만들면 된다. 이와 같이 모든 자연수는 그 자연수와 크기가 같은 분수로 나타낼 수 있다.

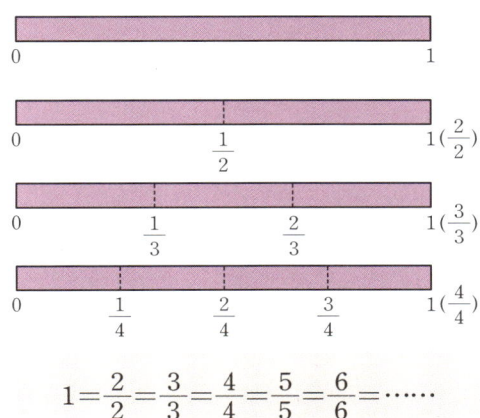

$$1 = \frac{2}{2} = \frac{3}{3} = \frac{4}{4} = \frac{5}{5} = \frac{6}{6} = \cdots\cdots$$

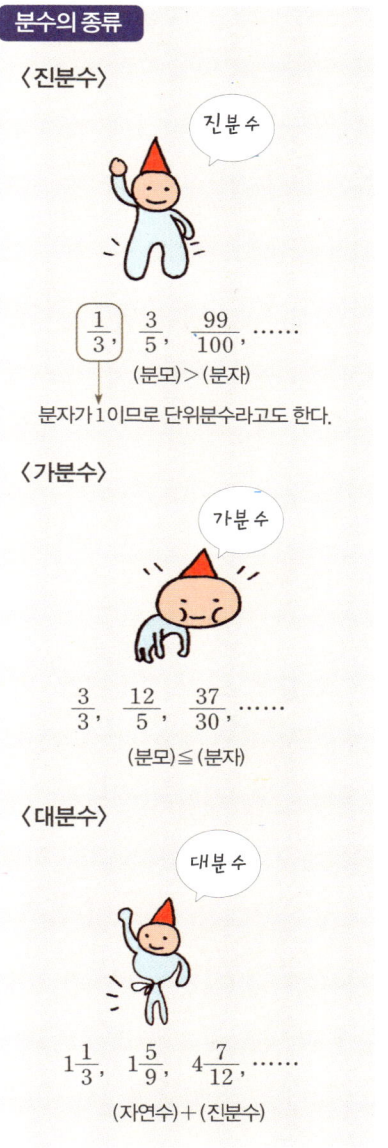

분수의 종류

〈진분수〉

$\frac{1}{3}, \frac{3}{5}, \frac{99}{100}, \cdots\cdots$

(분모) > (분자)

분자가 1이므로 단위분수라고도 한다.

〈가분수〉

$\frac{3}{3}, \frac{12}{5}, \frac{37}{30}, \cdots\cdots$

(분모) ≦ (분자)

〈대분수〉

$1\frac{1}{3}, 1\frac{5}{9}, 4\frac{7}{12}, \cdots\cdots$

(자연수) + (진분수)

15 분수의 크기 비교

- 둘 이상의 분수의 크기를 비교하는 것.
- 분모가 같은 분수는 분자끼리 크기를 비교하고, 분모가 다른 분수는 통분하여 분모를 같게 만든 후, 분자의 크기를 비교한다.

분모가 같은 분수의 크기 비교

⟨진분수끼리의 크기 비교⟩

분모가 같은 진분수끼리의 크기를 비교해 보자.

분모가 같은 진분수 $\frac{3}{4}$과 $\frac{2}{4}$의 크기는 오른쪽 그림처럼 $\frac{3}{4}$이 $\frac{2}{4}$보다 색칠한 부분이 더 많다는 것을 알 수 있다. 이와 같이 분모가 같은 진분수는 분자가 클수록 더 큰 분수이다. 따라서 분자 부분의 크기만 비교하면 쉽게 비교할 수 있다.

⟨대분수끼리의 크기 비교⟩

이번에는 분모가 같은 대분수끼리의 크기를 비교해 보자.

분모가 같은 대분수 $3\frac{1}{4}$과 $2\frac{3}{4}$도 분자가 더 큰 $2\frac{3}{4}$이 더 클까? 대분수끼리의 크기는 자연수 부분의 크기를 먼저 비교해야 한다. 즉 자연수 부분이 클수록 더 큰 분수이고, 자연수 부분이 같으면 분자가 클수록 더 큰 분수이다. 따라서 $3\frac{1}{4}$이 $2\frac{3}{4}$보다 더 큰 분수이다.

⟨가분수와 대분수의 크기 비교⟩

가분수와 대분수의 크기를 비교해 보자.

$\frac{5}{2}$와 $1\frac{1}{2}$과 같이 분모가 같은 가분수와 대분수는 어떻게 크기를 비교할까? 가분수와 대분수를 비교할 때는 두 분수를 모두 같은 종류의 분수, 즉 두 분수를 모두 가분수로 고치거나 모두 대분수로 고쳐서 비교해야 한다.

이와 같이 분수의 크기를 비교할 때 분수의 형태를 통일하면, 그 크기를 쉽게 비교할 수 있다.

분모가 다른 분수의 크기 비교

분모가 다른 분수의 크기는 그 상태에서는 크기를 비교할 수 없으므로 분모를 같게 통분한 후, 분수의 크기를 비교한다. 통분은 두 분모를 같게 하는 것을 말한다.

$$\left(\frac{2}{3}, \frac{3}{4}\right) \Rightarrow \left(\frac{2}{3}=\frac{8}{12}, \frac{3}{4}=\frac{9}{12}\right) \Rightarrow \frac{2}{3} < \frac{3}{4}$$

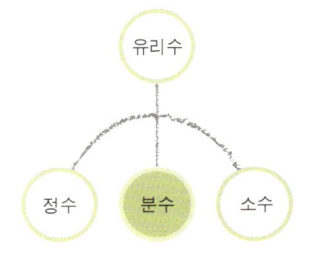

진분수끼리의 크기 비교

$$\frac{3}{4} > \frac{2}{4}$$

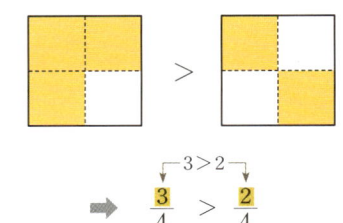

대분수끼리의 크기 비교

$$3\frac{1}{4} > 2\frac{3}{4}$$

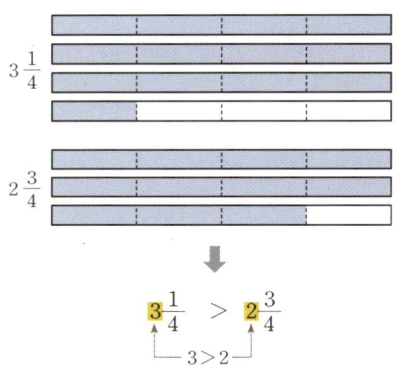

가분수와 대분수의 크기 비교

⟨가분수로 고쳐서 비교하기⟩

$$\left(3\frac{4}{7}, \frac{20}{7}\right) \Rightarrow \frac{25}{7} > \frac{20}{7}$$
$$\Rightarrow 3\frac{4}{7} > \frac{20}{7}$$

⟨대분수로 고쳐서 비교하기⟩

$$\left(3\frac{4}{7}, \frac{20}{7}\right) \Rightarrow 3\frac{4}{7} > 2\frac{6}{7}$$
$$\Rightarrow 3\frac{4}{7} > \frac{20}{7}$$

단위분수의 크기 비교

단위분수란 $\frac{1}{2}, \frac{1}{3}, \frac{1}{4}, \frac{1}{5}$과 같이 분자가 모두 1인 분수를 말한다. 그렇다면 위의 단위분수 중에서 가장 크고 가장 작은 분수는 무엇일까? 물론 단위분수는 분모가 모두 다르므로 분모를 통분하여 비교해도 된다. 그러나 여러 개의 단위분수를 동시에 비교하는 데 통분을 이용하면 계산이 복잡해지고 크기를 비교하는 데 시간이 오래 걸릴 수도 있다.

아래의 그림을 보면 단위분수는 분모가 작을수록 더 큰 분수라는 것을 쉽게 알 수 있다. 이는 전체를 나눈 수(분모)가 클수록 부분의 양(분자)이 더 작아지기 때문이다. 따라서 $\frac{1}{2}, \frac{1}{3}, \frac{1}{4}, \frac{1}{5}$ 중 가장 큰 분수는 분모가 가장 작은 $\frac{1}{2}$이고, 가장 작은 분수는 분모가 가장 큰 $\frac{1}{5}$이다.

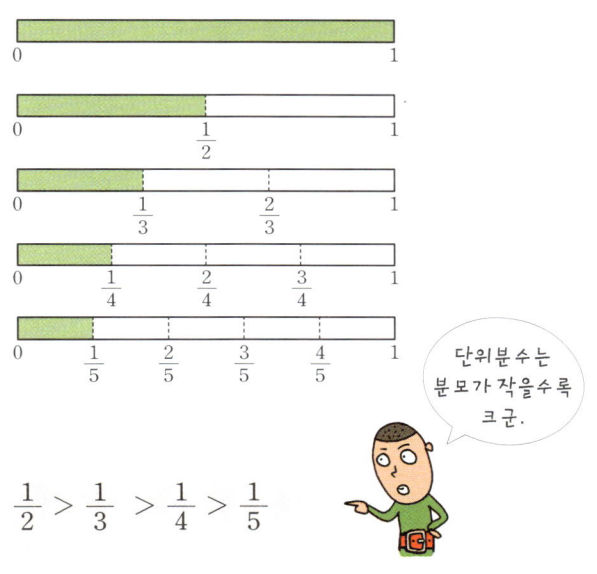

단위분수는 분모가 작을수록 크군.

$$\frac{1}{2} > \frac{1}{3} > \frac{1}{4} > \frac{1}{5}$$

세 분수의 크기 비교

세 분수의 크기 비교는 두 분수씩 차례로 통분하여 비교하거나 세 분수를 한꺼번에 통분하여 비교한다. 이때 세 분수를 분모의 최소공배수로 통분하면 수가 간단해져서 편리하다. 그러나 분모의 최소공배수를 구하는 데 시간이 오래 걸리고 수가 비교적 작은 경우에는 세 수의 곱을 공통분모로 하여 통분해서 크기를 비교해도 된다.

$\left(\frac{3}{4}, \frac{5}{6}, \frac{1}{2}\right)$ ➡ $\left(\frac{3}{4}=\frac{9}{12}, \frac{5}{6}=\frac{10}{12}, \frac{1}{2}=\frac{6}{12}\right)$ ← 분모(4, 6, 2)의 최소공배수 12로 통분

➡ $\frac{5}{6} > \frac{3}{4} > \frac{1}{2}$

이집트 단위분수를 왜 호루스의 눈이라고 부를까?

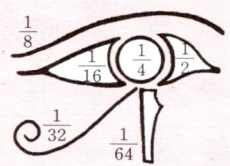

이집트의 신 중에 인간의 눈과 매의 눈을 가진 호루스라는 신이 있었다. 이 신의 오른쪽 눈은 태양, 왼쪽 눈은 달을 상징했다. 호루스의 아버지 오리리스가 자신의 동생 세트(악의 신)에게 죽임을 당하자 호루스는 세트와 80년 동안 전쟁하여 이기지만, 왼쪽 눈을 잃게 된다. 세트는 호루스의 눈을 6조각 낸 후, 이집트 전지역에 뿌렸다. 그러자 이집트의 다른 신들은 호루스를 이집트의 왕이자 파라오의 보호신으로 만들고, 지혜와 마법의 신 토르를 시켜 호루스의 왼쪽 눈의 조각들을 모두 모아 원래 눈을 찾아주었다. 이 신화를 근거로 이집트인들은 눈 전체를 1이라 생각하고 6개의 분수를 적어 넣었다. 그런데 이 분수를 모두 더하면 $\frac{1}{64}$이 부족한 $\frac{63}{64}$이 된다.

$$\frac{1}{2}+\frac{1}{4}+\frac{1}{8}+\frac{1}{16}+\frac{1}{32}+\frac{1}{64}=\frac{63}{64}$$

그래서 지혜의 신 토르가 $\frac{1}{64}$을 더해 완전한 1을 만들어 호루스의 왼쪽 눈을 완성시켜 주었다고 한다.

개념쌤의 눈 특강

분모가 달라도 분자가 같으면 두 분수 중 분모가 큰 분수가 더 작은 수야.

16 소수

- 일의 자리보다 작은 자릿값을 가진 수.
- 소수는 소수점을 기준으로 왼쪽으로 이동할 때마다 자릿값이 10배씩 커지고, 오른쪽으로 이동할 때마다 자릿값이 $\frac{1}{10}$배씩 작아진다.

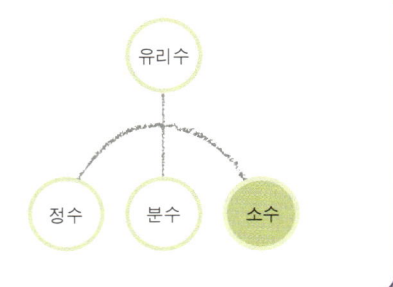

자연수와 소수의 관계

소수는 0.1, 0.2, 0.3, 1.5, 2.67, …… 과 같이 일의 자리보다 작은 자릿값을 가진 수이다. 이때 자릿값이 1보다 큰 부분과 작은 부분을 구별하는 점 '.'을 '소수점'이라고 한다. 즉 소수점은 소수와 자연수를 구분해 주는 점이라고 할 수 있다.

소수를 '1보다 작은 수'로만 착각하는 경우가 있는데 소수는 1보다 작을 수도 있고, 1보다 클 수도 있다. 예를 들어 자연수 5보다 0.5 큰 수인 5.5도 소수이다. 또 2, 3, ……과 같은 자연수는 2.0, 3.0, …… 과 같이 소수의 모양으로도 나타낼 수 있으므로 소수이기도 하다.

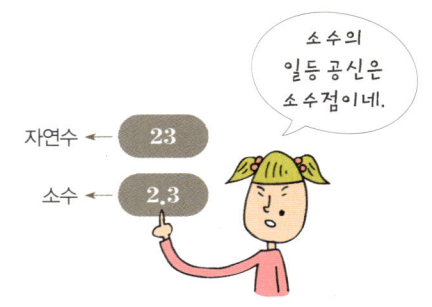

소수점을 찍어 자연수와 소수를 구분한다.

분수와 소수의 관계

소수는 분수가 생긴 지 3000년이 지난 후에 등장했지만 분수와 소수는 그 표현 방법이 다를 뿐 같은 수이다. 따라서 분수를 소수로, 소수를 분수로 바꾸어 나타낼 수도 있다. 특히 분모가 10, 100, 1000, ……인 분수는 모두 소수로 나타낼 수 있다. 분모가 10이면 소수 한 자리 수로, 분모가 100이면 소수 두 자리 수로, 분모가 1000이면 소수 세 자리 수로 나타낼 수 있다. 또 분모가 10, 100, 1000, ……이 아닐 경우에는 분모에 일정한 자연수를 곱하여 분모를 10, 100, 1000, ……으로 만든 후 소수로 나타내거나 분자를 분모로 나누어 소수로 나타낼 수 있다.

분수를 소수로 고치기

〈분모가 10, 100, ……인 분수를 소수로 나타내기〉

$\frac{\blacksquare}{10} = 0.\blacksquare$ (소수 한 자리 수)

$\frac{\blacksquare}{100} = 0.0\blacksquare$ (소수 두 자리 수)

〈분자를 분모로 나누어 소수로 나타내기〉

$\frac{3}{5} = 3 \div 5 = 0.6$

분수와 소수의 관계

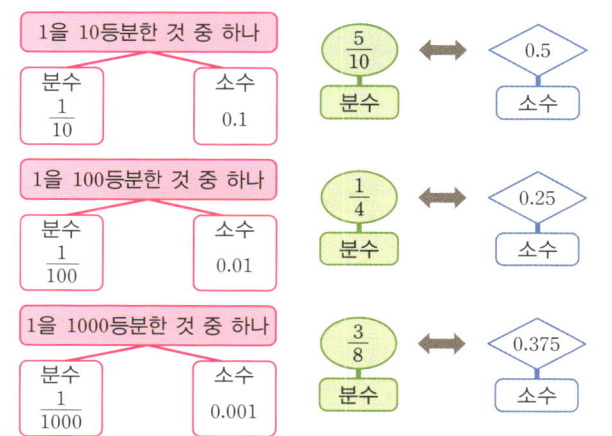

$\frac{1}{2}$은 분수이고, 0.5는 소수이지만 크기는 같다.

소수의 자릿값

소수의 자릿값은 소수점을 기준으로 한다. 또한 소수점의 바로 옆 왼쪽에 있는 수의 자릿값은 일의 자리이고, 소수점의 바로 옆 오른쪽에 있는 수는 소수 첫째 자리로 $\frac{1}{10}$(0.1)의 자리이다.

소수점을 기준으로 왼쪽으로 한 자리씩 이동할 때마다 자릿값이 10배씩 커지고, 오른쪽으로 한 자리씩 이동할 때마다 자릿값이 $\frac{1}{10}$(0.1)배씩 작아진다.

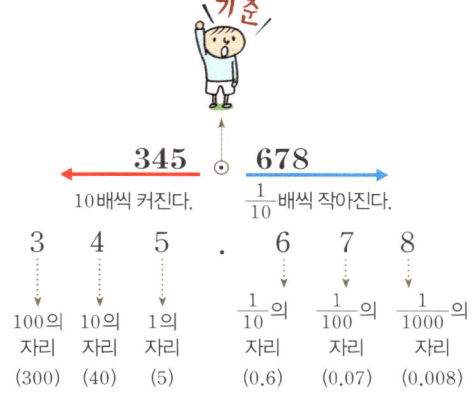

$345.678 = 300 + 40 + 5 + 0.6 + 0.07 + 0.008$

소수 사이의 관계

어떤 수를 $\frac{1}{10}$배, $\frac{1}{100}$배, $\frac{1}{1000}$배 하면 소수점이 왼쪽으로 각각 한 자리, 두 자리, 세 자리 옮겨진다. 또 어떤 수를 10배, 100배, 1000배 하면 소수점이 오른쪽으로 각각 한 자리, 두 자리, 세 자리 옮겨지게 된다. 한편 소수 0.2와 0.20은 소수점 아래 끝자리 0을 생략하여 나타낼 수 있기 때문에 같은 수이다.

소수 사이의 관계

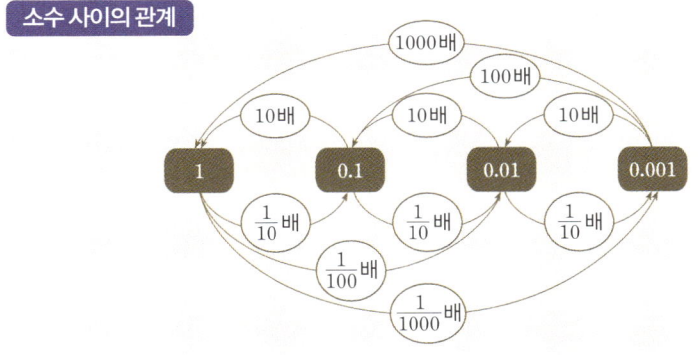

소수 읽기

소수 32.67은 '삼십이점 육칠'이라고 읽는다. 즉 자연수 부분은 일, 십, 백, 천 등의 자릿값을 붙여서 읽고, 소수 부분은 자릿값을 읽지 않고 숫자를 하나씩 차례로 읽는다. 또한 0.3처럼 일의 자리가 0인 소수는 '영점 삼'과 같이 자릿값을 읽지 않고 숫자 0만 읽고, 1.03, 1.203처럼 소수점 아래에 0이 있는 경우도 각각 '일점 영삼', '일점 이영삼'과 같이 자릿값을 읽지 않고 숫자 0만 읽는다.

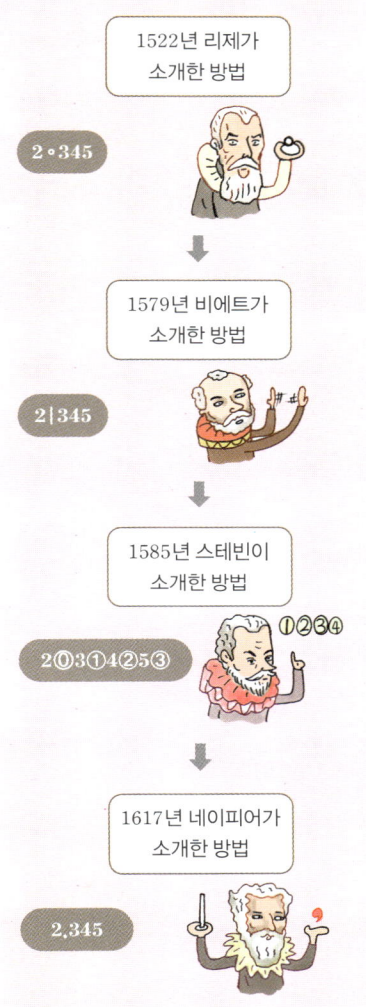

소수의 표기법의 변천 과정

옛날에는 소수를 오늘날과 같이 소수점 '.'을 사용하여 표기하지 않았다. 또 지금처럼 소수를 나타내는 방법이 세계적으로 통일되지 않았다. 유럽의 어떤 나라에서는 아직도 소수점 대신 쉼표를 찍는다고 한다.

개념쌤의 1분 특강

아무데나 소수에서 0을 생략하면 안 돼. 5.08, 30.7, 0.6과 같이 자릿값이 있는 0은 생략하여 읽으면 안 된다는 거~

17 소수의 크기 비교

- 둘 이상의 소수의 크기를 비교하는 것.
- 소수의 크기를 비교할 때는 소수점을 기준으로 왼쪽에 있는 숫자부터 비교한다.

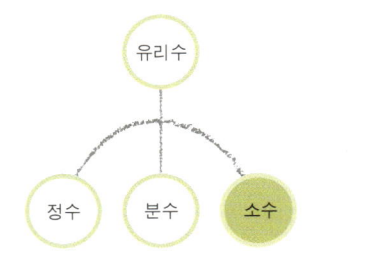

자릿수가 같은 소수의 크기 비교

소수의 크기도 자연수와 마찬가지로 높은 자리부터 비교하면 된다. 이때 소수의 크기는 소수점을 기준으로 왼쪽에 위치한 자연수 부분을 먼저 비교한 다음, 오른쪽으로 내려가면서 차례로 비교한다.

자연수의 경우 수직선에서 3보다는 4, 4보다는 5가 오른쪽에 있는 것처럼 수가 오른쪽에 있을수록 큰 수를 나타낸다. 소수의 경우도 마찬가지로 수직선에서 자연수 부분이 더 큰 4.6이 3.9보다 오른쪽에 있으므로 4.6이 더 큰 수이다. 즉 자릿수가 같은 소수의 크기를 비교할 때에는 '자연수 부분' → '소수 첫째 자리' → '소수 둘째 자리' → '소수 셋째 자리' → ……의 순서로 비교한다.

자릿수가 다른 소수의 크기 비교

자릿수가 다른 소수의 크기를 비교할 때에는 먼저 자연수 부분의 자릿수를 비교한다. 자연수 부분의 자릿수가 더 많은 쪽이 소수점 아래의 숫자에 상관없이 더 큰 수이다. 또한 자연수 부분의 자릿수가 같으면 자릿수가 같은 소수의 크기 비교와 마찬가지로 자연수 부분의 높은 자리의 숫자부터 차례로 비교한다.

소수에서 생략할 수 있는 0

소수 0.2와 0.20은 크기가 같은 소수이다. 소수점 아래 끝 자리의 0은 생략하여 나타낼 수 있기 때문이다. 즉 소수의 소수점 아래의 자릿수는 모두 같은 셈이다. 따라서 소수의 자릿수는 자연수 부분에 의해서 달라진다고 할 수 있다. 그러나 일반적으로는 소수점 아래 끝 자리의 0을 생략하여 나타내었을 경우 소수 한 자리 수, 소수 두 자리 수, 소수 세 자리 수, ……라고 한다.

$$0.70 \rightarrow 0.7$$

한편 5.08, 0.6, 30.7과 같이 소수점 아래 끝 자리를 제외한 곳에 있는 0은 생략하면 안 된다.

소수의 크기 비교

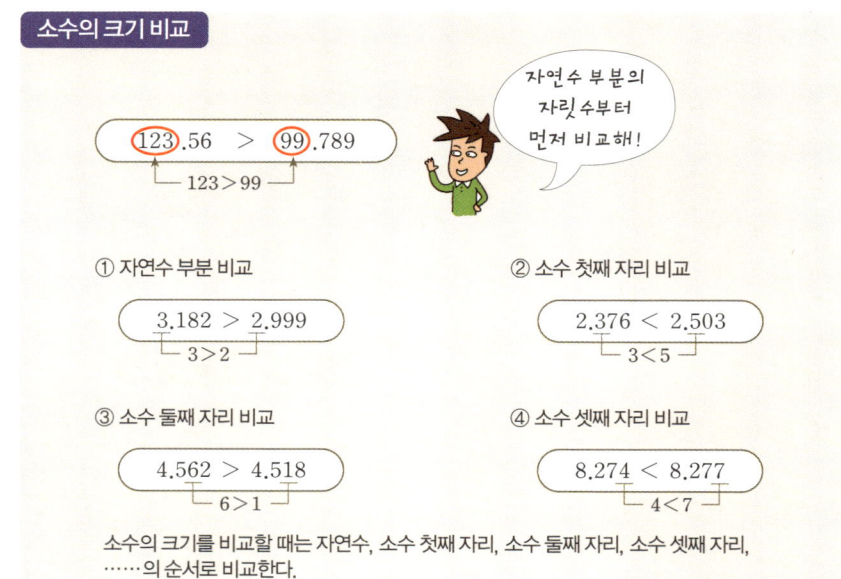

소수의 크기를 비교할 때는 자연수, 소수 첫째 자리, 소수 둘째 자리, 소수 셋째 자리, ……의 순서로 비교한다.

소수의 크기는 자연수 부분을 비교한 후, 소수 부분을 비교하는 거야. 잊지 마!

18 소수의 종류

- 유한소수, 무한소수, 순환소수, 순환하지 않는 무한소수(무리수)
- 유한소수, 무한소수, 순환소수는 분수로 나타낼 수 있고, 순환하지 않는 무한소수는 분수로 나타낼 수 없다.

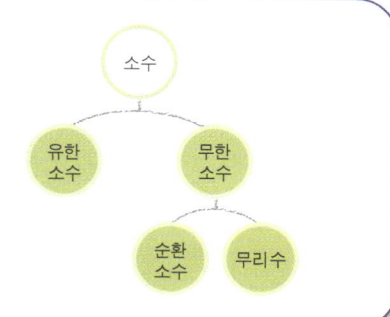

유한소수와 무한소수

$\frac{1}{2}=0.5$와 같이 모든 분수는 소수로 나타낼 수 있다. 그럼 모든 소수는 분수로 나타낼 수 있을까? 모든 분수는 소수로 나타낼 수 있지만 모든 소수는 분수로 나타낼 수 없다. 그럼 어떤 소수를 분수로 나타낼 수 있을까?

분수를 소수로 바꾸어 나타내려면 분모를 10, 100, 1000, ……으로 바꾸면 된다. 예를 들어 $\frac{1}{2}$은 $\frac{5}{10}$로 바꿀 수 있으므로 $\frac{1}{2}$은 0.5로 나타낼 수 있다. 또 $\frac{1}{4}$은 $\frac{25}{100}$로 바꿀 수 있으므로 $\frac{1}{4}$은 0.25로 나타낼 수 있다. 이처럼 소수점 아래의 숫자의 개수를 셀 수 있는 소수를 '유한소수'라고 한다. 즉 0.5, 0.25, 1.265484는 유한소수이고, 모든 유한소수는 분수로 나타낼 수 있다.

그러나 $\frac{1}{3}$과 같은 분수는 분모에 어떤 수를 곱해도 분모가 10, 100, 1000, ……이 될 수 없다. 또한 분자를 분모로 나누어 보면 1÷3=0.333……에서 소수점 아래의 숫자가 끝없이 반복된다. 이와 같이 소수점 아래의 숫자가 0이 아닌 숫자로 무한히 계속되는 소수를 '무한소수'라고 한다.

순환소수와 순환하지 않는 무한소수

무한소수 중 $\frac{31}{99}=0.3131$……과 같이 소수점 아래의 숫자가 일정한 규칙으로 반복되는 소수를 '순환소수'라고 한다. 또한 0.326479……와 같이 소수점 아래의 숫자가 순환하지 않는 무한소수를 '무리수'라고 한다. 이때 순환소수는 모두 분수로 나타낼 수 있고, 무리수는 분수로 나타낼 수 없다. 무리수의 대표적인 예는 원의 둘레를 지름으로 나눈 값, 즉 원주율(π)이다. 원주율은 3.14159265389……로 규칙적이지 않는 숫자가 끝없이 계속된다.

무리수는 누가 발견하였을까?

무리수는 고대 그리스의 피타고라스학파에서 발견하였다. 당시 피타고라스학파는 정사각형의 한 변의 길이를 1이라 할 때, 대각선의 길이가 $\sqrt{2}$(1.414321……)로 끝도 없고, 반복되지도 않는 수가 된다는 것을 알게 되었다. 한 변의 길이가 1인 대각선을 그릴 수는 있지만 자로 그것을 잴 수 있는 방법은 없었다. 당시 유리수만 존재한다고 믿었던 피타고라스학파 사람들에게 이것은 매우 충격적인 사실이었다. 그래서 그들은 이 사실을 일단 외부에 알리지 않고 숨긴 채 $\sqrt{2}$를 유리수 형태로 나타내어 보려고 했다. 하지만 그것은 불가능한 일이었다.
그 후 수학이 점점 발달하면서 $\sqrt{2}$와 같은 무리수의 존재가 점점 밝혀지게 되었다.

개념샘의 1분 특강

소수점 아래 몇 자리의 숫자만 보고 순환소수인지 순환하지 않는 무한소수인지 판단하면 안 돼. 순환하는 부분의 숫자가 많은 경우도 있기 때문이지.

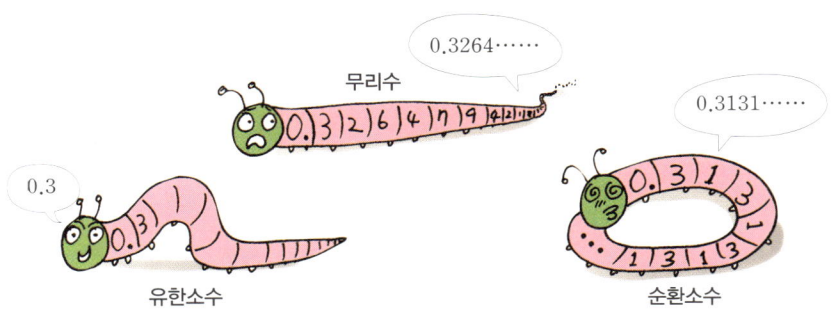

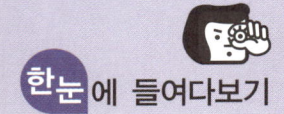

마방진 (魔方陣, magic square)

거북의 등에 그려진 신기한 수의 배열에서 유래된 마방진

중국에서 내려 오는 이야기에 의하면, 중국 하나라의 우왕 시대에 매년 황하가 범람하여 물이 흐르는 길을 고치는 공사를 했다. 어느 해에 강의 가운데서 큰 거북이 나타나서 잡았는데, 이 거북의 등에 오른쪽 그림과 같은 신비한 무늬가 새겨져 있었다고 한다. 이상하게 여긴 우왕이 이 거북의 등에 새겨진 무늬에 대해 알아보게 했다. 거북의 등에 새겨진 그림은 1부터 9까지의 숫자를 점의 개수로 나타낸 것이고 가로, 세로로 3개씩 9개의 숫자가 적혀 있음을 알아냈다. 더 놀라운 것은 이 수들의 배열이 가로, 세로, 대각선으로 더하여도 합이 항상 15로 같다는 것이었다. 이것이 바로 마방진의 시초이고, 당시의 사람들은 이것을 아주 귀하게 여겨서 '낙서(洛書)'라고 이름을 지었다고 한다.

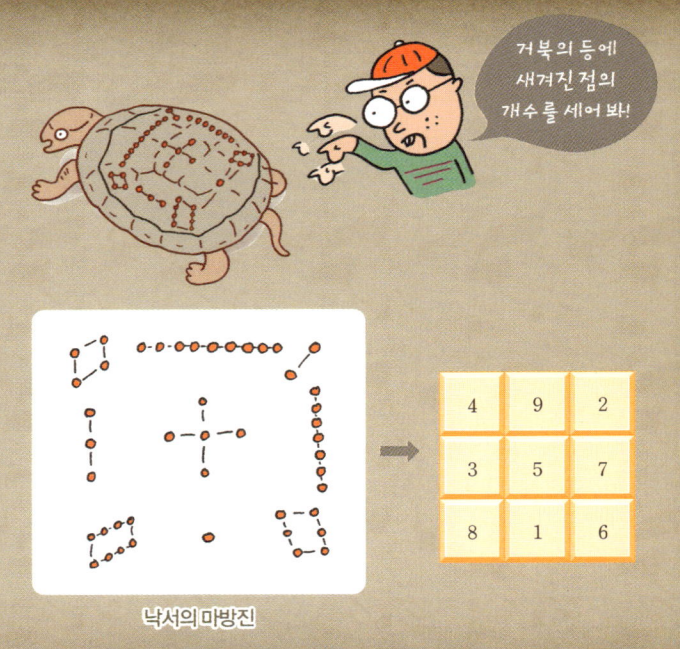

낙서의 마방진

마방진 만들기

가장 처음에 만들어진 마방진은 가로, 세로 3칸씩으로 이루어진 정사각형에 1부터 9까지의 수를 겹치지 않게 채워 넣은 3차 마방진이었다. 이 후 마방진에 대한 연구가 계속되어 3차 마방진, 4차 마방진, 5차 마방진, …… 등이 만들어졌다. 특히 홀수 마방진(3차, 5차, 7차, ……)을 만드는 방법은 1600년대 프랑스의 바쉐라는 사람이 처음 생각해 냈기 때문에 바쉐의 방법이라고도 한다.

1부터 9까지의 수로 3차 마방진 만들기

빈칸이 9개 있는 정사각형을 만들고, 왼쪽 위에서 오른쪽 아래로 비스듬히 1부터 9까지의 수를 차례로 〈그림 1〉처럼 써넣는다. 그런 다음 처음 정사각형의 바깥쪽에 있는 수들을 그 줄에서 가장 먼 빈칸에 옮겨 써넣는다. 즉 〈그림 2〉처럼 1은 5 아래에, 3은 4 아래에, 7은 2 아래에, 9는 5 위에 놓이도록 써넣으면 〈그림 3〉과 같은 3차 마방진이 완성된다.

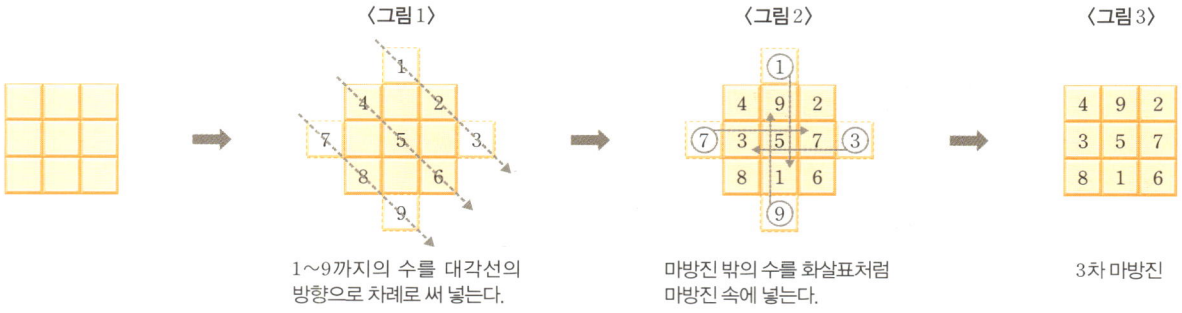

가로, 세로 3칸씩으로 이루어진 정사각형에 1부터 9까지의 수를 겹치지 않게 채워 넣었을 때 가로, 세로, 대각선 위에 놓인 세 수의 합이 모두 같아지는 수의 표를 본 적이 있니? 이렇게 만든 수의 배열을 마방진이라고 한다.

조선시대에도 마방진을 연구한 사람이 있었다.

조선시대 숙종 때의 수학자 최석정(1646~1715)이란 사람이 쓴 책인 『구수략(九數略)』에는 9차 마방진과 지수귀문도(地數龜文圖)라는 유명한 마방진에 대한 설명이 있다. 9차 마방진은 가로, 세로로 9개씩 81개의 숫자로 만들어지는데 1부터 81까지의 수를 중복없이 배열한 마방진이다.
또 지수귀문도는 오른쪽의 그림과 같이 1부터 30까지의 수를 육각형 모양으로 중복없이 배열한 후 각각의 육각형의 수를 합하면 모두 93이 되는 같은 마방진이다. 지수귀문도는 전체적으로 생긴 모양이 거북의 등 같다고 해서 붙여진 이름이다.

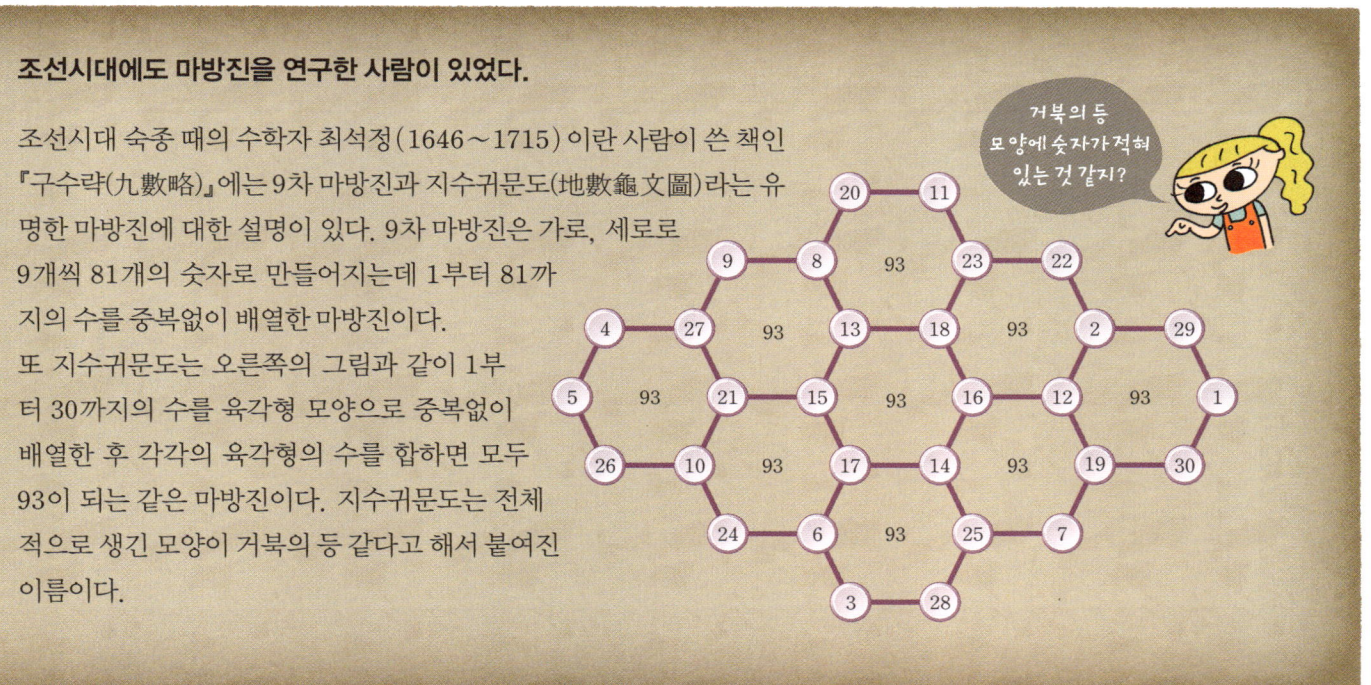

거북의 등 모양에 숫자가 적혀 있는 것 같지?

1부터 16까지의 수로 4차 마방진 만들기

4차 마방진은 먼저 빈칸이 16개인 정사각형을 만들고, 〈그림 1〉과 같이 윗줄부터 차례대로 숫자를 써넣은 후 〈그림 2〉처럼 대각선에 놓이는 숫자만 남기고 나머지 숫자를 모두 지운다. 이때 지운 숫자를 아랫줄부터 오른쪽에서 왼쪽의 순서로 차례로 써넣으면 〈그림 3〉과 같이 4차 마방진이 완성된다.

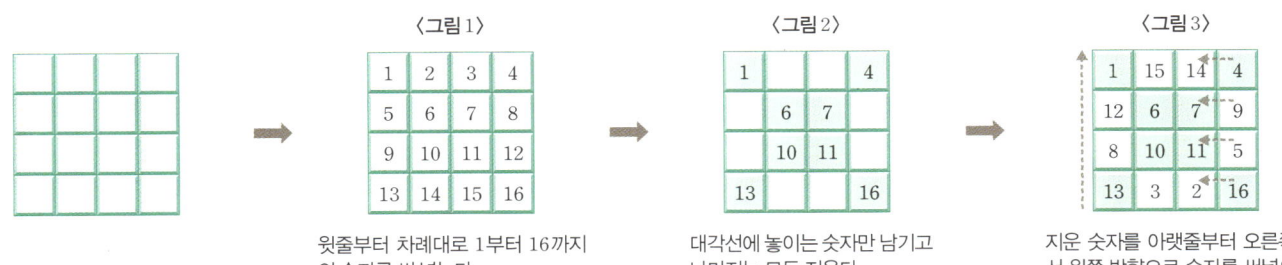

윗줄부터 차례대로 1부터 16까지의 숫자를 써 넣는다.

대각선에 놓이는 숫자만 남기고 나머지는 모두 지운다.

지운 숫자를 아랫줄부터 오른쪽에서 왼쪽 방향으로 숫자를 써넣으면 4차 마방진이 완성된다.

19 가르기와 모으기

- 가르기는 한 수를 둘 이상의 수로 나누는 것.
- 모으기는 둘 이상의 수를 모아서 한 수로 만드는 것.

가르기와 모으기

가르기는 한 수를 둘 이상의 수로 나누는 것으로 한 수가 어떤 수들의 합으로 이루어졌는지 보여 준다. 또 모으기는 둘 이상의 수를 모아서 한 수로 만드는 것으로 가르기와 반대의 개념이라고 할 수 있다.

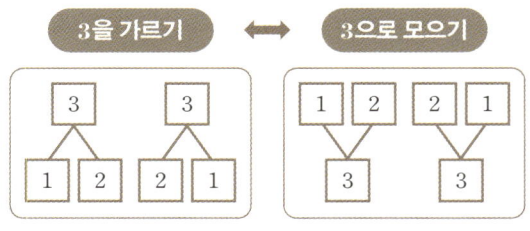

수를 가르고 모으는 방법은 여러 가지이다. 이때 한 수를 가르기 하거나 모으기 할 때 가르기 하기 전의 수나 모으기 한 수에는 변함이 없다. 또한 가르기를 할 때 한 쪽은 1씩 커지게 하고, 다른 한 쪽은 1씩 작아지게 하여 어느 한 수도 빠지지 않도록 하면 가르기와 모으기를 좀더 쉽게 할 수 있다.

⟨0이 있는 경우의 가르기와 모으기⟩

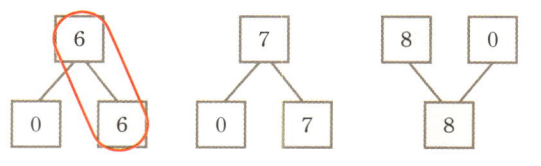

0과 가르거나 모아지는 수는 바로 전체의 수가 된다.

10의 보수

10이 되기 위하여 서로 보충하여 주는 수를 '10의 보수'라고 한다. 두 식 4+2+3+1과 2+1+3+4의 계산에서 밑줄 친 두 수를 먼저 계산하여 더하면 각각 6+4와 3+7이 되어 10이 되는 것을 알 수 있다. 이때 6과 4, 3과 7은 각각 서로 10의 보수이다. 이와 같이 보수를 이용하면 덧셈이나 뺄셈을 쉽고, 정확하게 계산할 수 있다.

가르기와 모으기는 왜 중요할까?

수의 가르기와 모으기는 두 가지의 중요한 의미를 가지고 있다.
첫째, 덧셈과 뺄셈의 기초 과정으로서 의미를 가진다. 예를 들어 4를 1과 3, 2와 2로 가르기 하면 덧셈, 뺄셈의 이해가 쉬워진다.

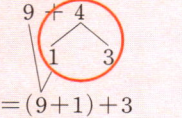 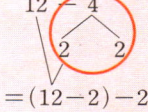

$=(9+1)+3 \qquad =(12-2)-2$
$=10+3=13 \qquad =10-2=8$

둘째, 수에 대한 감각과 수 사이의 관계를 알 수 있다.

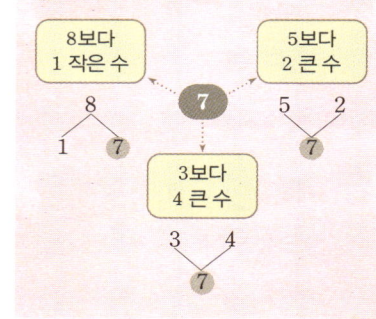

개념쌤의 1분 특강

수의 가르기와 모으기는 두 수로만 하는 것이 아니야. 한 수를 두 수, 세 수, 네 수, ……로 가르기 하는 연습을 하면 덧셈과 뺄셈을 하는 데 많은 도움이 돼.

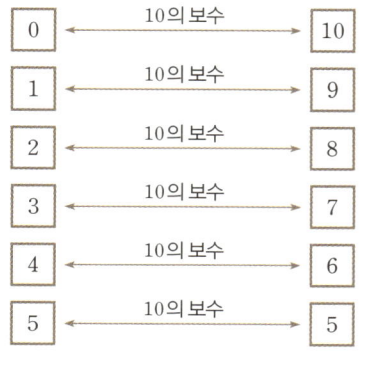

20 덧셈

- 몇 개의 수나 식 등을 합하여 계산하는 것.
- 수의 덧셈은 세로셈으로 고쳐서 일의 자리부터 차례로 계산하는 것이 편리하다.

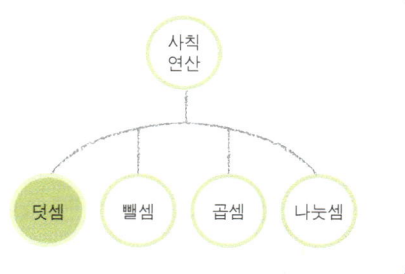

덧셈의 의미

덧셈이란 두 수를 더하는 활동이고, 덧셈식은 두 수를 더해서 생기는 결과까지 나타낸 식을 말한다. 이때 덧셈을 한 결과를 두 수의 합이라고 한다. 그래서 생활 속에서 '모두 몇 개인지', '전체의 수 구하기' 또는 '두 수의 합'을 알아볼 때에는 덧셈을 이용한다.

덧셈은 두 가지 의미가 있다. 하나는 "연필 5자루가 들어 있는 필통에 연필 3자루를 넣으면 모두 몇 자루인가?"처럼 이미 있는 것에 새로운 것을 첨가하여 전체를 알아보는 첨가의 의미이다. 다른 하나는 "민수의 연필 5자루와 하루의 연필 3자루를 한 통에 합하면 연필은 모두 몇 자루인가?"처럼 두 쪽을 한 곳에 모으는 합병의 의미이다.

덧셈	➡	24＋19
덧셈식	➡	24＋19＝43
덧셈식 읽기	➡	24 더하기 19는 43과 같습니다.

〈첨가의 의미〉

연필이 5자루 있는 필통에 3자루를 더 넣으면?

이미 있는 것에 새로운 것을 첨가해 전체를 알아보는 덧셈

〈합병의 의미〉

내 연필 3자루와
내 연필 3자루를 한 통에 합하면?

두 쪽을 한 곳에 모으는 덧셈

덧셈의 방법

자릿수가 적은 수의 덧셈을 할 때에는 높은 자리부터 더해도 쉽게 계산할 수 있지만, 자릿수가 많거나 받아올림이 있는 경우에는 계산이 복잡해져서 잘못 계산할 수 있으므로 자릿수를 맞추어 일의 자리부터 계산하면 편리하다. 특히 24＋3과 같이 자릿수가 서로 다른 두 수의 덧셈은 가로셈보다는 세로셈이 편리하다. 세로셈으로 고칠 때에는 두 수의 자릿수를 잘 맞추어 써야 한다. 그리고 받아올림에 주의하여 일의 자리부터 차례로 계산하면 된다.

〈24＋3의 세로셈〉

① 세로셈은 반드시 일의 자리부터 맞추어 쓴다.　　② 일의 자리부터 차례로 계산한다.

```
   2 4        2 4              2 4          2 4
+  3       +    3           +    3       +    3
─────      ─────            ─────        ─────
   5 4        2 7                7          2 7
   (×)       (○)
```

초등수학 개념사전 41

21 덧셈의 방법

- 받아올림이 없는 덧셈과 받아올림이 있는 덧셈의 계산 방법.
- 같은 자리의 수끼리 더한 값이 10이거나 10보다 클 때에는 바로 윗자리로 받아올림한다.

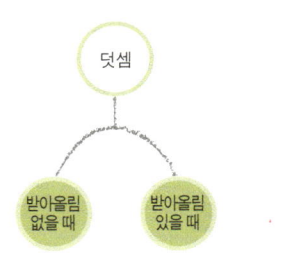

받아올림이 없는 덧셈

받아올림이 없는 덧셈은 자릿수를 잘 맞추어 쓴 다음 같은 자리 숫자끼리 더해 주면 자릿수가 아무리 많아지더라도 쉽게 계산할 수 있다. 즉 일의 자리부터 같은 자리 숫자끼리 차례로 더해 주면서 그 자리에 계산한 값을 쓰면 된다.

한 자리 수의 덧셈	두 자리 수의 덧셈	세 자리 수의 덧셈	네 자리 수의 덧셈
5 + 3 — 8	2 5 + 4 3 — 6 8	3 2 5 + 1 4 3 — 4 6 8	2 3 2 5 + 6 1 4 3 — 8 4 6 8

받아올림이 있는 덧셈

덧셈에서 같은 자리의 수끼리 더한 값이 10이거나 10보다 클 때에는 반드시 바로 윗자리로 받아올림을 한다. 이때 받아올림한 윗자리의 수는 1이 커지게 된다. 만약 계산 과정에서 받아올림을 하지 않거나 받아올림을 한 후에도 윗자리의 계산에서 받아올림한 수를 계산하지 않게 되면 계산한 값이 달라지므로 실수하지 않도록 주의해야 한다.

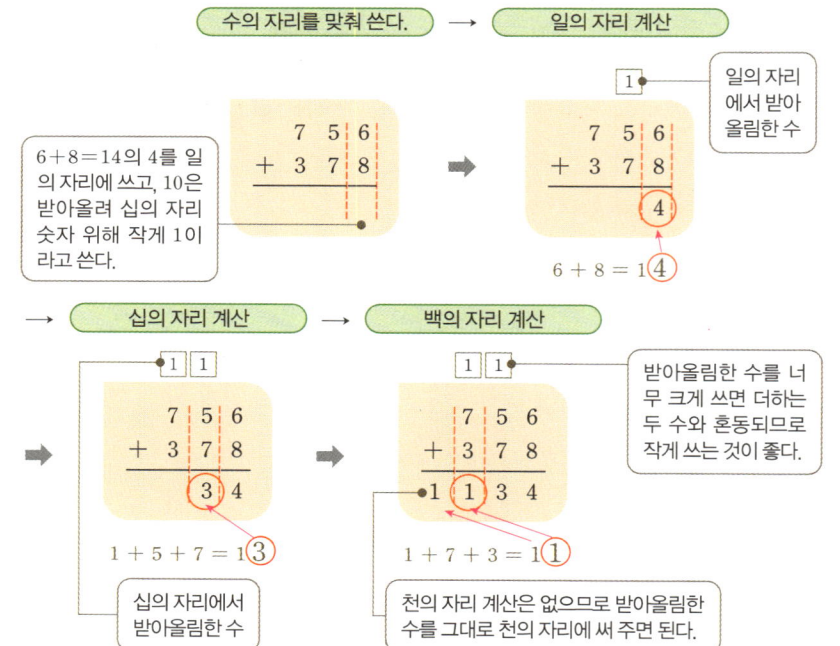

연산 기호(+, −)의 유래

+와 − 기호는 1489년에 계산의 아버지라고 불리는 독일의 위드먼이 과부족의 의미로 사용하기 시작하다가 차츰 덧셈(+)과 뺄셈(−)의 기호로 사용하게 된 것이다.
'+' 기호는 라틴어로 '및' 또는 '~과'를 의미하는 et을 빨리 쓰는 과정에서 +가 되었다고 한다. 또 '−' 기호는 minus의 머릿 글자 m을 빨리 쓰는 과정에서 −가 되었다고 하는 이야기도 있다.

개념쌤의 1분 특강

덧셈을 앞에서부터 계산하면 뒤에서 받아올림이 있을 때, 쓴 숫자를 지웠다가 다시 고쳐 써야하니까 일의 자리부터 계산하는 것이 좋아.

22 뺄셈

- 어떤 수나 식에서 다른 수나 식을 빼는 것.
- 수의 뺄셈은 세로셈으로 고쳐서 일의 자리부터 차례로 계산하는 것이 편리하다.

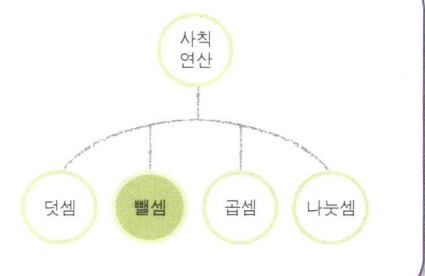

뺄셈의 의미

뺄셈이란 두 수를 빼는 활동이고, 뺄셈식이란 두 수를 빼서 생기는 결과까지 나타낸 것을 말한다. 그리고 이때 뺄셈을 한 결과를 두 수의 차라고 한다. 그래서 생활 속에서 '남은 것은 몇 개인지' 또는 '~보다 몇 개 더 많은지'를 알아볼 때에는 뺄셈을 이용한다.

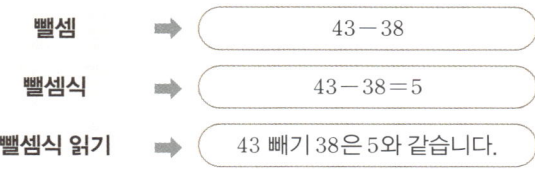

뺄셈 ➡ 43－38

뺄셈식 ➡ 43－38＝5

뺄셈식 읽기 ➡ 43 빼기 38은 5와 같습니다.

뺄셈에는 세 가지 의미가 있다. 하나는 "연필 5자루가 들어 있는 필통에서 연필 3자루를 덜어 내면 남은 연필의 개수는?"처럼 제거의 의미이고, 다른 하나는 "민수와 하루의 연필 개수의 차이는 몇 자루인가?"와 같이 차이의 의미이다. 마지막 하나는 "연필 3자루를 갖고 있는 하루가 연필 5자루를 갖고 있는 민수의 연필의 개수가 같아지려면?"과 같은 동치의 의미이다.

뺄셈의 방법

덧셈과 마찬가지로 뺄셈도 자릿수가 커지고, 받아내림이 복잡한 계산을 할 때에는 가로셈을 세로셈으로 고쳐서 계산하면 편리하게 계산할 수 있다.
물론 세로셈으로 고쳐서 계산할 때에는 덧셈과 같은 방법으로 먼저 자릿수를 잘 맞추어서 쓴 다음 일의 자리부터 차례로 계산해야 한다.
특히 자릿수가 다른 경우에는 일의 자리부터 자릿수를 잘 맞추어 쓰고 받아내림이 있는 경우에 주의하여 계산하면 된다.

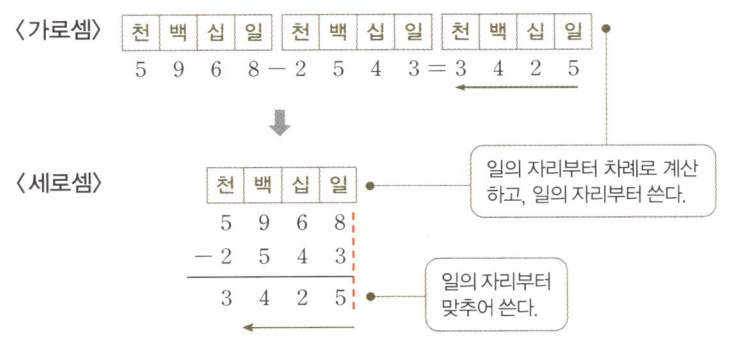

뺄셈의 의미

⟨제거의 의미⟩

전체에서 일부를 덜어 내는 뺄셈

⟨차이의 의미⟩

두 상황의 차이를 알아보는 뺄셈

⟨동치의 의미⟩

서로 다른 것을 같게 하는 뺄셈

23 뺄셈의 방법

- 받아내림이 없는 뺄셈과 받아내림이 있는 뺄셈의 계산 방법.
- 같은 자리의 수끼리 뺄 수 없을 때에는 바로 윗자리에서 10을 받아내림하여 계산을 한다.

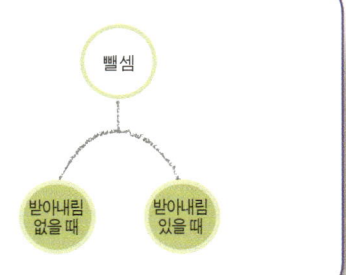

받아내림이 없는 뺄셈

뺄셈도 덧셈과 마찬가지로 자릿수를 잘 맞추어 쓴 다음 같은 자리 숫자끼리 빼 주면 자릿수가 아무리 많아지더라도 쉽게 계산할 수 있다. 즉 다음과 같이 먼저 뺄셈을 세로셈으로 나타낸 다음 일의 자리부터 같은 자리의 숫자끼리 차례로 빼 주면서 그 자리에 계산한 값을 써 주면 된다.

한 자리 수의 뺄셈	두 자리 수의 뺄셈	세 자리 수의 뺄셈	네 자리 수의 뺄셈
8 − 2 ── 6	5 8 − 3 2 ── 2 6	6 5 8 − 1 3 2 ──── 5 2 6	7 6 5 8 − 5 1 3 2 ────── 2 5 2 6

받아내림이 있는 뺄셈

덧셈에서 받아올림을 주의하듯이, 뺄셈에서는 받아내림에 주의하여 계산하여야 한다. 뺄셈을 할 때에는 같은 자리의 수끼리 빼는 과정에서 항상 빼지는 수가 빼는 수보다 큰 것은 아니다. 이렇게 같은 자리의 수끼리 뺄 수 없을 때에는 바로 윗자리에서 10만큼 빌려와서 빼 주는데 이를 '받아내림'이라고 한다. 받아내림을 할 때는 바로 윗자리에서 10을 받아내리게 되므로 바로 윗자리의 수는 1만큼 작아지게 된다. 뺄셈을 하는 데 받아내림 없이는 제대로 계산할 수 없기 때문에 받아내림의 원리를 정확히 이해하는 것이 중요하다.

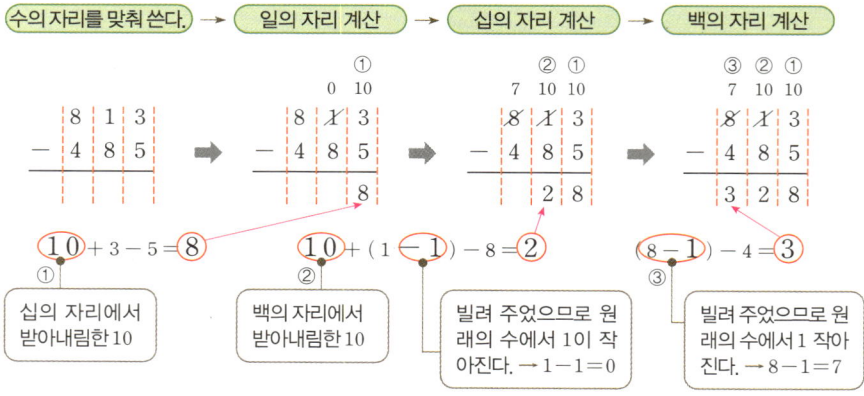

받아올림한 수와 받아내림한 수의 크기

덧셈에서 받아올림을 한 수와 뺄셈에서 받아내림을 한 수의 실제의 크기는 다음과 같다.

⟨받아올림이 있는 덧셈⟩

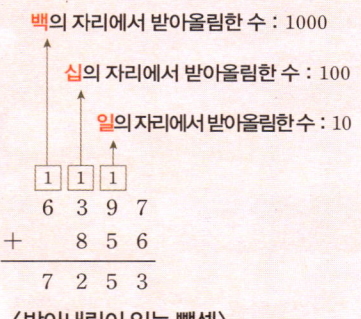

⟨받아내림이 있는 뺄셈⟩

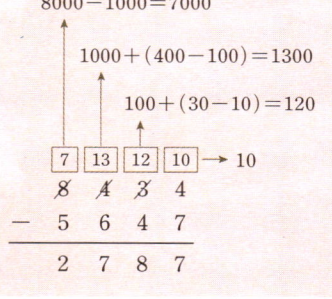

24 덧셈과 뺄셈의 관계

- 덧셈식 또는 뺄셈식을 이용하여 뺄셈식 또는 덧셈식을 만드는 것.
- 하나의 덧셈식은 2개의 뺄셈식으로, 하나의 뺄셈식은 2개의 덧셈식으로 나타낼 수 있다.

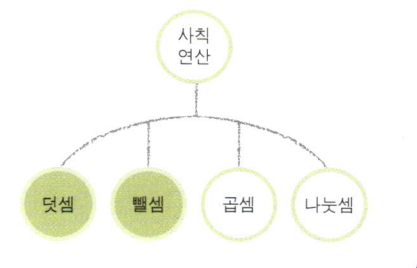

덧셈과 뺄셈의 관계

일상생활에서는 덧셈과 뺄셈을 동시에 이해해야만 해결할 수 있는 문제가 많다. 이럴 때에는 덧셈과 뺄셈이 서로 역연산 관계라는 것을 이해하면 훨씬 더 편하다. '역연산'이란 계산한 결과를 계산을 하기 전의 수 또는 식으로 되돌아가게 하는 것을 말한다. 즉 뺄셈은 덧셈의 역연산, 나눗셈은 곱셈의 역연산이 되는 것이다.

다음과 같이 덧셈과 뺄셈의 관계를 이용하면 하나의 덧셈식은 2개의 뺄셈식으로, 하나의 뺄셈식은 2개의 덧셈식으로 나타낼 수 있다.

> 이 관계는 나중에 방정식을 푸는 데 기초가 되는 중요한 내용이야.

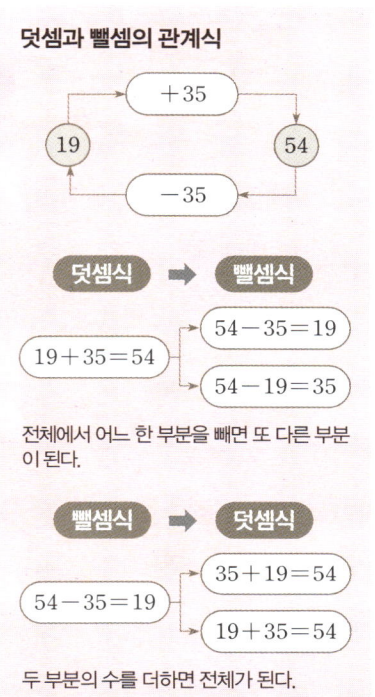

덧셈과 뺄셈의 관계식

$19 \xrightarrow{+35} 54$
$19 \xleftarrow{-35} 54$

덧셈식 → 뺄셈식

$19+35=54 \Rightarrow \begin{cases} 54-35=19 \\ 54-19=35 \end{cases}$

전체에서 어느 한 부분을 빼면 또 다른 부분이 된다.

뺄셈식 → 덧셈식

$54-35=19 \Rightarrow \begin{cases} 35+19=54 \\ 19+35=54 \end{cases}$

두 부분의 수를 더하면 전체가 된다.

세 수의 계산

세 수의 덧셈, 세 수의 뺄셈, 세 수의 혼합 계산과 같이 세 수의 계산은 계산 순서에 따라서 계산 결과가 달라지므로 주의해야 한다.

먼저, 세 수의 덧셈은 계산 순서가 달라도 그 합이 달라지지 않으므로 세 수 중 어떤 두 수를 먼저 더하고, 나머지 한 수를 더하면 된다.

그러나 세 수의 뺄셈은 앞에서부터 두 수씩 차례로 계산하여야 한다. 물론 빼는 수의 순서를 바꾸어도 결과는 같지만 계산 과정에서 실수하지 않으려면 앞에서부터 계산하는 것이 가장 좋다.

마지막으로 세 수의 혼합 계산은 순서를 바꾸어 계산하면 계산 결과가 달라질 수도 있으니 앞에서부터 두 수씩 차례로 계산해야 한다.

| 세 수의 덧셈은 더하는 순서와 관계 없이 계산 결과는 항상 같다. | 수+수+수 |

| 세 수의 뺄셈과 세 수의 혼합 계산은 반드시 앞에서부터 두 수씩 차례로 계산한다. | 수+수-수
수-수+수  |

개념쌤의 1분 특강

덧셈으로만 연결된 식은 어느 수를 먼저 더해도 항상 그 합이 같다는 거~

25 곱셈구구

- 1부터 9까지의 수를 두 수끼리 서로 곱하여 그 값을 나타낸 것.
- 1의 단부터 9의 단까지의 곱셈구구를 구구단이라고도 한다.

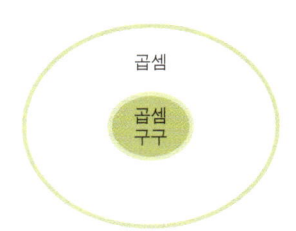

곱셈구구의 규칙

2+2+2+2+2+2+2+2의 계산을 2×8과 같이 곱셈을 이용해서 구할 수 있다. 이때 2×8의 값을 알고 있으면 계산을 좀더 쉽고 빠르게 할 수 있다. 곱셈구구는 이와 같이 계산을 쉽고 빠르게 하기 위해 1부터 9까지의 수에 1부터 9까지의 수를 각각 곱한 값을 나타낸 것이다. 즉 곱셈구구표를 외우고 있으면 곱셈을 빠르고 쉽게 계산할 수 있다.

또 곱셈구구의 규칙을 알게 되면 곱셈구구를 더 쉽게 외울 수 있다. 2의 단 곱셈구구는 2, 4, 6, 8, ……로 2씩 커지고, 5의 단 곱셈구구는 5, 10, 15, 20, ……으로 5씩 커지는 규칙이 있다. 따라서 ▲의 단 곱셈구구는 ▲씩 커지는 규칙이 있다는 것을 알 수 있다.

한편 1에 어떤 수를 곱하면 항상 어떤 수 자신이 된다. 따라서 1의 단은 1씩 커지는 규칙이 있다. 반면 0에 어떤 수를 곱하면 항상 0이 된다.

곱셈구구의 유래

1의 단부터 9의 단까지의 곱셈구구를 구구단이라고도 한다. 구구단은 중국에서 만들어졌고 우리나라에 유래된 것은 고려시대 무렵이다. 처음에 중국이나 우리나라에서의 구구단은 '구구 팔십일'부터 시작하였다고 해서 이일(21)단이 아닌 구구(99)단이라 이름을 불렀다고 한다.

그럼 왜 '구구 팔십일'부터 시작했을까? 그것은 바로 옛날 중국이나 우리나라에서는 구구단을 배우는 사람이 어린이가 아닌 어른이었고, 계산을 하는 층도 일반 대중이 아닌 특수 계급이었다고 한다. 그래서 일반 사람들이 구구단을 어렵게 느끼도록 하려는 의도였다고 한다.

⟨2의 단 곱셈구구⟩

×	1	2	3	4	5	6	7	8	9
2	2	4	6	8	10	12	14	16	18

+2 +2 +2 +2 +2 +2 +2 +2

⟨5의 단 곱셈구구⟩

×	1	2	3	4	5	6	7	8	9
5	5	10	15	20	25	30	35	40	45

+5 +5 +5 +5 +5 +5 +5 +5

⟨1의 단⟩ — 1×(어떤 수)=(어떤 수)

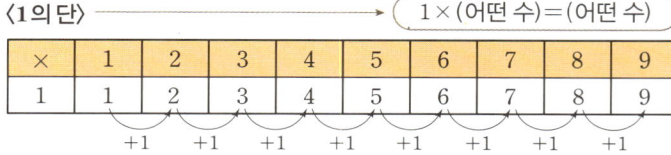

×	1	2	3	4	5	6	7	8	9
1	1	2	3	4	5	6	7	8	9

+1 +1 +1 +1 +1 +1 +1 +1

⟨0의 곱⟩ — 0×(어떤 수)=0

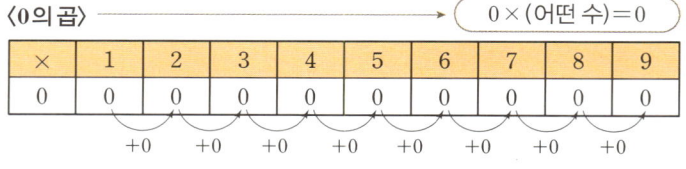

×	1	2	3	4	5	6	7	8	9
0	0	0	0	0	0	0	0	0	0

+0 +0 +0 +0 +0 +0 +0 +0

1의 단은 어떤 수 자신! 0의 단은 항상 0이 되는군.

곱셈표의 규칙

곱셈구구의 규칙을 이해하면 곱셈표를 쉽게 만들 수 있다. 곱셈표는 가로와 세로의 수를 곱하여 그 곱을 가로와 세로가 만나는 칸에 써넣은 것이다.

다음은 좀더 범위를 넓혀 12단 곱셈표를 만들어 나타낸 것이다. 이 곱셈표에서 여러 가지 규칙을 찾아볼 수 있다. 빨간색 선으로 둘러싸인 수들은 아래쪽으로 갈수록 12씩 커지고, 파란색 선으로 둘러싸인 수들은 오른쪽으로 갈수록 7씩 커지는 규칙이 있다는 것을 알 수 있다. 또 빨간색 점선 위의 수는 같은 두 수의 곱이다. 그 밖에 초록색으로 색칠된 수 27을 보면 9×3이나 3×9와 같이 두 수를 바꾸어 곱해도 곱은 같다는 것을 알 수 있다.

곱셈구구로 나눗셈의 몫 구하기

나눗셈의 몫을 구할 때 곱셈구구로 해결할 수 있는 방법이 있다. 예를 들어 나눗셈 24÷8의 몫을 구할 때 나누는 수가 8이므로 8의 단 곱셈구구를 생각해 본다. 즉 8×3 =24이므로 24÷8의 몫은 3이다. 이와 같이 곱셈구구만 잘 외우고 있어도 나눗셈의 몫을 쉽게 구할 수 있다.

〈12단 곱셈표〉

×	1	2	3	4	5	6	7	8	9	10	11	12
1	1	2	3	4	5	6	7	8	9	10	11	12
2	2	4	6	8	10	12	14	16	18	20	22	24
3	3	6	9	12	15	18	21	24	27	30	33	36
4	4	8	12	16	20	24	28	32	36	40	44	48
5	5	10	15	20	25	30	35	40	45	50	55	60
6	6	12	18	24	30	36	42	48	54	60	66	72
7	7	14	21	28	35	42	49	56	63	70	77	84
8	8	16	24	32	40	48	56	64	72	80	88	96
9	9	18	27	36	45	54	63	72	81	90	99	108
10	10	20	30	40	50	60	70	80	90	100	110	120
11	11	22	33	44	55	66	77	88	99	110	121	132
12	12	24	36	48	60	72	84	96	108	120	132	144

파란색으로 둘러싸인 수들은 오른쪽으로 갈수록 7씩 커져.

빨간색으로 둘러싸인 수들은 아래쪽으로 갈수록 12씩 커져.

9×3이나 3×9와 같이 두 수를 바꾸어 곱해도 곱은 같아.

점선 위의 수는 같은 두 수의 곱이지.

곱셈구구의 활용

곱셈구구를 활용하여 여러 가지 실생활 문제를 해결할 수 있다. 오른쪽 그림에서 곶감이 몇 개 남았는지 세어 보자. 남은 곶감의 수를 하나하나 세지 않고, 곱셈구구를 활용하여 세어 보면 다음과 같이 다양하게 셀 수 있다.

먼저, 가로로 일정하게 묶으면 5개씩 2줄과 3개씩 2줄로 나눌 수 있고, 세로로 일정하게 묶으면 4개씩 3줄과 2개씩 2줄로 나눌 수 있다. 또 다른 방법은 전체 칸 수에서 비어 있는 칸 수를 빼 주는 방법이 있다. 이와 같이 곱셈구구를 활용하면 물건의 수를 다양한 방법으로 세어 문제를 해결할 수 있다.

가로로 묶기 : (5×2)+(3×2)=16(개)
세로로 묶기 : (4×3)+(2×2)=16(개)
전체에서 빈곳 빼기 : (5×4)−(2×2)=16(개)

26 곱셈

- 2개 이상의 수나 식을 곱하는 계산.
- '몇 씩 몇 묶음', '몇 곱하기 몇', '몇과 몇의 곱' 등은 곱셈을 나타내는 표현으로 곱셈식으로 나타낼 수 있다.

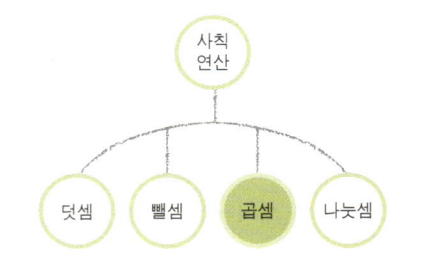

곱셈의 의미

2×5와 같이 '×' 기호만을 사용하여 나타낸 것을 '곱셈'이라고 하고, $2 \times 5 = 10$과 같이 '×' 기호와 '=' 기호를 사용하여 곱셈으로 나타낸 등식을 '곱셈식'이라고 한다. 곱셈식 $2 \times 5 = 10$은 '2 곱하기 5는 10과 같습니다.'라고 읽는다.

| 곱셈 | ➡ | 2×5 | ➡ | 2 곱하기 5 |
| 곱셈식 | ➡ | $2 \times 5 = 10$ | ➡ | 2 곱하기 5는 10과 같습니다. |

$2+2+2+2+2=10$과 같이 2를 5번 더한 덧셈식은 $2 \times 5 = 10$의 곱셈식으로 나타낼 수 있다. 즉 $2 \times 5 = 10$은 2를 5번 더했다는 의미와 같다. 이와 같이 곱셈은 '어떤 수에 몇을 곱하는 것은 그 수를 곱한 수만큼 더하는 것과 같다.'는 의미이다.

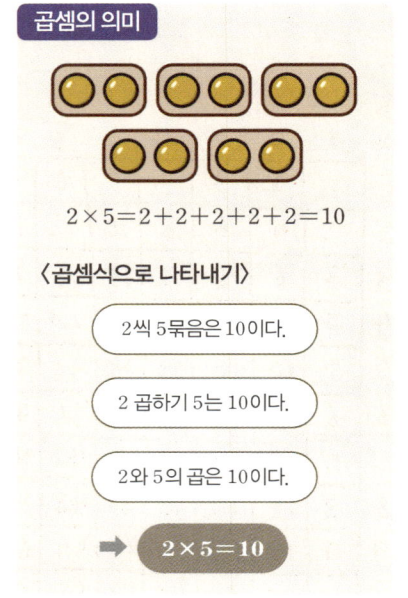

곱셈의 의미

$2 \times 5 = 2+2+2+2+2 = 10$

〈곱셈식으로 나타내기〉

- 2씩 5묶음은 10이다.
- 2 곱하기 5는 10이다.
- 2와 5의 곱은 10이다.

➡ $2 \times 5 = 10$

10, 100, 1000 곱하기

어떤 수에 1을 곱하면 그 결과는 처음 수 그대로이고, 어떤 수에 0을 곱하면 그 곱은 항상 0이 된다. 그럼 어떤 수에 10, 100, 1000, ……을 곱하면 어떻게 될까? 곱하는 수의 0의 개수가 늘어남에 따라 곱의 0의 개수도 늘어난다. 즉 어떤 수에 10, 100, 1000, ……을 곱하면 결과는 어떤 수에 0을 1개, 2개, 3개 붙여 주면 된다. 어떤 수에 1을 곱하면 그 결과는 처음 수 그대로이므로 뒤에 따라오는 0의 개수만 늘어나는 것이다.

〈어떤 수에 10, 100, 1000, 10000 곱하기〉

$789 \times 10 = 7890$ (0이 1개)

$789 \times 100 = 78900$ (0이 2개)

$789 \times 1000 = 789000$ (0이 3개)

$789 \times 10000 = 7890000$ (0이 4개)

곱하는 수의 0의 개수만큼 곱한 값에도 0을 붙여 주면 된다.

27 나눗셈

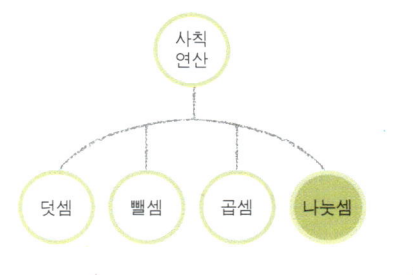

- 어떤 수를 다른 수로 나누는 계산.
- 나눗셈은 같은 양이 몇 번 들어 있는지 알아보는 '포함제'와 똑같이 나누어 한 부분의 크기를 알아보는 '등분제'의 의미가 있다.

나눗셈의 의미

$8 \div 2$와 같이 '$\div$' 기호만을 사용하여 나타낸 것을 '나눗셈'이라고 하고, $8 \div 2 = 4$와 같이 '$\div$' 기호와 '$=$' 기호를 사용하여 나눗셈으로 나타낸 등식을 '나눗셈식'이라고 한다. 나눗셈식 $8 \div 2 = 4$는 '8 나누기 2는 4와 같습니다.'라고 읽는다.

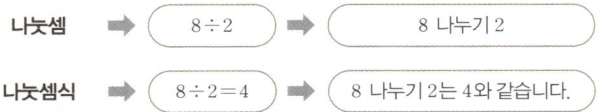

나눗셈의 의미는 크게 두 가지로 나눌 수 있다. 하나는 "사과 8개를 한 접시에 2개씩 나누어 담으면 몇 개의 접시가 필요할까?"처럼 같은 양이 몇 번 들어 있는지 알아보는 나눗셈으로 '포함제'를 의미한다. 이는 사과를 2개씩 포함하는 접시 수를 물어 보는 문제이므로 $8 \div 2 = 4$(접시)가 되는 것이다.

다른 하나는 "사과 8개를 2접시에 나누어 담으면 사과는 한 접시에 몇 개씩일까?"처럼 똑같이 나누어 한 부분의 크기를 알아보는 나눗셈으로 '등분제'를 의미한다. 사과 8개를 두 접시에 나누어 담으면 한 접시에 있는 사과 수는 $8 \div 2 = 4$(개)이다.

나눗셈의 의미

〈포함제〉

$8 - 2 - 2 - 2 - 2 = 0$

↓

$8 \div 2 = 4$(접시)

어떤 수 안에 다른 수가 몇이나 포함되는지 알아보는 나눗셈

〈등분제〉

$8 \div 2 = 4$(개)

어떤 수를 똑같이 몇으로 나누는 나눗셈

나눗셈의 몫과 나머지

$8 \div 2 = 4$와 같은 나눗셈식에서 4는 8을 2로 나눈 몫이라고 한다. 나눗셈의 몫은 곱셈구구를 이용하여 구할 수 있다. 하지만 사탕 9개를 2개씩 묶으면 4묶음이 되고, 1개가 남는 것처럼 나눗셈의 몫이 딱 맞게 떨어지지 않는 경우도 있다. 이를 식으로 나타내면 '$9 \div 2 = 4 \cdots 1$'이다. 이때 4를 '나눗셈의 몫'이라고 하고, 1을 '나머지'라고 한다.

이와 같이 나눗셈에서 나머지가 0인 경우에는 '나누어떨어진다'라고 하고, 나머지가 있는 경우에는 '나누어떨어지지 않는다'라고 한다. 나눗셈에서 나머지는 항상 나누는 수보다 작아야 한다.

〈나누어떨어진다〉

$8 \div 2 = \boxed{4} \leftrightarrow 2 \times \boxed{4} = 8$
　　　　　　　몫

〈나누어떨어지지 않는다〉

$9 \div 2 = 4 \cdots 1$
　　　　　몫　나머지

28 곱셈의 방법

- 여러 가지 경우에 대한 곱셈의 계산 방법.
- 곱셈은 일의 자리부터 자릿수를 잘 맞추어 쓰고, 올림에 주의하여 계산한다.

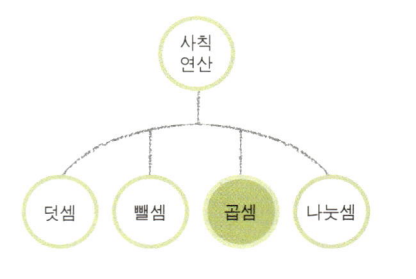

(몇십), (몇백)에 (몇), (몇십) 곱하기

4×2는 4를 2번 더한 값인 8이다. 그리고 40×2는 40을 2번 더한 값으로 80이 된다. 즉 40×2의 값은 4×2의 값 8에 0을 한 개 붙여 쓴 80이 되는 것이다. 그럼 400×2는 어떨까? 400×2는 400을 2번 더한 것이므로 800, 즉 4×2의 값에 0을 두 개 붙여 쓴 값이다. 이와 같이 (몇십)×(몇), (몇백)×(몇)은 (몇)×(몇)의 값에 곱해지는 수의 0의 개수만큼 0을 붙여 계산하면 된다.

같은 원리로 계산하면 $40 \times 20 = 800$, $400 \times 200 = 80000$이 된다. 즉 (몇십)×(몇십), (몇백)×(몇십), (몇백)×(몇십)은 (몇)×(몇)의 값에 곱해지는 수와 곱하는 수의 0의 개수만큼 0을 붙여 계산하면 된다.

또한 어떤 수에 10, 100, 1000, ……을 곱하면 결과는 어떤 수에 0을 각각 1개, 2개, 3개, …… 붙여 주면 된다.

(두 자리 수) × (한 자리 수)

곱셈도 덧셈과 마찬가지로 일의 자리부터 차례로 계산하고, 곱을 쓰는 위치에 주의하여 계산한다.

올림이 없는 경우의 두 자리 수와 한 자리 수의 곱셈이나 세 자리 수와 한 자리 수의 곱셈은 일의 자리부터 차례로 계산한 값을 각 자리에 그대로 써 주면 된다.

그럼 올림이 있는 경우의 곱셈은 어떻게 할까? 덧셈에서 받아올림한 수를 윗자리의 합에 함께 더해 주었듯이 일의 자리에서 올림이 있는 두 자리 수와 한 자리 수의 곱셈에서는 일의 자리에서 올림한 수를 십의 자리를 계산한 값에 더해 주면 된다. 또 십의 자리에서 올림이 있는 두 자리 수와 한 자리 수의 곱셈에서는 십의 자리에서 올림한 수를 백의 자리에 그대로 써 주면 된다.

곱셈의 방법

(몇십) × (몇)
0이 1개
$40 \times 2 = 80$
$4 \times 2 = 8$

(몇백) × (몇)
0이 2개
$400 \times 2 = 800$
$4 \times 2 = 8$

(몇십) × (몇십)
0이 2개
$40 \times 20 = 800$
$4 \times 2 = 8$

(몇백) × (몇백)
0이 4개
$400 \times 200 = 80000$
$4 \times 2 = 8$

⟨일의 자리에서 올림이 있는 경우⟩

$$\begin{array}{r} 37 \\ \times\ 2 \\ \hline \end{array} \Rightarrow \begin{array}{r} 37 \\ \times\ 12 \\ \hline 4 \end{array} \Rightarrow \begin{array}{r} 37 \\ \times\ ①2 \\ \hline 74 \end{array}$$

$3 \times 2 + 1 = 7$

일의 자리에서 올림한 수 1은 십의 자리의 곱과 더하여 십의 자리에 쓴다.

⟨십의 자리에서 올림이 있는 경우⟩

$$\begin{array}{r} 83 \\ \times\ 2 \\ \hline \end{array} \Rightarrow \begin{array}{r} 83 \\ \times\ 2 \\ \hline 6 \end{array} \Rightarrow \begin{array}{r} 83 \\ \times\ 2 \\ \hline ①66 \end{array}$$

십의 자리에서 올림한 수 1은 백의 자리에 쓴다.

올림이 2번 있는 (세 자리 수)×(한 자리 수)

올림이 2번 있는 세 자리 수와 한 자리 수의 곱셈은 어떻게 할까?
245×3을 예로 들어 알아보자. 먼저 일의 자리 숫자 5와 3의 곱에서 올림한 수를 십의 자리로 올려서 십의 자리에서 구한 곱과 더한다. 그런 다음 같은 방법으로 십의 자리에서 올림한 수를 백의 자리로 올려서 백의 자리에서 구한 곱과 더하면 된다.

| | 245
× 3 | → | 245
× 1 3
―――
5 | → | 245
× 1 1 3
―――
③5
(4×3+1=13) | → | 245
× 1 1 3
―――
⑦35
(2×3+1=7) |

곱셈 기호(×)의 유래

우리가 쓰고 있는 곱셈 기호는 영국의 수학자 오트레드가 십자가를 뉘어서 곱셈 기호로 처음 사용하기 시작했다. 그런데 기호 ×는 미지수를 나타내는 문자 x 와 유사하여 잘 사용되지 않다가 19세기 후반에 이르러 널리 사용되었다고 한다.

(두 자리 수)×(두 자리 수)

두 자리 수와 두 자리 수의 곱셈은 곱하는 수의 일의 자리와 십의 자리를 모두 곱하는 과정을 거쳐야 하므로 계산이 좀더 복잡해진다.
36×54를 예로 들어 알아보자. 먼저 곱해지는 수 36과 곱하는 수 54의 일의 자리 숫자 4를 먼저 계산한 다음, 36과 곱하는 수의 십의 자리 숫자 5를 계산하여 자리를 맞추어 쓴다.
이때 36과 4의 곱은 일의 자리부터 쓰고, 36과 5의 곱은 실제로 36과 50의 곱이므로 36과 4의 곱의 아래줄에 십의 자리부터 쓴다. 그런 다음 마지막으로 계산한 두 값을 더해 주면 된다.

세 자리 수와 두 자리 수 또는 네 자리 수와 두 자리 수의 복잡한 곱셈도 자릿수만 늘어날 뿐 계산 방법은 같으므로 위에서 말한 두 자리 수와 두 자리 수의 곱셈 방법을 정확하게 이해하고 있으면 문제 없이 해결할 수 있다.

개념샘의 1분 특강

올림이 있는 경우에는 올림한 수를 잊지 말고 바로 윗자리 수를 계산한 값에 더해 줘.

29 나눗셈의 방법

- 여러 가지 경우에 대한 나눗셈의 계산 방법.
- 나눗셈을 계산할 때에는 세로 형식으로 나타낸 다음 나눠지는 수의 가장 높은 자리부터 몫을 구하면 된다.

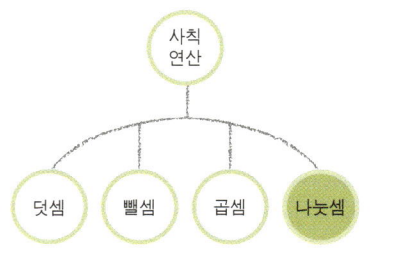

(몇십)÷(몇), (몇십)÷(몇십)

(몇십)÷(몇), (몇십)÷(몇십)의 나눗셈은 (몇)÷(몇)의 나눗셈의 몫을 이용하여 구할 수 있다. 이때 나눠지는 수와 나누는 수가 몇 배씩 커지는지 잘 살펴보아야 한다. 예를 들어 80÷2=40, 80÷20=4를 8÷2=4와 비교해 보면 나눠지는 수가 10배 커지면 몫도 10배 커지고, 나눠지는 수와 나누는 수가 똑같이 10배씩 커지면 8÷2와 몫이 같아진다는 것을 알 수 있다.

(두 자리 수)÷(한 자리 수)

(두 자리 수)÷(한 자리 수)의 나눗셈은 먼저 나눗셈을 세로 형식으로 나타낸 다음, 나눠지는 수의 십의 자리 수를 먼저 나누고 일의 자리 수를 나눈다. 예를 들어 96÷3에서 먼저 90을 3으로 나눈 값을 십의 자리 9위에 쓰고, 6을 3으로 나눈 값을 일의 자리 6위에 쓴다.

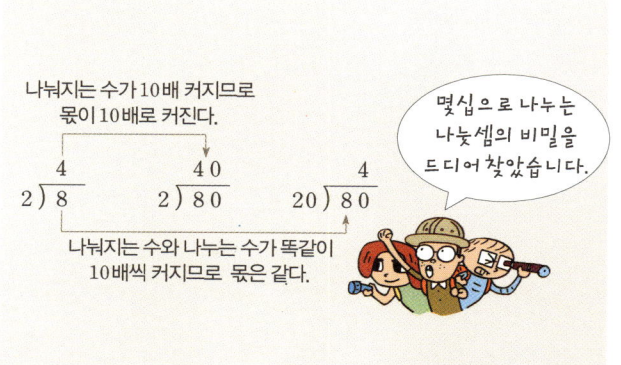

나누는 수가 두 자리 수인 나눗셈

앞에서 살펴보았듯이 나눗셈은 먼저 세로 형식으로 나타낸 다음 나눠지는 수의 가장 높은 자리부터 자리를 맞추어 계산한다. 그런데 873÷25의 나눗셈처럼 나눠지는 수의 백의 자리 숫자 8에 25가 들어가지 않을 때에는 백의 자리는 비워 두고 십의 자리부터 몫을 쓴다. 이때 87에 25가 3번 들어가므로 3을 십의 자리 위치에 쓰고 남는 수 120은 받아내림하여 3과 더한 다음 123에 25가 몇 번 들어가는지 구하여 몫의 일의 자리에 쓰면 된다.

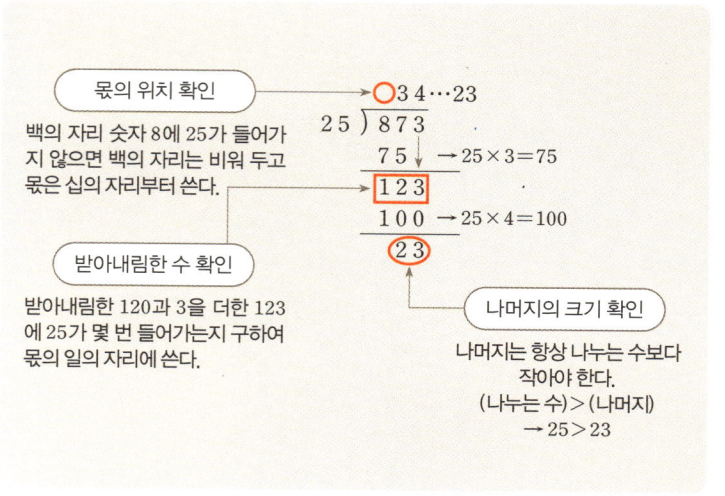

29 나눗셈의 방법

(어떤 수)÷0, 0÷(어떤 수), 0÷0

어떤 수를 0으로 나누는 나눗셈은 존재하지 않는다. 예를 들어 "딸기 35개를 0개의 접시에 나누어 담는다?", "사탕 100개를 0명이 나누어 먹는다?"와 같이 나누는 대상이 0이라는 것은 나누는 대상이 없다는 뜻이므로 수를 나눌 수 없기 때문이다.

그러나 0을 어떤 수로 나누는 나눗셈은 가능하다. 이는 어떤 수에 0을 곱하면 곱이 항상 0이기 때문에 0을 어떤 수로 나누면 몫도 항상 0이 된다.

그렇다면 $0 \div 0$은 어떨까? $0 \times \square = 0$에서 $\square$ 안에는 어떤 수가 들어가도 모두 0이 된다. 따라서 $\square$는 $0 \div 0$의 몫으로 무수히 많다. 즉 몫을 한 가지로 정할 수 없기 때문에 $0 \div 0$은 불가능하다.

나눗셈 기호는 처음에 어떻게 사용하기 시작했을까?

나눗셈 기호는 원래 분수에서 비롯된 것이다. 즉 분수는 분자를 분모로 나눈다는 것을 나눗셈을 표현하고, 이것이 그대로 기호로 모양을 바꾼 것이 바로 '÷' 기호가 되었다. ÷ 기호를 처음 사용한 사람은 스위스의 라안이라는 수학자이다.
나눗셈 기호는 전세계의 공통된 기호가 아니라 우리나라 외에 미국, 영국, 일본에서 사용하고 있다. 그 밖의 다른 나라에서는 나눗셈 기호 대신 분수로 나타내고 있다.

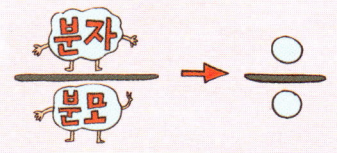

$3 \div 0 = ?$

$3 \div 0 = \square$에서 $0 \times \square = 3$
곱셈구구에서 〈0의 곱〉을 떠올리면 0에 어떤 수를 곱하여도 그 곱은 항상 0이 된다.
그런데 위의 경우는 0에 $\square$를 곱하여 3이 되었기 때문에 $\square$안에 알맞은 수는 존재하지 않는다. 즉 어떤 수를 0으로 나누는 나눗셈은 있을 수 없는 계산이다.

 $3 \div 0$

$0 \div 3 = ?$

$0 \div 3 = \square$에서 $3 \times \square = 0$
두 수의 곱이 0이 되려면 $\square = 0$이 되어야 하므로 $0 \div 3 = 0$이다.
$$0 \div 3 = 0$$

$0 \div 0 = ?$

$0 \div 0 = \square$에서 $0 \times \square = 0$
0에 어떤 수를 곱하여도 그 곱은 항상 0이기 때문에 $\square$안에 1, 2, ……, 100, …, 1000, …… 등 어떤 수를 넣어도 성립이 된다.
따라서 $0 \div 0$의 답은 무수히 많기 때문에 한 가지로 정할 수가 없다.

 $0 \div 0$

개념쌤의 1분 특강

나머지는 나누는 수보다 항상 작아야 해. 만약 나머지가 나누는 수보다 크면 틀린 거니까 다시 계산해 봐.

30 검산

- 나눗셈의 몫과 나머지를 정확하게 구했는지 확인하는 계산.
- 검산은 곱셈과 나눗셈의 관계를 이용하여 구할 수 있다.

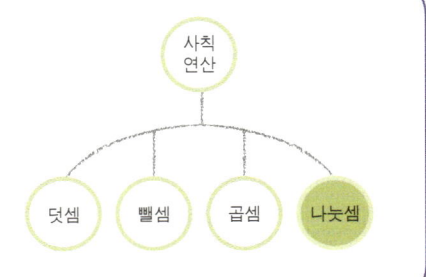

곱셈과 나눗셈의 관계

같은 수를 몇 번 더할 때 좀더 편리한 방법으로 곱셈을 이용하였다면, 반대로 같은 수를 몇 번 뺄 때에는 좀더 편리한 방법으로 나눗셈을 이용한다. 이것은 덧셈과 뺄셈의 관계가 서로 역연산의 관계인 것과 같이 나눗셈의 역연산은 바로 곱셈이 되는 원리와 같다.

곱셈식을 나눗셈식으로, 나눗셈식을 곱셈식으로 바꾸는 방법은 다음과 같다. 이것은 덧셈식과 뺄셈식을 서로 바꾸어 나타내는 원리와 같다.

곱셈과 나눗셈의 관계를 이용하여 간단한 나눗셈의 몫은 곱셈구구를 이용해서 구할 수 있다.

곱셈식을 나눗셈식으로, 나눗셈식을 곱셈식으로 나타내기

하나의 곱셈식은 2개의 나눗셈으로, 하나의 나눗셈식은 2개의 곱셈식으로 바꾸어 나타낼 수 있다.

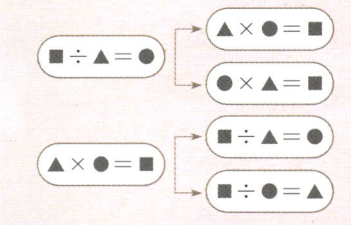

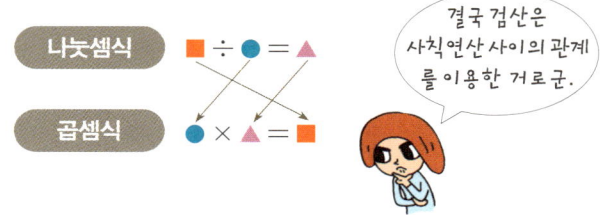

결국 검산은 사칙연산 사이의 관계를 이용한 거로군.

검산

검산은 나눗셈의 계산 결과가 옳은지, 옳지 않은지 알아보는 방법이다. 검산은 곱셈과 덧셈식을 이용하여 할 수 있다.

나눗셈식 : (나눠지는 수) ÷ (나누는 수) = (몫) … (나머지)

검산식 : (나누는 수) × (몫) + (나머지) = (나눠지는 수)

검산을 하기 전에 나머지가 있느냐, 없느냐를 확인하면 검산 과정이 좀더 편리해진다. 즉 나머지가 0이 되어 나누어떨어지는 경우의 검산식은 (나누는 수) × (몫) = (나눠지는 수)이므로 계산이 좀더 간편해진다.

⟨나누어떨어지는 나눗셈⟩

12 ÷ 3 = 4
3 × 4 = 12

검산 : (나누는 수) × (몫)
= (나눠지는 수)

⟨나누어떨어지지 않는 나눗셈⟩

43 ÷ 8 = 5 … 3
8 × 5 + 3 = 43

검산 : (나누는 수) × (몫) + (나머지)
= (나눠지는 수)

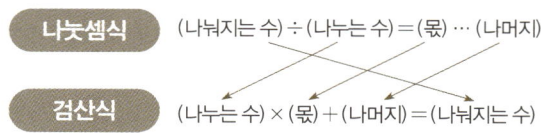

개념샘의 1분 특강

검산을 할때, 나눗셈의 나머지를 빠뜨리지 않도록 주의해.

31. 교환법칙, 결합법칙

- 교환법칙은 계산 순서를 바꾸어 계산하는 법칙.
- 결합법칙은 세 수 이상의 계산에서 앞쪽을 먼저 계산하거나 뒤쪽을 먼저 계산하는 법칙.

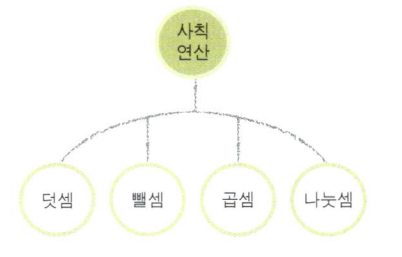

교환법칙

$3+6=9$, $6+3=9$와 같이 덧셈에서는 두 수를 바꾸어 더해도 계산 결과가 항상 같다. 또한 $3\times6=18$, $6\times3=18$과 같이 곱셈에서도 두 수를 바꾸어 곱해도 계산 결과가 항상 같다. 이와 같이 계산 순서를 바꾸어도 계산 결과가 항상 같으면 '교환법칙이 성립한다.'라고 한다.

한편 $3-6=-3$(작은 수에서 큰 수를 빼는 경우이므로 계산 결과는 음수가 된다.)이고, $6-3=3$이므로 뺄셈에서는 두 수를 바꾸어 빼면 계산 결과가 달라진다. 또 $3\div6=\frac{1}{2}$이고, $6\div3=2$이므로 나눗셈에서도 두 수를 바꾸어 나누면 계산 결과가 달라진다. 즉 덧셈과 곱셈은 교환법칙이 성립하고, 뺄셈과 나눗셈은 교환법칙이 성립하지 않는다.

덧셈 $3+6=6+3$
곱셈 $3\times6=6\times3$
교환법칙이 성립한다.

뺄셈 $3-6\neq6-3$
나눗셈 $3\div6\neq6\div3$
교환법칙이 성립하지 않는다.

정수, 유리수, 무리수 범위에서의 교환법칙과 결합법칙

덧셈과 곱셈에 대한 교환법칙과 결합법칙은 자연수 뿐만 아니라 정수, 유리수, 무리수에서도 모두 성립한다. 다음과 같은 정수, 유리수, 무리수의 계산은 중학교 과정에서 자세히 공부하게 될 것이다.

$(-3)+(-6)=(-6)+(-3)$

$(-3)\times(-6)=(-6)\times(-3)$

$\left(\frac{1}{2}+\frac{1}{3}\right)+\frac{1}{4}=\frac{1}{2}+\left(\frac{1}{3}+\frac{1}{4}\right)$

$(\sqrt{2}\times\sqrt{3})\times\sqrt{4}=\sqrt{2}\times(\sqrt{3}\times\sqrt{4})$

결합법칙

결합법칙은 세 수 이상의 계산에서 성립되는 법칙으로 앞의 두 수를 먼저 계산하고 나머지 수를 계산한 결과와 뒤의 두 수를 먼저 계산하고 나머지 수를 계산한 결과가 항상 같으면 '결합법칙이 성립한다.'라고 한다.

$2+3+5$에서 $(2+3)+5=10$이고, $2+(3+5)=10$이다. 또 $2\times3\times5$에서 $(2\times3)\times5=30$이고, $2\times(3\times5)=30$이다. 즉 교환법칙과 마찬가지로 덧셈과 곱셈에서는 결합법칙이 성립한다.

그러나 $(8-7)-3=-2$이고, $8-(7-3)=4$이므로 뺄셈에서는 결합법칙이 성립하지 않는다. 또 $(12\div6)\div2=1$이고, $12\div(6\div2)=4$이므로 나눗셈에서도 결합법칙이 성립하지 않는다.

덧셈 $(2+3)+5=2+(3+5)$
곱셈 $(2\times3)\times5=2\times(3\times5)$
결합법칙이 성립한다.

뺄셈 $(8-7)-3\neq8-(7-3)$
나눗셈 $(12\div6)\div2\neq12\div(6\div2)$
결합법칙이 성립하지 않는다.

개념쌤의 1분 특강

교환법칙과 결합법칙이 모두 성립하는 것은 덧셈과 곱셈!

32 자연수의 혼합 계산

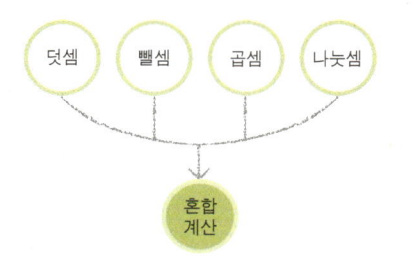

- 덧셈, 뺄셈, 곱셈, 나눗셈과 괄호가 섞여 있는 계산.
- 괄호가 있으면 괄호 안부터 먼저 계산한 다음 곱셈과 나눗셈, 덧셈과 뺄셈의 순서로 계산한다.

덧셈과 뺄셈이 섞여 있는 식의 계산

덧셈만 있는 식의 계산은 순서를 바꾸어 더해도 계산 결과가 달라지지 않는다. 그러나 덧셈과 뺄셈이 섞여 있는 식은 계산 순서를 바꾸면 계산 결과가 달라질 수 있으므로 앞에서부터 차례대로 계산해야 한다.

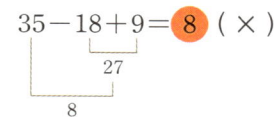

곱셈과 나눗셈이 섞여 있는 식의 계산

곱셈만 있는 식의 계산도 순서를 바꾸어 곱해도 계산 결과가 달라지지 않는다. 그러나 곱셈과 나눗셈이 섞여 있는 식은 반드시 앞에서부터 차례로 계산하여야 한다.

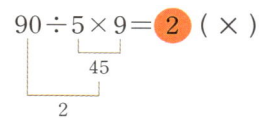

괄호가 있는 식의 계산

덧셈과 뺄셈이 섞여 있는 식에 괄호가 들어 있으면, 가장 먼저 괄호 안의 식부터 계산해야 한다. 이것은 곱셈과 나눗셈이 섞여 있는 식에 괄호가 있을 때도 마찬가지이다.

이와 같이 괄호 안은 덧셈, 뺄셈, 곱셈, 나눗셈 중 그 어느 연산보다 가장 먼저 계산해야 한다. 만약 괄호 안을 먼저 계산하지 않고, 앞에서부터 순서대로 계산하게 되면 계산 결과가 달라지거나 답을 구할 수 없게 된다. 또한 문장제를 풀기 위해 식을 세울 때에도 괄호가 있을 때와 없을 때에 따라 계산 결과가 달라질 수도 있으므로 괄호에 주의하여 식을 세워야 한다.

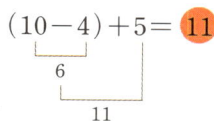 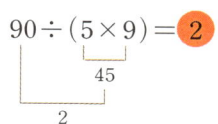

괄호가 있는 계산은 괄호 안을 먼저 계산한다.

자연수의 혼합 계산

⟨덧셈과 뺄셈이 섞여 있는 계산⟩

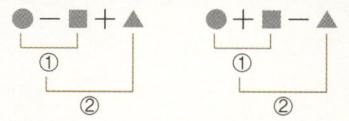

덧셈과 뺄셈이 섞여 있는 계산은 앞에서부터 차례로 계산한다.

⟨곱셈과 나눗셈이 섞여 있는 계산⟩

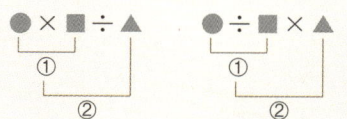

곱셈과 나눗셈이 섞여 있는 계산은 앞에서부터 차례로 계산한다.

⟨괄호가 섞여 있는 계산⟩

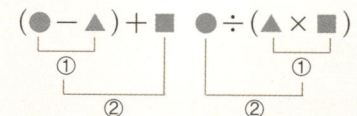

괄호가 있는 계산은 괄호 안부터 계산한다.

32 자연수의 혼합 계산

사칙 혼합 계산

덧셈, 뺄셈, 곱셈, 나눗셈이 모두 섞여 있는 식을 '사칙 혼합 계산'이라고 한다. 사칙 연산이 모두 섞여 있으면서 괄호 없는 식에서는 덧셈과 뺄셈보다 곱셈과 나눗셈을 먼저 계산해야 한다. 물론 곱셈과 나눗셈을 먼저 계산한 후에는 앞에서부터 덧셈, 뺄셈을 차례로 계산하면 된다. 하지만 괄호가 있는 경우에는 반드시 괄호 안부터 계산해야 한다. 이때 여러 가지 괄호가 동시에 섞여 있을 때가 있다. 그럴 경우에는 ( )안 → { }안 → [ ]안의 순서로 계산한다.

〈덧셈, 뺄셈, 곱셈, 나눗셈이 섞여 있는 계산〉

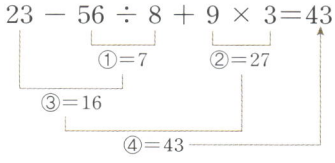

곱셈과 나눗셈을 먼저 계산한 후, 덧셈과 뺄셈을 앞에서부터 계산한다.

〈여러 가지 괄호가 있는 계산〉

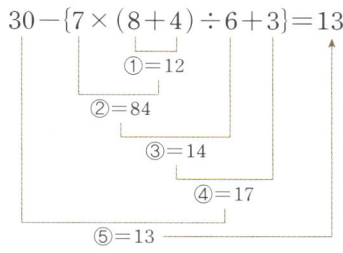

( )안 → { }안 → [ ]안의 순서로 계산한다.

위에서 살펴보았듯이 자연수의 혼합 계산은 계산 순서만 알면 어렵지 않다. 자연수의 혼합 계산은 같은 연산끼리의 계산, 다른 연산끼리의 계산, 괄호가 있는 계산의 세 가지로 나눌 수 있다. 어떤 계산이 섞여 있어도 괄호가 있으면 괄호 안부터 계산하고, 괄호의 계산이 모두 끝나면 곱셈과 나눗셈, 덧셈과 뺄셈의 순서로 계산하는 순서만 기억하면 된다.

왜 곱셈과 나눗셈을 먼저 계산할까?

다음과 같은 두 가지 문제에 대한 식을 세워서 풀어 보자.

문제1 민수는 문구점에서 500원짜리 연필 한 자루와 700원짜리 색연필을 5자루 샀습니다. 민수가 내야 할 돈은 얼마입니까?

문제2 민수는 문구점에서 500원짜리 연필과 700원짜리 색연필을 각각 5자루씩 샀습니다. 민수가 내야 할 돈은 얼마입니까?

위의 문제들은 아래의 식에 각각 괄호를 적당히 넣어서 풀면 된다.

$$500 + 700 \times 5$$

즉 **문제1**에 알맞은 식은 700×5를 괄호로 묶은 $500+(700 \times 5)$이고, **문제2**에 알맞은 식은 $500+700$을 괄호로 묶은 $(500+700) \times 5$이다. 이와 같이 수학자들은 먼저 계산해야 하는 식을 괄호로 묶어서 식의 의미와 계산 결과가 달라지는 것을 나타내었다. 그리고 시간과 잉크를 절약하기 위해 **문제1**의 식과 같이 괄호 안의 식이 곱셈이나 나눗셈이면 괄호를 씌우지 말자고 약속을 했던 것이다.

개념쌤의 한눈특강

혼합 계산의 계산 순서는 첫 번째는 괄호 안, 두 번째는 곱셈과 나눗셈, 세 번째는 덧셈과 뺄셈이라는 걸 기억해.

33 배수

- 어떤 수를 1배, 2배, 3배, …… 한 수.
- 어떤 수의 배수는 무수히 많고, 어떤 수의 배수 중 가장 작은 배수는 자기 자신이다.

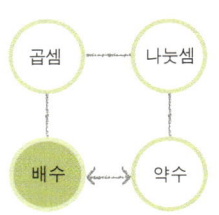

배수의 규칙

7을 몇 배 한 수는 7에 몇을 곱한 수이다. 즉 7을 1배 한 수는 7에 1을 곱한 수 7, 7을 2배 한 수는 7에 2를 곱한 수 14, 7에 3배 한 수는 7에 3을 곱한 수 21, ……이 된다. 이때 7을 몇 배 한 수인 7, 14, 21 ……을 7의 배수라고 한다. 이와 같이 어떤 수를 1배, 2배, 3배, ……한 수를 어떤 수의 '배수'라고 한다.

어떤 수의 배수는 무수히 많다. 왜냐하면 자연수는 끝없이 존재하기 때문이다. 그래서 어떤 수의 배수 중 가장 큰 배수는 구할 수 없다. 하지만 가장 작은 배수는 알 수 있다. 어떤 수의 배수 중 가장 작은 배수는 바로 어떤 수를 1배 한 수, 즉 어떤 수에 1을 곱한 자기 자신이다.

1의 배수

$1 \times 1 = 1$, $1 \times 2 = 2$, $1 \times 3 = 3$, ……이므로 1의 배수는 1, 2, 3, ……과 같이 1부터 시작하여 모든 자연수가 된다. 즉 모든 자연수는 1의 배수임과 동시에 자기 자신의 배수라고 할 수 있다.

한편, 짝수와 홀수 개념도 배수를 이용하여 설명하면 짝수는 자연수 중에서 2, 4, 6, 8, ……과 같이 2의 배수인 수이고, 홀수는 자연수 중에서 1, 3, 5, 7, 9, ……와 같이 2의 배수가 아닌 수이다.

〈7의 배수〉

7을 1배 한 수
→ $7 \times 1 = 7$

7을 2배 한 수
→ $7 \times 2 = 14$
⋮

7을 10배 한 수
→ $7 \times 10 = 70$

7을 11배 한 수
→ $7 \times 11 = 77$
⋮

7을 100배 한 수
→ $7 \times 100 = 700$

7을 1000배 한 수
→ $7 \times 1000 = 7000$

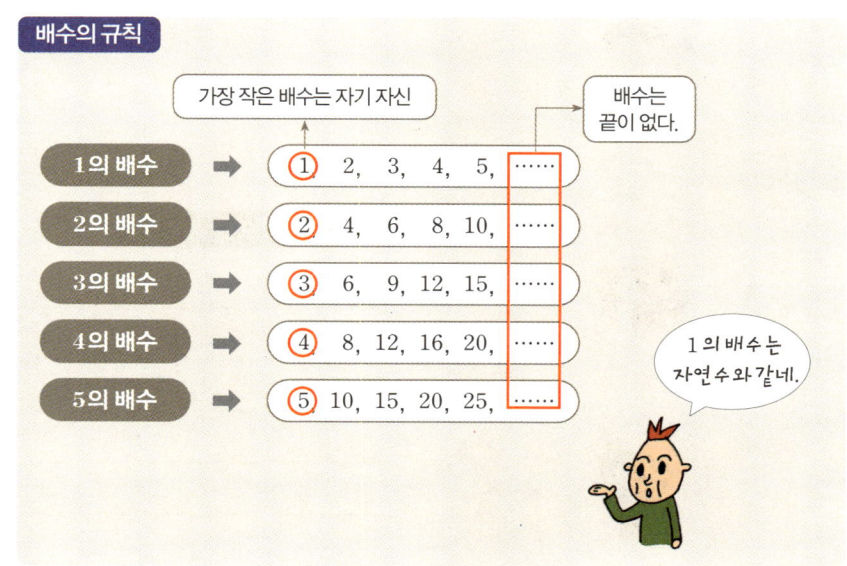

33 배수

배수판별법

어떤 수의 배수인지 아닌지 확인할 때는 그 수를 어떤 수로 나누어 보면 된다. 예를 들어 96이 4의 배수인지 알아보면 96÷4=24에서 4×24=96, 즉 4의 24배는 96이 되므로 96은 4의 배수이다. 그럼 302496은 4의 배수일까? 이런 경우에는 수가 커서 나눗셈식을 사용하여 알아보기에는 시간이 오래 걸리고 실수로 답을 잘못 구할 수도 있다. 따라서 수가 큰 경우에는 다음과 같이 몇 가지 배수판별법으로 배수인지 아닌지 쉽게 알아볼 수 있다.

2의 배수	일의 자리 숫자가 2, 4, 6, 8, 0인 수 → 12, 36, 48, 100, ……
3의 배수	각 자리의 수의 합이 3의 배수가 되는 수 285 → 2+8+5=15
4의 배수	끝의 두 자리 수가 00이거나 4의 배수인 수 → 3<u>00</u>, 5<u>32</u>, 40<u>60</u>, 123456<u>76</u>
5의 배수	일의 자리 숫자가 0 또는 5인 수 → 10, 50, 105, 1000, ……
6의 배수	각 자리의 숫자의 합이 3의 배수가 되는 짝수 486 → 4+8+6=18(3의 배수)
7의 배수	네 자리 수 이상에만 해당되는 판별 방법 네 자리 수 ㉠㉡㉢㉣에서 ㉠㉡㉢−2×㉣이 7의 배수인 수 1498 → 149−2×8=133(7의 배수)
8의 배수	끝의 세 자리 수가 000 또는 8의 배수인 수 → 3<u>000</u>, <u>960</u>, 6<u>336</u>, 1<u>680</u>, ……
9의 배수	각 자리 수의 합이 9의 배수인 수 783 → 7+8+3=18(9의 배수)
10의 배수	일의 자리 수가 0인 수 → 50, 200, 600, 1000, ……
11의 배수	홀수 번째 자리 수들의 합과 짝수 번째 자리 수들의 합의 차가 0 또는 11의 배수인 수 1837 → (8+7)−(1+3)=11

공통인 배수(공배수) 판별법

특정한 두 수의 공통인 배수, 즉 공배수가 되는 수도 좀더 쉽게 판단할 수 있는 방법이 있다. 먼저 2와 5의 공배수는 일의 자리 수가 0인 수이다. 또 4와 25의 공배수는 끝의 두 자리 수가 00인 수이고, 8과 125의 공배수는 끝의 세 자리 수가 000인 수이다.

2와 5의 공배수	⇒ 일의 자리 수가 0인 수
4와 25의 공배수	⇒ 끝의 두 자리 수가 00인 수
8과 125의 공배수	⇒ 끝의 세 자리 수가 000인 수

배수는 자연수만 있을까?

초등학교 과정에서는 자연수 범위에서의 배수에 대해서만 배우지만 중학교 이상에서는 정수의 배수에 대해서도 다룬다.
예를 들어 초등학교 과정에서의 2의 배수는 2, 4, 6, ……이지만 중학교 이상의 과정에서의 2의 배수는 −6, −4, −2, 0, …… 등 0을 포함하여 정수까지 확장된다.

> 8+9+7+5+3+4
> =36이므로 −897534는
> 9의 배수야.

개념쌤의 1분 특강

어떤 수든지 가장 작은 배수는 자기 자신!

34 약수

- 어떤 자연수를 나누어떨어지게 하는 수.
- 어떤 수의 약수에는 1과 자기 자신이 항상 포함된다.

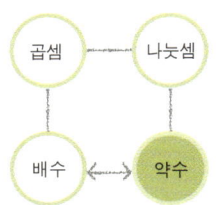

약수 구하기

약수란 어떤 수를 나누어떨어지게 하는 수를 말한다. 예를 들어 12의 약수는 12를 나누었을 때 나머지가 0이 되게 하는 수를 찾으면 된다.

약수는 나눗셈을 이용하여 구할 수 있다. 12의 약수는 12를 1부터 12까지의 수로 각각 나누었을 때, 나머지가 0이 되게 하는 수 1, 2, 3, 4, 6, 12이다. 또한 약수는 두 수의 곱으로 나타내어 구할 수도 있다. 12는 $1 \times 12 = 12$, $2 \times 6 = 12$, $3 \times 4 = 12$와 같이 두 수의 곱으로 나타낼 수 있다. 이때 곱으로 나타낸 두 수로 각각 12를 나누면 나누어떨어지게 된다. 그런데 $2 \times 6 = 12$, $6 \times 2 = 12$와 같이 두 수의 순서를 바꾸어 곱해도 결과는 같다. 그렇다고 해서 약수를 쓸 때 2, 2, 6, 6과 같이 두 번 쓰지 않도록 한다.

〈나눗셈을 이용하여 구하기〉

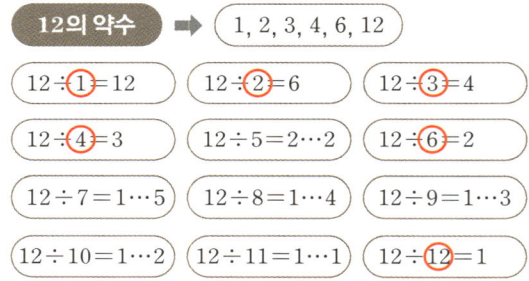

〈두 수의 곱으로 구하기〉

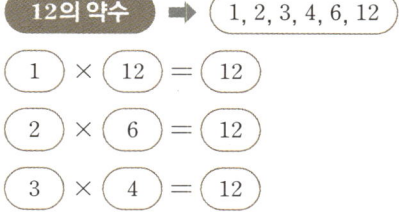

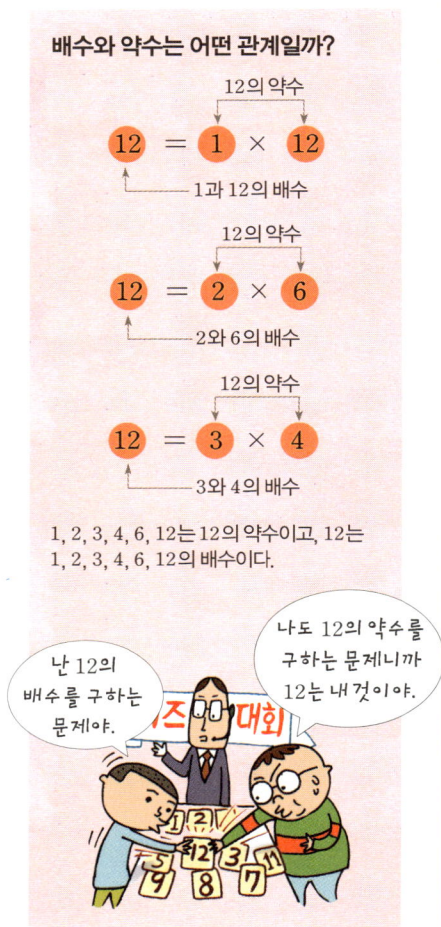

모든 수의 약수

모든 자연수는 1로 나누어떨어지므로 1은 모든 수의 약수이다. 그래서 어떤 수의 약수 중에서 가장 작은 수는 항상 1이고, 가장 큰 수는 어떤 수 자신이 된다. 즉 어떤 수의 약수에는 1과 어떤 수 자신이 항상 포함된다.

34 약수

약수가 될 수 없는 수

두 수의 곱에서 곱하는 두 수는 약수, 곱한 결과는 배수이다. 그래도 약수인지 아닌지 혼동될 때가 있다. 예를 들어 0이나 $\frac{1}{4}$과 같은 분수는 약수가 될 수 있을까? 없을까?

혼동이 된다면 배수의 뜻을 잘 생각해 보면 답을 쉽게 알 수 있다. 배수는 어떤 수를 1배, 2배, 3배, …… 한 수로 여기서의 몇 배는 자연수 범위에서 생각하면 된다. 따라서 0이 약수이거나 $\frac{1}{4}$이 약수인 경우는 없다.

중학교에서의 약수의 범위는?
중학교 과정에서 배수는 정수 전체를 포함한다. 약수도 마찬가지로 중학교 과정에서는 정수 전체에서 다루게 된다. 즉 $(-2) \times (-4) = 8$이므로 -2와 -4는 8의 약수이고, 8은 이 수들의 배수이다.

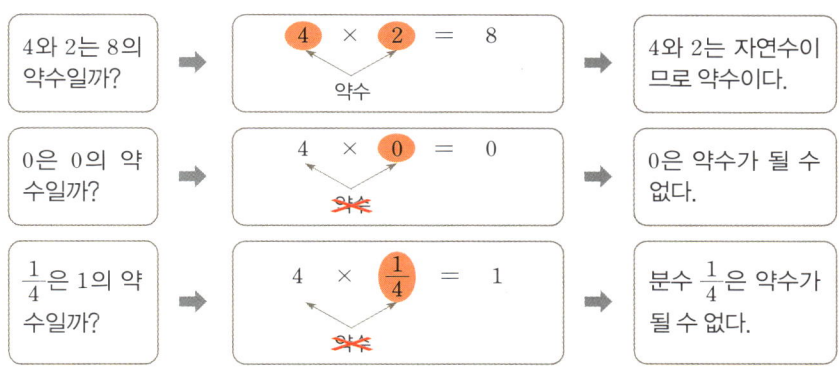

4와 2는 8의 약수일까?	→	$4 \times 2 = 8$ (약수)	→	4와 2는 자연수이므로 약수이다.
0은 0의 약수일까?	→	$4 \times 0 = 0$	→	0은 약수가 될 수 없다.
$\frac{1}{4}$은 1의 약수일까?	→	$4 \times \frac{1}{4} = 1$	→	분수 $\frac{1}{4}$은 약수가 될 수 없다.

약수와 관련된 수 이야기

약수와 관련된 몇 가지 수에 대해 알아보자.

소수(素數)	1을 제외한 1과 자기 자신만을 약수로 갖는 수 예) 2, 3, 5, 7, 11, ……
합성수	약수가 3개 이상인 수 예) 4, 6, 8, 10, ……
완전수	자기 자신 이외의 약수의 합이 자신과 같아지는 수 예) 6
부족수	자기 자신 이외의 약수를 모두 더하면 자기 자신보다 작은 수가 나오는 수 예) 4
과잉수	자기 자신 이외의 약수를 모두 더하면 자기 자신보다 큰 수가 나오는 수 예) 12, 18
친화수	자기 자신 이외의 약수를 모두 더하면 서로 상대방 수가 되는 두 수 예) 220과 284
부부수	1과 자신을 뺀 약수를 더하면 서로 상대방 수가 되는 두 수 예) 48과 75

6의 약수는 1, 2, 3, 6이고, $1+2+3=6$이니까 6이 바로 완전수네!

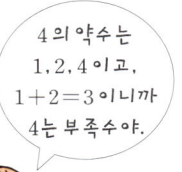

4의 약수는 1, 2, 4이고, $1+2=3$이니까 4는 부족수야.

개념쌤의 1분 특강

1을 제외한 모든 자연수의 약수의 개수는 2개 이상이야. 1의 약수는 당연히 자기 자신인 1 한 개뿐이지.

35 공배수, 최소공배수

- 공배수는 어떤 두 수의 공통된 배수.
- 최소공배수는 공배수 중 가장 작은 수.
- 두 수의 공배수는 두 수의 최소공배수의 배수이다.

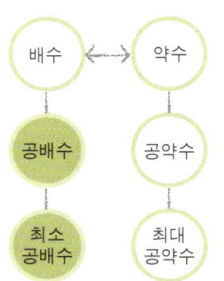

공배수 구하기

공배수란 두 수의 배수 중 공통으로 들어가는 배수이다. 6과 8의 공배수는 두 수의 배수를 각각 구한 후 공통인 배수 24, 48, 72, ……를 찾으면 된다. 또 이중에서 가장 작은 24를 6과 8의 최소공배수라고 한다.

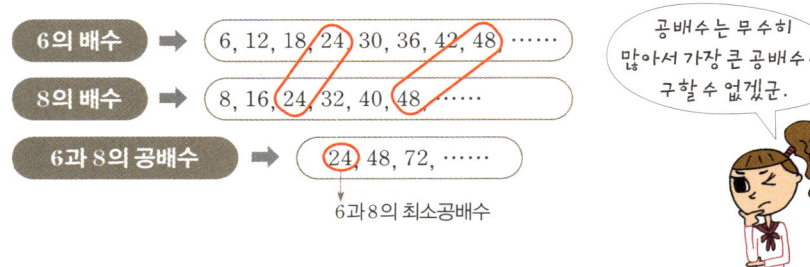

연속된 두 자연수의 최소공배수

2와 3, 3과 4, 4와 5 등과 같이 연속된 두 자연수의 최소공배수는 무조건 두 수를 곱하면 된다. 즉 2와 3의 최소공배수는 $2 \times 3 = 6$, 3과 4의 최소공배수는 $3 \times 4 = 12$, 4와 5의 최소공배수는 $4 \times 5 = 20$이다. 이것은 연속된 두 자연수의 공통인 약수는 1밖에 없기 때문이다.

〈4와 5의 최소공배수〉

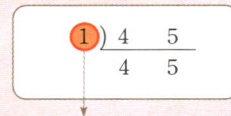

4와 5의 최소공배수 : $1 \times 4 \times 5$
$= 4 \times 5 = 20$

최소공배수 구하기

두 수의 최소공배수를 구하는 방법은 곱셈을 이용하는 방법과 나눗셈을 이용하는 방법 중에서 편리한 방법으로 구하면 된다.

먼저 곱셈을 이용할 때에는 두 수를 각각 작은 수들의 곱으로 나타낸 다음 곱해진 수들 중에서 공통인 수들의 곱에 나머지 수들을 모두 곱해 주면 최소공배수를 구할 수 있다. 또 나눗셈을 이용할 때에는 두 수가 동시에 나누어지지 않을 때까지 나눈 후, 나누는 수들과 마지막 몫들의 곱을 구하면 된다.

〈작은 수들의 곱으로 나타내어 구하기〉

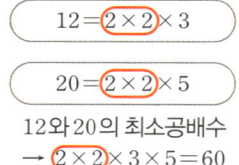

12와 20의 최소공배수
→ $2 \times 2 \times 3 \times 5 = 60$

〈나눗셈으로 구하기〉

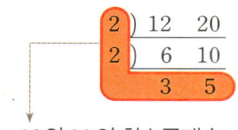

12와 20의 최소공배수
→ $2 \times 2 \times 3 \times 5 = 60$

공배수와 최소공배수의 관계

공배수와 최소공배수의 관계는 매우 중요하다. 두 수의 공배수는 두 수의 최소공배수의 배수와 같다. 예를 들어 두 수 12와 18의 공배수는 36, 72, 108, ……이고, 이 수들은 두 수 12와 18의 최소공배수인 36의 배수와 같다.

12와 18의 공배수
→ 36, 72, 108, ……

12와 18의 최소공배수인 36의 배수
→ 36, 72, 108, ……

개념쌤의 1분 특강

최소공배수는 구할 수 있고, 최대공배수는 구할 수 없어.

36 공약수, 최대공약수

- 공약수는 어떤 두 수의 공통된 약수.
- 최대공약수는 공약수 중 가장 큰 수.
- 두 수의 공약수는 두 수의 최대공약수의 약수이다.

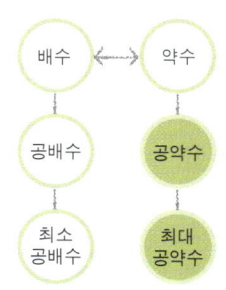

공약수 구하기

공약수란 어떤 두 수를 동시에 나누어떨어지게 하는 수이다. 8과 12의 공약수는 두 수의 약수를 각각 구한 다음, 공통인 수 1, 2, 4를 찾으면 된다. 이때 공약수 중 가장 큰 수인 4를 8과 12의 최대공약수라고 한다.

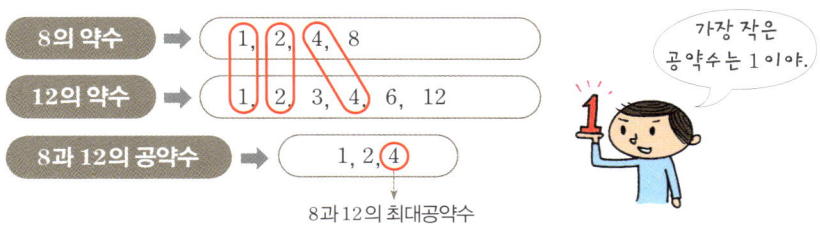

소인수분해

1을 제외한 1과 자기 자신만을 약수로 갖는 수를 소수라고 하고, 주어진 수를 소수인 약수들의 곱으로만 나타내는 방법을 소인수분해라고 한다.
소수는 2, 3, 5, 7, 11, 13, …… 등 무수히 많다. 어떤 수를 소인수분해할 때는 소수 중 가장 작은 수인 2부터 차례대로 나눠 보면 된다.
이러한 소인수분해는 최대공약수나 최소공배수를 구하기 위해 곱셈이나 나눗셈을 이용할 때 활용된다.

소인수분해 과정

$$2\,\underline{)\,12\,}$$
$$2\,\underline{)\,6\,}$$
$$3$$

➡ $12 = 2 \times 2 \times 3$ (소수만의 곱)

최대공약수 구하기

최대공약수는 약분을 할 때 이용하면 편리하다. 두 수의 공약수를 구한 후 최대공약수를 구하면 시간이 오래 걸릴 수 있다. 따라서 두 수의 최대공약수를 구하는 방법도 최소공배수를 구할 때와 같이 곱셈을 이용하거나 나눗셈을 이용하면 편리하다.

먼저 곱셈을 이용할 때에는 두 수를 작은 수들의 곱으로 나타낸 후 곱해진 수들 중 공통인 수들의 곱을 구하면 된다. 또 나눗셈을 이용할 때에는 두 수를 공통으로 나눈 수들의 곱을 구하면 된다.

⟨작은 수들의 곱으로 나타내어 구하기⟩

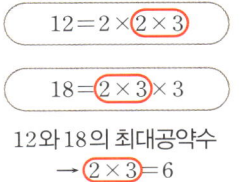

12와 18의 최대공약수
→ $2 \times 3 = 6$

⟨나눗셈으로 구하기⟩

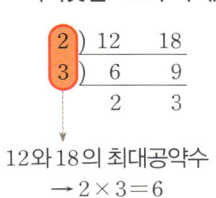

12와 18의 최대공약수
→ $2 \times 3 = 6$

공약수와 최대공약수의 관계

두 수의 공약수는 두 수의 최대공약수의 약수와 같다. 즉 두 수 12와 18의 공약수 1, 2, 3, 6은 두 수 12와 18의 최대공약수인 6의 약수이기도 하다.

12와 18의 공약수
→ 1, 2, 3, 6

12와 18의 최대공약수인 6의 약수
→ 1, 2, 3, 6

개념쌤의 1분 특강

공약수 중 가장 작은 수는 무조건 1.
그래서 최소공약수는 따로 구할 필요가 없다는 거~

37 약분

- 분수의 분모와 분자를 그들의 공약수로 나누는 것.
- 분수를 분모와 분자의 최대공약수로 약분하면 더 이상 약분할 수 없는 기약분수가 된다.

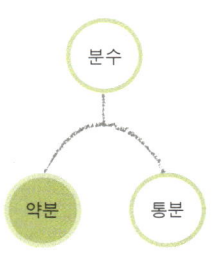

크기가 같은 분수 만들기

$\frac{1}{2}$의 분모와 분자에 2 또는 3을 곱해도 그 크기는 같다. 즉 분수의 분모와 분자에 0이 아닌 같은 수를 수를 곱해도 그 분수의 크기는 같다. 또한 분수의 분모와 분자를 0이 아닌 같은 수로 나누어도 그 분수의 크기는 같다. 이와 같이 분수의 분모와 분자에 0이 아닌 같은 수를 곱하거나 나누어 크기가 같은 분수를 만들 수 있다.

〈곱하여 크기가 같은 분수 만들기〉

$\frac{1}{3} = \frac{1 \times 2}{3 \times 2} = \frac{2}{6}$, $\frac{1}{3} = \frac{1 \times 3}{3 \times 3} = \frac{3}{9}$, $\frac{1}{3} = \frac{1 \times 4}{3 \times 4} = \frac{4}{12}$, $\frac{1}{3} = \frac{1 \times 5}{3 \times 5} = \frac{5}{15}$

$$\frac{1}{3} = \frac{2}{6} = \frac{3}{9} = \frac{4}{12} = \frac{5}{15} = \cdots\cdots$$

〈나누어 크기가 같은 분수 만들기〉

$\frac{6}{18} = \frac{6 \div 1}{18 \div 1} = \frac{6}{18}$, $\frac{6}{18} = \frac{6 \div 2}{18 \div 2} = \frac{3}{9}$, $\frac{6}{18} = \frac{6 \div 3}{18 \div 3} = \frac{2}{6}$, $\frac{6}{18} = \frac{6 \div 6}{18 \div 6} = \frac{1}{3}$

$$\frac{6}{18} = \frac{3}{9} = \frac{2}{6} = \frac{1}{3}$$

약분하는 방법

분모와 분자를 0이 아닌 수라고 모두 나눌 수 있는 것은 아니다. 즉 나누는 수가 분모와 분자의 공약수이어야만 나눌 수 있다. 이와 같이 분모와 분자를 두 수의 공약수로 나누는 것을 '약분'이라고 한다. 약분은 분모와 분자를 그들의 공약수로 나누는 방법과 최대공약수로 나누는 방법이 있다. 이때 공약수로 약분하면 또 다른 공약수로 더 약분해야 할 수도 있다. 그러나 최대공약수로 약분하면 더 이상 나눌 필요가 없는 '기약분수'가 되어 훨씬 더 편리하다.

〈공약수로 나누는 방법〉

$\frac{18}{54} = \frac{18 \div 3}{54 \div 3} = \frac{6}{18} = \frac{6 \div 6}{18 \div 6} = \frac{1}{3}$

공약수

기약분수가 아니므로 더 나눌 수 있다.

〈최대공약수로 나누는 방법〉

$\frac{18}{54} = \frac{18 \div 18}{54 \div 18} = \frac{1}{3}$ ← 기약분수

최대공약수

분수의 모양은 달라도 $\frac{6}{18}$을 다시 약분하면 결국 $\frac{1}{3}$이 되므로 같은 수이다.

약분과 나눗셈은 어떻게 다를까?

나눗셈은 일반적으로 사칙 연산 중의 하나이고, 약분은 분수를 분자와 분모의 공약수로 나누어 간단히 표현하는 것이다.

약분의 목적은 분수를 더 이상 나눌 수 없는 기약분수로 나타내는 것이므로 약분을 하는 과정에는 나눗셈이라는 연산이 반드시 포함이 된다. 즉 약분은 나눗셈을 이용하여 분수를 크기가 같은 분수로 만드는 활동이고, 나눗셈은 몫을 구하는 활동이다.

개념쌤의 1분 특강

기약분수를 만들고 싶다면 최대공약수를 기억해.

38 통분

- 둘 이상의 분수의 분모를 같게 만드는 것.
- 분수를 통분할 때, 공통분모를 두 분모의 곱으로 하거나 두 분모의 최소공배수로 하는 방법이 있다.

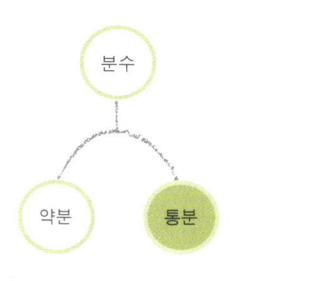

통분하는 방법

분모가 다른 분수의 덧셈, 뺄셈에서는 분모를 같게 만들어서 계산해야 한다. 이때 둘 이상의 분수의 분모를 같게 만드는 것을 '통분'이라고 한다.

$$\frac{3}{4} = \frac{6}{8} = \frac{9}{12} = \frac{12}{16} = \frac{15}{20} = \frac{18}{24} = \frac{21}{28} = \frac{24}{32} = \frac{27}{36} = \cdots\cdots$$

$$\frac{5}{6} = \frac{10}{12} = \frac{15}{18} = \frac{20}{24} = \frac{25}{30} = \frac{30}{36} = \frac{35}{42} = \frac{40}{48} = \cdots\cdots$$

➡ $\left(\frac{3}{4}, \frac{5}{6}\right)$를 통분하면,

$$\left(\frac{9}{12}, \frac{10}{12}\right), \left(\frac{18}{24}, \frac{20}{24}\right), \left(\frac{27}{36}, \frac{30}{36}\right), \cdots\cdots$$

크기가 같은 분수를 만들어 통분할때에는 공통분모가 가장 작은 분수의 배수를 생각해 봐.

크기가 같은 분수를 만들어 통분을 하면 크기가 같은 분수를 만드는 과정에서 시간이 오래 걸릴 수도 있다. 따라서 이 방법 외에 좀더 쉽게 통분을 하는 방법을 알아보자. 두 분모의 곱을 공통분모로 하여 통분하거나 두 분모의 최소공배수를 공통분모로 하여 통분하는 방법이 있다.

분수를 두 분모의 곱으로 통분하다 보면 분모의 곱이 큰 경우에는 계산이 복잡해져서 통분하는 것이 어렵게 느껴질 수도 있다. 따라서 최소공배수로 통분하면 최소공배수를 구하는 과정은 번거로울 수 있지만 분모가 공통분모 중 가장 작은 수가 되므로 계산이 복잡하지 않고 편리하다.

또 두 분모의 공약수가 1뿐인 경우에는 분모의 곱이 분모의 최소공배수가 되므로 두 분모를 그대로 곱하여 공통분모로 하면 된다. 이러한 통분을 이용하여 분모가 다른 분수의 크기 비교나 덧셈, 뺄셈을 할 수 있다.

⟨두 분모의 곱을 공통분모로 하여 통분⟩

$$\frac{3}{4} = \frac{3 \times 6}{4 \times 6} = \frac{18}{24}$$
$$\frac{5}{6} = \frac{5 \times 4}{6 \times 4} = \frac{20}{24}$$
$18 < 20$

➡ $\frac{3}{4} < \frac{5}{6}$

⟨두 분모의 최소공배수를 공통분모로 하여 통분⟩

$$\frac{3}{4} = \frac{3 \times 3}{4 \times 3} = \frac{9}{12}$$
$$\frac{5}{6} = \frac{5 \times 2}{6 \times 2} = \frac{10}{12}$$
$9 < 10$

➡ $\frac{3}{4} < \frac{5}{6}$

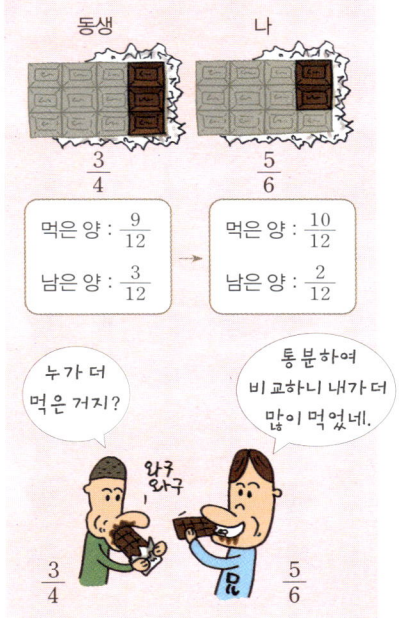

통분을 이용하면 어떤 점이 좋을까?

어머니께서 사 주신 초콜릿 2개를 동생과 나누어 먹었을 때 동생은 $\frac{3}{4}$을, 나는 $\frac{5}{6}$를 먹었다면, 과연 누가 초콜릿을 더 많이 먹었을까? 동생과 내가 먹은 초콜릿은 모두 얼마나 될까? 이런 문제들을 해결하려면 바로 통분을 이용해야 한다.

동생 $\frac{3}{4}$ / 나 $\frac{5}{6}$

먹은 양: $\frac{9}{12}$ / 남은 양: $\frac{3}{12}$ → 먹은 양: $\frac{10}{12}$ / 남은 양: $\frac{2}{12}$

누가 더 먹은 거지? / 통분하여 비교하니 내가 더 많이 먹었네.

39 분수의 덧셈

- 분수끼리 더하는 것.
- 분모가 같으면 분자끼리 더하고, 분모가 다르면 분모를 통분한 후 분자끼리 더한다.

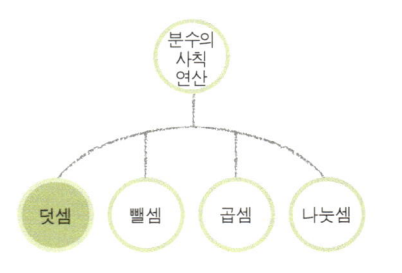

분모가 같은 분수의 덧셈

분모가 같은 분수의 덧셈은 분모는 그대로 두고, 분자끼리만 더해 주면 된다. 그런데 분모가 같은 대분수의 덧셈에서는 자연수 부분이 있으므로 먼저 자연수는 자연수끼리 더해 주고, 분자는 분자끼리 더해 준 다음 그 결과를 대분수로 나타내면 된다.

⟨진분수의 덧셈⟩

분자끼리 더하기

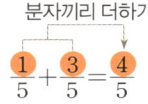

$$\frac{1}{5} + \frac{3}{5} = \frac{4}{5}$$

⟨대분수의 덧셈⟩

자연수끼리, 분자끼리 더하기   결과는 대분수로

$$2\frac{4}{7} + 3\frac{5}{7} = 5 + \frac{9}{7} = 5 + 1\frac{2}{7} = 6\frac{2}{7}$$

가분수는 대분수로

분모가 다른 분수의 덧셈

분모가 다른 진분수의 덧셈을 할 때에는 먼저 두 분모를 통분하여 분모를 같게 만들어 준 다음 덧셈을 한다. 일반적으로 통분을 할 때 공통분모를 두 분모의 곱으로 하면, 최소공배수를 구하지 않아도 된다는 장점이 있다. 하지만 분모가 커지면 분자도 커지기 때문에 계산 과정이 복잡해질 수 있다. 반면 최소공배수를 공통분모로 할 때는 수가 작아서 계산하기 좀더 편리하다. 다만 최소공배수를 구하는 데 시간이 오래 걸리거나 잘못 구할 수도 있으므로 분수에 따라 적절한 방법을 선택하여 계산하는 것이 좋다. 하지만 계산 결과는 약분하여 기약분수로 나타낸다.

분모가 다른 대분수의 덧셈도 통분하여 계산하면 된다. 즉 먼저 자연수 부분은 그대로 두고, 두 분모를 통분하여 분모가 같은 대분수로 만든 다음 자연수는 자연수끼리, 분수는 분수끼리 더하면 된다.

⟨두 분모의 최소공배수로 통분하여 계산하기⟩

$$\frac{1}{6} + \frac{5}{8} = \frac{4}{24} + \frac{15}{24} = \frac{19}{24}$$

└─ 6과 8의 최소공배수 : 24

⟨두 분모의 곱으로 통분하여 계산하기⟩

$$\frac{1}{6} + \frac{5}{8} = \frac{8}{48} + \frac{30}{48} = \frac{\overset{19}{\cancel{38}}}{\underset{24}{\cancel{48}}} = \frac{19}{24}$$

└─ 두 분모의 곱 : 6×8=48

분수로 유산 문제 해결

옛날 아라비아의 한 상인이 다음과 같이 유언을 남기고 세상을 떠났다. "내가 너희들에게 남겨 줄 유산이라고는 말 열일곱 마리가 있을 뿐이다. 그러나 이 고장의 습관에 따라 맏이는 열일곱 마리의 반을, 둘째는 전체의 3분의 1을, 그리고 막내는 전체의 9분의 1을 갖도록 해라."

세 아들은 $\frac{1}{2} + \frac{1}{3} + \frac{1}{9} = \frac{17}{18}$ 에서 세 분수의 합이 1이 되지 않으므로 일단 옆 집에서 말 한 마리를 빌려 와서 18마리를 만들었다. 그리고 그 중의 $\frac{1}{2}$ 인 9마리는 맏아들이, $\frac{1}{3}$ 인 6마리는 둘째 아들이, $\frac{1}{9}$ 인 2마리는 막내 아들이 가졌더니 세 아들이 가지게 된 말은 9+6+2=17(마리)가 되었다. 결국 빌려온 한 마리가 남게 되어 다시 돌려 주었다고 한다.

40 분수의 뺄셈

- 분수끼리 빼는 것.
- 분모가 같으면 분자끼리 빼고, 분모가 다르면 분모를 통분한 후 분자끼리 뺀다.

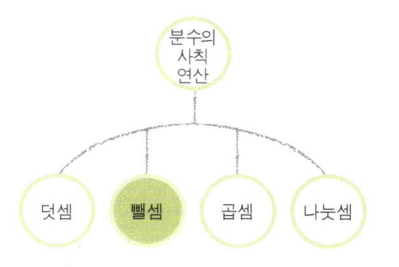

분모가 같은 분수의 뺄셈

분모가 같은 분수의 뺄셈은 분모는 그대로 두고, 분자끼리만 빼 주면 된다. 또 분모가 같은 대분수의 뺄셈도 자연수는 자연수끼리, 분자는 분자끼리 빼서 계산하면 된다. 하지만 대분수의 뺄셈은 주의해야 할 점이 있다. 분자끼리 뺄 수 없을 경우에는 자연수 부분에서 1을 받아내림한다. 그러면 자연수는 1 작아지고, 분수의 분자는 분모만큼 커지게 된다.

⟨진분수의 뺄셈⟩

분자끼리 빼기

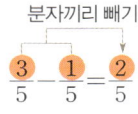

$$\frac{3}{5} - \frac{1}{5} = \frac{2}{5}$$

⟨대분수의 뺄셈⟩

자연수에서 1을 받아내림

$$4\frac{2}{5} - 1\frac{3}{5} = 3\frac{7}{5} - 1\frac{3}{5} = 2\frac{4}{5}$$

자연수끼리, 분자끼리 빼기

분모가 다른 분수의 뺄셈

분모가 다른 진분수의 뺄셈도 분모가 다른 분수의 덧셈과 같은 방법으로 먼저 두 분모를 통분한 다음 분자끼리 빼면 된다. 또 분모가 다른 대분수의 뺄셈 역시 먼저 자연수 부분은 그대로 두고, 분수 부분을 통분하여 자연수는 자연수끼리, 분수는 분수끼리 빼면 된다. 만약 분수끼리 뺄 수 없을 때는 자연수 부분에서 1을 받아내림하여 계산한다.

분모가 다른 분수의 뺄셈 역시 계산 후 약분이 되면, 약분하여 기약분수로 나타낸다.

⟨분모가 다른 대분수의 뺄셈⟩

자연수에서 1을 받아내림

$$5\frac{3}{10} - 1\frac{11}{15} = 5\frac{9}{30} - 1\frac{22}{30} = 4\frac{39}{30} - 1\frac{22}{30}$$
$$= (4-1) + \left(\frac{39}{30} - \frac{22}{30}\right)$$
$$= 3 + \frac{17}{30} = 3\frac{17}{30}$$

자연수는 자연수끼리, 분수는 분수끼리 계산한다.

분모가 같은 분수의 덧셈은 왜 분모는 더하면 안 되는 걸까?

분수의 덧셈에서 분자끼리, 분모끼리 더하면 안 되는 이유를 분수를 소수로 고쳐서 생각해 볼 수 있다.

예를 들어 $\frac{2}{11} = 0.1818\cdots$ 이고, $\frac{3}{11} = 0.2727\cdots$ 이므로 이 두 수를 더한 값은 $\frac{2}{11} + \frac{3}{11} = 0.4545\cdots$ 이다.

그런데 만약 분자끼리, 분모끼리 각각 더하면 $\frac{5}{22}$ 이고, 이것은 소수로 $0.2272727\cdots$ 이므로 전혀 다른 답이 나온다.

따라서 분모가 같은 분수의 덧셈은 분모는 그대로 두고, 분자만 더하는 것이다.

개념쌤의 1분 특강

문제를 잘 풀어 놓고, 약분을 하지 않아서 틀리지 않도록 주의해. 약분까지가 문제 풀이의 끝이야.

41 분수의 곱셈

- 분수가 있는 곱셈.
- 분수 곱셈의 기본은 분모는 분모끼리, 분자는 분자끼리 곱하는 것이다.

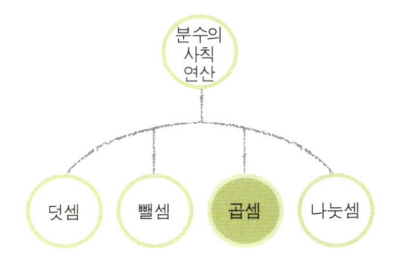

자연수와 분수의 곱셈

(진분수)×(자연수)의 곱셈은 $\frac{\blacktriangle}{\blacksquare} \times \bullet = \frac{\blacktriangle \times \bullet}{\blacksquare}$와 같이 분모는 그대로 두고, 진분수의 분자와 자연수의 곱을 분자에 써 주면 된다. (자연수)×(진분수)도 같은 방법으로 계산하면 된다.

또 대분수와 자연수의 곱셈은 먼저 대분수를 자연수와 진분수로 나누어서 자연수와 각각 곱하거나, 대분수를 가분수로 고쳐서 계산하면 된다. 이때 가분수로 고친 분수가 약분이 되면 약분을 한 다음 곱하면 쉽게 계산할 수 있다.

〈대분수와 자연수의 곱셈〉

방법1 자연수와 분수로 나누어 계산

$$2\frac{1}{4} \times 2 = (2 \times 2) + \left(\frac{1}{4} \times \overset{1}{\underset{2}{2}}\right) = 4 + \frac{1}{2} = 4\frac{1}{2}$$

방법2 가분수로 고쳐서 계산

$$2\frac{1}{4} \times 2 = \frac{9}{\underset{2}{4}} \times \overset{1}{2} = \frac{9}{2} = 4\frac{1}{2}$$

분수의 곱셈 한눈에 보기

자연수와 분수의 곱셈
자연수를 분자에 곱한다.

진분수끼리의 곱셈
분자는 분자끼리, 분모는 분모끼리 곱한다.

대분수끼리의 곱셈
가분수로 고쳐서 분자는 분자끼리, 분모는 분모끼리 곱한다.

분수와 분수의 곱셈

분수끼리의 곱셈은 분모가 같거나 다르거나 상관없이 분자는 분자끼리, 분모는 분모끼리 곱해 주면 된다. 이때 약분은 계산 중간에 하거나 계산 후에 한다. 또 대분수의 곱셈에서는 대분수를 반드시 가분수로 고친 다음, 분자는 분자끼리, 분모는 분모끼리 곱한다. 이때 계산한 값이 가분수이면 대분수로 고치고, 기약분수로 나타낸다. 한편 단위분수는 분자가 항상 1이므로 단위분수끼리의 곱은 분모만 곱하면 된다.

〈단위분수의 곱셈〉

$$\frac{1}{4} \times \frac{1}{9} = \frac{1}{4 \times 9} = \frac{1}{36} \implies \frac{1}{(분모)} \times \frac{1}{(분모)} = \frac{1}{(분모) \times (분모)}$$

〈진분수의 곱셈〉

$$\frac{\overset{3}{\cancel{9}}}{\underset{4}{\cancel{16}}} \times \frac{\overset{1}{\cancel{4}}}{\underset{5}{\cancel{15}}} = \frac{3 \times 1}{4 \times 5} = \frac{3}{20} \implies \frac{(분자)}{(분모)} \times \frac{(분자)}{(분모)} = \frac{(분자) \times (분자)}{(분모) \times (분모)}$$

〈대분수의 곱셈〉

$$2\frac{5}{8} \times 3\frac{5}{9} = \frac{\overset{7}{\cancel{21}}}{\underset{1}{\cancel{8}}} \times \frac{\overset{4}{\cancel{32}}}{\underset{3}{\cancel{9}}} = \frac{28}{3} = 9\frac{1}{3} \text{ ─ 대분수}$$

계산 결과는 반드시 대분수로 나타내.

개념쌤의 1분 특강

분수의 곱셈에서는 대분수를 가분수로 고치지 않고 계산하면 틀려. 대분수는 꼭 가분수로 ~

42 분수의 나눗셈

- 분수가 있는 나눗셈.
- 나누는 수의 분모와 분자를 바꾼 역수를 곱하여 계산한다.

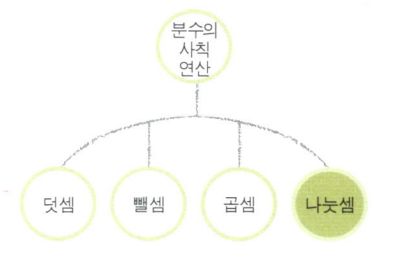

자연수와 분수의 나눗셈

분수의 나눗셈은 나누는 수의 분모와 분자를 서로 바꾼 후 곱셈으로 바꾸어 계산한다. 이때 분모와 분자를 서로 바꾼 분수를 처음 분수의 '역수'라고 한다. (분수)÷(자연수)에서 자연수는 분모가 1인 분수로 나타낼 수 있기 때문에 자연수의 역수는 분자가 1인 분수로 바꾼 후 곱하면 된다. 또 (자연수)÷(분수)는 분수의 분모와 분자를 바꾸어 곱하면 된다.

(분수)÷(자연수)

$$\frac{★}{●} ÷ ■ = \frac{★}{●} × \frac{1}{■} = \frac{★}{● × ■}$$

자연수의 역수는 분자가 1인 단위분수가 된다.

➡ (분수)÷(자연수) = (분수) × $\frac{1}{(자연수)}$

(자연수)÷(분수)

$$■ ÷ \frac{★}{●} = ■ × \frac{●}{★} = \frac{■ × ●}{★}$$

분모와 분자를 바꾸어 곱한다.

➡ (자연수)÷(분수) = (자연수) × (분수의 역수)

단위분수의 곱셈, 나눗셈

단위분수는 분자가 1이므로 곱셈과 나눗셈을 좀더 편하게 할 수 있다. 단위분수끼리의 곱셈은 분자가 1이므로 분모끼리만 곱하면 된다. 또한 (자연수)÷(단위분수)는 자연수와 단위분수의 분모를 곱하여 계산하면 된다.

(단위분수) × (단위분수)

$$\frac{1}{▲} × \frac{1}{●} = \frac{1}{▲ × ●}$$

(자연수)÷(단위분수)

$$■ ÷ \frac{1}{●} = ■ × ●$$

분수끼리의 나눗셈

분모가 같은 분수의 나눗셈은 역수를 이용하여 곱셈으로 바꾸지 않아도 된다. 왜냐하면 분모가 같으므로 분자끼리만 나누면 되기 때문이다.
분모가 다른 진분수의 나눗셈은 (자연수)÷(분수)의 계산에서와 같이 나누는 분수의 분모와 분자를 서로 바꾼 역수를 곱하면 된다. 이때 나누는 분수가 대분수이거나 대분수끼리의 나눗셈이라면 먼저 대분수를 가분수로 고친 다음 분수의 나눗셈으로 계산하면 된다.

〈분모가 같은 분수의 나눗셈〉

(자연수)÷(자연수)로 계산한다.

$$\frac{4}{5} ÷ \frac{2}{5} = 4 ÷ 2 = 2$$

〈분모가 다른 분수의 나눗셈〉

$$\frac{2}{3} ÷ \frac{3}{4} = \frac{2}{3} × \frac{4}{3} = \frac{8}{9}$$

역수를 곱해 준다.

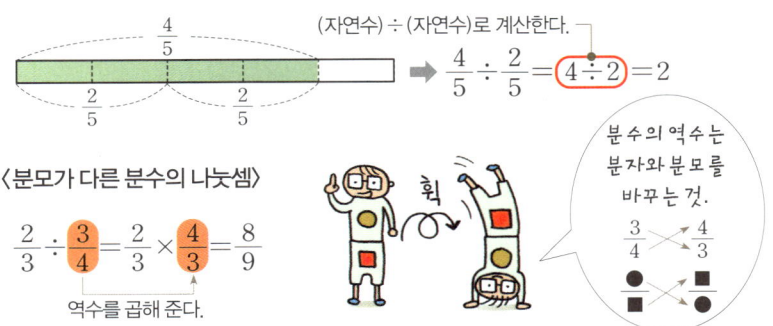

개념쌤의 1분 특강

분수의 나눗셈을 할 때는 나누지는 수가 아니라 ÷ 다음에 있는 나누는 수를 역수로 바꾸는 거야.

43 소수의 덧셈

- 소수끼리 더하는 것.
- 소수의 덧셈은 소수점을 기준으로 자릿수를 잘 맞추어 쓴 다음 자연수의 덧셈과 같은 방법으로 계산하고, 소수점을 내려 찍는다.

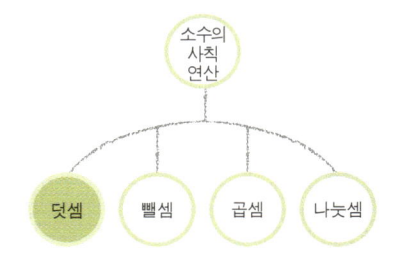

자릿수가 같은 소수의 덧셈

소수의 덧셈은 자연수의 덧셈과 같은 방법으로 계산하고, 소수점만 알맞은 위치에 잘 찍어 주면 된다.

자릿수가 같은 소수의 덧셈은 먼저 자리를 맞추어 쓴다. 그런 다음 자연수의 덧셈과 같이 계산을 한 다음 소수점을 찍을 때는 소수 한 자리 수끼리의 계산이면 소수 한 자리 수가 되도록, 소수 두 자리 수끼리의 계산이면 소수 두 자리 수가 되도록 맞추어 찍어 주면 된다. 이때 자릿수가 같다는 것은 소수점을 기준으로 왼쪽과 오른쪽의 자릿수가 모두 같은 것을 말한다.

```
    0.57         0.57    1      1 1        1 1
  + 0.48   ➡   + 0.48   ➡  0.57    ➡   0.57
                            + 0.48       + 0.48
                         ─────────     ─────────
                              5            1 0 5
```

소수점을 기준으로 자리를 맞추어 쓴다.　　　　　　　　　　　소수점을 그대로 내려 찍는다.

소수의 자릿수가 같다.

소수에서 자릿수가 같다는 것은 자연수 부분의 자릿수와 소수점 아래의 자릿수가 모두 같다는 뜻이다. 예를 들어 1.234, 12.34, 123.4는 숫자가 모두 4개라고 해서 자릿수가 같은 것이 아니다. 이런 경우에는 소수점을 기준으로 왼쪽과 오른쪽으로 자릿수를 잘 맞추어 쓴 다음 덧셈을 해야 한다.

```
     3.4              3.4 0
  + 4.57    ➡      + 4.57
  ────────         ────────
    4.9 1             7.9 7
      ✗
```

오른쪽 끝에 맞춰 쓰면 안 돼!

아차! 소수점의 위치를 맞추어야지.

자릿수가 다른 소수의 덧셈

자릿수가 다른 소수의 덧셈에서는 소수점을 기준으로 자릿수를 맞추어 쓴 다음 각 자리의 수를 계산한다. 이때 만약 소수점 아래의 자릿수가 다르면 자릿수가 적은 쪽의 소수는 자릿수가 많은 쪽의 자리에 맞추어 소수 끝 자리에 0을 채워 쓴 후, 자릿수가 같은 소수의 덧셈과 같은 방법으로 계산하면 실수를 줄일 수 있다.

```
    4 6.8 4         2.2 8 5           0.5 9 6
  +    5.3 0      + 3.9 6 0       + 1 4.7 0 0
  ──────────      ──────────      ───────────
    5 2.1 4         6.2 4 5         1 5.2 9 6
```

소수 두 자리 수로 맞추기 위해 소수 끝 자리에 0을 1개 써 준다.

소수 세 자리 수로 맞추기 위해 소수 끝 자리에 0을 1개 써 준다.

소수 세 자리 수로 맞추기 위해 소수 끝 자리에 0을 2개 써 준다.

개념쌤의 1분 특강

소수의 덧셈, 뺄셈에서 자릿수를 맞추어 쓰는 기준은 소수점이라는 걸 기억해.

44 소수의 뺄셈

- 소수끼리 빼는 것.
- 소수의 뺄셈은 소수점을 기준으로 자릿수를 잘 맞추어 쓴 다음 자연수의 뺄셈과 같은 방법으로 계산하고, 소수점을 내려 찍는다.

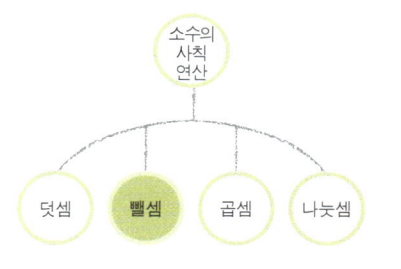

자릿수가 같은 소수의 뺄셈

소수의 뺄셈도 먼저 소수점을 기준으로 자릿수를 잘 맞추어 쓴 다음 자연수의 뺄셈과 같은 방법으로 계산하고, 알맞은 위치에 소수점을 찍어 주면 된다. 자릿수가 같은 소수의 뺄셈은 소수점의 자리를 맞추어 쓰고, 자연수의 뺄셈과 같이 계산한 다음, 소수 한 자리 수끼리의 계산이면 소수 한 자리 수가 되도록, 소수 두 자리 수의 계산이면 소수 두 자리 수가 되도록 소수점을 맞추어 찍어 주면 된다.

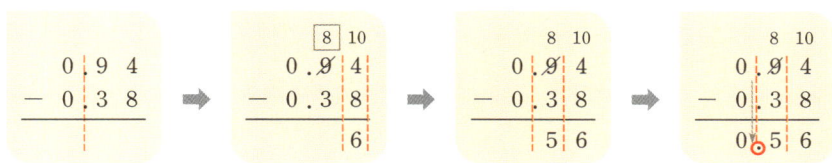

소수점을 기준으로 자리를 맞추어 쓴다. / 소수 둘째 자리 수끼리 뺄 수 없으므로 소수 첫째 자리에서 받아내림한다. / 소수점을 그대로 내려 찍는다.

소수의 덧셈과 뺄셈 한눈에 보기

① 소수점을 기준으로 자릿수를 맞추기
② 소수의 덧셈은 받아올림, 소수의 뺄셈은 받아내림에 주의해서 계산!
③ 자연수의 계산 결과에 소수점을 소수점 아래 자릿수만큼 똑같은 자리에 내려 찍어 주면 끝!

자릿수가 다른 소수의 뺄셈

자릿수가 다른 소수의 뺄셈도 자릿수가 다른 소수의 덧셈과 같은 방법으로 계산하면 된다. 즉 자릿수가 적은 소수를 자릿수가 많은 소수의 소수점에 맞추고, 소수 끝 자리에는 0이 있는 것으로 생각하고 계산하여야 한다.
또 뺄셈을 할 때 같은 자리의 숫자끼리 뺄 수 없을 때에는 자연수의 뺄셈과 마찬가지로 바로 윗자리에서 10을 받아내림하여 계산한 다음 소수점을 잊지 않고 그대로 내려 찍어 주면 된다.

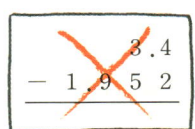 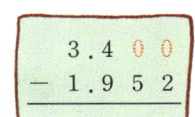 

먼저, 자릿수가 많은 부분에 맞춰 소수 끝 자리에 0을 써 줘야해.

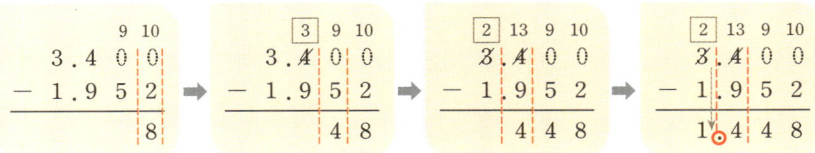

개념쌤의 1분 특강

소수의 덧셈, 뺄셈에서 두 소수의 자리수가 다를 때에는 계산식에 0을 직접 써 넣어서 계산하면 실수를 줄일 수 있어.

45 소수의 곱셈

- 소수가 있는 곱셈.
- 소수의 곱셈은 소수를 자연수로 생각하여 곱을 구한 다음 소수점을 찍는다. 이때 소수점은 두 소수의 소수점 아래 자릿수의 합과 같다.

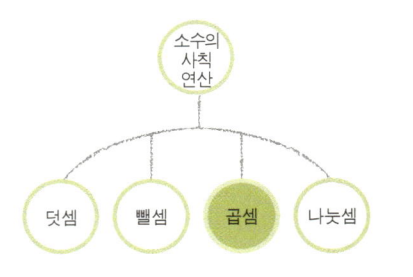

소수와 자연수, 소수끼리의 곱셈

소수와 자연수의 곱셈은 자연수의 곱셈과 같은 방법으로 계산한 다음 나온 수에 곱하는 소수나 곱해지는 소수의 소수점 아래 자릿수만큼 똑같이 소수점을 찍으면 된다. 즉 소수가 소수 한 자리 수이면 답도 소수 한 자리 수, 소수가 소수 두 자리 수이면 답도 소수 두 자리 수, ······가 되는 것이다.

소수에 10, 100, 1000을 곱한 수의 소수점의 위치는 곱해지는 소수에서 곱하는 수의 0의 개수만큼 소수점을 오른쪽으로 옮기면 된다. 이때 곱하는 수의 0의 개수가 한 개씩 늘어날 때마다 곱이 10배씩 커진다.

또 자연수에 0.1, 0.01, 0.001을 곱한 수의 소수점의 위치는 곱하는 소수의 소수점 아래 자릿수만큼 소수점을 왼쪽으로 옮기면 된다. 이때 곱하는 소수의 0의 개수가 한 개씩 늘어날 때마다 곱이 $\frac{1}{10}$배씩 작아진다.

소수끼리의 곱셈도 자연수의 곱셈과 같은 방법으로 계산하고 소수점만 바르게 찍어 주면 된다. 소수끼리의 곱셈에서 곱의 소수점의 위치는 두 소수의 소수점 아래 자릿수의 합과 같다.

무한소수 0.9999······는 1과 크기가 같은 소수

분수 $\frac{1}{3}$에 3을 곱하면 $\frac{1}{3} \times 3 = 1$이 된다. 그런데 $\frac{1}{3}$은 소수로 나타내면 0.33333······으로 무한소수가 된다. 그럼 0.33333······에 3을 곱하면 얼마가 될까?

0.3333······ × 3 = 0.99999······이 므로 결국 0.99999······가 1과 같다는 결론이 나온다.

만약 0.9999······가 1보다 작다고 한다면 두 수 사이에 다른 수가 존재해야 한다. 그러나 0.9999······는 소수점 아래에 9라는 숫자가 무한히 계속되는 수이므로 두 수 사이에 있는 다른 수는 찾을 수 없다. 즉 0.9999······보다 크고 1보다 작은 수를 찾을 수 없으므로 0.99999······=1이다.

소수의 곱셈

〈소수와 자연수의 곱셈〉

```
   1 . 7        1 . 7        1 . 7
 ×     5  ➡  ×     5  ➡  ×     5    소수 한 자리 수
              ─────        ─────
                  8 5        8 . 5
```

〈소수에 10, 100, 1000 곱하기〉

0.35 × 10 ➡ 0.3 5 ➡ 3.5

0.35 × 100 ➡ 0.3 5 ➡ 35

0.35 × 1000 ➡ 0.3 5 0 ➡ 350

〈자연수에 0.1, 0.01, 0.001 곱하기〉

64 × 0.1 ➡ 0 0 6 4 ➡ 6.4

64 × 0.01 ➡ 0 0 6 4 ➡ 0.64

64 × 0.001 ➡ 0 0 6 4 ➡ 0.064

〈소수끼리의 곱의 소수점의 위치〉

```
        1       +       1       =       2
    소수 한 자리 수  ×  소수 한 자리 수  =  소수 두 자리 수
    소수 두 자리 수  ×  소수 두 자리 수  =  소수 네 자리 수
        2       +       2       =       4
```

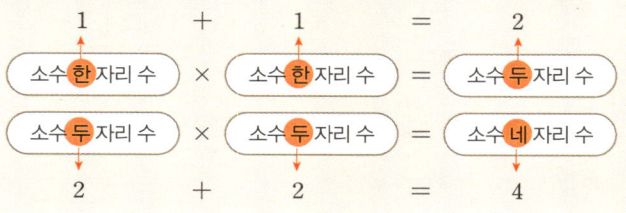

자릿수가 같은 소수의 곱셈을 할 때 덧셈처럼 소수점을 그대로 내려 찍지 않도록 주의해야 해.

46 소수의 나눗셈

- 소수가 있는 나눗셈.
- 소수의 나눗셈에서 몫의 소수점의 위치는 소수점을 옮긴 위치에 따르고, 나머지의 소수점은 나눠지는 수의 처음 소수점의 위치에 따른다.

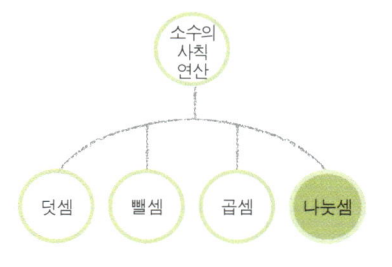

(소수)÷(자연수)

소수의 나눗셈은 자연수와 같은 방법으로 계산하고, 몫의 소수점을 나눠지는 수의 소수점의 자리에 맞추어 찍으면 된다. 즉 나눠지는 수가 소수 한 자리 수이면 몫도 소수 한 자리 수가 되고, 나눠지는 수가 소수 두 자리 수이면 몫도 소수 두 자리 수가 된다.

이때 소수의 나눗셈을 하는 과정에서 나눠지는 수가 나누는 수보다 작을 때는 자연수의 나눗셈에서와 같이 몫의 자리에 0을 써 주고 다음 자리의 숫자를 내려서 계속 계산하면 된다. 또 나누어떨어지지 않는 소수의 나눗셈에서의 몫은 구하려고 하는 자리의 바로 아래 자리에서 몫을 반올림하여 나타낸다. 즉 몫을 소수 첫째 자리까지 나타내려면 소수 둘째 자리에서, 소수 둘째 자리까지 나타내려면 소수 셋째 자리에서 반올림을 해야 한다.

자릿수가 다른 소수의 나눗셈

자릿수가 다른 소수의 나눗셈에서는 몫의 소수점을 어떻게 옮기느냐가 매우 중요하다. 즉 나누는 수를 자연수가 되도록 만들어 줘야 하므로 나누는 수와 나눠지는 수의 소수점을 오른쪽으로 똑같은 자리만큼 옮겨서 몫을 구하면 된다. 자릿수가 다르고 나머지가 있는 소수의 나눗셈의 경우에도 몫의 소수점의 위치는 나눠지는 수의 옮긴 소수점의 위치와 같아지도록 찍으면 된다. 그러나 나머지의 소수점의 위치는 몫의 소수점처럼 이동하지 않고 나눠지는 수의 처음 소수점의 위치와 같다. 따라서 나눗셈을 한 다음 가장 마지막에 소수점을 내려 쓰고 비어 있는 공간에 0을 써서 나머지를 구하면 된다.

〈자릿수가 다른 소수의 나눗셈〉

나누는 수가 소수 한 자리이므로 소수점을 오른쪽으로 한 자리씩 옮긴다.

〈몫과 나머지의 소수점 찍기〉

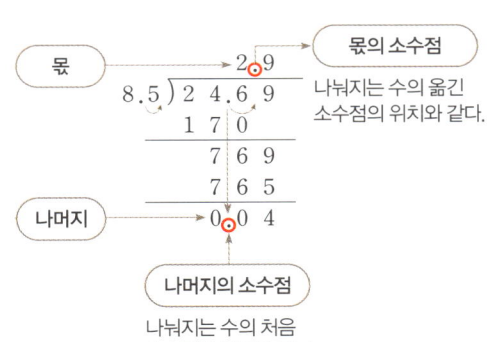

몫의 소수점: 나눠지는 수의 옮긴 소수점의 위치와 같다.

나머지의 소수점: 나눠지는 수의 처음 소수점의 위치와 같다.

소수의 나눗셈 한눈에 보기

(소수)÷(자연수)

```
  소수 한 자리 수         소수 두 자리 수
       1.6                     3.1 4
    6)9.6                  13)4 0.8 2
```

〈소수 첫째 자리의 몫이 0이 되는 나눗셈〉

```
        8.0 6
     7)5 6.4 2
       5 6
           4 ②
           4 2
             0
```

4를 7로 나눌 수 없으므로 몫의 첫째 자리에는 0을 써 주고 다음 자리를 내려서 계산한다.

〈나누어떨어지지 않는 나눗셈〉

14÷9=1.555……

소수 둘째 자리에서 반올림
➡ 1.55…… → 1.6

소수 셋째 자리에서 반올림
➡ 1.555…… → 1.56

반올림을 어느 자리에서 하느냐에 따라 몫이 달라진다.

〈자릿수가 같은 소수의 나눗셈〉

```
              5 3
     0.36)1 9.0 8
```

나누는 수가 소수 두 자리 수이므로 소수점을 오른쪽으로 두 자리씩 옮긴다.

47 분수와 소수의 계산

- 분수와 소수가 섞여 있는 사칙 혼합 계산.
- 분수와 소수가 섞여 있는 계산은 분수를 소수로 고치거나 소수를 분수로 고친 후, 자연수의 사칙 혼합 계산의 순서와 같은 방법으로 계산한다.

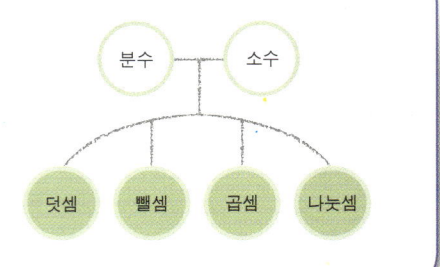

(소수)÷(분수)

(소수)÷(분수)와 같이 소수와 분수가 섞여 있는 계산에서는 소수와 분수는 서로 다른 꼴이므로 같은 꼴로 나타내면 쉽게 계산할 수 있다. 즉 소수를 분수로 고치거나 분수를 소수로 고쳐서 계산하면 된다.

먼저, 소수를 분수로 고쳐서 계산하는 경우에는 소수를 분모가 10, 100, 1000, ……인 분수로 나타낸 다음 분수의 나눗셈을 하면 된다. 또 분수를 소수로 고쳐서 계산하는 경우에는 분수의 분모를 10, 100, 1000, ……으로 고쳐서 소수로 나타내거나 분자를 분모로 나누어서 소수로 고친 후에 소수의 나눗셈을 하면 된다.

(분수)÷(소수)

(분수)÷(소수)도 분수와 소수의 위치만 바뀌었을 뿐 분수와 소수가 섞여 있는 계산이다. 따라서 (소수)÷(분수)와 마찬가지로 소수를 분수로 고쳐서 분수의 나눗셈으로 계산하거나 분수를 소수로 고쳐 소수의 나눗셈으로 계산하면 된다.

어떤 나눗셈이 편리할까 하는 것은 문제에 따라 다르다. 그러므로 문제를 풀 때마다 분수든 소수든 더 간단하게 고쳐지는 방법을 택하면 된다.

단, 분수를 소수로 고쳐서 소수의 나눗셈으로 계산할 때 $\frac{1}{3}$과 같이 몫을 소수로 나타내기 어려운 경우에는 소수를 분수로 고쳐서 계산하면 정확히 구할 수 있다.

| 정확히 계산하려면? | ➡ | 소수를 분수로 고쳐서 계산한다. |
| 소수로 나타내기 어려운 경우? | ➡ | 몫을 반올림하여 소수 둘째 자리까지 나타내면 $0.333\cdots \rightarrow 0.33$ |

(소수)÷(분수)

1. 소수를 분수로 고친다.

   ➡ (분수)÷(분수)

   $$3.3 \div \frac{3}{5} = \frac{33}{10} \div \frac{3}{5}$$
   $$= \frac{\overset{11}{\cancel{33}}}{\underset{2}{\cancel{10}}} \times \frac{\overset{1}{\cancel{5}}}{\underset{1}{\cancel{3}}} = \frac{11}{2} = 5\frac{1}{2}$$

2. 분수를 소수로 고친다.

   ➡ (소수)÷(소수)

   $$4.8 \div 1\frac{1}{5} = 4.8 \div 1.2 = 4$$

(분수)÷(소수)

1. 소수를 분수로 고친다.

   ➡ (분수)÷(분수)

   $$2\frac{2}{5} \div 0.4 = \frac{12}{5} \div \frac{4}{10}$$
   $$= \frac{\overset{3}{\cancel{12}}}{\underset{1}{\cancel{5}}} \times \frac{\overset{2}{\cancel{10}}}{\underset{1}{\cancel{4}}} = 6$$

2. 분수를 소수로 고친다.

   ➡ (소수)÷(소수)

   $$3\frac{3}{4} \div 2.5 = 3.75 \div 2.5 = 1.5$$

분수와 소수의 혼합 계산

분수와 소수의 혼합 계산은 자연수의 혼합 계산 순서와 같은 방법으로 계산하면 된다. 그리고 계산 과정에서 분수를 소수로, 또는 소수를 분수로 적절하게 고쳐서 계산하면 되는데 이때 계산이 쉬운 쪽이나 정확한 계산을 할 수 있는 쪽으로 선택하여 계산하면 된다.

다음 분수와 소수의 혼합 계산 방법에서 ①, ②, ③은 자연수의 혼합 계산 순서와 같은 방법을 정리한 것이고, ④, ⑤는 분수와 소수의 사칙 혼합 계산에서 추가된 방법을 정리한 것이다.

분수와 소수의 혼합 계산 방법

① 덧셈과 뺄셈 또는 곱셈과 나눗셈이 섞여 있는 계산은 **앞에서부터 차례로** 계산한다.
② 덧셈, 뺄셈, 곱셈, 나눗셈이 모두 있는 식에서는 **곱셈, 나눗셈**을 먼저 계산한다.
③ 괄호가 있으면 **괄호 안**부터 먼저 계산한다.
④ 모두 분수로 고쳐 계산하거나 또는 모두 소수로 고쳐 계산할 수도 있고, 계산 중간에서 필요할 때마다 고쳐서 계산할 수도 있다.
⑤ 만약 소수로 고쳐 계산할 때 나누어떨어지지 않는다면 분수로 고쳐 계산하는 것이 정확하다.

①, ②, ③은 자연수의 혼합 계산과 똑같네~

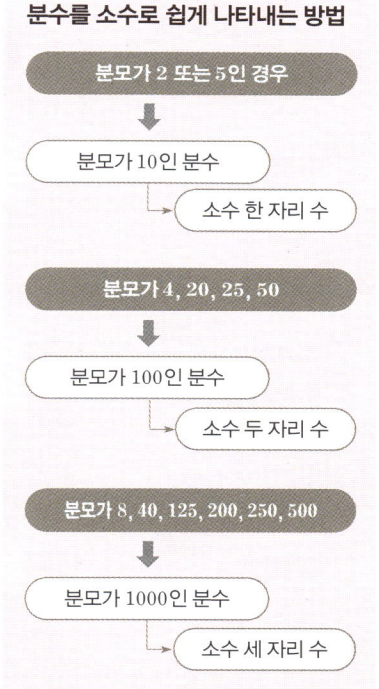

분수를 소수로 쉽게 나타내는 방법

분모가 2 또는 5인 경우
↓
분모가 10인 분수
↳ 소수 한 자리 수

분모가 4, 20, 25, 50
↓
분모가 100인 분수
↳ 소수 두 자리 수

분모가 8, 40, 125, 200, 250, 500
↓
분모가 1000인 분수
↳ 소수 세 자리 수

분수와 소수가 있는 혼합 계산은 위와 같은 방법과 계산 순서대로 차근차근 풀어 나가면 어렵지 않게 답을 구할 수 있다.
다음과 같이 분수와 소수의 사칙 연산이 포함되어 있고, 두 개의 괄호가 있는 식을 계산해 보자.

$$2\frac{1}{4} \times 4.8 \div \left\{\left(5.3 - 3\frac{1}{2}\right) \times 5\right\} = 2.25 \times 4.8 \div \{(5.3 - 3.5) \times 5\} \leftarrow \text{분수를 소수로 고치기}$$
$$= 2.25 \times 4.8 \div (1.8 \times 5) \leftarrow ( ) \text{안을 먼저 계산}$$
$$= 2.25 \times 4.8 \div 9 \leftarrow \text{앞에서부터 차례로 계산}$$
$$= 10.8 \div 9$$
$$= 1.2$$

또 어떤 분수와 소수의 복잡한 사칙 혼합 계산에서는 처음부터 모든 분수를 소수로 고치거나 모든 소수를 분수로 고치게 되면 계산 과정에서 다시 원래의 분수나 소수로 고쳐야 할 수도 있다. 그러므로 계산을 하는 과정에서 필요할 때마다 고치면서 계산하는 것이 좋다.

개념쌤의 1분 특강

분수와 소수의 혼합 계산은 처음부터 소수나 분수로 모두 고치지 않고, 계산 과정에서 하나씩 고치면 편리한 경우도 있다는 거~.

황금비

황금비는 무엇일까?

황금비의 유래는?

그리스의 수학자인 피타고라스는 만물의 근원을 수로 보고, 세상의 모든 일을 수와 관련짓기를 좋아했다. 그는 인간이 생각하는 가장 아름다운 비로 황금비를 생각했다. 그래서 황금비가 들어 있는 정오각형 모양의 별을 피타고라스학파의 상징으로 삼았다. 그를 사로잡은 황금비란 무엇일까?

오른쪽 그림의 정오각형 별에서 짧은 변과 긴 변의 길이의 비는 5 : 8이다. 이때, 짧은 변을 1로 하면, 5 : 8은 약 1 : 1.618이 된다. 이것이 바로 황금비이다. 피타고라스학파는 정오각형의 각 대각선은 서로를 황금비로 나누면서 가운데 작은 정오각형을 만든다는 신비한 사실을 발견했던 것이다.

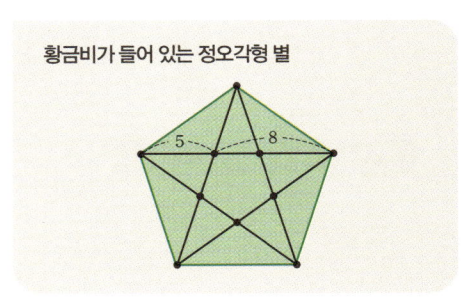

아름다운 황금의 비율, 황금분할

황금비는 오른쪽 그림과 같이 (짧은 선분) : (긴 선분)＝(긴 선분) : {(긴 선분)＋(짧은 선분)}을 만족하는 선분의 분할에 대한 비를 말한다. 그리고 이와 같이 선분을 나누는 것을 황금분할이라고한다. 긴 선분의 길이를 계산하면 1.618033989……로 소수점 아래 숫자가 끝없이 계속되는 소수인데 일반적으로는 소수 셋째 자리까지 나타낸 1 : 1.618을 황금비로 사용한다.

피타고라스는 왜 황금비가 아름답다고 했을까? 그것은 바로 고대 그리스에서는 아름다움의 본질을 비례와 질서 그리고 조화라고 생각했고, 이 황금비를 가장 안정감 있고 균형 있는 비율로 느꼈기 때문이다. 그래서 그리스 시대에는 작은 술잔에서부터 신전에 이르기까지 황금비율에 딱 들어맞도록 만들었다.

완전한 사각형, 황금사각형

황금비 하면 황금사각형을 빼 놓을 수가 없다. 색깔이 황금색이어서 황금사각형이 아니라 가로와 세로의 비가 황금비인 직사각형을 황금사각형이라고 한다. 황금사각형은 완전사각형이라고도 한다. 사람들에게 여러 가지의 사각형 모양을 제시하고 그중에서 가장 안정적으로 느껴지거나 눈에 가장 먼저 들어오는 사각형을 고르라면 대부분의 사람들은 황금비율이 들어 있는 직사각형, 즉 황금사각형을 고른다고 한다.

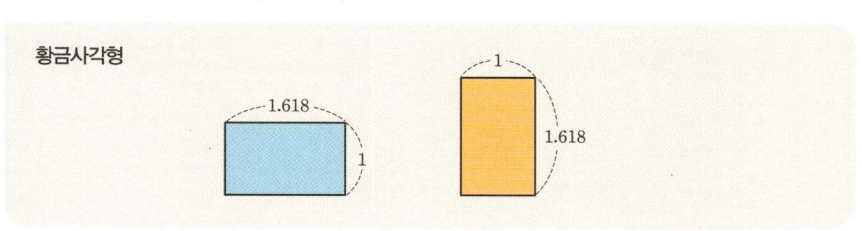

📖 황금비를 찾아서

건축물의 황금비

아름다움과 조화를 나타내는 황금비는 아주 오랜 옛날부터 건축과 미술 등에서 찾아볼 수 있다. 특히 황금사각형은 모든 기하학적 도형 중에서 시각적으로 가장 안정된 모양이라고 하여 고대의 건축, 회화, 조각 등에 많이 사용되어 왔다. 대표적인 예로는 그리스 아테네의 파르테논 신전, 레오나르도 다 빈치의 비너스상 등이 있다.

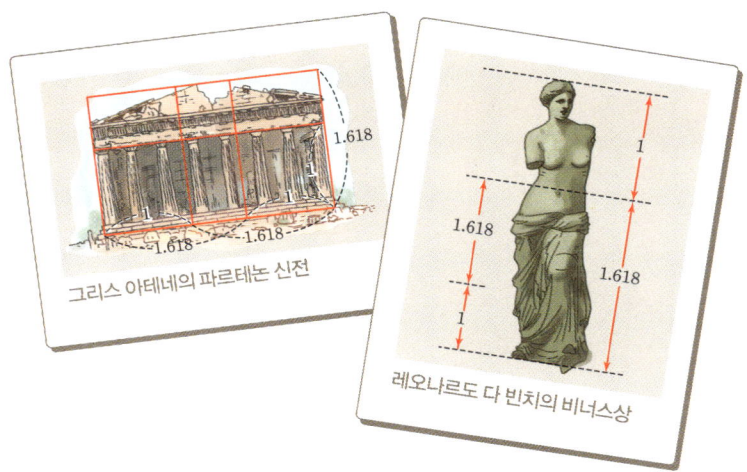

그리스 아테네의 파르테논 신전

레오나르도 다 빈치의 비너스상

그리스 아테네의 파르테논 신전과 황금비

신전을 정면에서 보았을 때 외부 윤곽은 완벽한 황금사각형이다. 또 신전 기둥의 윗부분은 전체 높이를 황금분할하고, 왼쪽에서 넷째 번 기둥과 다섯째 번 기둥은 각각 전체 가로의 길이를 1 : 1.618로 황금분할을 한다.

레오나르도 다 빈치의 비너스상과 황금비

비너스 조각상의 여러 부분에서도 황금비가 완벽하게 나타나고 있음을 찾아볼 수 있다. 배꼽을 중심으로 상반신과 하반신의 비, 상반신에서 목을 기준으로 머리 부분과 그 아래 배꼽까지의 비, 하반신에서 무릎을 기준으로 무릎 위 배꼽까지와 무릎 아래의 비가 모두 1 : 1.618이다.

자연 속의 황금비

자연 속에 나타나는 피보나치 수열은 황금비와 관계가 있다.

피보나치 수열의 연속하는 두 항의 비의 값 $\left(\dfrac{1}{1}, \dfrac{2}{1}, \dfrac{3}{2}, \dfrac{5}{3}, \dfrac{8}{5}, \cdots\cdots\right)$ 으로 만든 수열의 항은 황금비의 값에 점점 가까워진다는 것을 알 수 있다. 특히 $\dfrac{233}{144} = 1.6180555\cdots\cdots$ 가 되어 황금비의 값과 거의 같아진다. 앵무조개 껍질의 무늬, 해바라기 꽃씨의 배열, 선인장의 나선 배열, 솔방울씨의 배열, 파인애플 눈의 배열, 국화 꽃잎의 배열 등에는 바로 아름다운 황금비가 숨어 있다.

선인장의 나선 배열

해바라기 꽃씨의 배열

생활 속의 황금비

신용카드, 텔레비전 화면, 휴대폰 액정

신용카드, 명함, 엽서의 비율

신용카드의 가로, 세로의 길이를 재어 보면 각각 8.56cm와 5.398cm로, 가로와 세로의 비율이 약 1 : 1.586임을 알 수 있다. 이 비는 황금비에 매우 가깝다. 요즘은 황금비가 사람의 시각을 편안하게 해 주는 아름다운 비율이라는 이유로 책이나 컴퓨터의 모니터, 텔레비전 화면, 영화관 스크린 등의 가로, 세로의 비율을 일부러 황금비에 가깝게 만들고 있다.

도형

- **48** 평면도형, 입체도형
- **49** 선분과 직선
- **50** 수직
- **51** 평행
- **52** 평행선
- **53** 각
- **54** 예각, 둔각, 직각
- **55** 맞꼭지각, 엇각, 동위각
- **56** 삼각형
- **57** 삼각형의 성질
- **58** 사각형
- **59** 사각형의 성질
- **60** 다각형과 정다각형
- **61** 대각선

62	내각과 외각	**79**	도형 움직이기
63	원	**80**	쌓기나무
64	합동인 도형	**81**	거울에 비친 모양
65	닮음인 도형	**82**	성냥개비와 도형
66	합동인 삼각형	●	한눈에 들여다보기
67	선대칭도형		
68	점대칭도형		
69	직육면체, 정육면체		
70	각기둥		
71	각뿔		
72	각뿔대		
73	원기둥		
74	원뿔		
75	회전체		
76	회전체의 단면		
77	겨냥도와 전개도		
78	입체도형의 전개도		

48 평면도형, 입체도형

- 평면도형은 두께가 없고 길이나 폭만 가진 도형.
- 입체도형은 길이와 폭, 두께를 가진 도형.

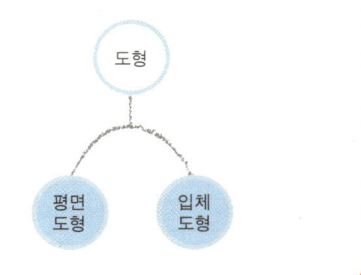

도형의 기본 요소 점, 선, 면

도형이란 위치, 모양, 크기를 가진 어떤 형태를 말하는 것으로 점, 선, 면으로 이루어졌다. 모든 물체는 위치, 모양, 크기, 빛깔, 무게 등을 가지고 있는데 비해 도형은 그 물체에서 위치, 모양, 크기만을 생각하는 것이다. 점, 선, 면은 도형의 기본 요소이면서 가장 기초적인 도형이라고 할 수 있다.

면은 입체의 경계가 되는 요소로서 위치, 모양, 넓이를 가지고 있지만 두께는 가지지 않는다.

선은 2개의 면과 면이 만날 때에 생기는 공통인 부분으로 위치, 모양, 길이는 있지만 면과 마찬가지로 두께는 없다. 흔히 줄처럼 가는 것을 선이라고 생각하기 쉬운데 줄은 두께를 가지고 있으므로 선이 아니다.

점은 크기가 없고 오직 위치만 나타내는 도형이다. 얼굴에 난 점이나 도형의 꼭짓점을 나타내기 위해 연필로 살짝 찍은 점은 크기가 있으므로 도형에서 말하는 점이 아니다. 점은 크기가 없기 때문에 실제로는 눈에 보이지 않는다.

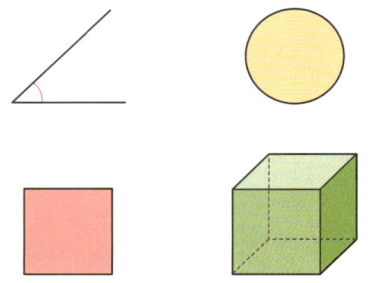

도형은 점, 선, 면으로 이루어졌다.

평면도형과 입체도형

'평면도형'은 점, 직선, 곡선, 삼각형, 사각형, 원 등과 같이 두께가 없고 길이나 폭만 가진 도형을 말한다. 평면도형은 길이와 폭이 있으므로 둘레의 길이나 넓이를 구할 수 있다.

'입체도형'은 공간에서 일정한 크기를 차지하는 도형으로 길이와 폭, 두께가 있는 도형이다. 원기둥, 원뿔, 각기둥, 각뿔, 다면체 등 우리가 살고 있는 공간에 있는 모든 도형은 입체도형이다. 입체도형도 길이나 폭이 있으므로 모서리의 길이나 면의 넓이 등을 구할 수 있고, 두께가 있으므로 입체도형이 공간에서 차지하는 크기, 즉 부피를 구할 수 있다.

입체도형은 점, 선, 면으로 이루어진 평면도형이 모여서 생긴 도형이다. 따라서 아주 얇고 평평한 종이도 실제로는 아주 얇은 두께를 가지고 있으므로 입체도형이다. 그래서 실제로 우리의 생활 속에서는 평면으로만 이루어지는 도형을 찾을 수 없고, 입체도형을 통해 평면에 대해 알 수 있을 뿐이다.

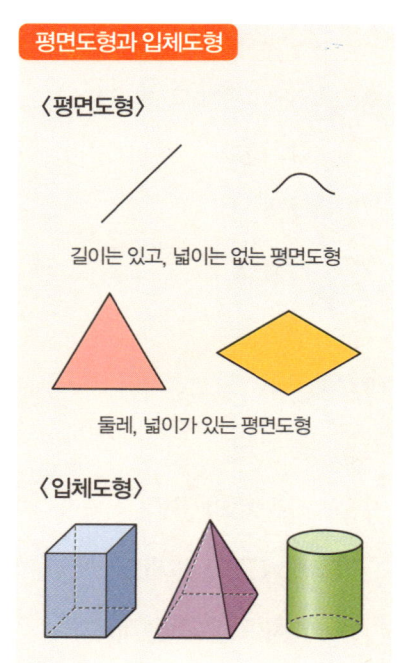

평면도형과 입체도형

〈평면도형〉

길이는 있고, 넓이는 없는 평면도형

둘레, 넓이가 있는 평면도형

〈입체도형〉

49 선분과 직선

- 선분은 두 점 사이를 곧게 이은 선.
- 직선은 선분을 양쪽으로 끝없이 늘인 곧은 선.
- 반직선은 선분을 한 쪽으로 끝없이 늘인 곧은 선.

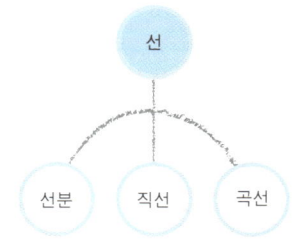

선분, 직선, 반직선

도형의 구성 요소인 선은 크게 굽은 선과 곧은 선으로 나눈다. 이때 굽은 선은 곡선이라고 하고, 곧은 선은 다시 양쪽이나 한 쪽에 끝점이 있느냐, 없느냐에 따라 선분, 직선, 반직선의 3가지로 나뉜다.

'선분'은 두 점 사이를 곧게 이은 선을 말한다. 두 점 ㄱ과 ㄴ을 곧게 이은 선을 '선분 ㄱㄴ' 또는 '선분 ㄴㄱ'이라고 한다. 즉 선분은 양쪽에 끝점이 있으므로 길이를 잴 수 있다.

선분을 양쪽으로 끝없이 늘인 곧은 선을 '직선'이라고 한다. 두 점 ㄱ과 ㄴ을 이은 직선을 '직선 ㄱㄴ' 또는 '직선 ㄴㄱ'이라고 한다. 직선은 양 끝점이 없으므로 길이를 잴 수 없다. 또 두 점을 지나는 직선은 오직 한 개만 그을 수 있지만 한 점을 지나는 직선은 아래 그림과 같이 무수히 많이 그을 수 있다.

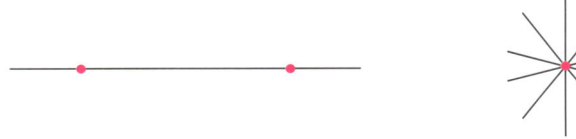

두 점을 지나는 직선 　　　 한 점을 지나는 직선

'반직선'은 한 점을 기준으로 한 쪽 방향으로 끝없이 뻗어나가는 직선이다. 즉 반직선은 선분을 한 쪽으로 끝없이 늘인 곧은 선이다. 점 ㄱ에서 시작하여 ㄴ을 지나는 반직선을 '반직선 ㄱㄴ'이라고 하고, 점 ㄴ에서 시작하여 점 ㄱ을 지나는 반직선을 '반직선 ㄴㄱ'이라고 한다. 반직선 역시 한 쪽 끝점을 알 수 없으므로 직선과 마찬가지로 길이를 잴 수 없다.

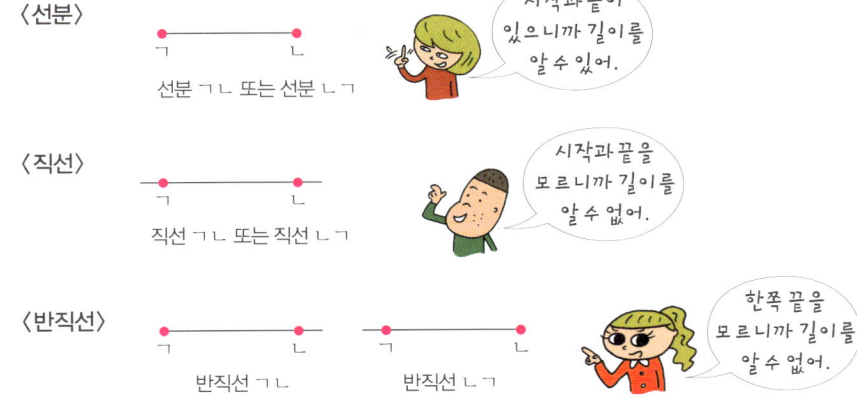

점, 선, 직선은 누가 처음 그 의미를 정했을까?

점, 선, 직선의 뜻은 그리스의 수학자 유클리드가 처음으로 정리했다. 기원전 3000년 경에 활동했던 유클리드는 그리스 수학의 지식을 정리하고 체계를 세워 쓴 책 유클리드의 『원론』에서 점, 선, 직선의 뜻을 다음과 같이 말했다.

1. 점이란 크기가 없고, 위치만 표시하는 것이다.
2. 선이란 길이만 있고, 폭(넓이)은 없는 것이다. 선의 양쪽 끝은 점이다.
3. 똑바로 곧은 선(직선)은 그 위의 점에 대해 한결같이 늘어선 선이다.

개념쌤의 1분 특강

반직선도 시작점이 있으니까 길이를 알 수 있다고 착각하는데, 길이를 알 수 있는 건 선분 뿐이라는 거~

50 수직

- 직선과 직선, 직선과 면, 면과 면이 서로 직각을 이루는 경우.
- 두 직선이 서로 수직일 때, 수직인 직선 중 한 직선을 다른 직선에 대한 수선이라고 한다.

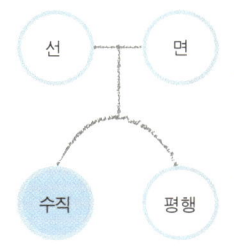

두 직선 사이의 관계

성냥개비를 직선이라고 생각하고 두 개의 성냥개비를 포개어 보면 하나의 성냥개비로 보인다. 이런 경우를 '두 직선이 포개어졌다'라고 한다. 또 두 개의 성냥개비를 나란히 놓아 보면 성냥개비는 서로 만날 수가 없는데 이런 경우는 '직선이 서로 만나지 않는다'라고 한다. 한편 두 개의 성냥개비가 한 점에서 만나는 경우는 '두 직선이 한 점에서 만났다'라고 한다. 두 직선이 한 점에서 만나는 경우는 여러 가지 모양으로 나타낼 수 있다.

 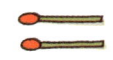  

포개어지는 경우 　 만나지 않는 경우 　 　 한 점에서 만나는 경우

수직과 수선

두 직선이 한 점에서 만나 생기는 각이 직각일 때 두 직선은 서로 '수직'이라 하고, 이때 수직인 직선 중 한 직선을 다른 직선에 대한 '수선'이라고 한다.
두 직선이 서로 수직으로 만나는 경우는 다음과 같다.

① 두 직선이 서로 끝에서 만나는 경우
② 두 직선이 한 직선의 끝에서 만나는 경우
③ 두 직선이 서로 교차하는 경우

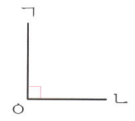 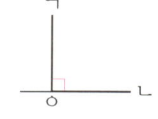 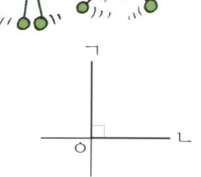

① 끝점에서 만나는 경우 　 ② 한 직선의 끝에서 만나는 경우 　 ③ 서로 교차하는 경우

위의 그림에서 직선 ㅇㄴ에 대한 수선은 직선 ㄱㅇ이고, 직선 ㄱㅇ에 대한 수선은 직선 ㅇㄴ이다.
한편 직선과 직선 뿐만 아니라 아래의 그림과 같이 직선과 평면, 평면과 평면이 서로 직각으로 만나는 경우도 수직이라고 한다.

 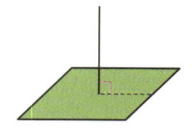 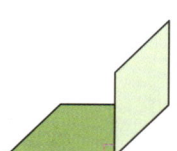

두 직선이 수직일 때 　 직선과 평면이 수직일 때 　 두 평면이 수직일 때

생활 속에서 볼 수 있는 수직

도형에서 면과 면이 수직으로 만나는 대표적인 경우는 아래 그림과 같이 직육면체의 색칠된 두 면이다. 이때 면과 면이 수직으로 만나는 경계는 하나의 선분이다. 또 만약 끝도 없이 펼쳐지는 두 면이 수직으로 만난다면, 그 경계는 하나의 직선이 된다.
교실이나 방의 바닥과 벽, 천정과 벽, 상자의 바닥과 옆면 등 일상생활에서 면과 면이 수직으로 만나는 경우는 얼마든지 찾아볼 수 있다.

개념쌤의 1분 특강

수선은 반드시 만난다는 거~

51 평행

- 직선과 직선, 직선과 면, 면과 면이 서로 만나지 않는 경우.
- 평행한 두 직선은 아무리 길게 늘여도 만나지 않는다.

서로 만나지 않는 선, 평행

기찻길의 두 선로는 아무리 끝없이 가도 서로 만나지 않는다. 이와 같이 기찻길의 두 선로처럼 일정한 간격을 두고 서로 만나지 않는 것을 '평행'이라고 한다.

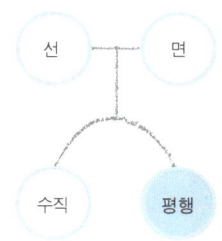

도형에서 직선도 마찬가지이다. 즉 서로 떨어져 있는 두 직선이 있을 때, 양쪽으로 계속 직선을 늘여 보면 기찻길의 두 선로처럼 서로 만나는 경우와 만나지 않는 경우가 있다. 이때 평행한 직선은 양쪽으로 아무리 길게 늘여도 서로 만나지 않지만, 평행하지 않은 직선은 양쪽으로 늘어나가면 어느 한쪽에서 반드시 만나게 된다. 이와 같이 두 직선이 서로 만나지 않는 경우를 평행이라고 한다.

평행한 직선일까? 아닐까?

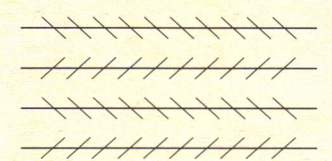

위의 직선들은 조금씩 기울어 보이지만 실제로는 모두 서로 평행한 직선들이다. 이 직선들이 평행선이 아닌 기울어진 직선으로 보이는 것은 비스듬한 선이 많이 그려져 있어서 착각을 일으킨 것이다. 이와 같이 눈으로 볼 때 착각을 일으키게 하는 것을 착시라고 한다

평행일 때   평행이 아닐 때

직선과 평면, 평면과 평면에서의 평행

평행도 수직과 마찬가지로 직선과 평면, 평면과 평면이 서로 평행한 경우가 있다. 즉 평행이란 두 개의 선이 서로 만나지 않는 경우는 물론이고, 직선과 평면, 또는 두 개의 평면이 서로 만나지 않는 경우를 모두 포함하여 말하는 것이다.

 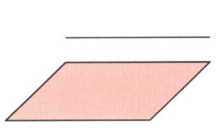 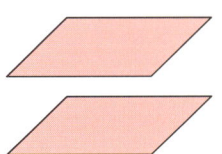

두 직선이 평행일 때   직선과 평면이 평행일 때   두 평면이 평행일 때

개념쌤의 1분 특강

두 직선이 지금 당장 만나지 않는다고 평행이라고 착각하면 안돼.

52 평행선

- 서로 평행인 두 직선.
- 평행선 사이의 수직인 선분의 길이를 평행선 사이의 거리라고 한다.

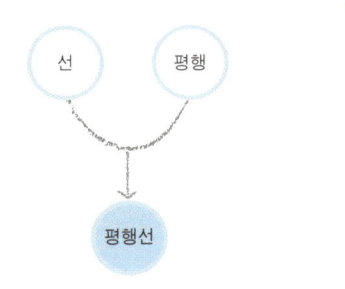

평행선 그리기

서로 평행인 두 직선을 '평행선'이라고 한다. 한 직선에 수직인 두 직선을 그으면 두 직선은 절대로 만나지 않는다. 즉 서로 평행선이 되는 것이다.
이러한 원리로 자나 삼각자를 이용하여 다음과 같이 평행선을 그을 수 있다.

〈2개의 삼각자로 평행선 긋기〉

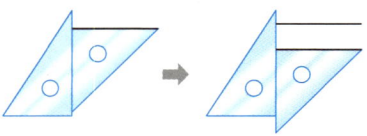

왼쪽 삼각자를 고정시키고, 오른쪽 삼각자를 그림과 같이 맞추어 한 직선을 긋는다.

왼쪽 삼각자를 고정시키고, 오른쪽 삼각자를 밑으로 내려서 다른 직선을 긋는다.

〈긴 자와 삼각자로 평행선 긋기〉

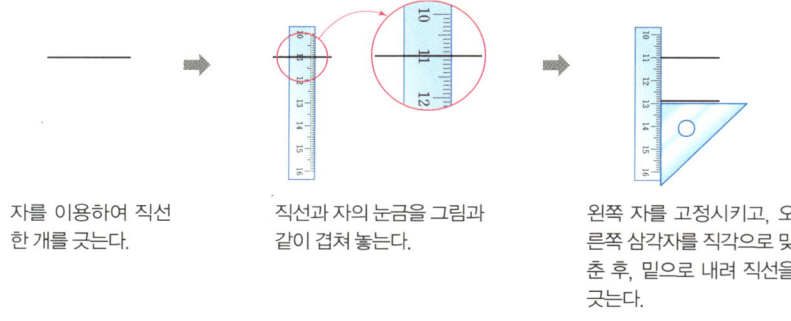

자를 이용하여 직선 한 개를 긋는다.

직선과 자의 눈금을 그림과 같이 겹쳐 놓는다.

왼쪽 자를 고정시키고, 오른쪽 삼각자를 직각으로 맞춘 후, 밑으로 내려 직선을 긋는다.

평행선 사이의 거리

아래 왼쪽 그림과 같이 두 평행선 사이에 선분을 긋고, 길이를 재어 보면 평행선 사이의 선분 중에서 길이가 가장 짧은 선분은 2 cm이다. 이 선분과 평행선이 이루는 각도를 재어 보면 직각이다. 즉 평행선 사이의 선분 중에서 수직인 선분의 길이가 가장 짧다는 것을 알 수 있다. 실제로 평행선 사이에 수직인 선분을 여러 개 그어 보면, 그 선분의 길이는 항상 같다. 이와 같이 평행선 사이의 수직인 선분의 길이를 '평행선 사이의 거리'라고 한다.

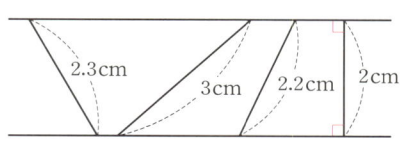

평행선 사이의 선분 중에서 수직인 선분의 길이가 가장 짧고, 그 선분의 길이는 모두 같다.

평행선 사이의 거리와 키 재기

요즘에는 키와 몸무게를 동시에 재는 전자 기구를 이용하여 키를 쉽게 잴 수 있지만 옛날에는 줄자 등을 이용하여 서서 재거나 벽에 반듯하게 붙어 서서 키를 재기도 하였다. 이때 좀더 정확하게 키를 재려면 자등을 머리의 가장 높은 곳에 수평으로 대고 줄자의 눈금에 닿게 하여 재어야 한다.
이것은 평행선 사이의 거리를 재는 원리와 같다. 즉 머리끝에서 발끝까지의 가장 짧은 거리를 재는 것이다. 만약 머리끝과 발끝이 수평을 이루지 않으면 실제의 키보다 키가 더 크거나 작게 나올 것이다.
키를 재는 전자 저울도 이 원리를 이용해서 머리끝에 닿는 부분이 얇고 길쭉한 직육면체 모양의 기둥으로 되어 있다. 또 딱딱한 고체로 되어 있어서 바닥과 수평을 이룰 수 있도록 한 것이다.

개념쌤의 1분 특강

'평행선 사이의 거리는 모두 같다'는 것을 이용하는 문제는 자주 나와. 그러니까 꼭 기억해.

53 각

- 한 점에서 그은 두 반직선으로 이루어진 도형.
- 각의 두 변이 벌어진 정도가 클수록 각도 크다.

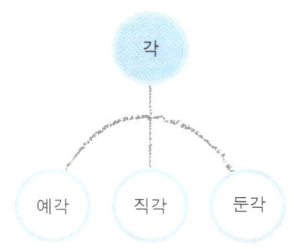

각인 도형과 각이 아닌 도형

한 점에서 그은 두 반직선으로 이루어진 도형을 '각'이라고 한다. 오른쪽 그림과 같이 각에서 두 반직선이 만나는 점인 점 ㄴ을 '각의 꼭짓점', 두 반직선을 각각 '각의 변'이라고 한다. 또 이 각을 '각 ㄱㄴㄷ' 또는 '각 ㄷㄴㄱ' 이라고 읽는다.

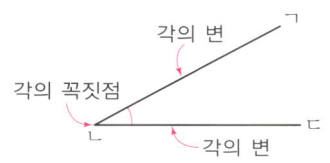

각이 되려면 두 개의 직선이 반드시 한 점에서 만나야 한다. 즉 두 직선이 한 점에서 만나지 않으면 각이 아니다. 물론 선을 연장해서 각을 만들 수는 있지만 각이냐, 아니냐를 알아볼 때는 그대로 두고 판단해야 한다. 또 두 개의 선이 한 점에서 만난다고 해서 모두 각이 아니다. 각을 이루는 두 개의 선이 모두 곧은 선이어야 하기 때문이다. 따라서 직선이 아닌 곡선으로 이루어진 도형은 각이 아니다.

각

⟨각인 도형⟩

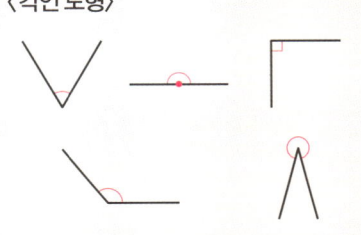

⟨각이 아닌 도형⟩

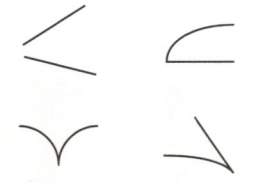

두 직선이 한 점에서 만나지 않거나 곡선인 경우는 각이 아니다.

일상생활에서 볼 수 있는 각

각은 우리의 생활 주변에서 쉽게 찾아볼 수 있다. 일상생활에서의 각은 삼각자의 모서리, 부채의 가운데 부분 등 뾰족한 부분이 각이 될 수 있다. 그러나 어느 한쪽으로 둥근 부분이 있거나 모난 부분이 없으면 각이 없는 것이다.

각 3개

곡선과 직선이 만났으므로 각이 아니다.

각 1개

각 없음.

각의 크기(각도)

각의 크기를 비교하는 방법은 각을 이루는 두 변의 벌어진 정도를 알아보면 된다. 즉 크기가 다른 두 개의 각이 있을 때, 각의 꼭짓점과 한 변을 서로 일치하게 겹쳐 그린 다음, 다른 쪽 변의 위치를 살펴보면 두 각의 벌어진 정도를 비교할 수 있다.

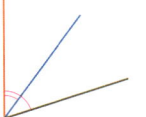

두 각의 꼭짓점과 한 변을 일치하게 그려서 두 각의 크기를 비교한다.

이와 같이 각의 크기는 각의 두 변이 벌어진 정도를 말하는 것으로 '각도'라고 한다. 각의 두 변이 벌어진 정도가 클수록 각도가 크다. 이때 각의 크기는 각의 변, 즉 반직선의 길이와는 상관이 없다.

개념쌤의 1분 특강

각의 변의 길이가 길면 각의 크기가 크다고 착각하는데, 각의 크기와 변의 길이는 아무 상관이 없다는 거~

54 예각, 둔각, 직각

- 예각은 0°보다 크고, 직각보다 작은 각.
- 둔각은 직각보다 크고, 180°보다 작은 각.
- 직각은 두 직선이 만나서 이루는 각이 90°인 각.

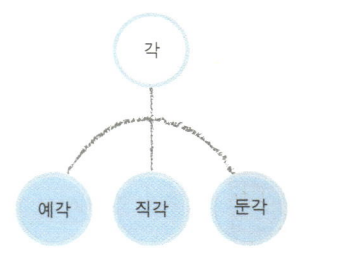

각도의 단위와 직각

수학책, 삼각자 등을 살펴보면, 두 직선이 이루는 각이 90°인 곳이 있다. 이 각도를 '직각'이라고 한다. 직각은 각의 크기를 나타내기도 하고, 각도를 나타내는 단위가 되기도 한다. 직각은 두 변 사이에 ∟로 표시하여 나타낸다. 그리고 1직각을 똑같이 90으로 나눈 하나를 '1도'라 하고 '1°'라고 쓴다.

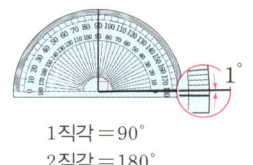

1직각 = 90°
2직각 = 180°

각도를 재는 도구 - 각도기

각도를 잴 때 사용하는 각도기는 반원형과 원형이 있다. 우리가 흔히 사용하는 각도기는 반원형 각도기로 0°부터 180°까지 잴 수 있고, 원형은 0°부터 360°까지 잴 수 있다.

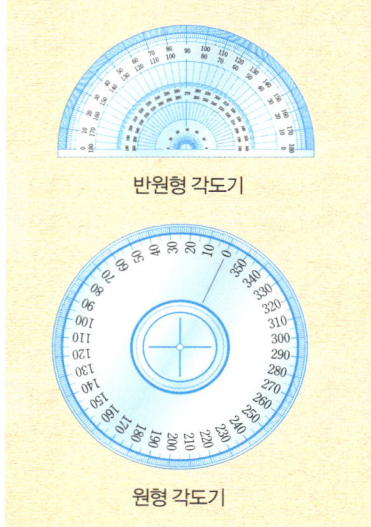

반원형 각도기

원형 각도기

각도의 종류

각의 한 변을 움직여서 직각보다 작은 각을 만들 수 있고, 직각보다 큰 각도 만들 수도 있다. 이때 직각보다 작은 각을 '예각'이라고 하고, 직각보다 크고 180°보다 작은 각을 '둔각'이라고 한다.

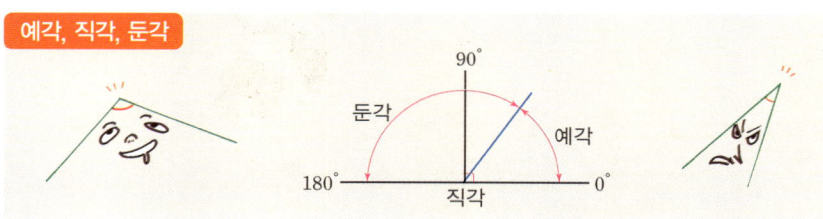

예각, 직각, 둔각

각도기로 각도 재기

정확한 각도를 잴 때에는 각도기를 사용하여 다음과 같은 방법으로 잰다.
① 각의 꼭짓점 ㄴ을 각도기의 중심에 맞춘다.
② 각도기의 밑금을 변 ㄴㄷ에 맞춘다.
③ 변 ㄱㄴ이 닿는 눈금을 읽는다.

각도기의 중심   각도기의 밑금

(각 ㄱㄴㄷ) = 50°

개념샘의 1분 특강

예각은 각이 작아서 예민하게 생겨서 예각. 둔각은 각이 커서 둔하게 생겨서 둔각~ 어때? 기억하기 쉽지?

55 맞꼭지각, 엇각, 동위각

- 맞꼭지각은 두 직선이 만날 때 마주 보는 각.
- 동위각은 평행선과 한 직선이 만났을 때 같은 위치에 있는 각.
- 엇각은 평행선과 한 직선이 만났을 때 엇갈린 위치에 있는 각.

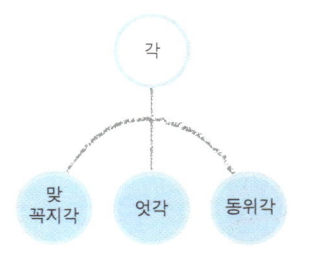

맞꼭지각

두 직선이 만나면 4개의 각이 생기고, 서로 마주 보는 각이 2쌍 생긴다. 이때 서로 마주 보는 각을 '맞꼭지각' 이라고 하고, 그 크기는 서로 같다.

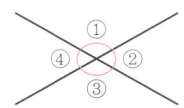

맞꼭지각의 크기는 어떻게 서로 같을까? 위의 그림에서 ①, ②의 각도를 더하면 180°(일직선이 되므로)이고, ②, ③의 각도를 더해도 180°(일직선이 되므로)가 된다. 이때 ②의 각은 양쪽에 모두 더해지므로 ①과 ③의 각의 크기는 서로 같음을 알 수 있다.

동위각과 엇각

한편 평행선과 한 직선이 만나면 각이 모두 8개가 생긴다. 이 중에는 평행선의 같은 위치에 있는 각도 있고 서로 엇갈린 위치에 있는 각도 있다. 이때 같은 위치에 있는 각을 '동위각' 이라고 하고, 엇갈린 위치에 있는 각을 '엇각' 이라고 한다.

동위각끼리는 서로 크기가 같고, 엇각끼리도 서로 크기가 같다.

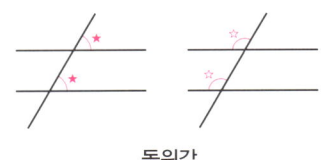 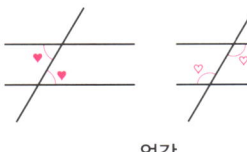

동위각   엇각

평행선의 성질

평행선과 한 직선이 만날 때 동위각의 크기와 엇각의 크기는 각각 서로 같다.

한편 오른쪽 그림과 같이 평행한 두 직선 안쪽으로 2개의 각이 있다.

이 두 각은 동위각도 엇각도 아니지만 평행선 사이에 있는 이 두 각의 크기의 합은 항상 180°로 일정하다.

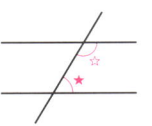

(각 ☆) + (각 ★) = 180°

평행선 사이에 만들어진 각의 크기 구하기

동위각과 엇각의 성질을 이용하여 평행선 사이에 만들어진 각의 크기를 구할 수 있다.

평행선 사이에 만들어진 각의 크기를 구하려면, 다음과 같이 한 개의 선(보조선)을 가운데에 더 그어야 한다. 이때 각 ●은 보조선에 의해 2개의 각으로 나누어진다. 이렇게 나누어진 2개의 각은 엇각의 성질을 이용하면 구할 수 있다.

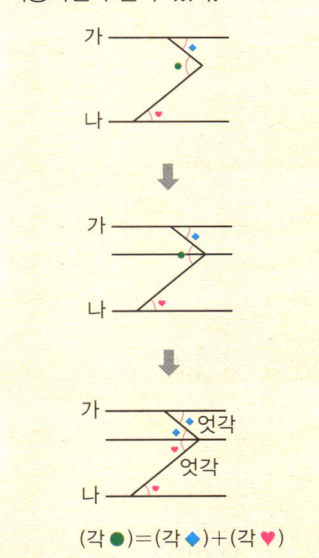

(각 ●) = (각 ◆) + (각 ♥)

56 삼각형

- 3개의 선분으로 둘러싸인 도형.
- 삼각형은 변과 꼭짓점이 각각 3개이다.

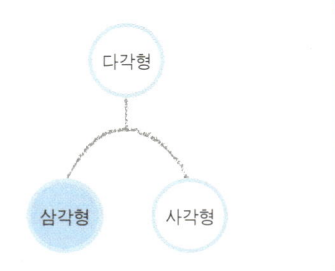

삼각형의 의미

3개의 선분으로 둘러싸인 도형을 '삼각형'이라고 한다. 이때 삼각형을 둘러싸고 있는 3개의 선분을 '변'이라고 하고, 변과 변끼리 만나는 점을 '꼭짓점'이라고 한다. 따라서 삼각형의 변의 개수는 3개이고, 꼭짓점의 개수도 3개이다.

그런데 만약 오른쪽과 같이 두 선분이 떨어져 있거나 교차하거나 또 선분이 아닌 곡선으로 둘러싸여 있으면 삼각형이라고 말할 수 없다. 즉 삼각형을 이루는 선은 반드시 선분이어야 하고, 3개의 선분에 의해 완전히 둘러싸여야 하는 것이다.

삼각형의 밑변과 높이

삼각형에서 각과 마주 보고 있는 변을 '대변'이라고 한다. 한 꼭짓점에 대한 대변이 한 개씩 있으므로 삼각형에서 대변의 개수는 꼭짓점의 개수와 마찬가지로 3개이다. 특히 직각이 있는 삼각형은 직각과 마주 보는 비스듬한 변을 '빗변'이라고 한다.

삼각형에서의 밑변과 높이를 나타내면 오른쪽 그림과 같다. 삼각형의 모든 변은 밑변이 될 수 있다. 그러나 하나의 밑변이 정해지면 높이도 달라진다. 높이는 삼각형의 밑변과 수직으로 만나는 선분의 길이이기 때문이다. 따라서 직각이 있는 삼각형에서는 직각을 낀 하나의 변이 높이가 될 수 있겠지만 직각이 없는 삼각형은 그림과 같이 밑변과 마주 보는 꼭짓점에서 밑변에 수선을 그어서 높이를 정해야 한다.

삼각형의 높이 정하기

삼각형의 밑변과 높이는 삼각형의 넓이를 구할 때 필요한 중요한 요소이다. 같은 삼각형이라도 세 변 중 어느 변의 길이가 주어지냐에 따라서 구해야 하는 높이의 위치가 달라질 수 있다. 그러므로 오른쪽 그림과 같이 삼각형의 어느 변이 밑변으로 정해지더라도 높이를 구할 수 있어야 한다.

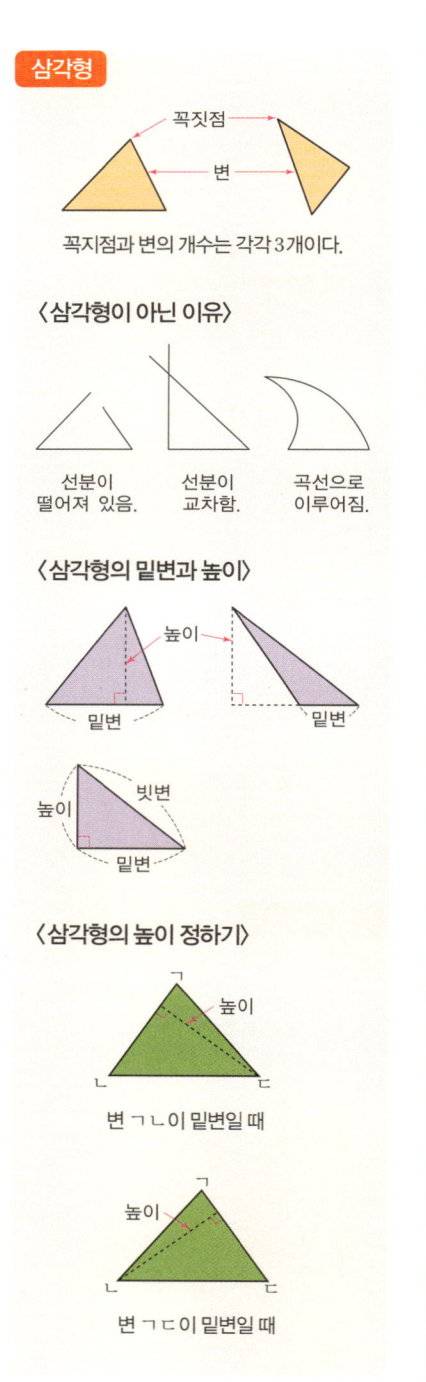

변의 길이에 따른 삼각형의 종류

삼각형은 변의 길이 사이의 관계에 따라서 그 이름이 달라진다. 먼저 세 변의 길이가 모두 같은 삼각형을 '정삼각형'이라고 한다. 또 세 변 중 두 변의 길이가 같은 삼각형을 '이등변삼각형'이라고 하고, 세 변의 길이가 모두 다른 삼각형을 '부등변삼각형'이라고 한다.

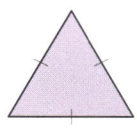
정삼각형

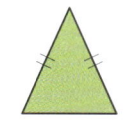
이등변삼각형

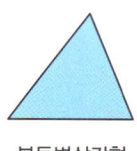
부등변삼각형

직각삼각형 모양 삼각자의 비밀

직각을 그릴 때나 잴 때 사용하는 삼각자는 직각을 뺀 나머지 두 각이 각각 60°와 30°인 삼각자와 두 각이 각각 45°인 삼각자가 있다.
그런데 이런 삼각자의 가운데 구멍이 왜 있는 걸까?
그 이유는 다음과 같다.
첫째, 쉽게 부러지지 않게 하려고
둘째, 잡기 편하게 하려고
셋째, 걸어두기 편하게 하려고

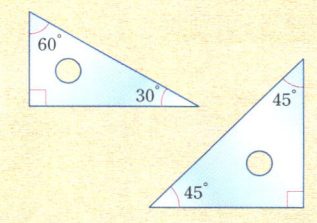

각의 크기에 따라 달라지는 삼각형의 종류

각의 크기에 따라서도 삼각형의 이름이 달라진다. 먼저 삼각형의 세 각 중 한 각이 직각, 즉 90°인 삼각형을 '직각삼각형'이라고 한다. 또한 한 각이 90°보다 크고 180°보다 작은 삼각형을 '둔각삼각형'이라고 하고, 세 각이 모두 90°보다 작은 삼각형을 '예각삼각형'이라고 한다.

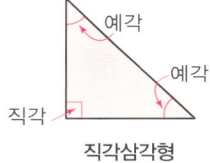
직각삼각형

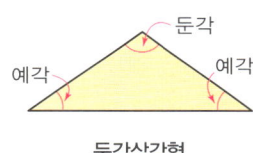
둔각삼각형

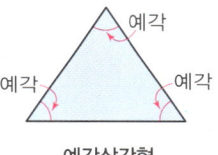
예각삼각형

따라서 정삼각형은 세 각이 모두 60°인 삼각형이므로 예각삼각형이라고 할 수 있다.

삼각형의 포함 관계

직각삼각형, 이등변삼각형, 정삼각형은 서로 어떤 관계가 있을까?
먼저 세 변의 길이가 같은 정삼각형은 이등변삼각형이라고 할 수 있다. 왜냐하면 이등변삼각형은 두 변의 길이가 같으면 되기 때문에 세 변의 길이가 모두 같은 정삼각형은 이등변삼각형이다. 그러나 반대로 이등변삼각형은 세 변의 길이가 같지 않을 수 있기 때문에 정삼각형이 아니다.
또 직각삼각형 중에서 직각을 끼고 있는 두 변의 길이가 같은 삼각형이 있는데 이것을 '직각이등변삼각형'이라고 한다.
따라서 직각삼각형 중에서 직각이등변삼각형을 제외하고 모두 이등변삼각형이 아니다. 또한 직각삼각형은 한 각이 90°이므로 절대로 정삼각형이 될 수 없다.

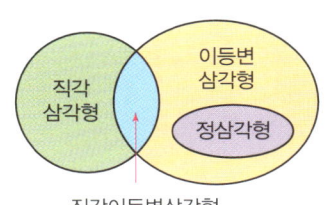
직각이등변삼각형

개념쌤의 1분 특강

삼각형의 한 각만 둔각이어도 둔각삼각형!
세 각이 모두 예각이어야 예각삼각형!

57 삼각형의 성질

- 삼각형의 여러 가지 성질.
- 삼각형의 한 변의 길이는 나머지 두 변의 길이의 합보다 항상 작다.

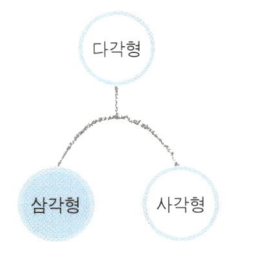

삼각형의 세 변의 길이의 관계

길이가 3 cm, 6 cm, 9 cm인 수수깡으로는 삼각형을 만들 수 없다. 왜 그럴까?
삼각형의 한 변의 길이는 나머지 두 변의 길이의 합보다 항상 작아야 하기 때문이다. 즉 삼각형의 어느 한 변의 길이가 나머지 두 변의 길이의 합과 같거나 합보다 크면 삼각형이 만들어지지 않는다. 따라서 삼각형의 세 변의 길이는 항상 어느 한 변의 길이가 나머지 두 변의 길이의 합보다 작아야 한다.

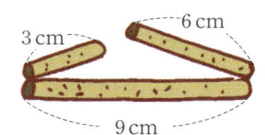

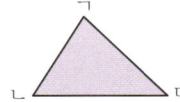

(선분 ㄱㄴ)+(선분 ㄴㄷ)>(선분 ㄱㄷ)
(선분 ㄴㄷ)+(선분 ㄱㄷ)>(선분 ㄱㄴ)
(선분 ㄱㄴ)+(선분 ㄱㄷ)>(선분 ㄴㄷ)

삼각형의 세 각의 크기의 합

삼각형의 세 각의 크기의 합은 방법1과 같이 삼각형을 세 각을 각각 포함하는 세 개의 도형으로 나누어 붙여 보면 쉽게 구할 수 있다. 즉 그림과 같이 삼각형의 세 각을 잘라서 맞추어 보면 세 각이 일직선 위에 놓인다는 것을 알 수 있다. 따라서 일직선이 이루는 각은 180°이므로 삼각형의 세 각의 크기의 합은 180°이다.

또 방법2와 같이 삼각형을 접어서 세 각을 한 곳에 모이게 하면, 이 경우에도 역시 세 각이 일직선 위에 놓인다는 것을 알 수 있다. 따라서 삼각형의 세 각의 크기의 합은 항상 180°임을 알 수 있다.

어느 길로 가야 가장 빨리 갈 수 있을까?

삼각형 모양의 공원을 자전거를 타고 같은 빠르기로 갈 때 어느 길로 가야 가장 빨리 갈 수 있을까?
아래 그림과 같이 공원에 만들어진 화단의 모양이 삼각형과 사각형 모양을 하고 있다. 이때 삼각형의 세 변 사이의 길이 관계를 이용하면 가장 빠른 길을 쉽게 찾을 수 있다. 즉 삼각형 모양의 화단의 두 변의 길이의 합이 나머지 한 변의 길이보다 항상 길기 때문에 삼각형 모양의 화단을 지나갈 때 두 변을 지나가는 것보다 한 변을 거쳐 지나갈 수 있는 길을 선택해야 한다. 따라서 두 가지 방법 중 가장 짧은 길은 ①번이다.

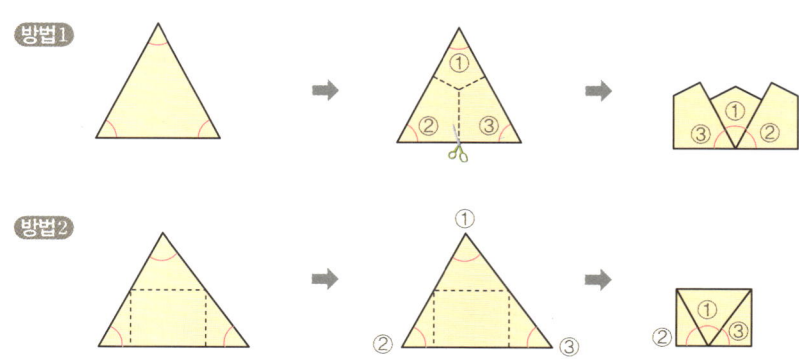

이등변삼각형의 세 변의 길이의 관계

두 변의 길이가 같은 이등변삼각형을 만들어서 그 성질을 알아보자.
다음과 같이 색종이를 반으로 접어 선을 그은 후, 가위로 오려서 펼치면 이등변삼각형이 만들어진다. 이때 이등변삼각형의 두 밑각의 크기는 서로 같음을 알 수 있다. 즉 이등변삼각형은 두 변의 길이가 같고, 두 밑각의 크기가 같은 삼각형이다.

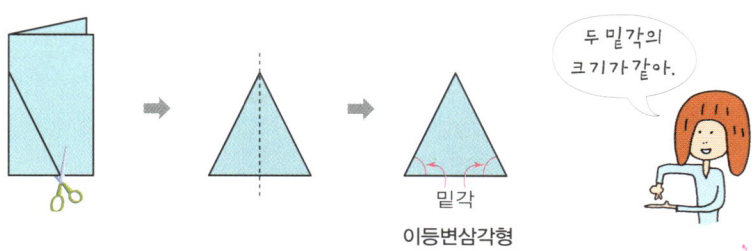

원시 무기는 이등변삼각형 모양

이등변삼각형은 두 변의 길이가 같기 때문에 이등변삼각형 모양으로 만든 도구는 완벽한 균형을 이루고 공기의 저항을 줄여 줘서 똑바로 날아갈 수 있다. 그래서 원시시대 사람들이 이등변삼각형 모양의 무기를 많이 사용했다고 한다.
이 밖에도 우리가 책상 위에 있는 연필을 잡으려고 할 때 두 눈과 연필 사이에 이등변삼각형이 그려져 있다고 생각해도 된다. 뇌가 두 눈과 연필 사이의 거리를 알려 주어 우리가 손으로 연필을 잡을 수 있도록 해 주는 것이다.

이러한 이등변삼각형의 성질을 이용하여 이등변삼각형의 세 각 중 어느 한 각의 크기가 주어지면 나머지 두 각의 크기를 쉽게 구할 수 있다.
만약 아래와 같은 이등변삼각형 ㄱㄴㄷ에서 각 ㄱㄴㄷ의 크기가 주어졌다면 (각 ㄱㄴㄷ)=(각 ㄱㄷㄴ)이고 삼각형의 세 각의 크기의 합은 180°이므로 (각 ㄴㄱㄷ)=180°−(각 ㄱㄴㄷ)×2이다.
또 각 ㄴㄱㄷ의 크기가 주어졌다면 삼각형의 세 각의 크기의 합이 180°이므로 (각 ㄱㄴㄷ)+(각 ㄴㄷㄱ)=180°−(각 ㄴㄱㄷ)이다. 따라서 각 ㄱㄴㄷ과 각 ㄴㄷㄱ은 각각 180°−(각 ㄴㄱㄷ)의 값을 2로 나누면 된다.

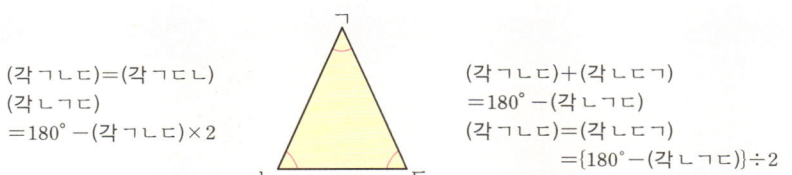

정삼각형의 성질

정삼각형의 세 각의 크기는 어떻게 구할까? 크기가 같은 정삼각형 6개를 각과 각이 서로 맞붙도록 이어 붙여 정육각형을 만들면 중심에 정삼각형의 각 6개가 모인다. 이때 중앙의 각의 크기는 360°이므로 정삼각형 한 각의 크기는 360÷6=60°임을 알 수 있다. 이와 같은 방법으로 정삼각형의 모든 각의 크기는 모두 60°로 같다는 것을 알 수 있다.

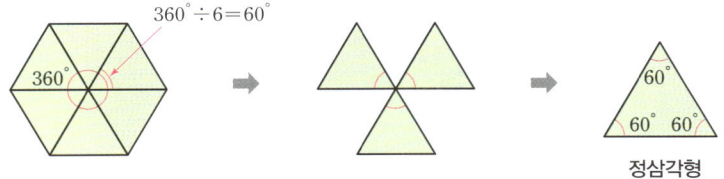

정삼각형은 항상 이등변삼각형이지만
이등변삼각형은 항상 정삼각형이 아니야.

58 사각형

- 4개의 선분으로 둘러싸인 도형.
- 사각형은 변과 꼭짓점이 각각 4개이다.

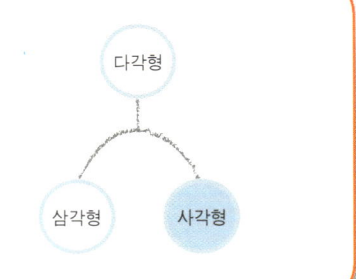

사각형의 의미

오른쪽 그림과 같이 4개의 선분으로 둘러싸인 도형을 '사각형'이라고 한다. 이때 사각형을 이루는 선분을 '변'이라고 하고 변과 변이 만나는 점을 '꼭짓점'이라고 한다. 즉 사각형은 변과 꼭짓점이 모두 4개인 도형이다.

그런데 4개의 선분으로 되어 있더라도 도형의 일부가 끊어져 있거나 선분이 서로 교차하거나 선분이 아닌 곡선이 있으면 사각형이 아니다.

즉 삼각형과 마찬가지로 사각형을 이루고 있는 선은 반드시 선분이어야 하며 4개의 선분에 의해 반드시 둘러싸여 있어야 한다.

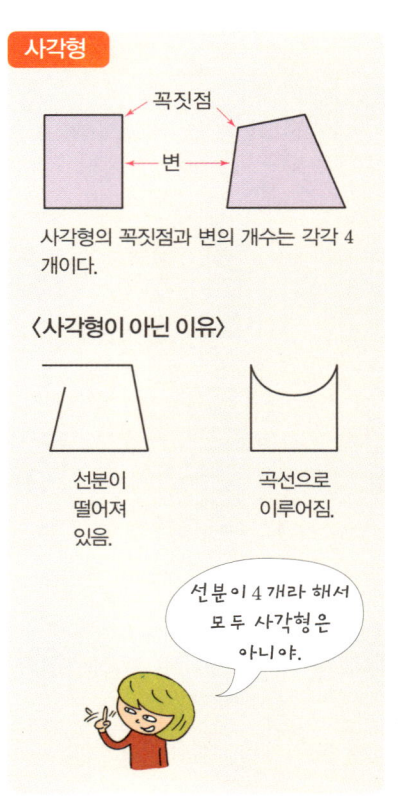

사각형의 높이

사각형의 높이는 평행한 두 변 사이의 수직인 거리를 말한다. 따라서 사각형 중에서 평행한 두 변이 없는 사각형은 높이를 일정하게 정할 수 없다. 또 사각형 중에서 평행한 변이 한 쌍일 때는 높이도 한 가지로 정해질 수 있지만 평행한 변이 두 쌍일 때는 밑변의 위치에 따라 높이가 달라질 수 있다.

여러 가지 사각형에서의 높이를 나타내면 다음과 같다.

〈사각형의 높이〉

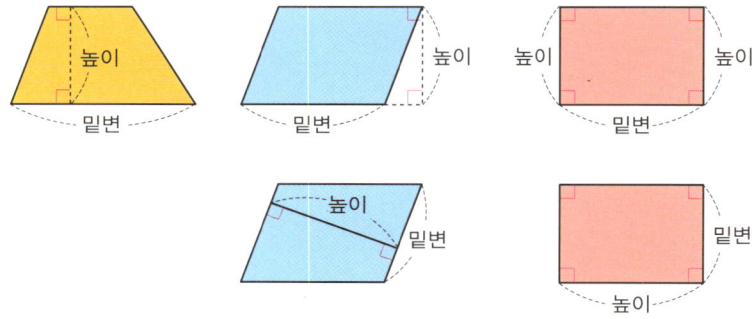

밑변의 위치에 따라 높이가 달라진다.

볼록사각형과 오목사각형

두 사각형의 각 선분을 연장해서 그어 보면, 연장한 선분이 도형 안을 지나가는 도형이 있다. 이런 사각형을 '오목사각형'이라고 한다. 또 연장한 모든 선분이 도형 안을 지나가지 않는 도형은 '볼록사각형'이라고 한다. 우리가 알고 있는 대부분의 사각형은 볼록사각형이다.

점판을 이용하여 네 점을 꼭짓점으로 하는 오목사각형과 볼록사각형을 쉽게 만들 수 있다.

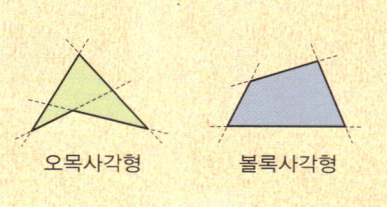

58 사각형

사각형의 종류

사각형 중 네 각이 모두 직각인 사각형을 '직사각형'이라고 한다. 직사각형은 네 각이 모두 직각이고 마주 보는 두 변의 길이가 서로 같다.

또한 네 각이 모두 직각이고, 네 변의 길이가 모두 같은 사각형을 '정사각형'이라고 한다. 직사각형과 정사각형의 마주 보는 변은 모두 평행하다.

사각형은 마주 보는 변이 평행한지 아닌지, 마주 보는 평행한 변이 모두 몇 쌍인지에 따라 이름이 달라진다.

마주 보는 변 중에서 평행한 변이 한 쌍 있는 사각형을 '사다리꼴'이라고 한다. 또 사다리꼴 중에서 마주 보는 두 쌍의 변이 모두 평행한 사각형을 '평행사변형'이라고 한다. 이때 평행사변형은 마주 보는 두 쌍의 변이 모두 평행하므로 사다리꼴이라고 할 수 있다.

또한 평행사변형 중에도 네 변의 길이가 같은 사각형을 '마름모'라고 한다. 이때 네 변의 길이가 같은 정사각형은 마름모라고 할 수 있지만, 마름모는 네 각이 직각이 아니므로 정사각형이라고 할 수 없다.

이웃하는 각의 크기가 같은 사각형

직사각형과 정사각형은 네 각이 모두 직각인 도형이므로 서로 이웃하는 각(바로 옆에 있는 각)의 크기의 합은 90°+90°=180°임을 알 수 있다. 또 직사각형과 정사각형 이외에도 평행사변형의 이웃하는 두 각의 크기의 합도 항상 180°이다.

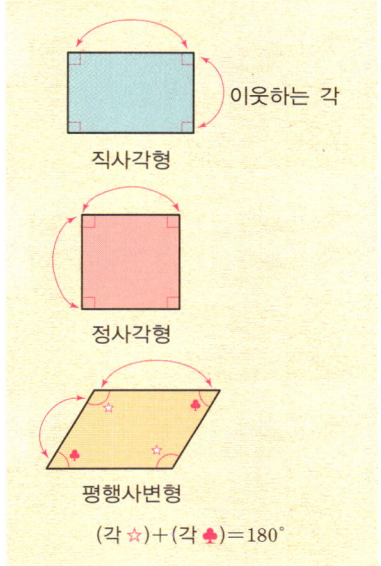

평행사변형
(각 ☆)+(각 ♣)=180°

사각형의 종류

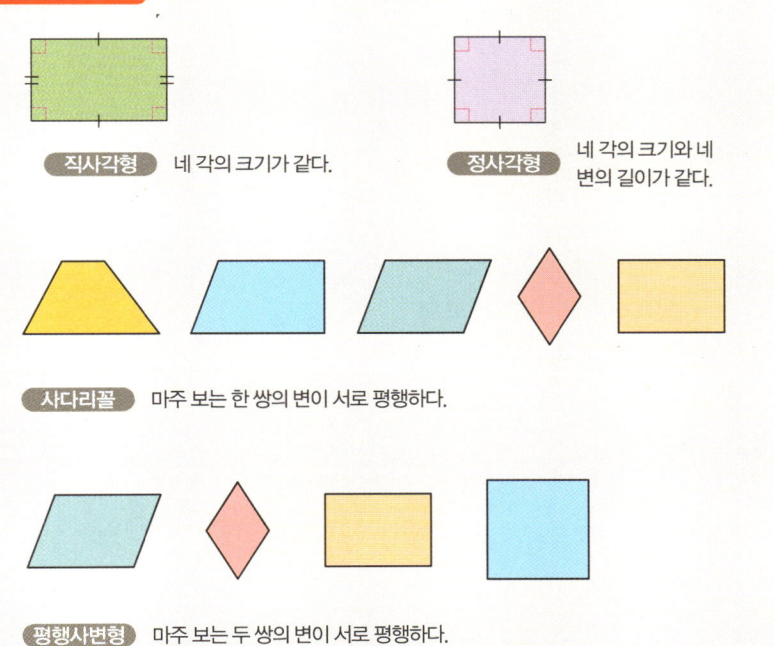

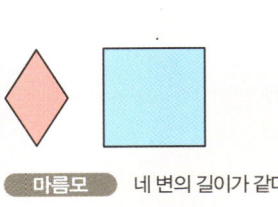

개념쌤의 1분 특강

네 각만 직각이면, 직사각형!

네 각이 직각이고, 네 변의 길이까지 같으면 정사각형!

59 사각형의 성질

- 정사각형은 마름모, 직사각형, 평행사변형, 사다리꼴이라고 할 수 있지만 마름모, 직사각형, 평행사변형, 사다리꼴은 정사각형이라고 할 수 없다.

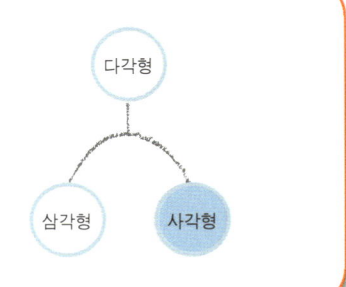

정사각형의 포함 관계

여러 가지 사각형의 성질을 생각해 보면, 각 사각형들이 어떻게 연관되어 있는지 쉽게 알 수 있다.

정사각형은 네 변의 길이가 모두 같고 네 각이 모두 직각이며, 마주 보는 두 변의 길이가 같으므로 마름모, 직사각형, 평행사변형, 사다리꼴이라고 할 수 있다. 그러나 마름모는 네 각이 모두 직각이 아니므로, 직사각형은 네 변의 길이가 모두 같지 않으므로, 평행사변형과 사다리꼴은 네 변의 길이도 같지 않고, 네 각도 모두 직각이 아니므로 정사각형이라고 할 수 없다.

〈사각형의 포함 관계〉

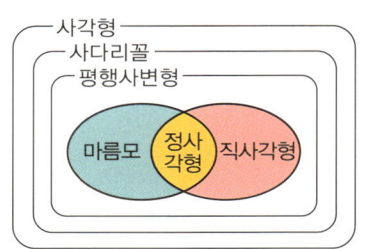

직사각형의 포함 관계

직사각형은 네 각이 모두 직각이고, 마주 보는 두 쌍의 변이 모두 평행이므로 평행사변형, 사다리꼴이라고도 할 수 있다. 그러나 평행사변형과 사다리꼴은 네 각이 모두 직각이 아니므로 직사각형이라고 할 수 없다.

마름모의 포함 관계

마름모는 네 변의 길이가 같고, 마주 보는 두 쌍의 변이 모두 평행하므로 평행사변형, 사다리꼴이라고 할 수 있다. 그러나 평행사변형과 사다리꼴은 네 변의 길이가 같지 않으므로 마름모라고 할 수 없다.

평행사변형의 포함 관계

평행사변형은 마주 보는 두 쌍의 변이 모두 평행하므로 사다리꼴이라고 할 수 있다. 그러나 사다리꼴은 한 쌍의 변만 평행하므로 평행사변형이라고 할 수 없다.

사각형의 관계

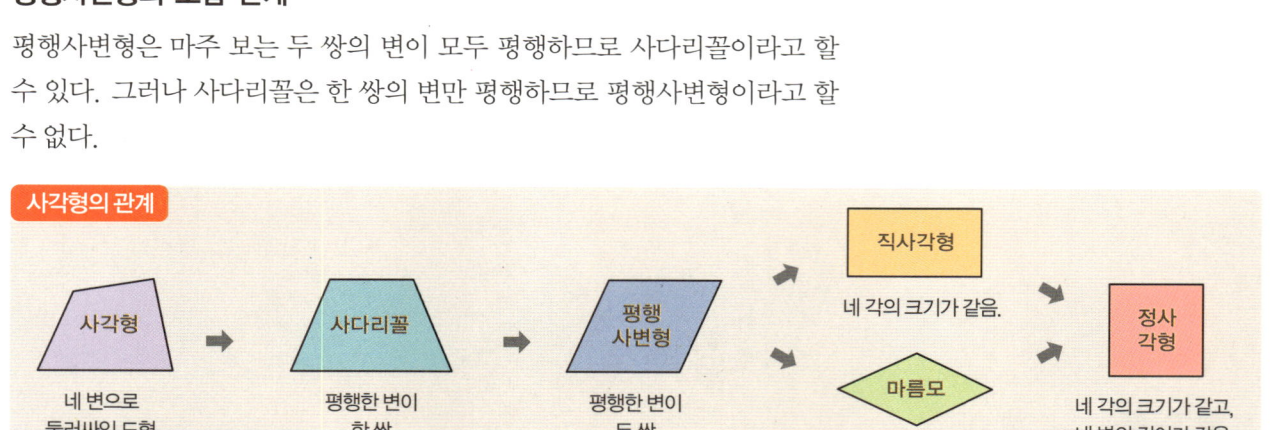

마주 보는 변의 길이가 같은 사각형

사각형 중에서 마주 보는 변끼리 길이가 같은 도형은 평행사변형, 마름모, 직사각형, 정사각형이다. 이 중에서 평행사변형과 직사각형은 마주 보는 두 변의 길이가 각각 같고, 마름모와 정사각형은 네 변의 길이가 모두 같다.

삼각형과 사각형 중 어느 도형이 힘이 셀까?

위의 그림과 같이 막대에 구멍을 뚫은 다음 막대와 막대를 이어 삼각형과 사각형을 만들어 보자. 그런 다음 손가락으로 위에서 아래로 눌러 보면 사각형은 모양이 변하지만 삼각형은 모양이 변하지 않는다. 즉 사각형은 위에서 받은 힘으로 인해 옆으로 기울어진 모양이 되지만 삼각형은 크기와 모양이 변하지 않는다. 이러한 특성을 가진 도형은 삼각형 뿐이기 때문에 지붕이나 *기중기처럼 튼튼하게 만들어야 하는 물건에 삼각형을 많이 활용한다.

*기중기: 무거운 물건을 들어 올리거나 수평으로 옮기는 기계.

마주 보는 각의 크기가 같은 사각형

사각형 중에서 마주 보는 각의 크기가 같은 도형은 평행사변형, 마름모, 직사각형, 정사각형이다. 이 중에서 마주 보는 두 각의 크기가 각각 같은 도형은 평행사변형과 마름모이고, 네 각이 모두 직각으로 같은 도형은 직사각형과 정사각형이다.

사각형의 네 각의 크기의 합

방법1 과 같이 사각형을 가로로 잘라 네 각을 맞추어 보면 4개의 각이 빈틈없이 원 모양이 된다. 따라서 사각형의 네 각의 크기의 합은 360°라는 것을 알 수 있다. 또 **방법2** 와 같이 사각형은 2개의 삼각형으로 나누어지는데 삼각형의 세 각의 크기의 합은 180°이므로 삼각형 2개로 나눈 사각형의 각의 합은 $180° \times 2 = 360°$이다.

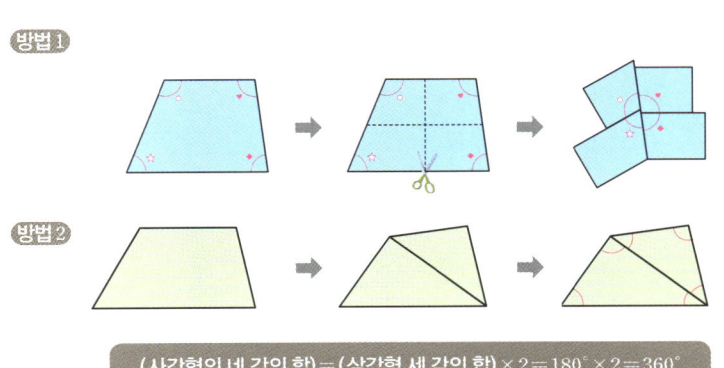

(사각형의 네 각의 합)=(삼각형 세 각의 합)×2=180°×2=360°

개념쌤의 1분 특강

사각형 사이의 관계는 다양한 형식으로 시험 문제에 자주 나와. 그러니까 잘 공부해 두는 게 좋아.

60 다각형과 정다각형

- 다각형은 3개 이상의 선분으로 둘러싸인 도형.
- 정다각형은 변의 길이와 각의 크기가 모두 같은 다각형.

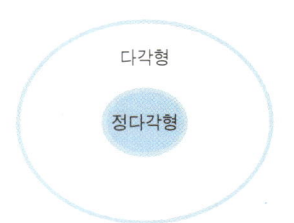

다각형의 뜻과 종류

삼각형, 사각형, 오각형, 육각형, ……과 같이 3개 이상의 선분으로 둘러싸인 도형을 '다각형'이라고 한다. 원과 같이 선분으로 둘러싸여 있지 않거나 3개 이상의 선분으로 되어 있지만 둘러싸여 있지 않으면 다각형이 아니다.

선분으로 둘러싸여 있지 않거나 닫혀 있지 않으면 다각형이 아니다.

3개의 선분으로 둘러싸인 도형은 삼각형, 4개의 선분으로 둘러싸인 도형은 사각형, 5개의 선분으로 둘러싸인 도형은 오각형, 6개의 선분으로 둘러싸인 도형은 육각형이라고 한다. 이와 같이 다각형의 이름은 다각형을 둘러싼 선분, 즉 변의 개수에 따라 삼각형, 사각형, 오각형, 육각형, …… 등으로 정해진다.

정다각형

삼각형 중에서 세 변의 길이와 세 각의 크기가 모두 같은 삼각형을 정삼각형이라고 한다. 또 사각형 중에서도 네 변의 길이와 네 각의 크기가 모두 같은 사각형을 정사각형이라고 한다.

이와 같이 다각형 중에서 변의 길이와 각의 크기가 같은 도형을 통틀어 '정다각형'이라고 한다. 정다각형은 변의 수에 따라 정삼각형, 정사각형, 정오각형, 정육각형, …… 등으로 부른다.

다각형과 정다각형

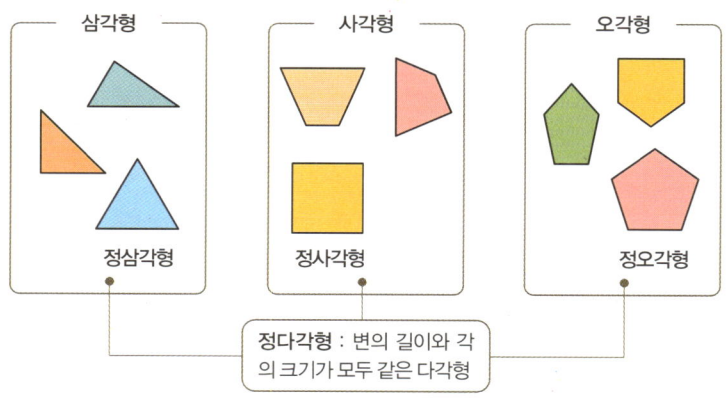

정다각형: 변의 길이와 각의 크기가 모두 같은 다각형

다각형의 이름은 변의 개수에 따라 정해진다.

모든 다각형과 정다각형은 평면도형을 빈틈없이 채울 수 있을까?

부엌이나 목욕탕의 타일을 보면 대부분 다각형이나 정다각형 모양을 하고 있다. 그 이유는 한 점에 모인 도형의 각의 합이 360°가 되는 경우에는 도형 사이를 빈틈없이 채울 수 있기 때문이다.

그러나 정다각형 중에서 도형 사이를 빈틈없이 채울 수 없는 도형이 있는데, 그것은 바로 정오각형이다. 정오각형의 한 각의 크기는 108°이기 때문에 3개의 각이 모여도 360°가 되지 않는다. 따라서 정오각형만으로는 도형 사이를 빈틈없이 채울 수 없다.

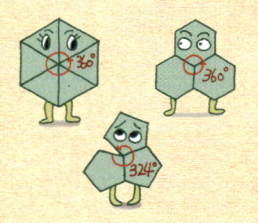

개념쌤의 1분 특강

다각형 중 변의 길이와 각의 크기가 모두 같으면 정다각형~

61 대각선

- 다각형에서 서로 이웃하지 않은 두 꼭짓점을 이은 선분.
- 다각형의 대각선의 개수는 한 꼭짓점에서 그을 수 있는 대각선의 개수와 꼭짓점의 개수의 곱을 2로 나누어 주면 된다.

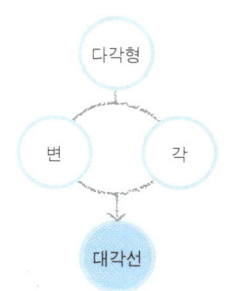

다각형의 대각선

다각형에서 서로 이웃하지 않은 두 꼭짓점을 이은 선분을 '대각선'이라고 한다. 삼각형은 이웃하지 않은 꼭짓점이 없으므로 대각선이 없다. 또 사각형은 각 꼭짓점에 이웃하지 않은 꼭짓점이 한 개씩 있기 때문에 이웃하지 않은 꼭짓점끼리 선분을 4번 그을 수 있지만 그중 2번은 중복되는 선분이다. 따라서 사각형의 대각선은 2개이다. 또 오각형은 각 꼭짓점에서 이웃하지 않은 꼭짓점이 2개씩 있기 때문에 이웃하지 않은 꼭짓점끼리 선분을 10번 그을 수 있지만 그중 5번은 중복되는 선분이다. 따라서 오각형의 대각선은 5개이다.

이와 같이 다각형의 대각선의 개수는 한 꼭짓점에서 그을 수 있는 대각선의 개수와 꼭짓점의 개수의 곱을 2로 나누어 주면 된다.

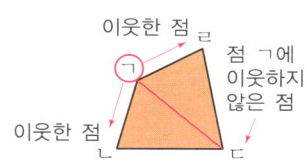

삼각형	사각형	오각형	육각형
대각선 없음.	대각선 2개	대각선 5개	대각선 9개

(다각형의 대각선의 개수) = (한 꼭짓점에서의 대각선의 개수) × (꼭짓점의 개수) ÷ 2

N각형의 한 꼭짓점에서 그을 수 있는 대각선의 개수

N각형에는 N개의 꼭짓점이 있으므로 이웃하지 않은 꼭짓점의 개수는 $(N-3)$개이다. 따라서 N각형의 대각선의 개수는 $\{N \times (N-3)\} \div 2$이다. 즉 중복되는 대각선이 있으므로 2로 나누어 주는 것이다. 이 식을 이용하여 십각형의 대각선의 개수를 구해 보면 다음과 같다.

(십각형의 대각선의 개수)
$= \{10 \times (10-3)\} \div 2 = 35$(개)

사각형에서의 대각선의 성질

사다리꼴, 평행사변형, 마름모의 두 대각선의 길이는 서로 다르다. 그러나 직사각형과 정사각형의 두 대각선의 길이는 각각 서로 같다. 또 마름모와 정사각형은 두 대각선이 수직으로 만난다. 직사각형의 경우에는 두 대각선의 길이는 같지만 두 대각선이 서로 수직으로 만나지 않는다. 따라서 두 대각선이 서로 수직으로 만나면서 길이가 같은 사각형은 정사각형이다.

〈대각선이 수직으로 만나는 도형〉

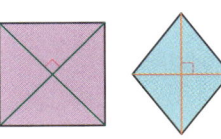

정사각형   마름모

〈대각선의 길이가 같지 않은 도형〉

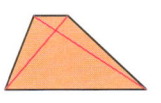 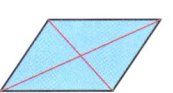

사다리꼴   평행사변형   마름모

〈대각선의 길이가 같은 도형〉

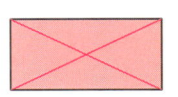 

직사각형   정사각형

62 내각과 외각

- 내각은 다각형의 안쪽에 있는 각.
- 외각은 다각형의 한 변과 그 이웃한 변의 연장선이 이루는 각.

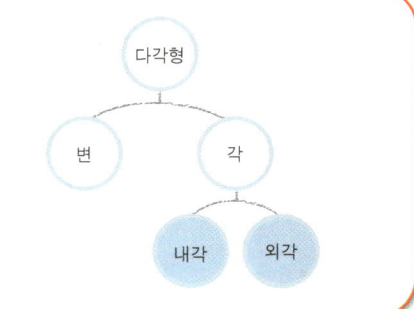

다각형의 내각과 외각

다각형은 선분으로 둘러싸인 도형이므로 다각형 안에는 여러 개의 각이 만들어진다. 삼각형 안에는 3개, 사각형 안에는 4개, 오각형 안에는 5개의 각, ……과 같이 다각형의 안에 있는 각은 변의 개수만큼 늘어나는데 이와 같이 다각형의 안쪽에 있는 각을 '내각'이라고 한다.

또한 오른쪽 그림과 같이 다각형의 어느 한 변을 늘였을 때, 늘어난 변과 그 변 위에 있는 다각형의 꼭짓점, 그리고 나머지 한 변으로 만들어지는 다각형의 바깥쪽에 있는 각을 '외각'이라고 한다. 즉 외각은 다각형의 한 변과 그 이웃한 변을 연장한 선분이 이루는 각을 말한다.

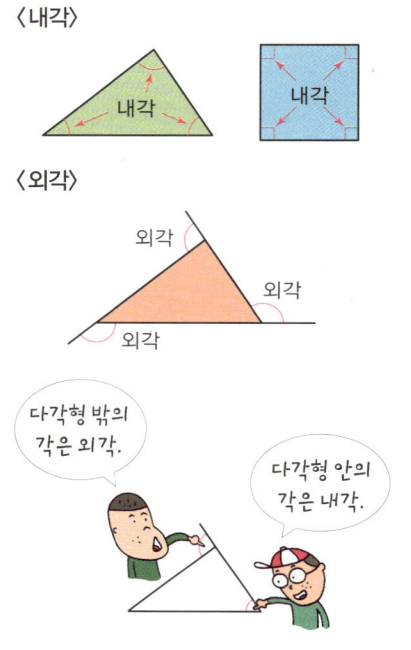

다각형의 내각의 크기의 합

삼각형의 내각의 크기의 합은 180°이고, 사각형의 내각의 크기의 합은 360°이다. 그러면 오각형, 육각형 등과 같은 다각형의 내각의 크기의 합은 몇 도일까? 다각형을 직접 자르거나 접지 않고, 다각형에 대각선을 그어서 내각의 합을 알아볼 수 있다. 먼저 아래의 가운데 그림에서 오각형의 한 꼭짓점에서 그을 수 있는 대각선을 모두 그으면 삼각형 3개가 생긴다. 이때 삼각형의 내각의 크기의 합은 180°이므로 오각형의 내각의 크기의 합은 3개의 삼각형의 내각의 크기의 합, 즉 180°×3=540°가 된다. 이와 같이 다각형은 한 꼭짓점에서 그을 수 있는 대각선을 모두 그으면 여러 개의 삼각형으로 나누어진다. 따라서 각 다각형의 내각의 크기의 합은 180°(삼각형의 내각의 크기의 합)에 한 꼭짓점에서 대각선을 그어 나누어진 삼각형의 개수를 곱하면 된다.

다각형의 외각의 크기의 합

다각형의 내각과 외각의 크기의 합을 이용하여 다각형의 외각의 크기의 합을 구해 보자.

〈삼각형의 외각의 크기의 합〉

다각형의 내각과 외각의 크기의 합은 항상 180°이므로 삼각형의 3개의 외각과 내각의 크기의 합은 180°×3=540°이다. 따라서 540°에서 삼각형의 내각의 크기의 합 180°를 빼면 삼각형의 외각의 크기의 합은 360°라는 것을 알 수 있다.

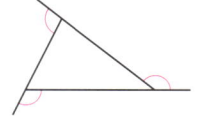
(외각의 크기의 합)=360°

〈사각형의 외각의 크기의 합〉

삼각형과 같은 방법으로 사각형의 4개의 외각과 내각의 크기의 합을 구하면 180°×4=720°이다. 따라서 720°에서 사각형의 내각의 크기의 합 360°를 빼면 사각형의 외각의 크기의 합도 역시 360°라는 것을 알 수 있다.

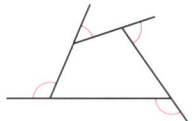
(외각의 크기의 합)=360°

〈오각형의 외각의 크기의 합〉

마찬가지로 오각형의 5개의 외각과 내각의 크기의 합은 180°×5=900°이다. 따라서 900°에서 오각형의 내각의 크기의 합 540°를 빼면 오각형의 외각의 크기의 합도 역시 360°이다.

이와 같이 다각형의 내각의 크기의 합은 모두 다르지만 외각의 크기의 합은 항상 360°이다.

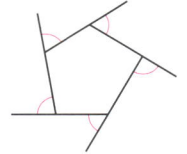
(외각의 크기의 합)=360°

내각과 외각의 크기의 합

다각형에서 내각과 외각은 항상 이웃한다. 또한 이 두 각은 아래 그림과 같이 다각형의 한 변을 연장해서 나누어진 2개의 각이므로 내각과 외각의 합은 항상 180°이다. 즉 내각이 80°이면, 외각은 180°-80°=100°가 되는 것이다.

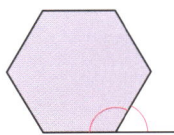

내각과 외각을 합하면 180°!

(내각)+(외각)=180°

삼각형에서 두 내각의 크기의 합

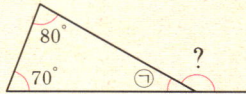

위의 그림과 같이 삼각형의 두 각이 각각 70°, 80°이고, 나머지 한 각이 ㉠일 때, ㉠의 외각은 몇 도인지 알아보자.

먼저 각 ㉠의 크기는 180°에서 나머지 두 각의 합을 뺀 각이므로
(각 ㉠)=180°-(70°+80°)=30°
이다. 또 각 ㉠의 외각은 다시 180°에서 30°을 빼 주어야 하므로 180°-30°=150°이다.

그런데 두 내각 70°와 80°를 더해도 150°이다. 따라서 삼각형의 두 내각의 크기의 합은 다른 한 각의 외각의 크기와 같다.

개념쌤의 1분 특강

삼각형이든, 사각형이든, 오각형이든 외각의 크기의 합은 모두 360°!

63 원

- 한 점에서 일정한 거리에 있는 점들이 만든 도형.
- 한 원에서 지름의 길이는 모두 같고, 지름의 길이는 반지름의 길이의 2배이다.

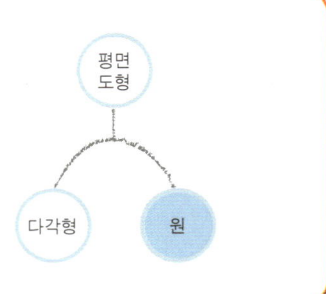

원의 중심과 반지름

컴퍼스를 이용해서 한 끝점을 고정시키고 다른 한 끝점을 한 바퀴 돌려 보면 둥근 도형이 그려지는데 이렇게 만든 도형을 '원'이라고 한다. 즉 원은 한 점에서 일정한 거리에 있는 점들이 만든 도형이다.

원을 그릴 때 컴퍼스로 고정한 한 끝점을 '원의 중심'이라고 하고, 원의 중심에서 원 위의 한 점까지의 거리를 '원의 반지름'이라고 한다.

한 원에서 원의 반지름은 무수히 많이 그을 수 있다. 또 한 원에서 반지름의 길이는 모두 같다. 원 모양이 둥근 것도 바로 이 때문이다. 바퀴나 굴렁쇠, 훌라후프를 땅 위에서 굴렸을 때, 걸림이 없이 잘 굴러가는 이유는 원의 중심에서 땅에 이르는 거리 즉 반지름의 길이가 항상 일정하기 때문이다.

원 모양의 물건들

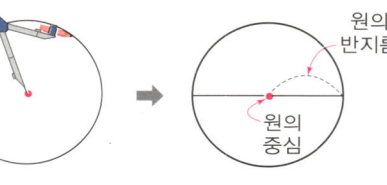

〈원의 중심과 반지름〉

원의 반지름의 길이는 모두 같아.

원의 지름

원 위의 두 점을 이은 선분을 여러 개 그어 보면, 그중에서 길이가 가장 긴 선분을 찾을 수 있다. 오른쪽 그림과 같이 원 위의 두 점을 이은 선분 중 길이가 가장 긴 선분은 원의 중심인 점 ㅇ을 지난다. 이와 같이 원의 중심을 지나는 선분을 '원의 지름'이라고 한다. 원의 지름도 반지름과 같이 한 원 안에서 무수히 많이 그을 수 있고, 한 원 안에서 원의 지름의 길이는 모두 같다.

원의 지름.

원의 중심각

원에도 각이 있다. 원의 중심에서 만들어지는 각을 '원의 중심각'이라고 한다. 그럼 원의 중심각은 몇 도일까?

오른쪽 그림과 같이 원에 반지름인 선분 ㅇㄱ을 그었을 때, 이 선분이 원 전체를 한 바퀴 돌면 다시 제자리로 오게 된다. 이때 만들어지는 각의 크기는 360°이다. 즉 원의 중심각은 360°이다.

〈원의 중심각〉

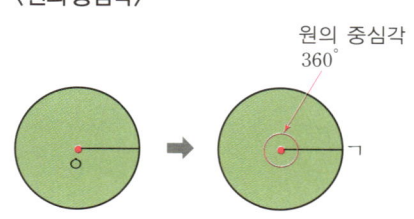

원의 중심각 360°

원의 지름과 원의 반지름의 길이의 관계

다음 그림에서 보면 반지름의 길이가 0.5 cm이면 지름의 길이는 1 cm, 반지름의 길이가 0.8 cm이면 지름의 길이는 1.6 cm, 반지름의 길이가 1 cm이면 지름의 길이는 2 cm이다. 즉 지름의 길이는 반지름의 길이의 2배이다.

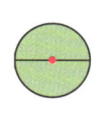
반지름: 0.5 cm
지름: 1 cm

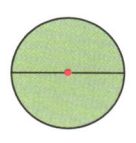
반지름: 0.8 cm
지름: 1.6 cm

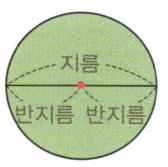
반지름: 1 cm
지름: 2 cm

지름은 반지름의 2배야.

(지름의 길이) = (반지름의 길이) × 2

원 그리기

원을 이용하여 여러 가지 모양을 그릴 수 있는데 이때 원의 중심을 옮겨 가며 그리거나 원의 중심을 고정시키고 반지름의 길이만 다르게 하여 그릴 수 있다. 또 원의 중심을 옮겨 가며 그릴 때에도 반지름의 길이를 같게 할 수도 있고, 다르게 할 수도 있다.

아래 그림에서 **그림1**은 원의 중심을 옮겨 가면서 반지름의 길이를 같게 하여 그린 모양이고, **그림2**는 원의 중심을 옮겨 가면서 반지름의 길이도 2배, 3배, 4배씩 커지도록 그린 모양이다. 또 **그림3**은 원의 중심은 고정시키고, 반지름의 길이만 2배, 3배, 4배씩 늘어나도록 그린 그림이다.

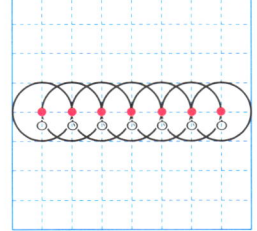
원의 중심은 옮기고 반지름의 길이를 같게 하여 만든 모양

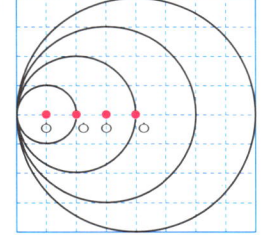
원의 중심을 옮기고 반지름의 길이도 변화시켜 만든 모양

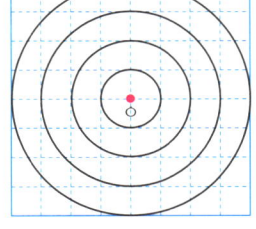
원의 중심은 고정시키고 반지름의 길이를 변화시켜 만든 모양

원의 중심과 반지름의 길이에 따라 모양이 달라지네.

같은 길이의 끈으로 만들 수 있는 도형 중 가장 넓은 도형은 무엇일까?

옛날 어느 나라 공주가 있었다. 그러나 왕이 죽자 공주는 빈털터리로 쫓겨나게 되었다. 공주는 어느 나라에 도착해 가져온 돈으로 땅을 사려고 했다. 그러자 한 사람이 밧줄을 주면서 밧줄로 땅을 두를 수 있을 만큼만 판다고 했다. 이에 공주는 원 모양으로 땅을 둘렀다. 같은 길이의 끈으로 만들 수 있는 도형 중 원의 넓이가 가장 넓기 때문이다. 그럼 원의 넓이가 왜 가장 넓을까? 그 이유는 둘레가 같은 정다각형에서는 변의 수가 많을수록 넓이가 커지기 때문이다. 즉 정다각형의 변의 수가 많아질수록 원의 모양에 가까워지므로 원의 넓이가 가장 넓은 것이다.

개념쌤의 1분 특강

한 원에서 반지름의 길이를 알면 지름의 길이는 (반지름) × 2로 구하면 돼.

64 합동인 도형

- 모양과 크기가 같아서 완전히 포개어지는 두 도형.
- 합동인 도형의 대응변의 길이와 대응각의 크기는 각각 서로 같다.

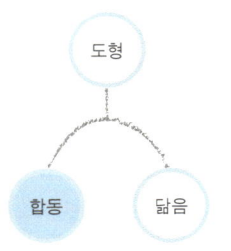

합동인 도형의 성질

모양과 크기가 모두 같아서 완전히 포개어지는 도형을 '합동'이라고 한다. 모양이 같아도 크기가 다르면 합동이 아니다.

합동인 도형은 돌리기와 뒤집기를 이용하여 확인하면 쉽게 찾을 수 있다.

합동인 두 도형을 완전히 포개어 보면 꼭짓점, 변, 각이 각각 겹쳐진다. 이때 겹쳐지는

합동은 모양과 크기가 같은 두 도형을 말한다.

꼭짓점을 대응점, 겹쳐지는 변을 대응변, 겹쳐지는 각을 대응각이라고 한다. 합동인 삼각형 2개를 겹쳐 보면 대응점, 대응변, 대응각이 각각 3개씩 생긴다. 합동인 2개의 사각형도 겹쳐 보면 대응점, 대응변, 대응각이 각각 4개씩 생긴다. 이때 겹치는 대응점의 위치는 서로 같고, 대응변의 길이와 대응각의 크기는 각각 서로 같다.

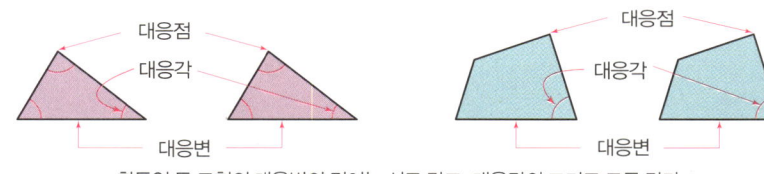

합동인 두 도형의 대응변의 길이는 서로 같고, 대응각의 크기도 모두 같다.

쌍둥이는 합동일까? 아닐까?

똑같이 생겨서 짝을 이루는 경우를 쌍둥이라고 말한다. 그래서 한 어머니에게서 같은 날 태어난 두 아기도 쌍둥이라고 하고, 빌딩에도 쌍둥이 빌딩, 도시에도 쌍둥이 도시 등으로 쌍둥이란 이름을 붙인다. 별자리에도 쌍둥이자리가 있다. 쌍둥이라고 해도 성별이나 얼굴이 다를 수 있다. 그리고 아무리 비슷하게 생겼더라도 키가 한 명이 약간 작을 수도 있고, 몸무게가 다를 수도 있다. 따라서 엄밀히 따지면, 쌍둥이는 합동이라고 할 수 없다.

합동인 도형 만들기

직사각형과 정사각형을 잘라서 합동인 도형을 여러 개 만들 수 있다. 합동인 도형을 만든 후에는 나누어진 도형을 겹쳐서 완전히 포개어지는지 확인해 보는 것이 좋다.

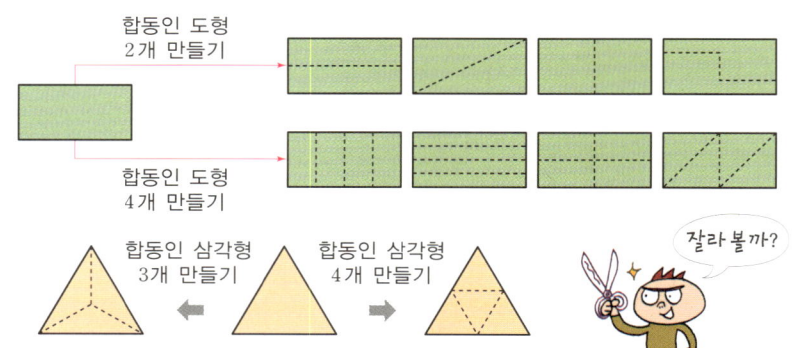

개념쌤의 1분 특강

색깔이 다른 건 합동이랑 아무 상관이 없어.

65 닮음인 도형

- 두 도형에서 한 도형을 일정한 비율로 확대하거나 축소하였을 때, 다른 한 도형과 합동이 되는 두 도형.
- 닮음인 도형의 대응변의 길이의 비는 일정하다.

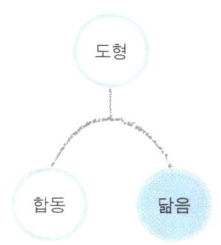

닮음인 도형의 의미

오른쪽과 그림과 같이 모양은 같지만 크기가 다른 도형을 '닮음'이라고 한다. 즉 두 도형에서 한 도형을 일정한 비율로 확대하거나 축소하였을 때, 다른 한 도형과 합동이 되면 두 도형은 닮음인 도형이다. 물론 합동인 도형도 닮음이라고 할 수 있다. 즉 닮음 안에 합동도 포함된다.

닮음인 두 도형은 모양은 같지만 크기가 다르다.

닮음의 위치에 있는 도형

닮음인 두 도형에서 대응점끼리 연결하는 직선을 그었을 때, 한 점에서 만나면 두 도형은 서로 '닮음의 위치에 있다'고 한다. 이때 대응점끼리 연결한 직선이 만나는 한 점을 '닮음의 중심'이라고 한다.

닮음의 중심은 다음의 예와 같이 도형 외부에 있을 수도 있고, 도형 내부에 있을 수도 있다.

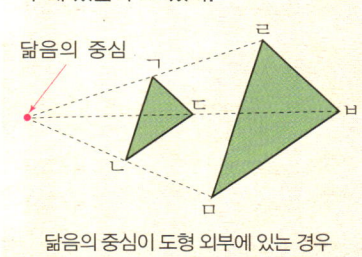

닮음의 중심이 도형 외부에 있는 경우

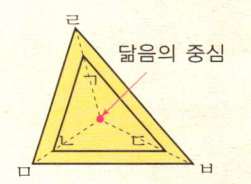

닮음의 중심이 도형 내부에 있는 경우

닮음인 도형의 성질

닮음인 두 도형에서 대응하는 점, 대응하는 각, 대응하는 변을 각각 대응점, 대응각, 대응변이라고 한다. 합동과 마찬가지로 닮음인 삼각형에서는 대응점, 대응각, 대응변이 각각 3개씩이고, 사각형에서는 각각 4개씩이다.

닮음인 도형에서는 대응변의 길이의 비는 일정하다. 이때 닮음인 두 도형의 대응하는 변의 길이의 비를 '닮음비'라고 한다. 또 닮음인 도형에서 대응각의 크기는 서로 같다.

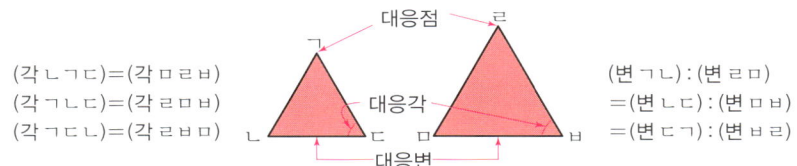

닮음인 두 도형의 대응변의 길이의 비는 일정하고, 대응각의 크기는 모두 같다.

원은 각이 없으므로 모든 원은 서로 닮음인 도형이다. 또 정다각형의 경우에는 그 크기만 달라질 뿐 내각의 크기는 변하지 않는다. 따라서 정다각형은 모든 각의 크기가 같으므로 항상 서로 닮음인 도형인 것이다.

원, 정다각형은 각각 모두 닮음인 도형이야.

66 합동인 삼각형

- 합동인 삼각형은 세 변의 길이를 알 때, 두 변의 길이와 그 사잇각을 알 때, 한 변의 길이와 그 양 끝각을 알 때 각각 그릴 수 있다.

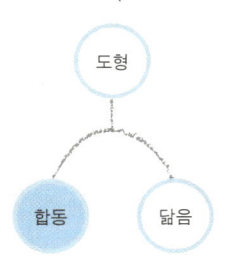

합동인 삼각형 그리기

본을 대지 않고 합동인 삼각형을 그리는 방법이 있다. 합동인 삼각형을 그리려면 우선 세 변의 길이를 알고 있거나 두 변의 길이와 그 사잇각을 알고 있거나 한 변의 길이와 그 양 끝각을 알고 있어야 한다. 자, 컴퍼스, 각도기를 이용하여 다음과 같이 합동인 삼각형을 그려 보자.

첫째, 세 변의 길이를 재어서 삼각형 그리기
둘째, 두 변의 길이와 그 사이의 각의 크기를 재어서 삼각형 그리기
셋째, 한 변의 길이와 그 양 끝각의 크기를 재어서 삼각형 그리기

세 변의 길이를 알 때	두 변의 길이와 그 사이의 각을 알 때	한 변의 길이와 그 양 끝각을 알 때
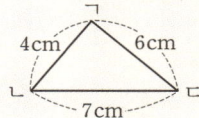	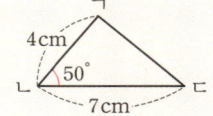	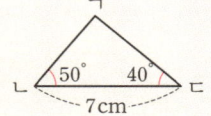
① 길이가 7 cm인 선분 ㄴㄷ을 그린 후, 점 ㄴ을 중심으로 반지름이 4 cm인 원을 그린다.	① 길이가 7 cm인 선분 ㄴㄷ을 그린 후, 점 ㄴ을 꼭짓점으로 하여 각도기로 50°인 각을 그린다.	① 길이가 7 cm인 선분 ㄴㄷ을 그린 후, 점 ㄴ을 꼭짓점으로 하여 각도기로 50°인 각을 그린다.
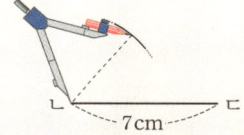	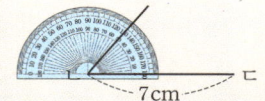	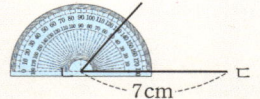
② 다시 점 ㄷ을 중심으로 반지름이 6 cm인 원을 그린다. 이때 두 원이 만나는 점이 점 ㄱ이다.	② 점 ㄴ에서 4 cm의 거리에 점 ㄱ을 찍는다.	② 점 ㄷ을 꼭짓점으로 하여 각도기로 40°인 각을 그려서 두 각이 만나는 점 ㄱ을 찾는다.
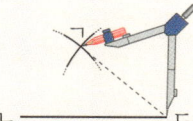	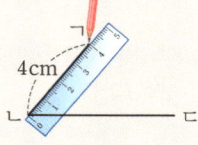	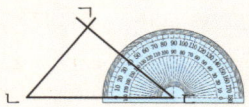
③ 점 ㄱ과 ㄴ, 점 ㄱ과 ㄷ을 각각 이으면 삼각형이 그려진다.	③ 점 ㄱ과 ㄷ을 이으면 삼각형이 그려진다.	③ 점 ㄱ과 ㄴ, 점 ㄱ과 ㄷ을 각각 이으면 삼각형이 그려진다.
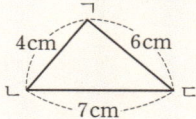	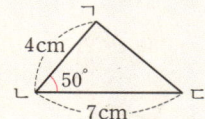	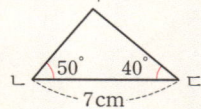

합동인 도형을 그릴 수 없는 경우

세 변의 길이가 주어졌는데도 합동인 삼각형을 그릴 수 없는 경우가 있다. 삼각형은 세 변의 길이 중 어느 두 변의 길이의 합이 나머지 한 변의 길이와 같거나 작으면 삼각형이 만들어지지 않는다. 즉 세 변의 길이를 알아도 삼각형을 그릴 수 없는 조건이면 합동인 삼각형도 당연히 그릴 수 없다.

〈세 변의 길이가 2 cm, 3 cm, 5 cm인 삼각형〉

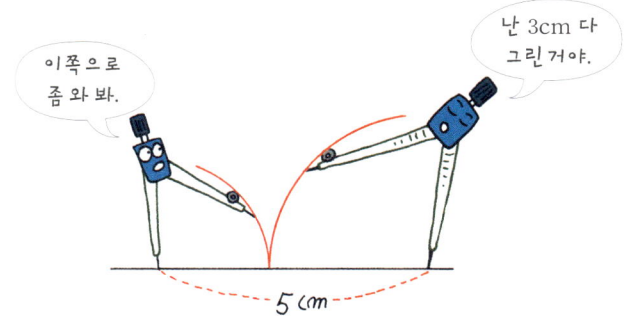

삼각형의 두 변의 길이 2 cm와 3 cm의 길이의 합이 다른 한 변의 길이인 5 cm와 같으므로 합동인 삼각형을 그릴 수 없다.

그럼, 세 각의 크기를 모두 알 때에도 합동인 삼각형을 그릴 수 있을까? 세 각의 크기를 알아도 합동인 삼각형을 그릴 수 없는 경우가 있다.

먼저, 세 각이 50°, 60°, 70°인 삼각형을 그려 보자. 변의 길이가 주어져 있지 않으므로 임의로 한 변을 그린 후, 각도기를 사용하여 세 각 중 두 각을 먼저 그리고 삼각형을 그리면 아래와 같이 크기가 다른 삼각형을 그릴 수 있다.

이와 같이 세 각의 크기는 같지만 크기가 다른 삼각형을 그릴 수 있으므로 합동인 삼각형을 그릴 수 있다고는 할 수 없다. 즉 세 각의 크기를 모두 알 때에는 닮음인 삼각형을 그릴 수는 있지만 항상 합동인 삼각형을 그릴 수 있는 것은 아니다.

〈세 각이 50°, 60°, 70°인 삼각형〉

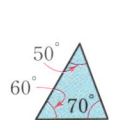 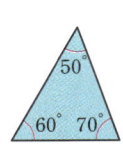 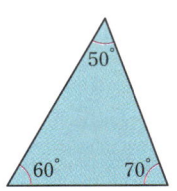 

세 각의 크기는 같지만 변의 길이가 다른 삼각형이 여러 개 그려지므로 세 각의 크기를 모두 알아도 항상 합동인 삼각형을 그릴 수는 없다.

삼각형 이외에도 다각형을 그릴 때, 모든 각의 크기를 알고 있는 경우 닮음인 도형은 그릴 수 있지만 항상 합동인 도형을 그릴 수는 없다.
이것은 정삼각형, 정사각형, ……과 같은 정다각형을 그리는 경우에도 마찬가지이다.

합동을 이용하여 거리를 잰 탈레스

자신이 있는 곳에서 바다에 떠 있는 배까지의 거리를 직접 재지 않고, 수학의 지식을 이용하여 구한 사람이 있다. 그 사람은 바로 수학자 탈레스이다.

탈레스는 모래 사장에 두 점 A와 B를 정하고 배를 점 C라고 하여 직각삼각형을 그렸다. 그리고 두 점 A와 B 사이의 직선 거리를 재었다. 이때 점 A에서의 각은 직각이 되고, 점 B에서 배까지의 각도는 직접 쟀다. 이렇게 해서 삼각형 ABC와 합동인 삼각형을 모래 사장에 그려서 배까지의 거리를 재었다고 한다.

개념쌤의 1분 특강

정삼각형은 세 각이 모두 같으니까 합동인 삼각형을 그릴 수 있다고 착각하는데, 변의 길이를 모르면 그릴 수 없다는 사실!

67 선대칭도형

- 어떤 직선으로 접어서 완전히 겹쳐지는 도형.
- 선대칭도형에서 대응변의 길이와 대응각의 크기는 각각 서로 같다.

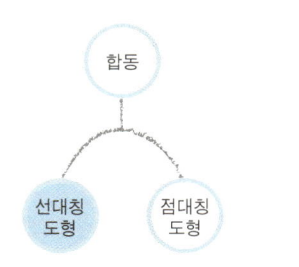

선대칭도형과 대칭축

어떤 직선을 중심으로 완전히 겹쳐지는 도형을 '선대칭도형'이라고 하고, 그 직선을 '대칭축'이라고 한다.

선대칭도형의 대칭축은 도형에 따라 그 개수가 다르고 같은 선대칭도형이라도 그 모양에 따라서 대칭축의 개수가 달라진다.

예를 들어 이등변삼각형은 대칭축이 1개이지만 정삼각형은 대칭축이 3개이다. 또 사각형 중에서도 등변사다리꼴은 대칭축이 1개, 직사각형과 마름모는 각각 2개, 정사각형은 4개이다.

이와 같이 대칭축의 개수는 삼각형에서는 정삼각형이, 사각형에서는 정사각형이 대칭축이 많은 것처럼 정다각형일수록 많아진다. 그러나 변의 수가 아무리 많은 정다각형이더라도 원보다는 대칭축이 적다. 원의 대칭축은 셀 수 없이 많기 때문이다.

〈선대칭도형의 대칭축의 개수〉

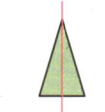 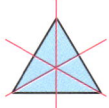
이등변삼각형 : 1개   정삼각형 : 3개

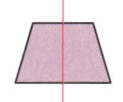 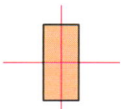
등변사다리꼴 : 1개   직사각형 : 2개

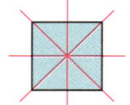 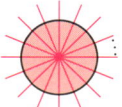
정사각형 : 4개   원 : 무수히 많다.

선대칭도형의 성질

선대칭도형을 대칭축을 중심으로 접었을 때 겹쳐지는 점을 대응점, 겹쳐지는 변을 대응변, 겹쳐지는 각을 대응각이라고 한다. 즉 오른쪽 선대칭도형에서 대칭축은 선분 ㄱㅊ이고, 점 ㄱ과 점 ㅅ, 점 ㄴ과 점 ㅂ, 점 ㄷ과 점 ㅁ은 서로 대응점이다. 또 변 ㄱㅇ과 변 ㅅㅇ, 변 ㄱㄴ과 변 ㅅㅂ, 변 ㄴㄷ과 변 ㅂㅁ, 변 ㄷㄹ과 변 ㅁㄹ은 서로 대응변이다. 그리고 각 ㄱㄴㄷ의 대응각은 각 ㅅㅂㅁ이다.

이러한 선대칭도형에서 대응변의 길이와 대응각의 크기를 각각 비교해 보면 그 길이와 크기가 각각 같음을 알 수 있다. 또한 대응점끼리 이은 선분은 대칭축과 수직으로 만나고, 대응점은 대칭축을 기준으로 같은 거리에 있음을 알 수 있다.

선대칭도형의 성질

대응변의 길이와 대응각의 크기는 서로 같다.

각 대응점을 연결한 선분은 대칭축과 수직으로 만난다.

각 대응점은 대칭축으로부터 같은 거리에 있다.

67 선대칭도형

선대칭의 위치에 있는 도형

오른쪽 그림과 같이 두 도형을 어떤 직선으로 접었을 때 두 도형이 완전히 포개어지면 두 도형을 '선대칭의 위치에 있다'라고 하고, 그 두 도형을 '선대칭의 위치에 있는 도형'이라고 한다. 그리고 그 직선을 '대칭축'이라고 한다. 선대칭도형과 선대칭의 위치에 있는 도형을 비교하면 선대칭도형은 한 개의 도형을 합동인 두 도형으로 나누는 것이고, 선대칭의 위치에 있는 도형은 두 개의 도형이 서로 합동인 것이다. 또 선대칭도형은 대칭축이 여러 개일 수 있지만, 선대칭의 위치에 있는 도형의 대칭축은 1개뿐이다.

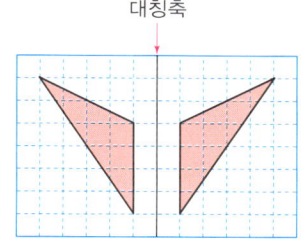
대칭축

선대칭의 위치에 있는 도형의 성질

선대칭의 위치에 있는 두 도형을 대칭축을 중심으로 접었을 때 겹쳐지는 점을 대응점, 겹쳐지는 변을 대응변, 겹쳐지는 각을 대응각이라고 한다.
선대칭도형과 마찬가지로 선대칭의 위치에 있는 도형도 대응변의 길이와 대응각의 크기가 각각 서로 같다. 또한 선대칭의 위치에 있는 두 도형에서 각각의 대응점끼리 이은 선분은 대칭축과 수직으로 만나고, 각 대응점은 대칭축에서 같은 거리에 있다.

선대칭 위치에 있는 도형의 성질

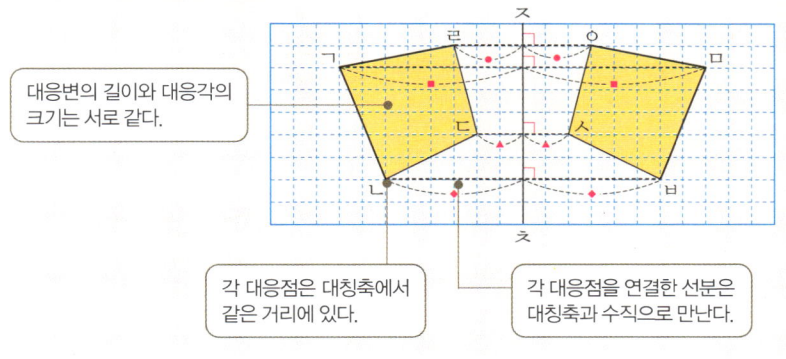

- 대응변의 길이와 대응각의 크기는 서로 같다.
- 각 대응점은 대칭축에서 같은 거리에 있다.
- 각 대응점을 연결한 선분은 대칭축과 수직으로 만난다.

〈선대칭도형과 선대칭 위치에 있는 도형의 비교〉

선대칭도형

선대칭의 위치에 있는 도형

	선대칭도형	선대칭의 위치에 있는 도형
대응변의 길이	같다.	같다.
대응각의 크기	같다.	같다.
대칭축에서 대응점까지의 거리	같다.	같다.

완벽한 대칭의 미를 자랑하는 타지마할

인도에 있는 '아그라'라는 도시에 가면 세계에서 가장 아름다운 건축물인 '타지마할'이 있다.
타지마할은 벽이나 색도 아름답지만 완벽하게 좌우대칭을 이루고 있어서 더욱 아름답다.
이 타지마할에는 아름다운 이야기가 함께 전해 내려오고 있다.
인도의 왕자 쿠람은 왕이 되어 아름다운 베굼 공주와 결혼하고 그 후 왕은 왕비의 이름을 뭄타지마할로 바꾸고 행복하게 살았다. 그런데 왕비가 아기를 낳다가 그만 세상을 떠나고 말았다. 깊은 슬픔에 빠진 쿠람 왕은 왕비를 위해 22년 동안이나 왕비의 이름을 딴 아름다운 타지마할을 지었다고 한다.

개념쌤의 1분 특강

선대칭의 위치에 있는 도형이라고 무조건 두 도형이 떨어져 있는 것은 아니야. 대칭축이 도형의 내부를 지나는 경우 두 도형의 일부가 겹칠 수도 있으니까 착각하지 마.

68 점대칭도형

- 한 점을 중심으로 180° 돌렸을 때, 처음 도형과 완전히 겹쳐지는 도형.
- 점대칭도형의 대응점을 이은 선분은 대칭의 중심에 의해 똑같이 나누어진다.

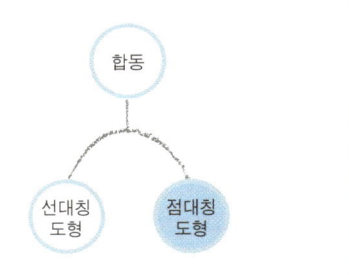

점대칭도형과 대칭의 중심

오른쪽 그림과 같이 원의 중심에 핀을 꽂고 180° 돌리면 돌리기 전의 처음 도형과 완전히 겹쳐진다. 그러나 삼각형의 중앙에 핀을 꽂고 돌려 보면 처음 도형과 완전히 겹쳐지지 않는다.

이와 같이 원처럼 한 점을 중심으로 180° 돌렸을 때, 처음 도형과 완전히 겹쳐지는 도형을 '점대칭도형'이라고 하고, 그 점을 '대칭의 중심'이라고 한다. 따라서 원은 점대칭도형이고, 삼각형은 점대칭도형이 아니다. 점대칭도형의 대칭의 중심은 오직 한 개뿐이다.

점대칭도형

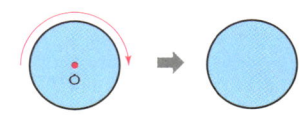

원: 점대칭도형이다.

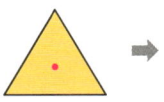 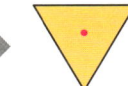

삼각형: 점대칭도형이 아니다.
한 점을 중심으로 180° 돌렸을 때 모양이 변하지 않아야 점대칭도형이다.

〈대칭의 중심〉

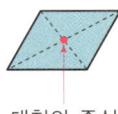 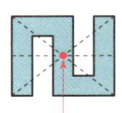 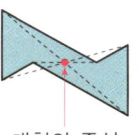

대칭의 중심   대칭의 중심   대칭의 중심

점대칭도형의 성질

점대칭도형도 선대칭도형과 마찬가지로 대응되는 점을 대응점, 대응되는 변을 대응변, 대응되는 각을 대응각이라고 한다.

오른쪽 점대칭도형에서 대칭의 중심은 점 ㅇ이고, 점 ㄱ과 점 ㄷ, 점 ㄴ과 점 ㄹ은 서로 대응점이다. 또 변 ㄱㄴ과 변 ㄷㄹ, 변 ㄴㄷ과 변 ㄹㄱ은 서로 대응변이다. 그리고 각 ㄱㄴㄷ의 대응각은 각 ㄷㄹㄱ이다.

그렇다면 점대칭도형에서 대칭의 중심은 어떻게 찾을까? 점대칭도형에서 서로 반대 방향에 있는 두 점, 즉 대응점끼리 연결했을 때, 이 선분들이 만나는 점이 있다. 그 점이 바로 대칭의 중심이다. 즉 대칭의 중심은 대응점끼리 이은 선분들이 만나는 점이다.

점대칭도형을 대칭의 중심을 기준으로 180° 돌리면 처음 도형과 완전히 겹쳐진다. 따라서 대응변의 길이가 서로 같고, 대응각의 크기 역시 서로 같다. 또 점대칭도형에서 대응점끼리 이은 선분은 대칭의 중심에 의해 똑같이 나누어진다. 이것을 '이등분된다'라고 말한다. 즉 오른쪽 점대칭도형에서 선분 ㄱㅇ은 선분 ㄷㅇ과 길이가 같고, 선분 ㄴㅇ은 선분 ㄹㅇ과 길이가 같다.

점대칭도형의 성질

대응변의 길이와 대응각의 크기는 서로 같다.

대응점을 이은 선분은 대칭의 중심에 의해 둘로 나누어진다.

68 점대칭도형

점대칭의 위치에 있는 도형

오른쪽 그림과 같이 한 점을 중심으로 두 개의 도형을 180° 돌렸을 때, 두 도형이 완전히 포개어지면 두 도형을 '점대칭의 위치에 있다'라고 하고, 그 두 도형을 '점대칭의 위치에 있는 도형'이라고 한다. 그리고 도형을 돌리는 데 기준이 되는 점을 '대칭의 중심'이라고 한다.

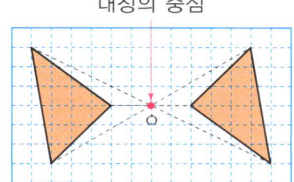
대칭의 중심

점대칭의 위치에 있는 도형의 성질

점대칭의 위치에 있는 두 도형을 대칭의 중심을 기준으로 180° 돌렸을 때 겹쳐지는 점을 대응점, 겹쳐지는 변을 대응변, 겹쳐지는 각을 대응각이라고 한다.

점대칭도형과 마찬가지로 점대칭의 위치에 있는 두 도형의 대응변의 길이와 대응각의 크기도 각각 서로 같지만 대응변의 위치와 대응각의 위치는 대칭의 중심을 기준으로 서로 반대 방향에 있다. 이때 각 대응점에서 대칭의 중심까지의 거리는 각각 같다.

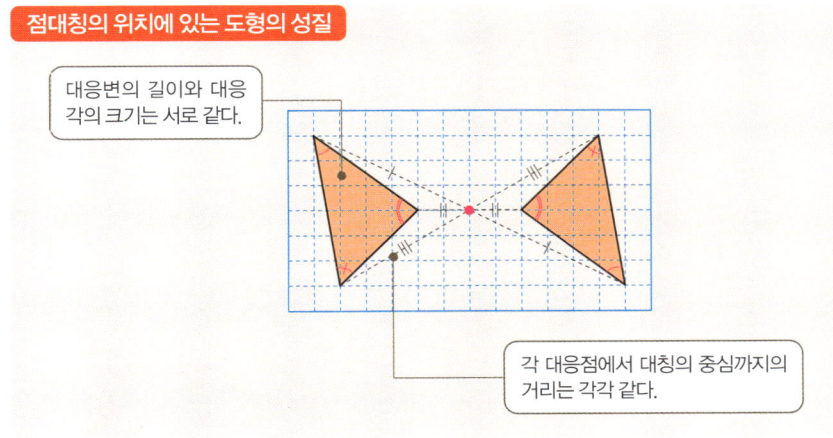

점대칭의 위치에 있는 도형의 성질
- 대응변의 길이와 대응각의 크기는 서로 같다.
- 각 대응점에서 대칭의 중심까지의 거리는 각각 같다.

〈점대칭도형과 점대칭 위치에 있는 도형의 비교〉

점대칭도형

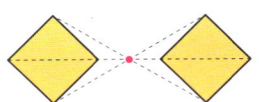
점대칭의 위치에 있는 도형

	점대칭도형	점대칭의 위치에 있는 도형
대응변의 길이	같다.	같다.
대응각의 크기	같다.	같다.
대칭의 중심에서 대응점까지의 거리	같다.	같다.

숫자에 숨어 있는 점대칭도형과 점대칭의 위치에 있는 도형

0부터 9까지의 숫자 중에서 점대칭도형을 찾아보자.
우선 점대칭도형이 되려면 대칭의 중심을 기준으로 180° 돌렸을 때 처음의 도형과 겹쳐져야 하므로 점대칭도형이 될 수 있는 숫자는 0이다. 물론 숫자체에 따라서 달라질 수도 있겠지만 만약 1이나 8처럼 쓰면 점대칭도형이 될 수 있다.
그럼 이번에는 점대칭의 위치에 있는 두 도형을 만들어 보자. 똑같은 카드 2장에 각각 6과 9를 쓰고 이 두 장의 카드를 다음과 같이 점 o을 대칭의 중심으로 하여 돌려 보면 처음의 도형과 완전히 겹쳐지므로 6과 9는 서로 점대칭의 위치에 있는 도형이라고 할 수 있다.

비슷하게 생긴 것 같더니 점대칭의 위치에 있었군.

개념쌤의 1분 특강

점대칭의 위치에 있는 도형도 대칭의 중심이 도형 내부에 있는 경우 두 도형의 일부가 겹칠 수 있으니 주의해.

69 직육면체, 정육면체

- 직육면체는 직사각형 6개로 둘러싸인 도형.
- 정육면체는 정사각형 6개로 둘러싸인 도형.

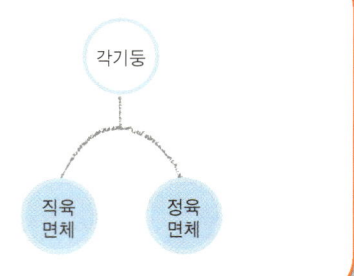

직육면체와 정육면체의 구성 요소

과자 상자나 주사위의 겉면과 같이 직사각형 6개로 둘러싸인 도형을 '직육면체'라고 하고, 크기가 같은 정사각형 6개로 둘러싸인 도형을 '정육면체'라고 한다.

직육면체나 정육면체에서 선분으로 둘러싸인 부분을 '면'이라 하고, 면과 면이 만나는 선분을 '모서리'라고 한다. 또 세 모서리가 만나는 점을 '꼭짓점'이라고 한다. 직육면체와 정육면체의 면은 6개이고, 모서리는 12개, 꼭짓점은 8개이다.

오른쪽 직육면체에서 그림1과 같이 아무리 늘여도 서로 만나지 않은 색칠한 두 면은 서로 평행하고, 그림2와 같이 색칠한 두 면은 서로 수직이다.

즉 직육면체에는 서로 평행인 면이 모두 2개씩 3쌍이 있다. 또한 직육면체에서 한 면에 수직인 면은 모두 4개씩 있다.

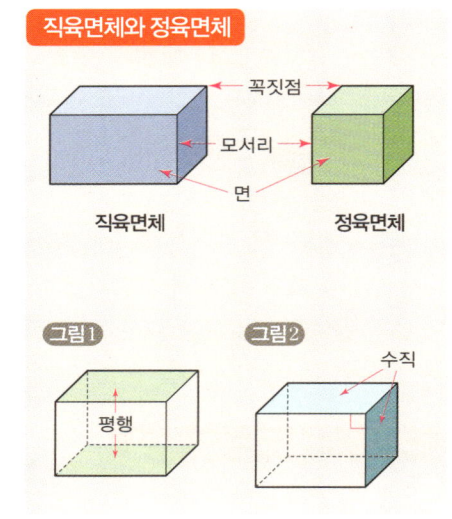

직육면체와 정육면체의 관계

정사각형은 직사각형이라고 할 수 있지만, 직사각형은 정사각형이라고 할 수 없다. 그럼 직육면체와 정육면체의 관계는 어떨까?

정육면체는 정사각형 6개로 둘러싸인 도형이므로 직사각형 6개로 둘러싸인 도형이라고 말할 수도 있다. 따라서 정육면체는 직육면체라고 말할 수 있다. 하지만 직육면체는 정육면체라고 말할 수 없다.

〈직육면체와 정육면체의 비교〉

	직육면체	정육면체
면의 수	6개	6개
면의 모양	직사각형	정사각형
면의 크기	다르다.	모두 같다.
모서리의 수	12개	12개
모서리의 길이	서로 다르다.	모두 같다.
꼭짓점의 수	8개	8개

70 각기둥

- 위와 아래에 있는 면이 서로 평행이고 합동인 다각형으로 이루어졌으며, 옆면이 모두 직사각형인 입체도형.
- 밑면의 모양에 따라 각기둥의 이름이 달라진다.

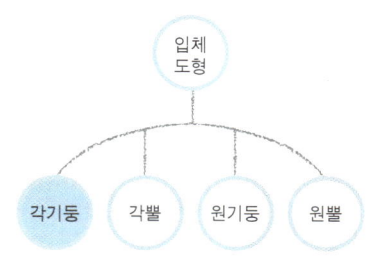

각기둥의 구성 요소

입체도형 중에서 위와 아래에 있는 두 면이 서로 평행이고, 합동인 다각형으로 이루어진 입체도형을 '각기둥'이라고 한다.

각기둥의 위와 아래에 있는 면은 서로 평행이므로 서로 만나지 않는다. 이렇게 각기둥에서 서로 평행하고 나머지 다른 면에 수직인 두 면을 '밑면'이라고 하는데 각기둥의 밑면은 항상 2개씩이고, 밑면의 모양은 각기둥마다 서로 다르다.

또 밑면에 수직인 면을 '옆면'이라고 한다. 각기둥의 옆면은 항상 직사각형이고, 옆면의 개수는 밑면의 모양에 따라 달라진다. 만약 밑면이 삼각형이면 옆면의 개수는 3개, 사각형이면 옆면의 개수는 4개, 오각형이면 옆면의 개수는 5개가 된다. 즉 밑면의 변의 수가 바로 각기둥의 옆면의 개수가 되는 것이다.

직육면체와 마찬가지로 각기둥에서 면과 면이 만나는 선분을 '모서리'라고 하고, 세 모서리가 만나는 점을 '꼭짓점', 두 밑면 사이의 거리를 '높이'라고 한다.

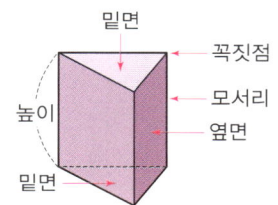

각기둥이 아닌 이유

두께가 있는 모든 입체도형이 각기둥은 아니다. 예를 들어 위와 아래의 면이 다각형이 아니거나 하나뿐이면 각기둥이 아니다. 또 위와 아래의 면이 2개이고 다각형이라도 합동이 아니면 각기둥이 아니다.

 밑면이 다각형이 아니다.

 밑면이 하나뿐이다.

 두 밑면이 합동이 아니다.

각기둥의 종류와 면, 모서리, 꼭짓점의 수

각기둥의 이름은 밑면의 모양에 따라 정해진다. 밑면이 삼각형이면 삼각기둥, 사각형이면 사각기둥, 오각형이면 오각기둥, 육각형이면 육각기둥이다. 특히 사각기둥을 직육면체라고 한다.

삼각기둥은 밑면의 모양이 삼각형이므로 밑면의 변의 수가 3개, 사각기둥은 밑면의 모양이 사각형이므로 밑면의 변의 수가 4개, 오각기둥은 밑면의 모양이 오각형이므로 밑면의 변의 수가 5개, ……이다.

이와 같이 각기둥의 밑면의 변의 수만 알고 있으면 각기둥의 면, 모서리, 꼭짓점의 수를 다음과 같이 쉽게 구할 수 있다.

 삼각기둥   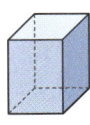 사각기둥   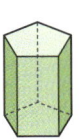 오각기둥

(각기둥의 면의 수) = (밑면의 변의 수) + 2
(각기둥의 모서리의 수) = (밑면의 변의 수) × 3
(각기둥의 꼭짓점의 수) = (밑면의 변의 수) × 2

개념쌤의 1분 특강

각기둥은 밑면의 변의 수만 알면, 모서리, 꼭짓점의 개수를 알 수 있으니까 각 관계를 꼭 기억해 둬.

71 각뿔

- 밑면은 다각형이고, 옆면이 삼각형인 뿔 모양의 입체도형.
- 각뿔의 옆면은 모두 삼각형이고, 밑면의 모양에 따라 각뿔의 이름이 달라진다.

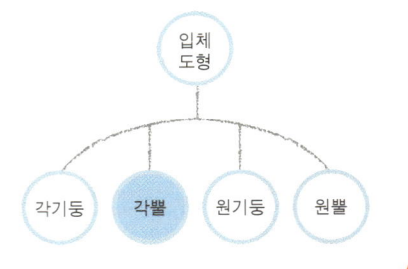

각뿔의 구성 요소

밑면이 다각형이고, 옆면이 삼각형인 뿔 모양의 입체도형을 '각뿔'이라고 한다. 각뿔의 옆면의 모양은 삼각형이고, 옆면의 수는 밑면의 변의 수와 같다. 즉 밑면이 삼각형이면 옆면의 수는 3개, 사각형이면 옆면의 수는 4개이다.

각뿔에서 면과 면이 만난 선분을 '모서리'라고 하고, 세 모서리가 만나는 점을 '꼭짓점'이라고 한다. 그런데 각뿔은 각기둥과는 달리 꼭짓점 중에서 모든 옆면이 한 점에서 만나는 공통인 점이 있는데 이 점을 '각뿔의 꼭짓점'이라고 한다. 또 각뿔의 꼭짓점에서 밑면에 수직인 선분의 길이를 '높이'라고 한다.

피라미드는 왜 정사각뿔 모양일까?

이집트의 피라미드는 왕의 무덤이다. 이집트에서는 사람이 죽어도 다시 환생을 한다고 믿었기 때문에 시신을 보존하는 것을 매우 중요하게 생각했다.

그렇다면 어떻게 하면 시신을 썩지 않게 잘 보존할 수 있을까? 그 원리는 현대 과학으로는 잘 밝혀지지 않았지만 피라미드의 '왕의 묘실'이 있는 곳은 피라미드 높이의 정확히 $\frac{1}{3}$ 지점으로 이곳은 건조하고 보존력이 좋은 환경이 만들어지는 곳이라고 한다.

특히 왕의 시신은 남북의 방향으로 놓여져 있는데, 그러면 더욱 보존이 잘 된다고 한다. 피라미드의 밑면의 꼭짓점 4개가 각각 정북, 정동, 정서, 정남을 가리키는 것도 이것과 관련이 있다고 한다.

이와 같은 이유로 왕의 시신을 잘 보존하기 위해 피라미드는 정사각뿔 형태를 띠게 된 것이다.

각뿔의 종류와 면, 모서리, 꼭짓점의 수

각뿔의 이름도 각기둥처럼 밑면의 모양에 따라 정해진다. 즉 밑면의 모양이 삼각형이면 삼각뿔, 사각형이면 사각뿔, 오각형이면 오각뿔, ······이라고 한다. 또 옆면이 모두 합동인 이등변삼각형으로 되어 있는 각뿔을 '정각뿔'이라고 하는데 특히 삼각뿔의 4개의 면이 정삼각형으로 같은 경우를 '정삼각뿔' 또는 '정사면체'라고 한다.

삼각뿔은 밑면의 모양이 삼각형이므로 밑면의 변의 수가 3개, 사각뿔은 밑면의 모양이 사각형이므로 밑면의 변의 수가 4개, 오각뿔은 밑면의 모양이 오각형이므로 밑면의 변의 수가 5개, ······이다.

이와 같이 각뿔의 밑면의 변의 수만 알고 있으면 각뿔의 면, 모서리, 꼭짓점의 수를 다음과 같이 쉽게 구할 수 있다.

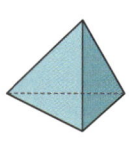
삼각뿔

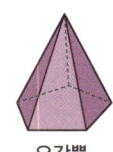
사각뿔

오각뿔

(각뿔의 면의 수)=(밑면의 변의 수)+1
(각뿔의 모서리의 수)=(밑면의 변의 수)×2
(각뿔의 꼭짓점의 수)=(밑면의 변의 수)+1

72 각뿔대

- 각뿔을 밑면에 평행인 평면으로 잘랐을 때 생기는 입체도형.
- 각뿔대의 두 밑면은 서로 평행이지만 합동이 아니고, 옆면은 사다리꼴 모양이다.

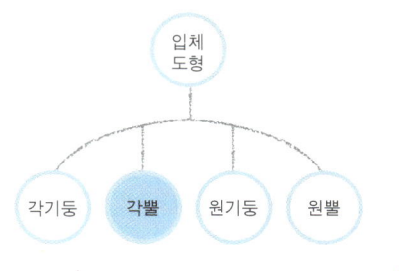

각뿔대의 구성 요소

각뿔을 밑면에 평행이면서 꼭짓점을 지나지 않는 평면으로 자르면 두 개의 입체도형으로 나누어진다. 이때 각뿔의 꼭짓점이 포함된 부분은 원래의 각뿔과 닮음인 각뿔이 되고, 나머지 한 부분은 위와 아래의 면이 서로 평행이고 닮음인 다각형이면서, 옆면은 사다리꼴인 입체도형이 된다. 이와 같이 각뿔을 밑면에 평행인 평면으로 잘랐을 때 생기는 입체도형 중 각뿔이 아닌 도형을 '각뿔대'라고 한다.

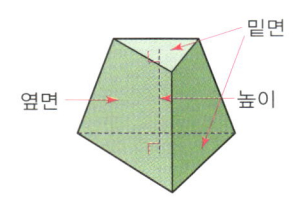

각뿔대의 밑면은 각기둥과 마찬가지로 2개이고, 서로 평행이지만 합동은 아니다.

또 각뿔의 두 밑면 사이의 수직인 선분의 길이, 즉 두 밑면 사이의 거리를 각뿔대의 '높이'라고 한다. 각뿔대의 높이는 평행인 두 밑면에 그은 수선의 길이가 되는 것이다.

각뿔대의 종류와 면, 모서리, 꼭짓점의 수

각뿔대도 각기둥이나 각뿔의 이름과 같이 밑면의 모양에 따라서 이름이 달라진다. 즉 밑면의 모양이 삼각형이면 삼각뿔대, 사각형이면 사각뿔대, 오각형이면 오각뿔대, ……이다.

또 각뿔 중에서 정각뿔을 밑면에 평행인 평면으로 잘라 만든 각뿔대를 '정각뿔대'라고 한다. 정각뿔은 옆면의 모양은 모두 합동인 이등변삼각형이므로 정각뿔대의 옆면의 모양은 모두 합동인 등변사다리꼴이다.

한편 각뿔대의 면, 모서리, 꼭짓점의 수는 각기둥과 같다. 이것은 각뿔에서 각뿔의 꼭짓점을 포함한 윗부분을 자르면서 밑면이 하나 더 생겼기 때문이다.

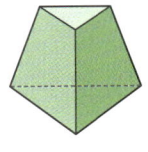
삼각뿔대

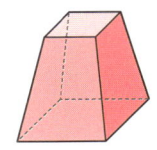
사각뿔대

(각뿔대의 면의 수)=(밑면의 변의 수)+2
(각뿔대의 모서리의 수)=(밑면의 변의 수)×3
(각뿔대의 꼭짓점의 수)=(밑면의 변의 수)×2

각뿔대의 두 밑면은 서로 닮음의 위치에 있는 도형

각뿔대의 두 밑면은 각기둥과 같이 서로 평행이지만 합동은 아니다. 그럼 각뿔대의 두 밑면은 서로 어떤 관계가 있을까?

각뿔대를 만들기 전에 잘라 낸 각뿔의 꼭짓점을 잘 살펴보면 각뿔대의 두 밑면의 대응점끼리 이은 선분들이 만나는 점이라는 것을 알 수 있다. 즉 처음의 각뿔의 꼭짓점은 각뿔대의 두 밑면의 닮음의 중심이 되는 것이다.

따라서 각뿔대의 두 밑면은 서로 닮음의 위치에 있는 도형이다.

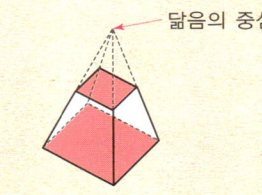

개념쌤의 1분 특강

각뿔대의 두 밑면은 평행이지만 옆면은 평행하지 않아. 또 밑면이 옆면과 수직이 아니므로 옆면의 모서리를 높이라고 착각하면 절대 안 돼.

73 원기둥

- 위와 아래에 있는 면이 서로 평행이고, 합동인 원으로 되어 있는 입체도형.
- 원기둥의 밑면은 2개의 원이고, 옆면은 곡면이다.

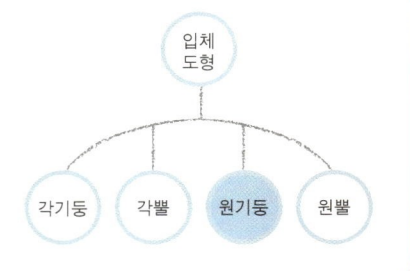

원기둥과 사각기둥

사각기둥은 위와 아래의 면이 다각형으로 되어 있지만 원기둥은 위와 아래의 면이 다각형이 아닌 원이고, 옆면은 직사각형 모양을 이 원의 둘레를 따라 둥글게 말아 놓은 모양을 하고 있다. 또 원기둥은 사각기둥처럼 위와 아래의 면이 서로 평행이고 합동이다.

즉 원기둥은 위와 아래에 있는 면이 서로 평행이고, 합동인 원으로 되어 있는 입체도형이다.

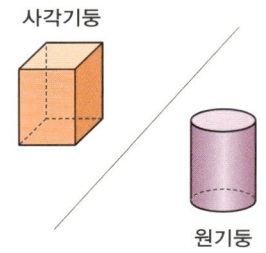

원기둥의 구성 요소

원기둥도 각기둥처럼 위와 아래에 있는 면을 '밑면'이라고 하는데 원기둥의 밑면은 모두 2개이고, 합동인 원이다. 또 원기둥의 옆면은 평면이 아니고 곡면이다. 그리고 원기둥의 두 밑면에 수직인 선분의 길이를 '높이'라고 한다. 원기둥은 각기둥과는 달리 모서리와 꼭짓점이 없다.

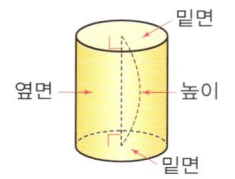

보는 위치에 따라 달라지는 원기둥의 모양

원기둥은 위에서 보나 아래에서 보나 모두 원으로 보인다. 그럼 원기둥을 옆에서 보면 어떤 모양일까? 원기둥을 옆에서 보면 곡면이 아닌 평면으로 보인다. 즉 원기둥을 옆에서 보면 직사각형 모양이다.

사람의 착시 현상을 고려한 돌기둥의 배열

고대에 지은 신전들은 대부분 원기둥 모양의 기둥이 많다. 이러한 기둥들은 두 밑면이 평행해서 위와 아래의 균형을 잡아주는데, 이 여러 개의 원기둥을 세워서 매우 아름다운 건축물을 만들었다.

세계에서 가장 균형 잡힌 건축물인 도리스 양식의 파르테논 신전은 실제로는 기둥 사이의 간격도 일정하지 않고 가까이서 보면 기둥이 안쪽으로 기운 것처럼 보인다. 하지만 사람들이 이 신전을 바라볼 때 신전으로부터 멀리서 거리를 두고 보아야 하기 때문에 사람의 착시 현상을 충분히 고려해 균형의 미를 갖추도록 만든 것이라고 한다.

개념쌤의 노트특강

원기둥의 옆에서 본 모양이 직사각형 모양이라고 해서 옆면이 평면이라고 착각하면 안 돼. 알았지?

74 원뿔

- 밑면이 원이고, 옆면이 곡면인 뿔 모양의 입체도형.
- 원뿔의 밑면의 모양은 원이고, 옆면은 곡면이다.

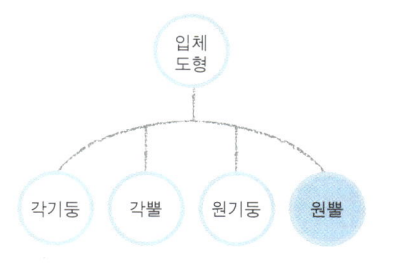

원뿔과 원기둥

고깔모자처럼 생긴 입체도형을 '원뿔'이라고 한다. 원뿔도 원기둥처럼 밑면의 모양은 원이고, 옆면 역시 원기둥처럼 곡면이다. 하지만 원뿔의 밑면은 한 개 뿐이다. 즉 원뿔은 밑면이 원이고, 옆면이 곡면인 뿔 모양의 입체도형을 말한다.

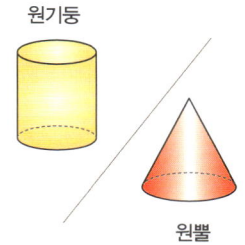

콘 모양의 아이스크림 포장지를 펼치면 어떤 모양이 나올까?

콘 아이스크림은 원뿔 모양을 하고 있다. 콘 아이스크림을 뿔 모양을 위로 하고 세우면 원뿔 모양이 된다. 이때 옆면을 펼치면 부채 모양의 도형이 생긴다. 이 부채 모양의 도형을 '부채꼴'이라고 한다.

원뿔의 구성 요소

원뿔은 각뿔과 마찬가지로 뾰족한 점이 있다. 이 점을 '원뿔의 꼭짓점'이라고 한다. 또 원뿔의 꼭짓점에서 밑면에 그은 수직인 선분의 길이를 '높이'라고 한다. 한편 원뿔에는 높이와 혼동이 되는 요소가 하나 있다. 그것은 바로 원뿔의 꼭짓점과 밑면인 원 둘레의 한 점을 이은 선분으로 '모선'이라고 부른다. 원뿔에서 모선은 무수히 많고, 한 원뿔에서 모선의 길이는 모두 같다. 모선은 모서리와는 다르다. 모서리는 면과 면이 만나서 생기는 선분이므로 원뿔은 모서리가 없다.

원뿔의 모선과 높이

원뿔의 높이와 모선의 길이는 서로 다르다. 모선을 재는 방법과 원뿔의 높이를 재는 방법은 서로 다르다. 모선은 원뿔의 옆면에 그은 선분이고, 원뿔의 높이는 원뿔의 꼭짓점과 밑면 사이의 수직인 거리이므로 모선이 원뿔의 높이보다 항상 더 길다.

개념쌤의 눈특강

원뿔의 높이와 모선의 길이를 종종 헷갈려 해. 헷갈리지 않도록 그림을 잘 봐 둬.

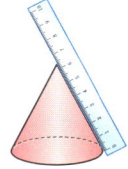
원뿔의 모선 재기

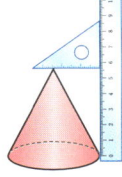
원뿔의 높이 재기

〈원기둥과 원뿔의 비교〉

	원기둥	원뿔
밑면의 모양	원	원
밑면의 수	2개	1개
꼭짓점의 수	없다.	1개

75 회전체

- 평면도형을 한 직선을 축으로 하여 1회전 한 입체도형.
- 회전체를 돌릴 때 회전축이 평면도형과 떨어져 있는 경우에는 속이 비어 있는 회전체가 된다.

회전체 만들기

직사각형 모양의 종이를 나무 젓가락에 붙여서 돌려 보면, 위와 아래가 원이고, 옆면이 곡면인 원기둥이 만들어진다. 또 직각삼각형 모양의 종이를 나무 젓가락에 붙여서 돌려 보면 아래가 원이고, 옆면은 곡면인 원뿔 모양이 만들어진다. 이와 같이 직사각형이나 직각삼각형과 같은 평면도형을 한 직선을 축으로 하여 1회전 해서 얻어지는 입체도형을 '회전체'라고 한다. 또 이때 축으로 사용한 직선을 '회전축'이라고 한다. 따라서 원기둥과 원뿔은 모두 회전체라고 말할 수 있다.

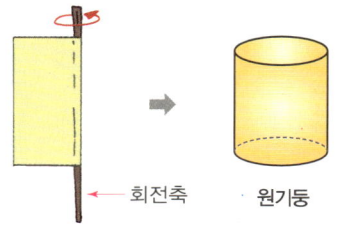
직사각형을 돌리면 원기둥이 만들어진다.

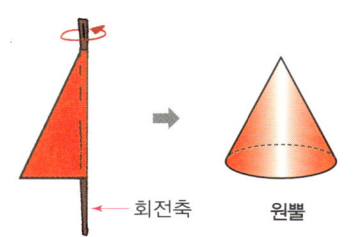
직각삼각형을 돌리면 원뿔이 만들어진다.

곰은 왜 몸을 공처럼 웅크리고 잘까?

겨울잠을 자는 곰, 뱀, 다람쥐 등은 모두 몸을 동그랗게 구 모양으로 웅크리고 자는데 그 이유는 무엇일까? 구가 똑같은 크기의 입체도형 중에서 겉넓이가 가장 작아서 동물들이 몸을 웅크리고 자면 몸의 열을 가장 적게 빼앗기게 되기 때문이다. 그래서 겨울잠을 자는 동물들은 하나같이 몸을 웅크리고 자는 것이다. 우리가 잠을 잘 때 추우면 자기도 모르게 몸을 웅크리게 되는 것도 바로 이러한 이유 때문이다.

구와 반구

축구공, 농구공, 구슬, 사탕 등 우리 주변에서 찾아볼 수 있는 공 모양은 셀 수 없이 많다. 이런 공 모양 역시 회전체이다. 공 모양은 바로 반원의 지름을 회전축으로 하여 1회전 한 회전체이고 '구'라고 한다.

구의 지름은 항상 원의 중심을 지나므로 반원의 중심은 구의 중심이 된다. 또 반원의 반지름은 구의 반지름이 된다. 그러면 반원의 반(사분원)을 1회전 하면 어떤 도형이 만들어질까? 이때는 구의 반쪽만 만들어진다. 그리고 이런 도형을 '반구'라고 한다. 지구를 둘로 나눌 때 남반구, 북반구라고 하는데 이것은 바로 남쪽의 반구, 북쪽의 반구라는 뜻이다.

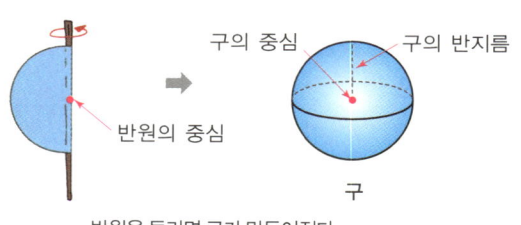
반원을 돌리면 구가 만들어진다.
반원의 반(사분원)을 돌리면 반구가 만들어진다.

여러 가지 종류의 회전체

평면도형을 돌려 만든 회전체는 회전축을 중심으로 모두 좌우가 대칭인 모양이다. 그리고 위에서 본 모양은 모두 원 모양을 하고 있다.
다음과 같은 여러 가지 평면도형을 한 직선을 축으로 하여 1회전 하면 다양한 모양의 회전체가 만들어진다. 회전체를 만들기 전에 평면도형의 모양을 보면, 회전체의 모양을 예상할 수 있다. 또 회전체의 모양을 보고 어떤 모양의 평면도형을 돌린 것인지도 예상할 수 있다.

여러 모양의 회전체

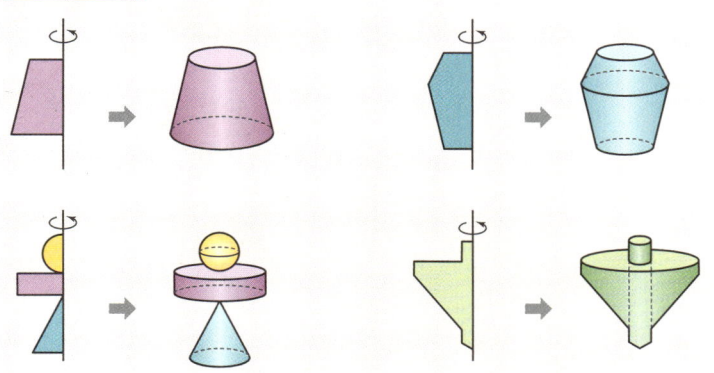

속이 비어 있는 회전체

아래와 같이 같은 평면도형이라도 회전축과 떨어뜨려서 1회전 하면 속이 비어 있는 회전체를 쉽게 만들 수 있다. 즉 도넛 모양의 회전체는 원을 회전축과 떨어뜨려서 1회전 하면 만들어지고, 두루마리 화장지 모양의 회전체는 직사각형을 회전축에서 떨어뜨려서 1회전 하면 만들어진다.
이때 회전축으로부터 평면도형이 멀리 떨어져 있을수록 비어 있는 부분이 점점 더 커진다는 것을 알 수 있다. 물론 회전축의 방향에 따라 비어 있는 방향도 달라진다.

속이 비어 있는 회전체

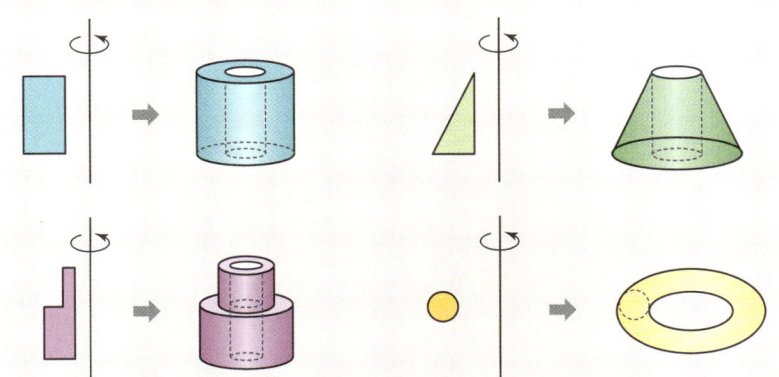

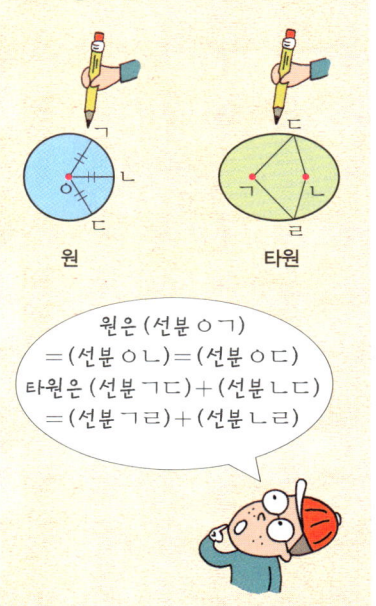

원과 비슷한 둥근 도형도 원이라 말해도 될까?

접시를 보면 원 모양으로 동그란 접시가 있는가 하면 길쭉한 타원 모양의 접시도 있다. 둘 다 둥근 모양을 하고 있지만 서로 다른 도형이다. 원이 한 점에서 일정한 거리에 있는 점들이 만든 도형이라면 타원은 두 점에서 거리의 합이 항상 일정한 점들이 만든 도형이다. 따라서 원과 타원은 모양은 비슷하지만 전혀 다른 도형이다.

원은 (선분 ㅇㄱ)
=(선분 ㅇㄴ)=(선분 ㅇㄷ)
타원은 (선분 ㄱㄷ)+(선분 ㄴㄷ)
=(선분 ㄱㄹ)+(선분 ㄴㄹ)

개념쌤의 노트 특강

속이 비어 있는 회전체를 찾는 문제는 자주 나와. 회전축과 평면도형이 떨어져 있으면 속이 비어 있는 회전체가 나온다는 걸 꼭 기억해.

76 회전체의 단면

- 회전체를 평면으로 잘랐을 때 자른 면의 모양.
- 같은 회전체라도 자르는 방향에 따라 단면의 모양이 다르다.

입체도형 > 회전체

회전체를 자르는 방향에 따른 단면의 모양

원기둥 모양의 소시지를 오른쪽 그림과 같이 반으로 자르면 자른 면이 직사각형 모양이 되고, 원뿔 모양의 당근을 반으로 자르면 자른 면이 삼각형 모양이 된다. 또 구 모양의 오렌지를 반으로 자르면 자른 면이 원 모양이 된다. 이와 같이 원기둥, 원뿔, 구와 같은 회전체를 평면으로 잘랐을 때 생기는 면을 회전체의 '단면'이라고 한다. 회전체를 회전축을 품은 평면으로도 잘라 보고, 회전축에 수직인 평면으로도 잘라 보자. 또 그 외의 다양한 방향으로 잘라 보면 각 단면의 모양을 알 수 있다.

〈원기둥의 단면〉

원기둥을 서로 다른 방향의 평면으로 잘라 보면 다음 그림과 같다. 즉 원기둥을 회전축을 품은 평면으로 자른 단면은 직사각형이 되고, 회전축에 수직인 평면으로 자른 단면은 원이 된다. 그리고 그 외에 비스듬한 방향으로 자른 단면은 타원이 된다.

원기둥의 단면

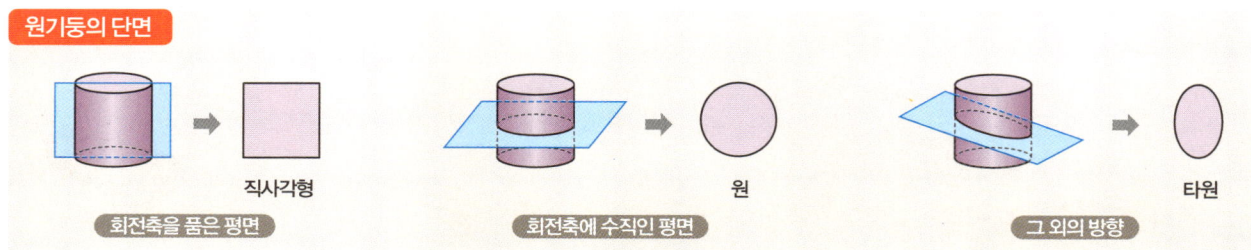

〈원뿔의 단면〉

원뿔을 서로 다른 방향의 평면으로 잘라 보면 다음 그림과 같다. 즉 원뿔을 회전축을 품은 평면으로 자른 단면의 모양은 삼각형이 되고, 회전축에 수직인 평면으로 자른 단면의 모양은 원이 된다. 또 그 외의 비스듬한 방향으로 자른 단면의 모양은 타원이 된다. 그런데 원뿔을 회전축에 수직인 평면으로 잘랐을 때의 단면인 원의 크기는 원기둥을 잘랐을 때와는 달리 밑면으로 갈수록 점점 커지고, 원뿔의 꼭짓점으로 갈수록 점점 작아진다.

원뿔의 단면

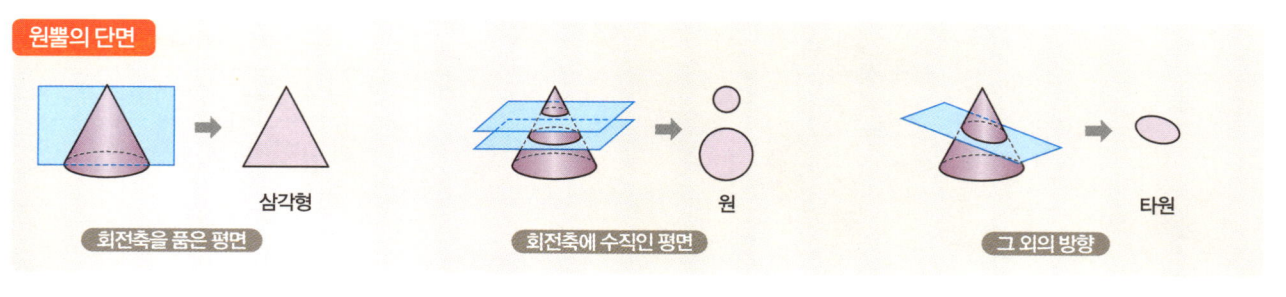

76 회전체의 단면

⟨구의 단면⟩

어느 방향에서 보아도 항상 같은 모양인 구를 여러 방향에서 잘랐을 때 생기는 단면은 어떤 모양일까?

다음 그림과 같이 구를 회전축을 품은 평면으로 잘랐을 때, 또 회전축에 수직인 평면으로 잘랐을 때, 그 외의 방향으로 잘랐을 때에도 생기는 단면은 원이다. 이와 같이 구는 어떤 방향으로 잘라도 그 단면은 항상 원이다. 이때 구의 중심을 지나는 평면으로 잘랐을 때 가장 큰 원이 만들어진다.

구의 단면

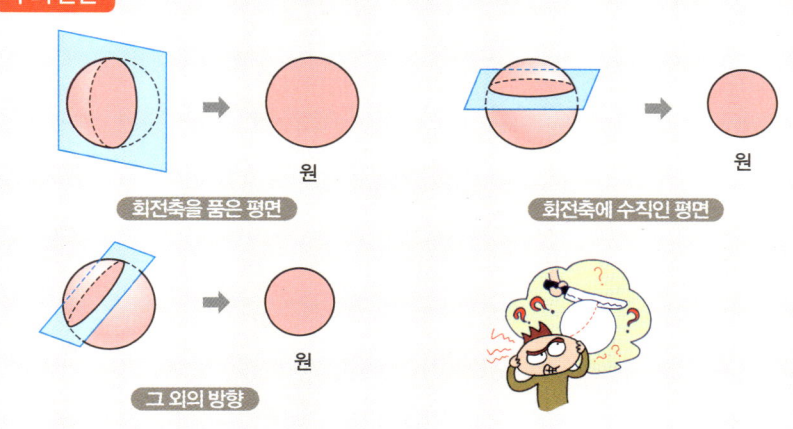

여우와 두루미의 그릇의 모양

여우와 두루미의 이야기에서 여우와 두루미가 대나무를 잘라 서로의 그릇을 만들어 주려고 한다면 여우와 두루미는 대나무를 각각 어떤 방향으로 잘라 주어야 할까?

먼저 여우가 두루미를 위해서 만들어야 하는 그릇부터 생각해 보면 두루미의 부리는 길기 때문에 회전축에 수직인 면으로 잘라 그릇을 만들어 주어야 한다.

또 두루미가 여우를 위해서 만들어야 하는 그릇은 납작해야 하므로 대나무를 회전축을 품은 평면으로 잘라서 만들어야 한다.

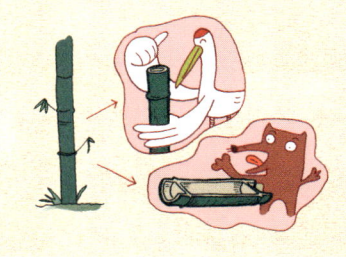

속이 비어 있는 회전체의 단면

한편 다음과 같이 가운데가 비어 있는 화장지 모양의 회전체를 회전축에 수직인 평면으로 잘라 보면 도넛 모양이 만들어진다. 또 이 회전체를 회전축을 품은 평면으로 자르면 그 단면의 모양은 직사각형 2개가 서로 떨어져 있는 모양이 된다.

속이 비어 있는 회전체의 단면

⟨원기둥, 원뿔, 구의 단면의 모양 비교⟩

자른 방향 \ 입체도형	원기둥	원뿔	구
회전축을 품은 평면	▭	△	○
회전축에 수직인 평면	○	○	○
그 외의 방향	불규칙	불규칙	○

개념쌤의 눈 특강

원기둥, 원뿔, 구의 단면의 모양은 시험에 자주 나와. 자른 방향에 따라 단면의 모양이 어떻게 다른지 잘 기억해 둬.

77 겨냥도와 전개도

- 겨냥도는 입체도형의 모양을 잘 알 수 있게 그린 그림.
- 전개도는 입체도형을 펼쳐서 평면에 나타낸 그림.

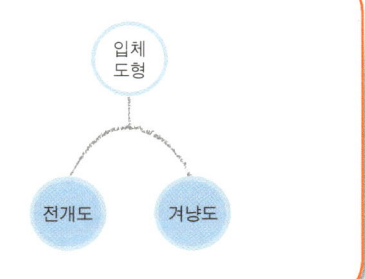

겨냥도

입체도형을 보이는 대로 평면에 그리면 그 입체도형의 면, 모서리, 꼭짓점을 모두 나타낼 수 없으므로 입체도형의 보이지 않는 부분까지 나타내는 방법이 필요하다. 예를 들어 직육면체는 면이 6개, 모서리가 12개, 꼭짓점이 8개인데 직육면체를 보이는 대로 그리면 면은 3개, 모서리는 9개, 꼭짓점은 7개 밖에 그릴 수 없다. 따라서 보이지 않는 면이나 모서리, 꼭짓점을 모두 나타내기 위해 점선을 사용하면 면 6개, 모서리 12개, 꼭짓점 8개를 모두 나타낼 수 있다.

이와 같이 입체도형의 모양을 잘 알 수 있도록 하기 위해 평행인 모서리는 평행이 되게 그리고, 보이는 모서리는 실선으로, 보이지 않는 모서리는 점선으로 그린 그림을 입체도형의 '겨냥도'라고 한다.

직육면체 뿐만 아니라 각기둥이나 각뿔도 보이지 않는 모서리를 점선으로 나타내어 겨냥도를 그릴 수 있다. 또한 모서리가 없는 원기둥이나 원뿔도 보이지 않는 부분을 점선으로 나타내어 겨냥도를 그릴 수 있다.

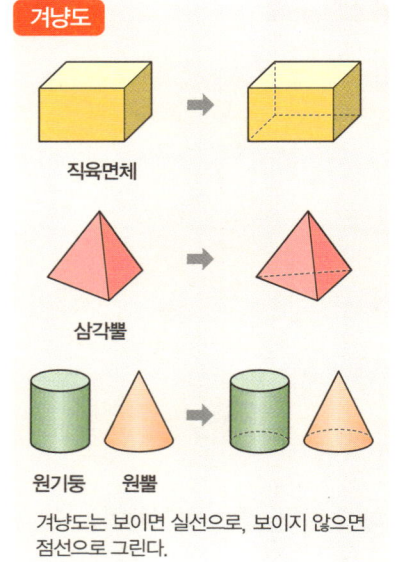

전개도

직육면체 모양의 상자를 펼쳐서 그려 보면, 오른쪽과 같이 6개의 면이 평면 위에 그려진다. 이와 같이 입체도형을 펼쳐서 평면에 나타낸 그림을 '전개도'라고 한다.

전개도는 입체도형으로 접었을 때 접혔던 부분을 점선으로 나타내고, 나머지는 실선으로 나타내어 그린다. 전개도를 보면 입체도형의 면과 면 사이의 관계 등 구조를 알 수 있다.

전개도를 그릴 때에는 면의 모양 뿐만 아니라 크기나 모서리의 길이 등을 정확하게 그려야 한다. 예를 들어 직육면체의 전개도에 그려진 직사각형은 서로 마주 보는 면끼리 합동이 되게 그려야 한다. 한편 정육면체는 6개의 면이 모두 합동인 정사각형이므로 정육면체의 전개도 역시 오른쪽과 같이 합동인 정사각형 6개가 펼쳐진 그림이 된다.

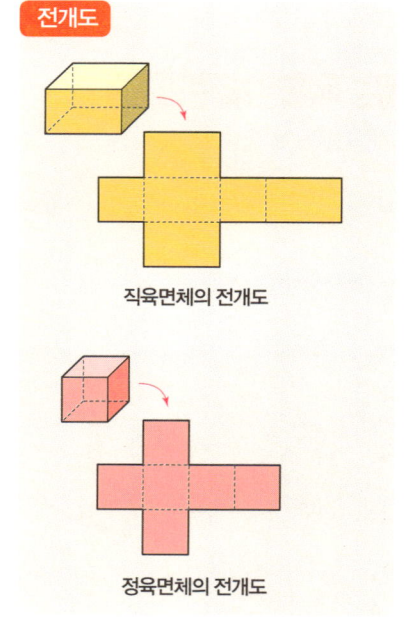

직육면체의 전개도 그리기

직육면체의 전개도는 여러 가지 모양으로 그릴 수 있다. 이때 주의할 점은 서로 마주 보는 면은 모양과 크기가 같아야 하고, 맞닿는 선분의 길이는 서로 같아야 한다. 또 펼친 그림이라고 해서 모두 직육면체가 만들어지지는 않는다. 전개도를 잘못 그리면 면과 면이 서로 겹쳐지거나 빠진 면이 생겨서 올바른 직육면체가 만들어지지 않을 수 있다.

아래의 올바른 전개도를 보면 같은 색으로 칠해진 면들이 직육면체에서 서로 마주 보는 평행한 면이고, 이 면들은 3쌍씩 있음을 알 수 있다. 그러나 잘못된 전개도를 보면 면이 마주 보고 있지 않거나 마주 보는 면의 모양이 다르거나 면의 개수가 6개가 아니어서 직육면체를 만들 수 없다는 것을 알 수 있다.

전개도 변형하기

정육면체의 전개도에서 아래 2개의 전개도는 어떻게 만들어진 걸까?

가 전개도는 아래의 왼쪽 전개도에서 두 옆면을 위와 아래로 각각 이동시켜 만들어진 전개도이다.

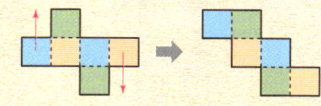

또 나 전개도는 아래의 왼쪽 전개도에서 옆면을 아래로 이동하고, 다시 한 밑면을 아래로 2번 이동시켜 만들어진 전개도이다.

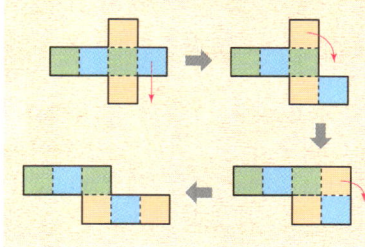

〈올바른 전개도〉

〈잘못된 전개도〉

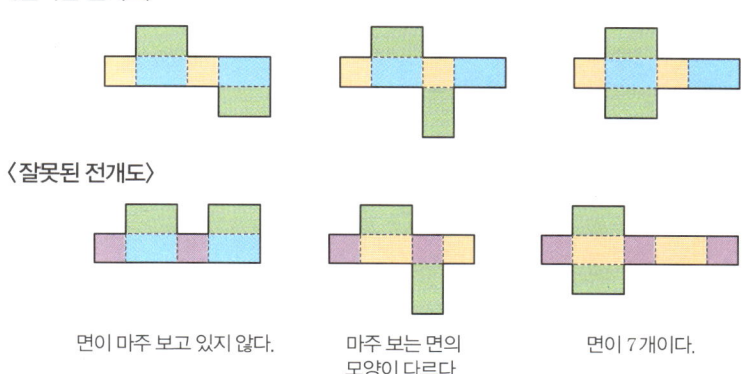

면이 마주 보고 있지 않다.   마주 보는 면의 모양이 다르다.   면이 7개이다.

정육면체의 전개도

정육면체의 전개도는 6개의 면이 모두 모양과 크기가 같으므로 직육면체의 전개도보다 훨씬 다양하고 쉽게 그릴 수 있다. 그러나 모양과 크기가 같다고 해서 6개의 면을 아무 곳에나 붙여서 그리면 안 된다. 이때 꼭 지켜야 하는 것은 마주 보는 두 면은 반드시 서로 떨어져 있어야 한다.

정육면체로 만들었을 때 같은 색의 면은 서로 붙어 있지 않아!

개념쌤의 1분 특강

겨냥도에서 보이면 실선으로, 보이지 않으면 점선으로~

전개도의 접히는 부분은 점선으로, 나머지는 실선으로~

78 입체도형의 전개도

- 각기둥, 각뿔, 원기둥, 원뿔을 평면에 펼쳐 놓은 그림.
- 각기둥과 각뿔의 전개도는 모서리를, 원기둥의 전개도는 옆면을, 원뿔의 전개도는 모선을 잘라서 펼쳐 놓으면 된다.

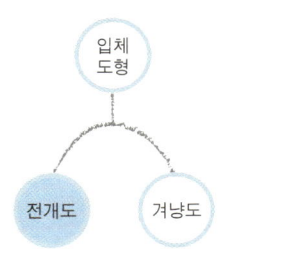

각기둥의 전개도

각기둥의 전개도는 각기둥의 모서리를 잘라서 펼쳐 놓은 그림이다. 각기둥의 전개도 역시 직육면체의 전개도와 마찬가지로 접히는 부분은 점선으로, 나머지 부분은 실선으로 나타내어 그리면 된다. 그리고 이때 각기둥의 밑면의 모양과 옆면의 모양에 주의해서 그리면 된다. 즉 직육면체와 마찬가지로 각기둥의 옆면은 모두 직사각형이지만, 옆면을 제외한 2개의 마주 보는 면은 각기둥의 밑면의 모양에 따라 달라진다.

따라서 삼각기둥의 전개도에는 삼각형, 사각기둥의 전개도에는 사각형을 각각 2개씩 그려야 한다. 또 직육면체의 전개도에는 옆면이 4개였지만 각기둥의 전개도에서는 밑면이 삼각형이면 옆면이 3개, 밑면이 사각형이면 옆면이 4개, ……로 밑면의 모양에 따라 옆면의 개수가 달라진다.

각기둥의 전개도 역시 마주 보는 면의 크기가 서로 같아야 하므로 모서리의 길이와 면의 크기를 잘 살펴보고 그려야 하며, 마주 보는 면은 평행하게 그리고 서로 겹치는 면이 없게 그려야 한다.

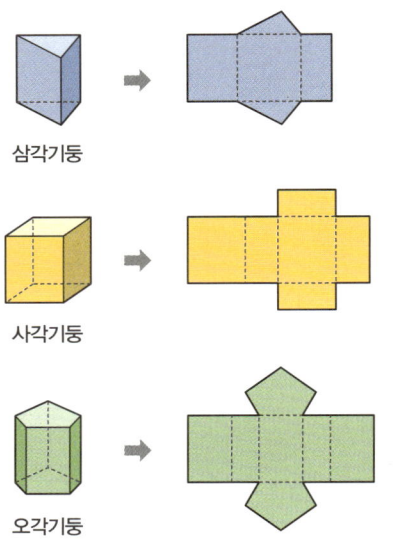

길이가 주어진 각기둥의 전개도 그리기

길이가 주어진 각기둥의 전개도를 그릴 때, 서로 맞닿는 선분의 길이가 같아야 한다. 이때 각기둥의 높이는 옆면의 세로의 길이와 같게 그려야 하고, 각기둥의 두 밑면은 서로 합동이 되도록 그려야 한다.

또한 모서리를 자르는 방법에 따라 여러 가지 모양의 전개도가 그려질 수 있고, 밑면이 놓인 형태가 달라질 수 있으므로 면이 놓인 방향에 주의해서 그려야 한다.

다음은 길이가 주어진 삼각기둥의 전개도를 모서리를 자르는 방법에 따라 2가지 방법으로 그린 것이다. 언뜻 보면 밑면의 모양이 다른 듯 보이지만 밑면이 놓인 위치에 따라 변의 위치가 달라진 것이므로 같은 전개도이다.

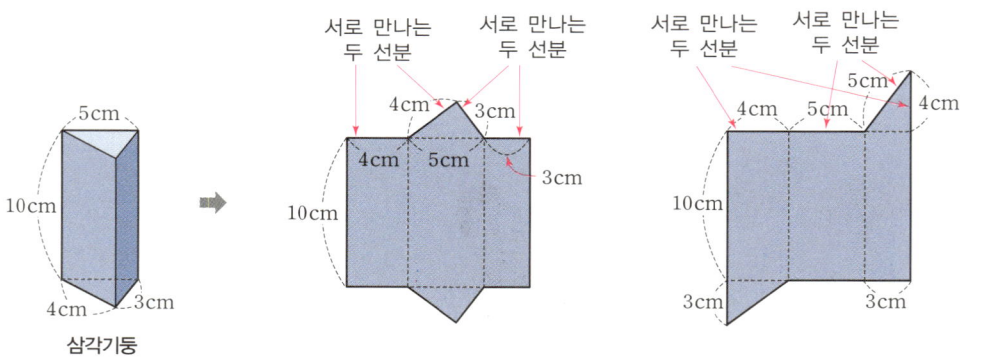

각뿔의 전개도

각뿔의 전개도는 각뿔의 모서리를 잘라서 펼쳐 놓은 그림이다. 각뿔은 밑면이 한 개이므로 밑면이 2개인 각기둥의 전개도와 그 모양이 조금 다르다.
각뿔의 전개도에서 옆면의 모양은 항상 삼각형이고, 옆면의 개수는 밑면의 변의 개수에 따라 달라진다. 즉 삼각뿔이면 옆면이 3개이고, 사각뿔이면 옆면이 4개, 오각뿔이면 옆면이 5개가 된다. 또 각뿔의 전개도에서 밑면의 수는 어느 각뿔이든지 한 개이고, 정삼각뿔(사면체)을 제외하고는 밑면과 합동인 면이 없다. 삼각뿔과 사각뿔의 전개도를 그리면 아래와 같다. 각뿔의 전개도 역시 접었을 때 만나는 선분의 길이는 같게 그려야 한다.

가장 짧은 거리

점 가에서 출발하여 옆면을 타고 점 나까지 갈 때 가장 짧은 거리로 가려면 어떻게 가야 할까?
전개도를 그려서 생각해 보면 간단하다.

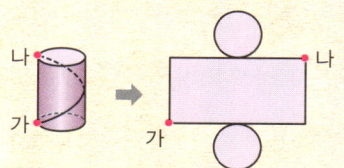

원기둥의 전개도에서 보면 옆면은 직사각형이므로 직사각형의 대각선을 따라가면 가장 빠른 시간에 점 나에 도착할 수 있다.

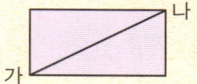

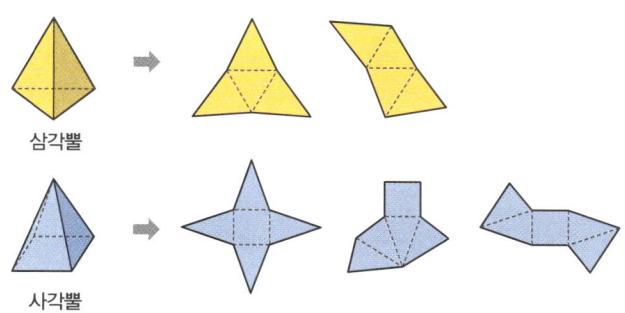

삼각뿔

사각뿔

그런데 이 원리대로 지혜롭게 살아가는 꽃이 있다. 바로 나팔꽃이다. 나팔꽃이 나뭇가지를 타고 올라가는 모습을 보면 원기둥의 옆면의 대각선을 따라 올라가는 것과 같다는 것을 알 수 있다.

원기둥의 전개도

원기둥은 모서리가 없으므로 전개도는 옆면의 어느 한 부분을 밑면과 수직으로 잘라서 펼치면 된다. 원기둥은 2개의 밑면과 한 개의 곡면인 옆면이 있으므로 원기둥의 전개도에서 나타나는 도형은 모두 3개이다. 즉 원기둥의 전개도는 2개의 원과 직사각형으로 이루어져 있다.
또 원기둥의 전개도에서 옆면을 보면 옆면의 가로의 길이는 밑면의 둘레의 길이와 같고, 옆면의 세로의 길이는 원기둥의 높이와 같다는 것을 알 수 있다.

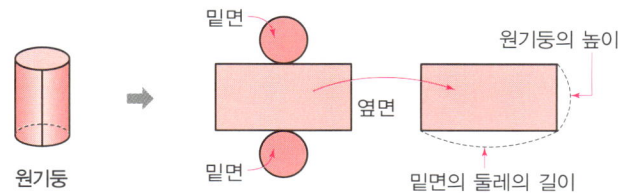

원뿔의 전개도

원뿔의 전개도는 원뿔의 모선을 잘라서 펼치면 된다. 원뿔에는 한 개의 밑면과 한 개의 곡면인 옆면이 있으므로 원뿔의 전개도는 2개의 도형으로 이루어져 있다. 원뿔의 전개도에서 밑면은 원이고, 옆면은 부채와 같은 모양이다.

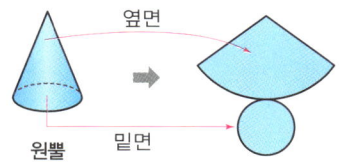

개념쌤의 1분 특강

원기둥의 전개도에서 옆면의 가로 길이나 원뿔의 전개도에서 부채 모양의 곡선 길이는 각각 밑면의 둘레의 길이와 같다는 걸 잊지 마.

79 도형 움직이기

- 도형을 밀기, 뒤집기, 돌리기 하여 움직이는 것.
- 도형 밀기는 도형의 위치만 바뀌고, 뒤집기와 돌리기는 도형의 위치와 모양이 바뀐다.

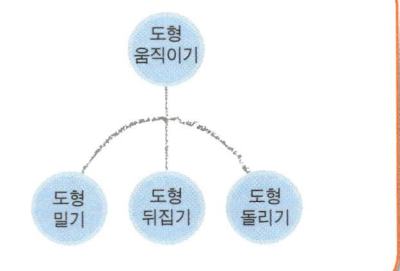

도형 밀기

꽃이 그려진 액자를 위, 아래, 왼쪽, 오른쪽으로 돌려도 꽃의 모양이 바뀌지 않는다. 이렇게 도형을 위, 아래, 왼쪽, 오른쪽으로 밀어 움직이는 것을 '도형 밀기'라고 한다.

도형을 위, 아래, 왼쪽, 오른쪽으로 밀어도 위치만 변할 뿐 모양이나 크기는 변하지 않는다.

도형 뒤집기

모눈종이 위에 도형을 그려 넣고, 왼쪽과 오른쪽으로 각각 뒤집기 하면 오른쪽과 오른쪽이 서로 바뀐 모양이 만들어진다. 또 위쪽과 아래쪽으로 각각 뒤집기 하면 위쪽과 아래쪽이 각각 서로 바뀐 모양이 만들어진다. 이와 같이 도형을 왼쪽이나 오른쪽, 위와 아래로 뒤집기 하는 것을 '도형 뒤집기'라고 한다.

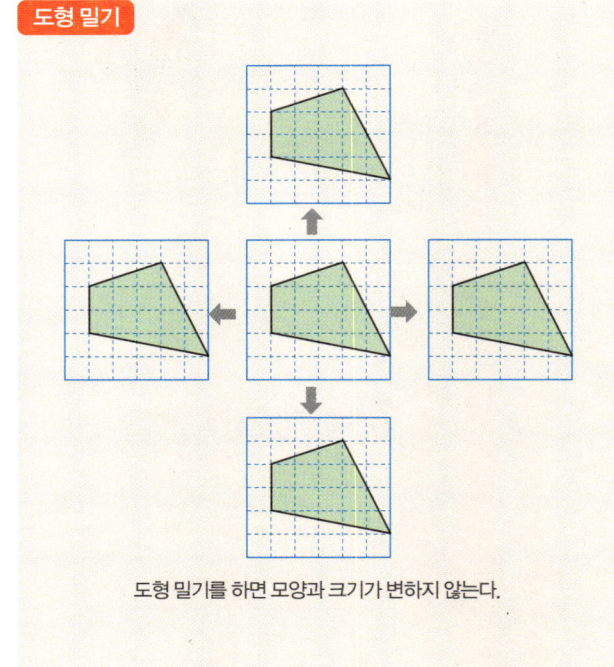

도형 밀기를 하면 모양과 크기가 변하지 않는다.

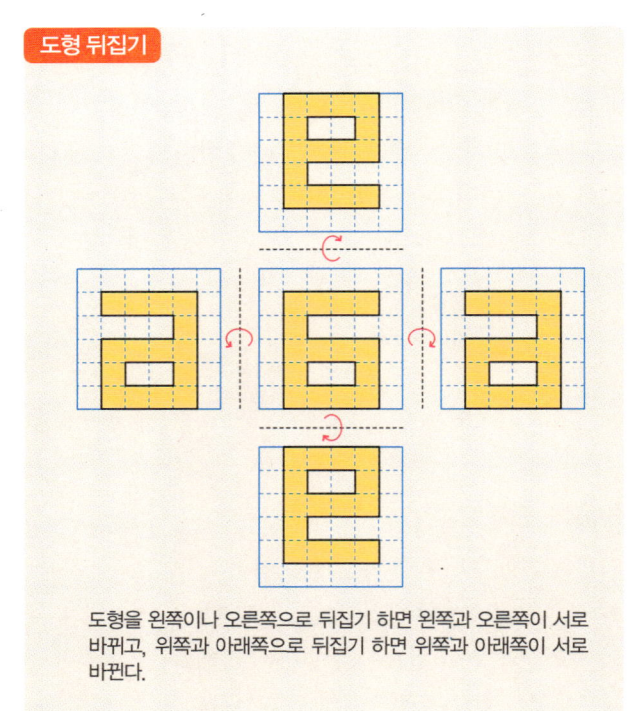

도형을 왼쪽이나 오른쪽으로 뒤집기 하면 왼쪽과 오른쪽이 서로 바뀌고, 위쪽과 아래쪽으로 뒤집기 하면 위쪽과 아래쪽이 서로 바뀐다.

도형 돌리기

도형을 시계 방향으로 90°, 180°, 270°, 360° 돌리면 모양이 어떻게 변할까? 먼저 도형을 돌리는 방향에 따라 아래와 같은 기호를 사용하면 아주 편리하다. 도형을 돌렸을 때 만들어지는 모양을 살펴보면, 처음 도형을 ⟲ 방향으로 돌렸을 때 생기는 모양은 ⟳ 방향으로 2번 돌린 모양과 같다. 또 ⟲ 방향으로 돌렸을 때 생기는 모양은 ⟳ 방향으로 3번 돌린 모양과 같다. 그리고 ⟲ 방향으로 돌렸을 때 생기는 모양은 ⟳ 방향으로 4번 돌린 모양, 즉 처음 모양과 같아진다. 도형을 시계 반대 방향으로 90°, 180°, 270°, 360° 돌리는 것도 마찬가지이다. 이때 돌리는 기호는 화살표의 방향만 바꾸면 된다.

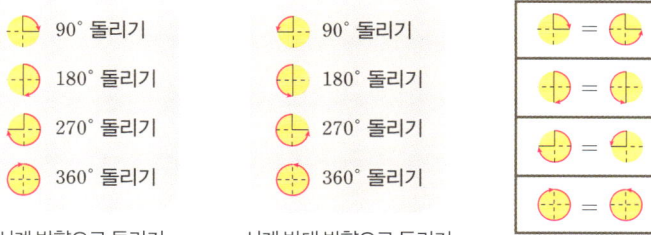

시계 방향으로 돌리기   시계 반대 방향으로 돌리기

시계 반대 방향으로 돌려 본 다음 시계 방향으로 돌렸을 때의 모양과 비교해 보면 다음과 같이 서로 모양이 같은 경우를 찾아볼 수 있다.

어느 방향으로 뒤집어도 변하지 않는 글자

왼쪽과 오른쪽이 같고, 위와 아래가 같으면 어느 쪽으로 뒤집어도 모양이 변하지 않는다. 한글 중에서 이런 글자가 있을까?

어느 방향으로 돌려도 변하지 않으려면 왼쪽, 오른쪽, 위쪽, 아래쪽의 모양이 모두 같아야 한다. 따라서 이러한 글자는 한글 자음 중에 사각형 모양의 ㅁ, 원 모양의 ㅇ 2개 밖에 없다.

도형 돌리기

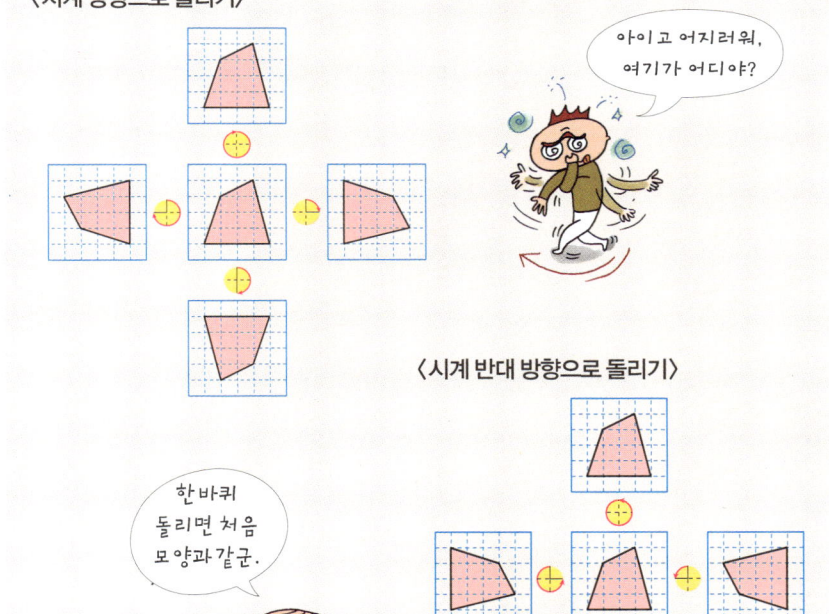

⟨시계 방향으로 돌리기⟩

⟨시계 반대 방향으로 돌리기⟩

개념쌤의 1분 특강

도형 돌리기는 많이 헷갈리니까 시계 방향, 시계 반대 방향으로 돌리는 부분을 잘 생각하면서 그려야 해. 한 바퀴 돌리면 처음 모양과 같다는 사실도 잊지마.

80 쌓기나무

- 정육면체 모양의 입체도형.
- 쌓기나무의 개수를 셀 때에는 바탕 그림을 그려서 세거나 층별로 세거나 쌓기나무의 일부분을 옮겨서 센다.

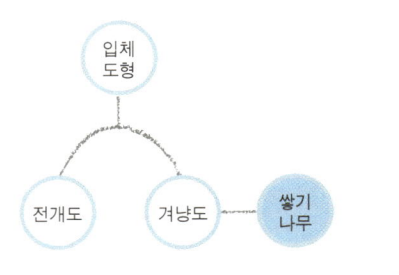

쌓기나무 만들기

쌓기나무는 정육면체 모양의 입체도형으로 쌓기나무를 위, 앞, 옆으로 쌓아 올려서 여러 가지 입체도형을 만들 수 있다.

같은 개수의 쌓기나무로 보는 위치에 따라 다르지만 같은 모양으로 쌓기나무를 쌓을 수 있다.

쌓기나무를 쌓을 때에는 먼저 모양을 만들고 똑같은 모양의 다른 형태를 만들 때에는 몇 개의 부분으로 나누어 쌓은 후 붙여 쌓아도 되고, 각 층별로 쌓기나무의 개수를 세어 본 후 위치에 맞게 쌓아도 된다. 이처럼 같은 모양이어도 보는 위치에 따라 다른 모양처럼 보일 수 있지만 쌓기나무의 개수는 변함이 없다.

또 오른쪽 그림과 같이 2가지 모양의 쌓기나무를 합하면, 새로운 모양의 쌓기나무를 다양하게 만들 수 있다. 그런데 연두색 쌓기나무 4개와 보라색 쌓기나무 4개를 합해서 만든 쌓기나무이지만 그림에서 보이는 것처럼 쌓는 방법에 따라 쌓기나무의 일부가 가려져서 각각의 쌓기나무의 개수가 모두 보이지 않을 수도 있다.

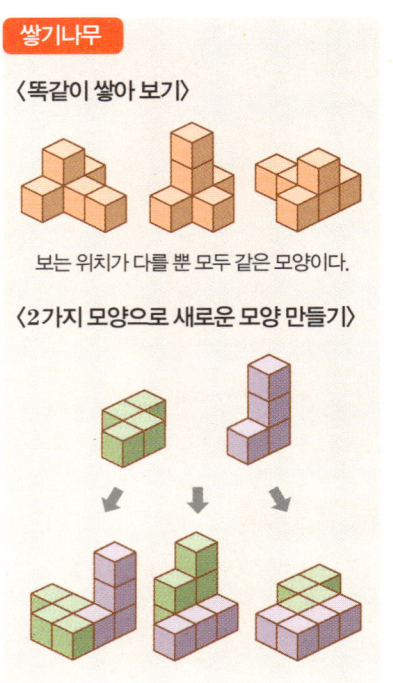

쌓기나무의 위, 앞, 옆에서 본 모양

쌓기나무는 보는 위치에 따라 그 모양이 달라진다. 먼저 위에서 본 모양으로 쌓기나무 1층의 모양을 알 수 있다. 그리고 앞에서 본 모양과 옆에서 본 모양을 볼 때는 왼쪽부터 쌓기나무의 층을 살펴보면 된다. 또 앞에서 본 모양과 옆에서 본 모양은 그 줄에 쌓은 쌓기나무의 가장 높은 층까지 보인다.

아래의 쌓기나무 모양의 앞에서 본 모양은 왼쪽부터 3층, 1층, 1층으로 보이고, 옆에서 본 모양은 왼쪽부터 1층, 2층, 3층으로 보인다.

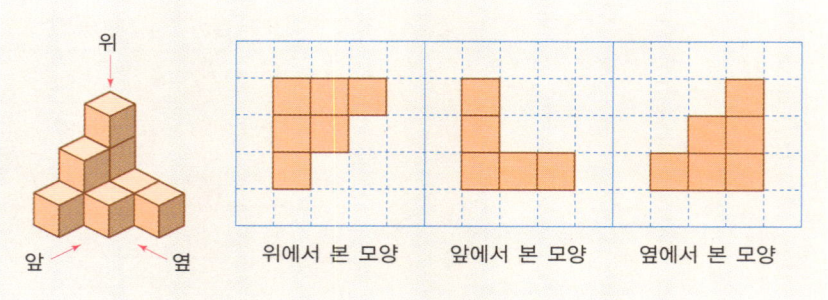

쌓기나무의 개수 세기

쌓기나무의 개수를 셀 때에는 바탕 그림을 그려서 그 자리에 쌓은 쌓기나무의 개수의 합을 구하거나 층별로 쌓기나무를 나누어 세거나 쌓기나무의 모양을 세기 쉬운 형태로 바꾸어서 세는 방법이 있다. 어느 방법으로 세든지 보이지 않는 부분의 쌓기나무의 개수를 빠뜨리지 않도록 주의한다.

〈바탕 그림 그려서 개수 세기〉

쌓기나무에 바탕 그림을 그린 다음, 각 자리에 놓인 쌓기나무의 개수를 각각 세어 그 합을 구하면 쌓기나무의 개수를 쉽고 정확하게 셀 수 있다. 바탕 그림은 보이지 않는 곳의 쌓기나무의 개수를 예상할 수 있게 해 준다.

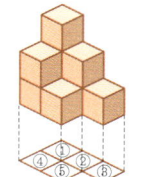

오른쪽 쌓기나무에서 ①번 자리는 3층까지 있으므로 3개, ②번과 ④번 자리는 각각 2층까지 있으므로 2개, ③번과 ⑤번 자리는 각각 1층까지 있으므로 1개이다. 따라서 쌓기나무의 개수의 합은 모두 $3+(2\times 2)+(1\times 2)=9$(개)이다.

〈층별로 세기〉

각 층별로 쌓기나무의 개수를 세어 더하는 방법이다. 오른쪽과 같이 3층으로 쌓은 쌓기나무의 개수를 세어 보자. 각 층별로 개수를 세어 보면 1층에 5개, 2층에 3개, 3층에 1개이므로 쌓기나무의 개수는 모두 $5+3+1=9$(개)이다.

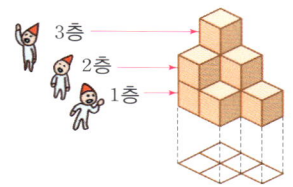

〈쌓기나무의 일부분을 옮겨서 개수 세기〉

세기 쉽게 쌓기나무의 모양을 단순하게 바꾸어서 개수를 셀 수도 있다. 이것은 쌓기나무의 일부분을 세기 편하게 다른 부분으로 옮겨서 개수를 알아보는 방법이다.

아래의 가운데 그림에서 노란색 부분을 ①의 자리에 옮겨 놓거나, 분홍색 부분을 ②의 자리에 옮겨 놓으면 쌓기나무의 모양이 좀더 단순해진다. 이렇게 모양을 단순하게 만들면 쌓기나무의 개수를 쉽게 셀 수 있다.

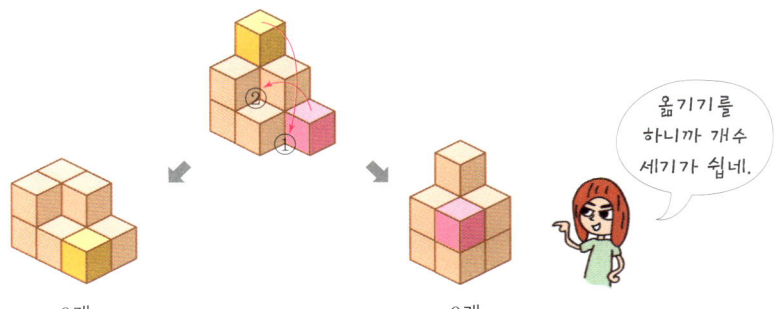

9개   9개

옮기기를 하니까 개수 세기가 쉽네.

쌓기나무를 쌓는 규칙

쌓기나무를 쌓는 규칙에는 엇갈리지 않게 쌓는 방법과 서로 엇갈리게 쌓는 방법이 있다.

건물의 돌담이나 성벽, 탑들을 살펴보면 돌이 어떤 규칙에 의해서 쌓여 있는 것을 볼 수 있다. 예를 들어 남한산성의 성벽은 엇갈리지 않게, 만리장성의 벽은 엇갈리게 쌓여 있다.

남한산성 → 서로 엇갈리지 않게 쌓았어.

위로 올라갈수록 쌓기나무가 2개씩 줄어든다.

만리장성 → 서로 엇갈리게 쌓았어.

위로 올라갈수록 쌓기나무가 1개씩 줄어든다.

개념쌤의 1분 특강

쌓기나무를 개수를 셀 때 보이지 않는 것도 꼭 세어 줘야 해.

81 거울에 비친 모양

- 물건, 숫자, 점, 도형 등을 거울에 비친 모양.
- 거울 속에 비친 모양은 옆으로 뒤집기 한 모양과 같다.

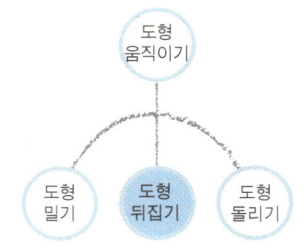

거울을 비친 위치에 따라 달라지는 모양

시계를 거울에 비추어 보면 숫자가 왼쪽이나 오른쪽으로 뒤집기 한 모양으로 보인다. 이와 같이 거울에 비쳐진 모양은 왼쪽과 오른쪽의 모양이 서로 바뀌어 옆으로 뒤집기 한 모양과 같다.

거울에 비친 모양은 거울을 어느 위치에서 비추느냐에 따라 달라진다.

예를 들어 19가 쓰여 있는 숫자 카드의 오른쪽과 왼쪽에 각각 거울을 놓고 비추어 보면 오른쪽과 왼쪽이 바뀐 숫자의 모양이 된다. 이것은 숫자를 왼쪽과 오른쪽으로 뒤집기 한 모양이다. 또 거울을 이 숫자 카드의 위쪽과 아래쪽에 각각 놓고 비추어 보면 위와 아래가 바뀐 숫자의 모양으로 두 모양이 같다. 이것은 숫자를 위와 아래로 뒤집기 한 모양이다.

거울 속의 모습은 왜 왼쪽과 오른쪽이 바뀌어 보일까?

거울에 비친 모습의 왼쪽과 오른쪽은 왜 바뀌어서 보이는 것일까?
그 이유는 빛의 반사하는 성질 때문이다. 거울 면에 들어올 때의 빛의 각도는 반사되어 나갈 때의 빛의 각도와 같다. 즉 들어온 빛이 반사되어 우리 눈에 들어와 물체를 보게 되므로 거울 속에 비친 우리의 모습은 옆으로 뒤집기 한 모양과 같아지는 것이다.

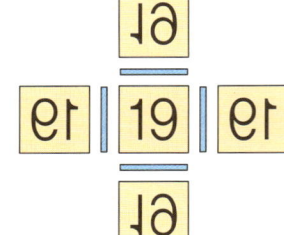

실제의 모습 | 우리 눈에 보이는 거울 속의 모습

거울에 비친 점의 개수

종이 위에 점을 찍은 후 거울의 위치를 바꾸면 점의 개수가 달라진다. 아래의 왼쪽 그림과 같이 종이 위의 점을 거울을 놓고 비추어 보면 거울 속과 종이 위에 있는 점의 합은 종이 위의 점의 개수의 2배로 보인다. 이때 점의 개수는 모두 짝수가 된다.

이번에는 아래의 오른쪽 그림과 같이 종이 위에 점을 찍고 한 개의 점 한가운데에 거울을 놓으면 거울 속의 점과 종이 위의 점이 합해져서 점이 1개로 보인다. 이때 점의 개수는 모두 홀수가 된다.

종이 위의 점의 개수가 2배로 보이네.

홀수 개의 점이 보이게 하려면 한점 위에 거울을 놓으면 돼.

개념샘의 1분 특강

거울에 비친 점의 개수가 홀수 개로 보이게 하려면 거울을 한 점의 정확히 한가운데에 놓아야 해.

82 성냥개비와 도형

- 성냥개비를 옮겨서 새로운 도형 만들기.
- 성냥개비를 옮겨서 모양을 뒤집기 하거나 도형의 개수를 늘이거나 줄일 수 있다.

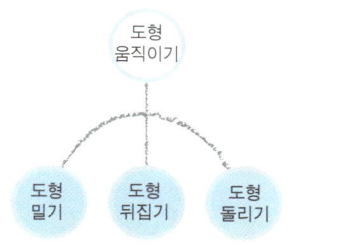

성냥개비를 옮겨서 뒤집기 한 모양 만들기

성냥개비 몇 개를 옮겨서 처음 모양에서 왼쪽과 오른쪽이 바뀐 모양을 만들어 보자. 먼저 뒤집기 한 모양을 머릿속에 그려 본 다음 어느 위치의 성냥개비를 옮겨야 하는지 결정하면 된다.

〈성냥개비 4개를 옮겨서 뒤집힌 모양 만들기〉

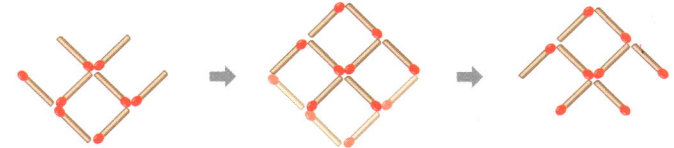

〈성냥개비 2개를 옮겨서 곰인형 밖으로 빼내기〉

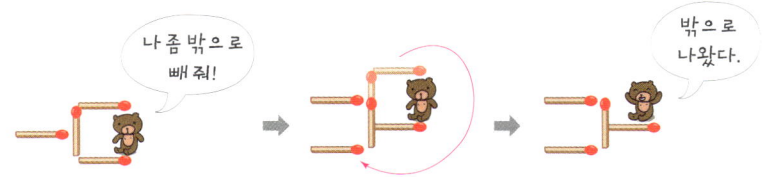

성냥개비를 옮겨서 도형의 개수 늘이기

이번에는 성냥개비를 몇 개만 옮겨서 도형의 개수를 늘여 보자. 성냥개비의 개수가 변함이 없어야 하므로 서로 붙어 있는 도형을 만들어야 적은 성냥개비로 많은 도형을 만들 수 있다.

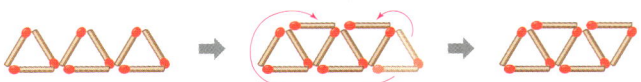

성냥개비를 덜어내어 여러 가지 모양 만들기

몇 개의 성냥개비를 덜어내면 규칙이 있는 여러 가지 모양을 만들 수 있다. 다음은 6개의 성냥개비를 덜어내어 크기가 다른 삼각형 3개를 만든 것이다.

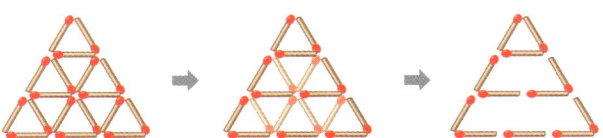

성냥개비 퀴즈

퀴즈 1 성냥개비 13개로 나무 병정 6명의 집을 똑같이 만들어 주었다. 그런데 성냥개비 하나가 부러져서 12개의 성냥개비로 나무 병정들의 집을 다시 똑같이 만들어 주어야 한다. 이때 성냥개비의 끝이 서로 떨어져도 안 되고, 성냥개비를 포개어 놓아서도 안 된다고 할 때 어떤 방법이 있을까?

퀴즈 2 소인국에서 성냥개비 8개로 집을 만들었는데 그 집을 위에서 보면 사각형 2개와 삼각형 4개가 보인다. 어떤 모양의 집을 만든 것일까?(단, 성냥개비를 꺾을 수는 없다.)

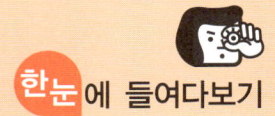

5개뿐인 정다면체

고대인들은 우주의 기본 요소가 불, 공기, 물, 흙 4가지라고 생각했다. 그리스의 철학자 플라톤은 불은 정사면체, 흙은 정육면체, 공기는 정팔면체, 물은 정이십면체 모양을 하고 있고, 우주 전체는 정십이면체의 모양을 하고 있다고 생각했다. 정다면체의 발견이나 정다면체가 다섯 종류 밖에 없다는 것의 증명은 피타고라스학파(피타고라스와 그의 제자들)가 했지만, 플라톤이 쓴 책에 이 내용이 전해지기 때문에 오늘날 정다면체를 플라톤의 도형이라고도 한다.

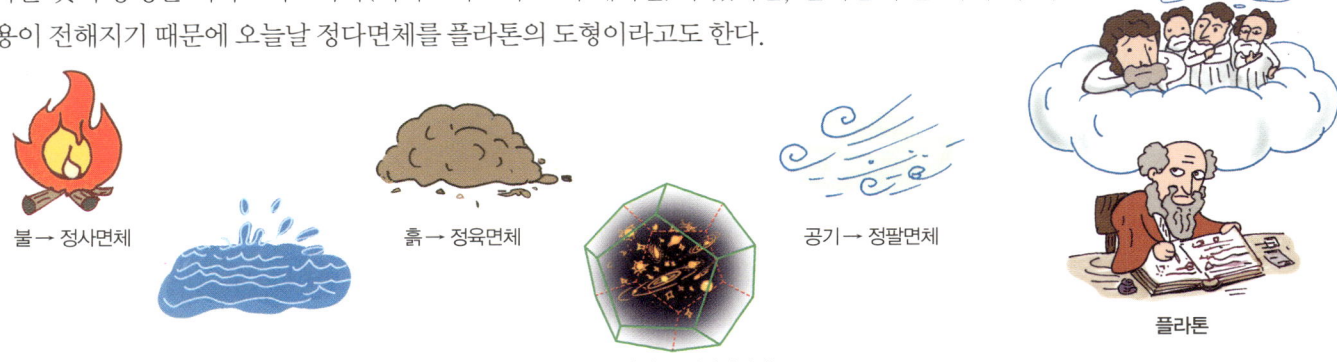

불→ 정사면체
물→ 정이십면체
흙→ 정육면체
우주 전체→ 정십이면체
공기→ 정팔면체
플라톤

우리 피타고라스학파는 플라톤에게 좋은 일만 시켜주었네!

정다면체는 왜 5가지밖에 없을까?

정삼각형으로만 이루어진 정다면체를 알아보자.

한 면이 정삼각형인 경우, 한 내각의 크기는 60°이다. 따라서 한 꼭짓점에 정삼각형이 모여서 입체도형을 만들 수 있는 경우는 정삼각형이 각각 3개, 4개, 5개일 때이다.

한 꼭짓점에 모여 있는 정삼각형이 6개이면 360°로 평면이 되어서 입체도형을 만들 수가 없다. 또한 정삼각형이 1개나 2개일 때에도 입체도형을 만들 수가 없다. 따라서 각 면이 정삼각형인 정다면체는 정사면체, 정팔면체, 정이십면체로 모두 3가지이다.

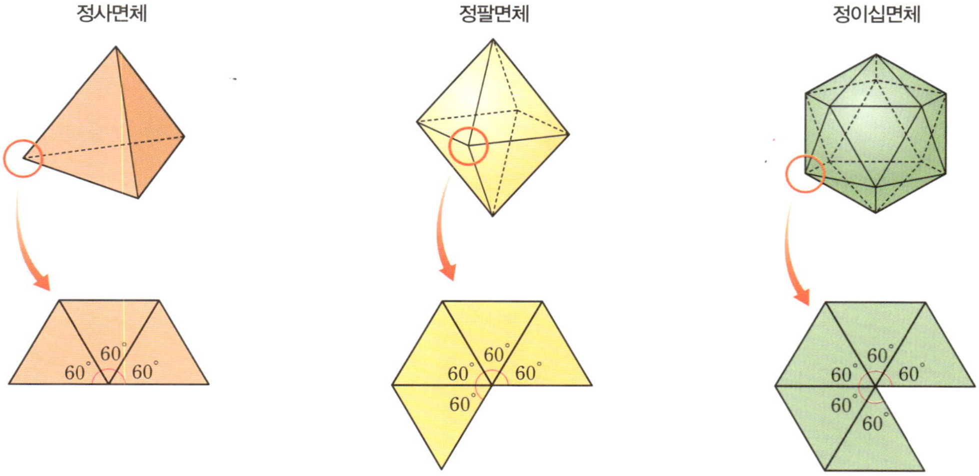

정사면체 | 정팔면체 | 정이십면체

다면체와 정다면체

다면체는 이름에서도 알 수 있듯이 여러 면으로 둘러싸인 도형을 말한다. 다면체의 이름은 면의 수에 따라 정해져서 면이 4개이면 **사면체**, 5개이면 **오면체**, 6개이면 **육면체**, ······ 가 된다.

정다면체는 다면체 중에서 한 꼭짓점에 모이는 면의 수가 같고, 면의 모양이 모두 같은 모양의 정다각형인 것을 말한다. 이러한 다면체를 정다면체라고 하는데 정다면체는 이 세상에 5개뿐이다.

왜 그럴까? 지금부터 그 이유에 대해서 살펴보자.

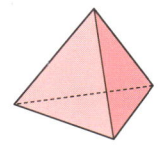
정사면체

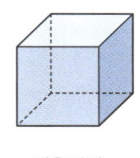
정육면체

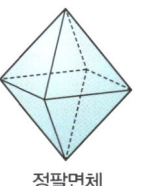
정팔면체

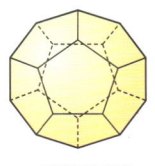
정십이면체

정이십면체

정사각형으로만 이루어진 정다면체를 알아보자.

한 면이 정사각형인 경우, 한 내각의 크기는 90°이다. 따라서 한 꼭짓점에 정사각형이 3개씩 모여야 입체도형을 만들 수 있다. 이 경우에도 정사각형이 4개 모이면 360°로 평면이 되어서 입체도형을 만들 수 없다. 따라서 각 면이 정사각형인 정다면체는 정육면체 한 가지뿐이다.

정오각형으로만 이루어진 정다면체를 알아보자.

한 면이 정오각형인 경우, 한 내각의 크기는 108°이다. 따라서 한 꼭짓점에 정오각형이 3개씩 모여야 입체도형을 만들 수 있다. 이 경우도 정오각형이 3개보다 많아지면 360°가 넘어서 입체도형을 만들 수 없다. 따라서 각 면이 정오각형인 정다면체는 정십이면체 한 가지뿐이다.

정육각형으로만 이루어진 정다면체를 알아보자.

한 면이 정육각형인 경우, 한 내각의 크기는 120°이다. 따라서 한 꼭짓점에 정육각형이 3개 모이면 360°가 되어서 평면이 되므로 입체도형을 만들 수가 없다. 따라서 정육각형, 정칠각형, 정팔각형, ······ 은 정다면체를 만들 수가 없다.

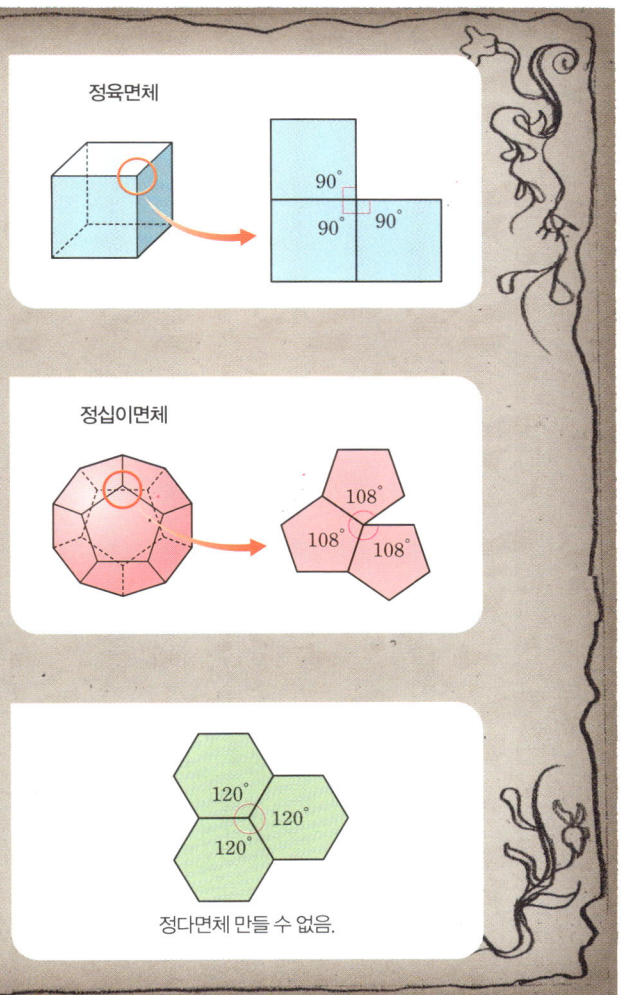

측정

- **83** 측정
- **84** 시각과 시간
- **85** 시간의 덧셈과 뺄셈
- **86** 길이
- **87** 들이
- **88** 무게
- **89** 부피
- **90** 입체도형의 부피

91 부피와 들이 사이의 관계	**101** 수의 범위
92 부피, 들이, 무게 사이의 관계	**102** 올림, 버림, 반올림
93 둘레	● 한눈에 들여다보기
94 넓이	
95 다각형의 넓이	
96 원주	
97 원의 넓이	
98 겉넓이	
99 여러 도형의 겉넓이	
100 근삿값	

83 측정

- 길이, 넓이, 부피, 들이, 무게, 시간, 온도 등의 양을 재는 것.
- 미터법의 탄생으로 나라마다 다른 측정의 단위가 통일되었다.

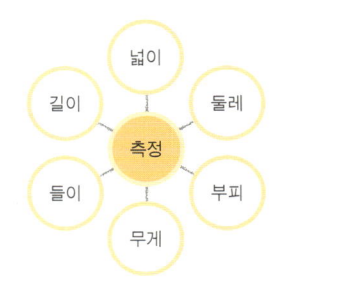

측정의 의미

측정이란 길이, 넓이, 부피, 들이, 무게, 시간, 온도 등의 양을 재는 것을 말한다. 인류에게 물건을 재기 위한 기구나 단위가 생겨난 때는 물물교환을 하기 시작했을 때부터였다. 옛날 사람들은 오늘날의 자 대신 사람의 몸의 일부를 측정의 기준 또는 단위로 삼았다. 예를 들어 손가락이나 손바닥의 길이로 한 뼘, 두 뼘 등의 길이를 재었고, 양 손바닥을 모아 가득 담을 수 있는 양으로 한 줌, 두 줌 등의 부피를 재었다. 물론 사람마다 신체의 길이가 달라 정확하게 측정할 수 없었지만 신체는 훌륭한 측정 도구였다.

나라마다 다른 측정의 단위

영어, 프랑스어, 중국어 등 나라마다 사용하는 언어가 다르듯이 옛날에는 나라마다 물건을 측정하는 단위도 달랐다. 고대 이집트에서는 '큐빗', 영국에서는 '인치'나 '피트', 프랑스에서는 '피에'라는 단위를 사용했고, 중국의 영향을 받았던 우리나라와 일본에서는 '자'나 '치'처럼 중국에서 유래된 단위를 사용했다.
언어가 다르면 서로의 말을 알아듣지 못하는 것처럼 이렇게 나라마다 서로 다른 단위를 사용하고 있었기 때문에 무역을 할 때마다 불편하고 어려움이 있었다. 그래서 사람들은 측정의 단위를 통일하기로 했다.

여러 나라의 길이의 단위

〈고대 이집트〉
큐빗: 가운데 손가락 끝에서 팔꿈치까지의 길이로 거대한 피라미드를 지을 때 사용했다.

〈영국〉
인치: 엄지손가락의 너비로 피트를 $\frac{1}{12}$로 나눈 것이다.
피트: 발뒤꿈치에서부터 엄지발가락 끝까지의 길이로 프랑스에서는 '피에'라고 한다.

〈중국〉
자: 손을 폈을 때 엄지손가락 끝에서 가운뎃손가락 끝까지의 길이로 척(尺)이라고도 한다. 자의 $\frac{1}{10}$을 '치'라고 한다.

야드: 코끝에서부터 팔을 뻗었을 때 엄지손가락까지의 길이이다.

미터법의 탄생

서로 다른 단위를 통일하기 위해 세계 여러 나라의 학자들은 미터법이라는 단위 체계를 만들고 1 m의 길이를 정하였다. '미터(m)'는 그리스어로 '재다' 또는 '자'를 뜻하는 말로 미터법이란 길이는 미터(m), 무게는 킬로그램(kg), 부피는 리터(L)를 기본으로 하는 국제적인 도량형(길이, 부피, 무게 등을 재는 법) 단위 체계를 말한다.

물론 1 m가 처음부터 현재의 길이였던 것은 아니다. 처음에 학자들은 1 m를 어느 정도의 길이로 정할까 고민하다가 1790년 프랑스의 탈레랑이란 사람의 제의로 많은 학자들이 모여 1 m의 값을 정했다. 그 당시 정한 1 m는 적도에서 프랑스 파리를 거쳐서 북극까지의 거리(프랑스 자오선)를 천만분의 일로 나눈 값이었다. 하지만 실제로 북극에서 적도까지의 거리를 잰 것은 아니고 그 거리의 일부분인 프랑스 됭케르크에서 스페인의 바르셀로나까지의 거리만 재고, 그것을 기준으로 프랑스 자오선의 거리를 구한 것이다.

불합리한 단위 평, 돈, 근

실생활에서는 아직까지 옛날의 단위인 평, 돈, 근 등이 많이 사용되고 있다.

평은 넓이를 나타내는 단위로 1평은 약 3.3 m^2이다. 옛날엔 팔꿈치부터 손목까지의 길이를 나타내는 자로 평을 측정했는데 그 수치는 재는 사람마다 달랐다. 그래서 요즘은 평을 세계 공통의 단위인 m^2로 나타내도록 법으로 정하고 있다.

지도상으로는 한 뼘밖에 되지 않는 거리였지만 1 m의 길이를 정하기 위한 측정의 과정은 정말 멀고도 험난했다. 심지어 프랑스는 스페인과의 전쟁에 휩싸인 적도 있었다. 우여곡절을 겪고 결국 측정을 마치는 데 6년이라는 시간이 걸렸다. 이렇게 해서 1 m라는 단위가 탄생했다. 즉 미터법으로 인해 전 세계의 통일된 단위 체계가 만들어진 것이다. 이후 과학자들은 사람들이 크고 작은 단위들을 더 쉽게 읽고 사용할 수 있도록 그리스어와 라틴어의 접두사 '밀리', '센티', '킬로'를 사용했다. 현재는 과학의 발전에 힘입어 '빛이 진공 상태에서 299792458분의 1초 동안 이동한 거리'를 1 m로 정하고 있다.

미터법의 역사

1799년 말부터 프랑스에서 미터법을 사용했고, 이후 독일에서도 미터법을 채택했다.

1875년 세계 각국의 나라들이 프랑스 파리에 모여 국제 미터 조약을 체결함으로써 전 세계 대부분의 나라가 미터법을 채택했다.

1889년 국제 도량형 총회에서 미터법을 세계 공통의 단위로 결정했다.

우리나라는 1905년 도량형법을 공론하여 척관법과 현재의 미터법을 사용 → 1963년에는 토지와 건물을 제외하고 미터법을 사용 → 1983년에는 토지와 건물에 대해서도 미터법을 사용했다.

84 시각과 시간

- 시각은 시간의 한 순간으로 시계의 침이 가리키는 때, 시간은 어떤 시각부터 어떤 시각까지의 사이.
- 1시간은 60분, 1분은 60초이고, 하루는 24시간, 1년은 12개월이다.

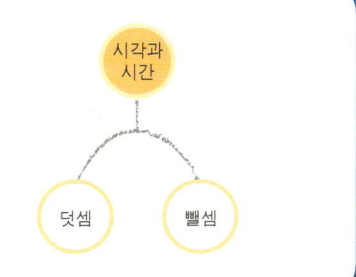

시간, 분, 초의 관계

시계의 짧은 바늘(시침)이 가리키는 숫자 한 칸은 1시간을, 긴 바늘(분침)이 가리키는 작은 눈금 한 칸은 1분을 나타낸다. 시계의 짧은 바늘이 숫자 1, 2, 3, ……을 가리키고, 긴 바늘이 숫자 12를 가리키면 각각 1시, 2시, 3시, ……가 된다. 또 긴 바늘이 숫자 1, 2, 3, ……을 가리키면 각각

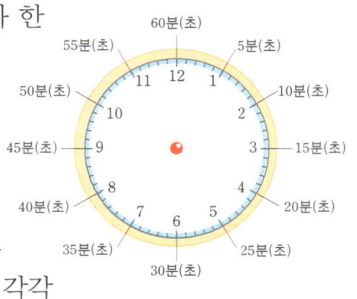

5분, 10분, 15분, ……을 나타낸다. 한편 초를 나타내는 초침이 가리키는 작은 눈금 한 칸은 1초를 나타내므로 초침이 숫자 1을 가리키면 5초, 숫자 2를 가리키면 10초이다.

분침이 시계를 한 바퀴 도는 데 걸리는 시간은 60분이고, 이때 시침은 숫자 한 칸만큼 움직인다. 즉 1시간은 60분이다. 마찬가지로 초침이 시계를 한 바퀴 도는 데 걸리는 시간은 60초이고, 이때 분침은 작은 눈금 한 칸만큼 움직인다. 즉 1분은 60초이다.

> 1시간=60분이고, 1분=60초이므로 1시간=60분=(60×60)초=3600초이다.

하루와 1년

시침이 시계를 한 바퀴 돌면 12시간, 두 바퀴 돌면 24시간이 되므로 하루는 24시간이다. 이때 시침이 처음으로 한 바퀴를 도는 밤 12시에서 낮 12시까지를 '오전', 그 다음 한 바퀴를 도는 낮 12시에서 밤 12시까지를 '오후'라고 한다. 또 낮 12시는 '정오'라고 한다.

1년은 1월부터 12월까지 모두 12개월이다. 또 1월부터 12월까지 중에서 2월을 제외하고 날수가 30일인 달도 있고, 31일인 달도 있다. 2월은 28일이나 29일이다. 그래서 보통 1년을 365일이라고 말한다.

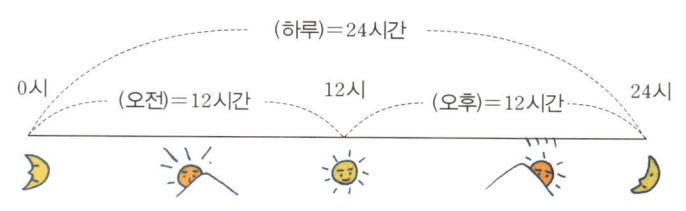

옛날의 시계와 오늘날의 시계

〈옛날의 시계〉

- **그노몬**: 바빌로니아와 이집트에서 쓰던 최초의 해시계.
- **자격루**: 국보 제229호로 지정된 우리나라의 대표적인 물시계로 저절로 움직여 종과 북을 울리고 징을 치게 하여 시각을 알려 준다.
- **모래시계**: 중력에 의하여 모래가 아래쪽으로 내려간다. 모래가 아래로 다 떨어지면 다시 뒤집어 놓는다.

〈오늘날의 시계〉

- **아날로그 시계**: 시곗바늘의 움직임에 따라 시, 분, 초의 관계를 알 수 있다.
- **디지털 시계**: 내부에 태엽이 없고, 전자회로만으로 되어 있는 시계.

개념쌤의 1분 특강

시침이 두 수 사이에 있을 때, 두 수 중 더 큰 수에 시침이 아무리 가까이 있어도 두 수 중 더 작은 수가 시가 되는 거야. 잊지 마!

85 시간의 덧셈과 뺄셈

- (시각)+(시간)=(시각), (시간)+(시간)=(시간),
  (시각)−(시간)=(시각), (시각)−(시각)=(시간),
  (시간)−(시간)=(시간)

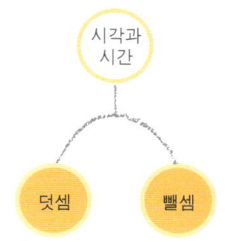

시간의 덧셈

시간을 더할 때에는 초 단위부터 같은 단위끼리 차례로 계산하면 된다. 이때 초 단위나 분 단위끼리의 합이 60이거나 60보다 크면 각각 60초를 1분, 60분은 1시간으로 받아올림해야 한다.

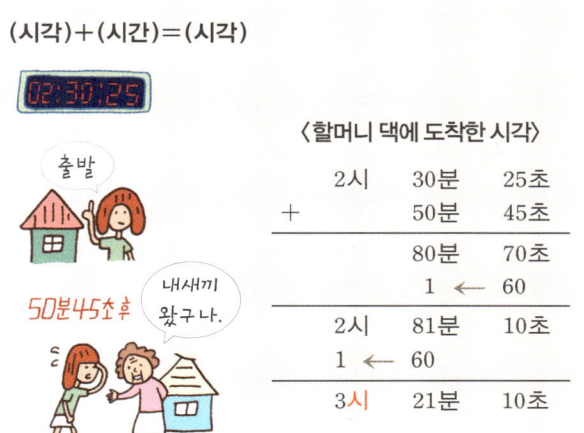

시간의 뺄셈

시간의 뺄셈도 시간의 덧셈과 마찬가지로 초 단위부터 계산한다. 이때 초 단위끼리 뺄 수 없을 때에는 1분을 60초로, 분 단위끼리 뺄 수 없을 때에는 1시간을 60분으로 받아내림하여 계산한다.

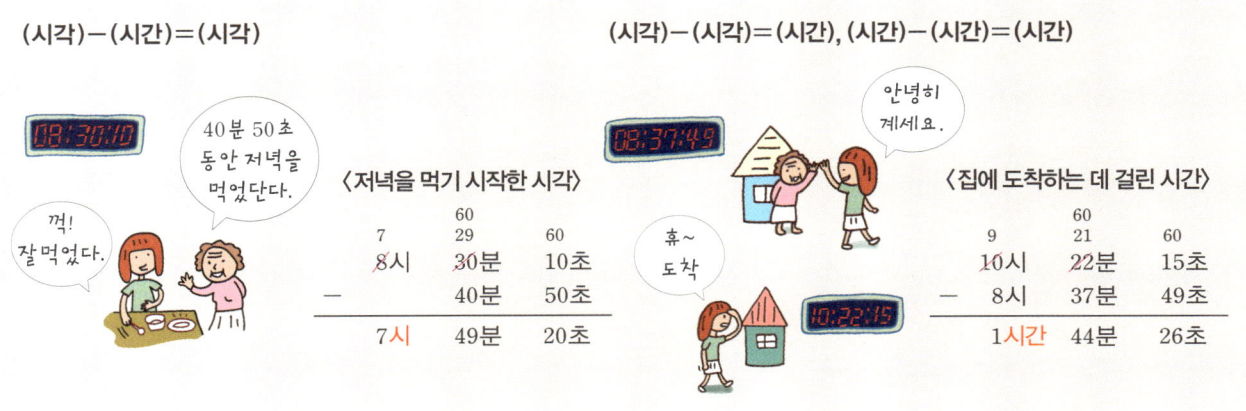

86 길이

- 어떤 물건의 한쪽 끝에서 다른 쪽 끝까지의 거리.
- 길이의 단위에는 mm(밀리미터), cm(센티미터), m(미터), km(킬로미터)가 있다.

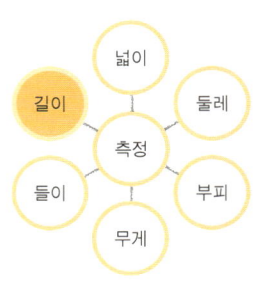

길이의 단위 cm(센티미터), mm(밀리미터)

어떤 물건의 한쪽 끝에서 다른 쪽 끝까지의 거리를 '길이'라고 한다. 물건의 길이를 잴 때에는 먼저 물건의 한쪽 끝을 자의 눈금 0에 맞춘 다음 물건의 다른 한쪽 끝의 눈금을 읽으면 된다.

도형에서의 길이는 어떤 선분의 한쪽 끝점에서 다른 쪽 끝점까지의 거리이다. cm(센티미터)와 mm(밀리미터)는 길이를 재는 단위이다.

자의 눈금을 잘 살펴보면, 큰 눈금과 작은 눈금이 있다. 자에서 큰 눈금 한 칸의 길이를 '1센티미터'라고 하고, 1센티미터를 똑같이 10칸으로 나눈 길이, 즉 작은 눈금 한 칸의 길이를 '1밀리미터'라고 한다. 1 cm는 작은 눈금이 10칸이므로 10 mm이다.

이러한 cm와 mm의 관계를 이용하여 다음과 같이 길이의 단위를 바꾸어 나타낼 수 있다.

1cm = 10 mm

〈길이의 단위를 바꾸어 나타내기 1〉

$$35\,\text{mm} = 30\,\text{mm} + 5\,\text{mm}$$
$$= 3\,\text{cm} + 5\,\text{mm}$$
$$= 3\,\text{cm}\ 5\,\text{mm}$$

$$7\,\text{cm}\ 4\,\text{mm} = 7\,\text{cm} + 4\,\text{mm}$$
$$= 70\,\text{mm} + 4\,\text{mm}$$
$$= 74\,\text{mm}$$

길이의 단위 m(미터)

사람의 키나 건물의 높이 등도 모두 길이의 단위로 나타낼 수 있다. 그런데 cm와 mm만으로는 길이가 긴 사물을 재는 것이 힘들다.

만약 길이가 30 cm인 자를 이용하여 방의 높이를 잰다고 하면 자를 몇 번씩 옮겨서 재어야 할 것이다. 따라서 이런 경우에는 cm나 mm보다 더 큰 단위가 있는 줄자로 재는 것이 편리하다. 줄자를 잘 살펴보면 100 cm인 눈금에 1 m, 200 cm인 눈금에 2 m라고 쓰여 있는 것을 볼 수 있다. 이때 1 m는 '1미터', 2 m는 '2미터'라고 읽는다. 1 m는 1 cm의 100배, 즉 100 cm이다.

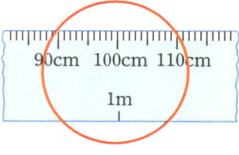

1m = 100 cm

〈길이의 단위를 바꾸어 나타내기 2〉

$$280\,\text{cm} = 200\,\text{cm} + 80\,\text{cm}$$
$$= 2\,\text{m} + 80\,\text{cm}$$
$$= 2\,\text{m}\ 80\,\text{cm}$$

$$5\,\text{m}\ 9\,\text{cm} = 5\,\text{m} + 9\,\text{cm}$$
$$= 500\,\text{cm} + 9\,\text{cm}$$
$$= 509\,\text{cm}$$

먼 거리를 나타내는 단위 km

고속 도로를 따라 여행을 하다 보면 '강릉 250 km', '부산 300 km' 등과 같은 표지판을 흔히 볼 수 있을 것이다. 이때 km는 m보다 훨씬 먼 거리를 나타내는 길이의 단위로 '킬로미터'라고 읽는다.

1 km는 1 m의 1000배가 되는 길이이다. 즉 1 km = 1000 m이다.

이러한 길이의 단위 사이의 관계는 다음과 같다.

길이 단위 사이의 관계

```
                    1000000배
              1000배
       10배         100배          1000배
   mm ─────→ cm ─────→ m ─────→ km
```

1 km = 1000 m = 100000 cm = 1000000 mm

거리 1광년은 몇 km일까?

지구에서 태양까지의 거리는 약 1억 5천만 km로 정말 어마어마한 거리이다. 이 거리를 만약 사람이 걸어서 간다면 4270년이 걸린다고 한다. 그런데 빛은 단 8분 18초만에 갈 수 있다. 빛은 1초에 약 30만 km를 갈 수 있기 때문이다.
그렇다면 1년 동안에는 빛이 얼마만큼의 거리를 갈 수 있을까?
1년은 31536000초이므로 여기에 30만 km를 곱하면 1년에 빛은 약 9460800000000 km라는 엄청난 거리를 가게 된다. 이렇게 빛이 1년 동안 가는 거리를 '1광년'이라고 한다.

길이의 합과 차

길이의 합과 차를 구할 때에는 같은 단위끼리 더하거나 빼면 된다.

길이의 합을 구할 때에는 mm 단위끼리의 합이 10 mm이거나 10 mm보다 크면 1 cm로 바꾸어서 cm 단위로 받아올림한다. 또 cm 단위끼리의 합이 100 cm이거나 100 cm보다 크면 1 m로 바꾸어서 m 단위로 받아올림하고, m 단위끼리의 합이 1000 m이거나 1000 m보다 크면 1 km로 바꾸어서 km 단위로 받아올림하면 된다. 길이의 차를 구할 때에도 같은 단위끼리 뺄 수 없으면 1 cm는 10 mm로, 1 m는 100 cm로, 1 km는 1000 m로 받아내림하여 계산한다.

⟨길이의 합 구하기⟩

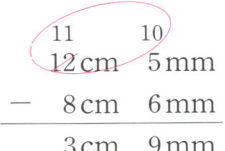

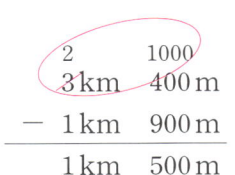

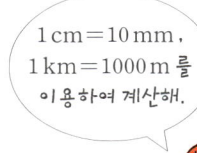
1 cm = 10 mm, 1 km = 1000 m를 이용하여 계산해.

⟨길이의 차 구하기⟩

cm와 km 단위에서 받아내림한 1은 각각 10 mm와 1000 m를 나타내.

개념쌤의 1분 특강

길이의 단위 사이의 관계를 이용한 문제는 종종 나와. 각각 몇 배씩 커지는지 관계를 잘 알아 둬.

87 들이

- 주전자나 물병 같은 그릇 안쪽의 공간의 크기.
- 들이의 단위에는 mL(밀리리터), L(리터), kL(킬로리터)가 있다.

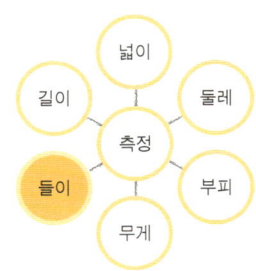

들이의 비교

들이란 그릇 안쪽의 공간의 크기를 말하는 것으로 겉에서 본 그릇의 크기가 같다고 해서 들이가 같은 것은 아니다. 그럼 들이의 비교는 어떻게 할까? 크기가 같은 2개의 유리컵이 있을 때, 하나는 두께가 두껍고 다른 한 컵은 두께가 얇다면 어느 쪽에 물이 많이 들어갈까? 당연히 두께가 얇은 컵에 더 많은 양의 물이 들어갈 것이다. 즉 두께가 얇은 컵은 들이가 크고, 두꺼운 컵은 들이가 작은 것이다. 이와 같이 들이를 비교하려면 그릇의 안쪽 공간의 크기를 생각해야 한다.

들이의 단위 L(리터)와 mL(밀리리터)

생수병이나 음료수 페트병에 1.5 L라고 써 있는 것을 본 적이 있을 것이다. 또 라면과 같은 식품에 '물 250 mL를 넣으세요.' 와 같이 써 있는 것도 종종 볼 수 있다. 여기에서 1.5 L, 250 mL에 쓰인 L와 mL가 바로 들이의 단위이다. 안치수의 한 모서리의 길이가 10 cm인 정육면체의 부피는 1000 cm³이고, 이렇게 생긴 그릇의 들이를 '1 L'라고 한다. 또 mL는 L보다 작은 들이의 단위로 한 모서리의 길이가 1 cm인 정육면체의 부피는 1 cm³이고, 이렇게 생긴 그릇의 들이를 '1 mL'라고 한다. 여기에서 'cm³'는 입체도형의 부피의 단위이다.

 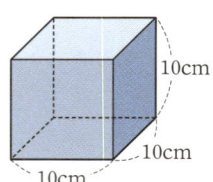

$1000 \text{ cm}^3 = 1 \text{ L}$

 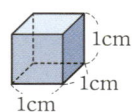

$1 \text{ cm}^3 = 1 \text{ mL}$

1L 는 부피가 1000 cm³인 그릇의 들이이고, 1 mL 는 부피가 1 cm³인 그릇의 들이야.

들이 비교 방법

〈크기와 모양이 같은 그릇의 들이 비교〉

① 한 그릇에 물을 가득 채운 후 다른 그릇에 부어 그 물을 모두 담을 수 있다면 들이가 더 많은 것이다. 아래의 경우 ㉮그릇에 가득 든 물을 ㉯그릇에 부어도 ㉯그릇이 가득 차지 않으므로 들이는 ㉮ < ㉯이다.

② 크기와 모양이 같은 그릇에 물을 담았을 때 물의 높이가 더 높은 쪽의 물이 더 많다.

〈크기와 모양이 다른 그릇의 들이 비교〉

서로 다른 그릇에 물을 가득 채운 후, 크기와 모양이 같은 작은 컵에 물을 따른다. 이때 물을 가득 채운 컵의 수가 많을수록 들이가 더 많다.

L와 mL 사이의 관계

$1\,L=1000\,cm^3$이고 $1\,mL=1\,cm^3$이므로 $1\,L=1000\,cm^3=1000\,mL$이다. 즉 $1\,L$는 $1\,mL$의 1000배라는 것을 알 수 있다. $1\,L=1000\,mL$를 이용하여 다음과 같이 L와 mL 단위를 서로 바꾸어 나타낼 수 있다.

〈들이의 단위를 바꾸어 나타내기〉

$$2950\,mL = 2000\,mL + 950\,mL$$
$$= 2\,L + 950\,mL$$
$$= 2\,L\ 950\,mL$$

$$3\,L\ 700\,mL = 3\,L + 700\,mL$$
$$= 3000\,mL + 700\,mL$$
$$= 3700\,mL$$

들이의 큰 단위 kL(킬로리터)

길이의 단위에 km가 있듯이 들이에도 더 큰 단위가 있다. 그것은 바로 kL(킬로리터)이다. $1\,kL$는 한 모서리의 길이가 $100\,cm$인 정육면체의 부피인 $1000000\,cm^3$와 같은 들이의 단위이다.

따라서 $1\,kL$는 $1\,L$의 1000배가 되는 양이다. 즉 $1\,kL=1000\,L$이다.

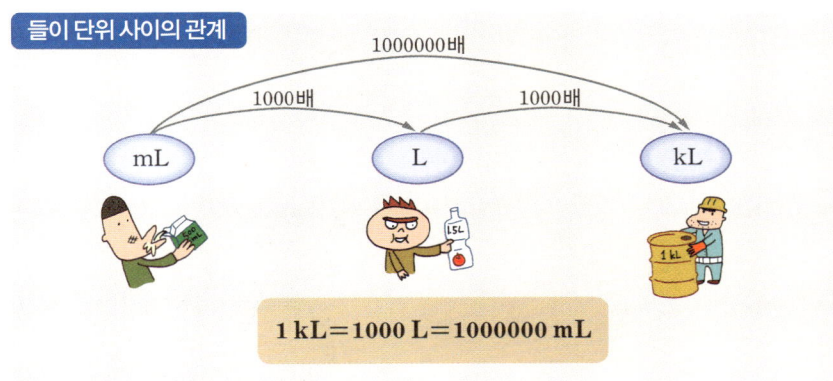

들이 단위 사이의 관계
$1\,kL = 1000\,L = 1000000\,mL$

들이의 합과 차

들이의 합과 차를 구할 때에도 길이와 마찬가지로 같은 단위끼리 더하거나 빼면 된다. 즉 L 단위는 L 단위끼리, mL 단위는 mL 단위끼리 더하거나 뺀다. 물론 계산을 할 때에는 mL 단위부터 먼저 계산해야 한다.

또 들이의 합을 구할 때에는 mL끼리 계산한 값이 $1000\,mL$와 같거나 $1000\,mL$보다 크면 $1\,L$로 받아올림하여 계산하고, mL끼리 뺄 수 없을 때에는 $1\,L$를 $1000\,mL$로 받아내림하여 계산해야 한다.

〈들이의 합 구하기〉

```
    4 L   800 mL
+   5 L   600 mL
────────────────
    9 L  1400 mL
    1 ← 1000
────────────────
   10 L   400 mL
```

$1\,L=1000\,mL$이니까 받아올림하거나 받아내림해.

〈들이의 차 구하기〉

```
    5    1000
    6 L   200 mL
−   4 L   900 mL
────────────────
    1 L   300 mL
```

우리 조상들이 사용했던 들이의 단위

우리 속담에 "되로 주고 말로 받는다."라는 말이 있다. 이것은 하나를 주면 그 열 배를 돌려 받는다는 뜻이다. 즉 남에게 나쁜 짓을 했다가 자기가 오히려 더 나쁜 일을 당하게 되는 경우에 쓰는 속담이다.

되와 말은 들이를 나타내는 단위로 지금도 '쌀 한 말', '콩 한 되' 등과 같이 주로 곡식의 양을 나타낼 때 종종 사용되고 있다.

한 되는 약 $1\,L\ 800\,mL$이고, 한 말은 약 $18\,L$이다. 즉 한 말은 한 되의 10배인 셈이다. 되나 말 이외에도 되보다 작은 들이의 단위인 '홉'과 '작'을 사용했다. 이때 한 홉은 약 $180\,mL$이고, 한 작은 약 $18\,mL$이다. 또 말보다 큰 단위로는 '섬'을 사용했다. 한 섬은 한 말의 10배로 약 $180\,L$쯤 된다. 요즘은 곡식의 양을 무게로 계산해서 kg이나 g 단위를 사용하지만 옛날에는 쌀 한 섬, 두 섬, …… 등으로 나타내었다.

10배씩 차이가 나네.

개념샘의 1분 특강

들이를 비교할 때에는 '많다'와 '적다' 또는 '크다'와 '작다'라는 말을 사용해.

88 무게

- 어떤 물체의 무거운 정도.
- 무게의 단위에는 g(그램), kg(킬로그램), t(톤)이 있다.

무게의 비교

무게는 어떤 물체의 무거운 정도를 말한다. 무게는 길이나 들이와 마찬가지로 서로 비교할 수도 있고, 잴 수도 있다.

무게를 비교할 때는 양손을 이용하여 동시에 들어보거나 양팔 저울을 사용하기도 한다. 양팔 저울은 시소와 같은 원리로 작동하는데, 무거운 쪽은 아래로 내려가고 가벼운 쪽은 위로 올라간다. 만약 양쪽의 무게가 같다면 저울은 수평이 될 것이다.

체중계와 같은 눈금 저울을 이용하면 무게를 직접 잴 수가 있다. 이러한 눈금 저울을 자세히 살펴보면 무게의 단위가 나타나 있다.

무게의 단위 g(그램), kg(킬로그램)

같은 부피를 가지고 있더라도 물체마다 무게가 다르다. 그래서 무게의 단위를 정할 때, 물의 무게를 이용한다. 물은 4℃일 때 부피가 가장 작아지는데, 이때의 물의 무게를 기준으로 무게의 단위를 정한 것이다. 즉 4℃의 물 $1\,cm^3$의 무게를 '1 g'이라고 한다.

또 g(그램)보다 더 큰 무게의 단위로 kg(킬로그램)이 있는데, '1 kg'은 4℃의 물 $1000\,cm^3$의 무게를 말한다.

따라서 1 kg은 1 g의 1000배, 즉 1 kg = 1000 g이다.

⟨무게의 단위를 바꾸어 나타내기 1⟩

2760g = 2000g + 760g
　　　 = 2kg + 760g
　　　 = 2kg 760g

8kg 500g = 8kg + 500g
　　　　 = 8000g + 500g
　　　　 = 8500g

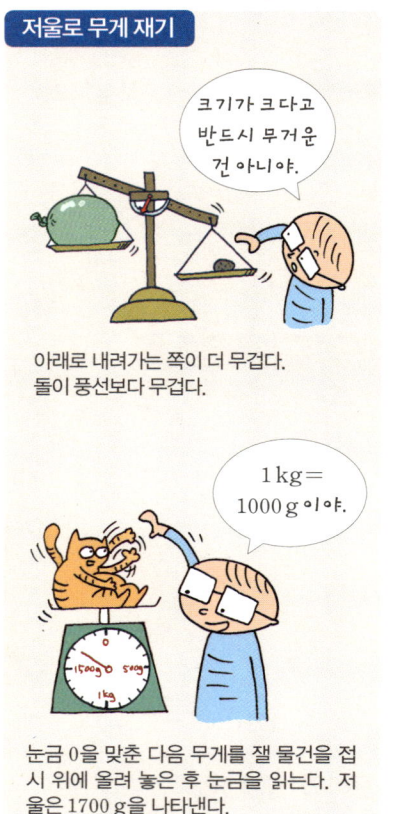

저울로 무게 재기

아래로 내려가는 쪽이 더 무겁다. 돌이 풍선보다 무겁다.

1 kg = 1000 g 이야.

눈금 0을 맞춘 다음 무게를 잴 물건을 접시 위에 올려 놓은 후 눈금을 읽는다. 저울은 1700 g을 나타낸다.

우주의 행성에서 내 몸무게는 얼마일까?

달에 가면 몸무게가 $\frac{1}{6}$로 줄어든다. 이것은 달이 지구보다 중력, 즉 지구 중심에서 물체를 끌어 당기는 힘이 약하기 때문이다. 한편 달과는 반대로 목성에서는 몸무게가 6배나 커진다. 또 중력이 전혀 없는 우주 공간에서 몸무게는 0이 된다. 그 대신 척추 뼈 사이의 간격이 늘어나서 키는 8cm나 커진다. 몸무게는 줄고 키가 커져서 좋은 것만은 아니다. 우주에서 오래 생활하면 뼈가 약해져서 건강에 해롭다.

무게의 큰 단위 t(톤)

t(톤)은 kg보다 더 큰 무게의 단위이다. 트럭의 경우 실을 수 있는 물건의 무게에 따라 1.5t, 2.5t, 5t, …… 등으로 구분한다. 여기에서 '1t'은 1kg의 1000배이다. 따라서 1t은 1g의 1000000배가 되는 것이다.
1t=1000kg, 1t=1000000g을 이용하여 t도 g이나 kg 단위로 바꾸어 나타낼 수 있다. 예를 들면 다음과 같이 1570kg은 1t 570kg으로 나타낼 수 있고, 3t 400kg은 3400kg으로 나타낼 수 있다.

⟨무게의 단위를 바꾸어 나타내기 2⟩

$$1570\,kg = 1000\,kg + 570\,kg$$
$$= 1\,t + 570\,kg$$
$$= 1\,t\ 570\,kg$$

$$3\,t\ 400\,kg = 3\,t + 400\,kg$$
$$= 3000\,kg + 400\,kg$$
$$= 3400\,kg$$

무게 단위 사이의 관계

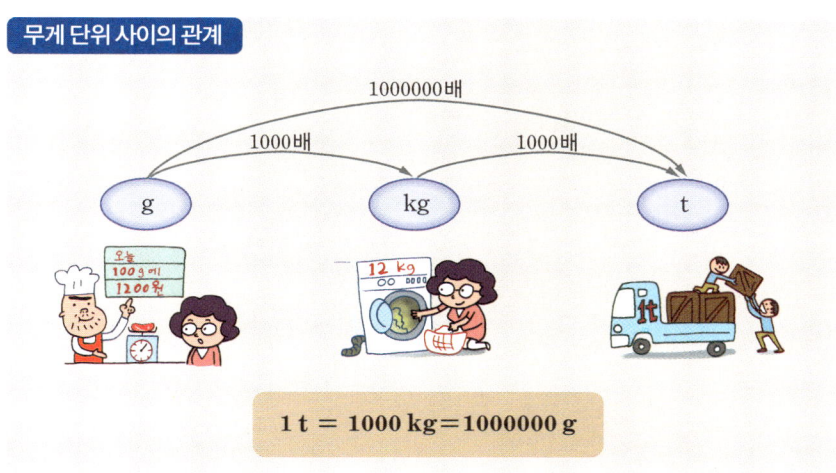

1t = 1000kg = 1000000g

생활 속 무게의 단위들

정육점에서 '근'이라는 무게의 단위를 사용하는 것을 볼 수 있다. 고기 1근은 600g을 말한다. 물론 가격이 표시된 스티커를 보면 근으로 표시되어 있지 않고, g이나 kg으로 표시되어 있지만 보통 말할 때에는 근으로 표현한다. 하지만 근이라는 단위는 물건의 종류에 따라 크기가 달라져서 문제가 되기도 한다.
또 시장에서 감자와 같은 채소를 살 때에는 한 관, 반 관, ……과 같이 '관'이라는 단위를 사용하는 것을 볼 수 있다. 1관은 3750g=3.75kg 인데 옛날에는 엽전의 무게를 말할 때 몇 관이라는 표현을 사용했다.

한편 금이나 은은 '돈'이라는 단위를 사용하는 데 1돈은 약 3.75g이다. 매우 가벼운 무게에 비해 금이나 은의 가격은 매우 비싼 편이라고 할 수 있다.

무게의 합과 차

무게의 단위도 길이나 들이의 단위와 마찬가지로 더하고 뺄 수 있다. 무게의 합과 차를 구할 때에도 같은 단위끼리 더하거나 빼면 되는데, 이때 물론 작은 단위인 g끼리 먼저 계산한다. 또 g끼리의 합이 1000g이거나 1000g보다 크면 1kg으로 받아올림하여 계산하고, g끼리 뺄 수 없을 때에는 1kg을 1000g으로 받아내림하여 계산한다.

⟨무게의 합 구하기⟩

```
   12 kg   950 g
+   9 kg    80 g
─────────────────
   21 kg  1030 g
      1 ← 1000
─────────────────
   22 kg    30 g
```

1kg=1000g을 이용하여 받아올림 하거나 받아내림해.

⟨무게의 차 구하기⟩

```
       7  1000
     8 kg  300 g
−    6 kg  760 g
─────────────────
     1 kg  540 g
```

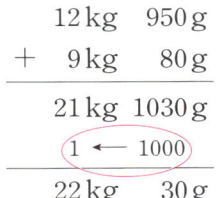

개념쌤의 1분 특강

무게의 단위 사이의 관계를 이용한 문제는 종종 나와. 각각 몇 배씩 커지는지 잘 알아 둬!

89 부피

- 입체도형이 공간에서 차지하는 크기.
- 부피의 단위에는 cm^3(세제곱센티미터)와 m^3(세제곱미터)가 있다.

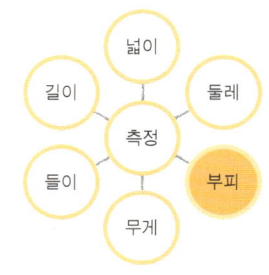

부피의 단위 cm^3 (세제곱센티미터)

넓이와 높이를 가진 입체도형이 공간에서 차지하는 크기를 '부피'라고 한다. 일반적으로 물건의 크기가 크면 부피가 크고, 크기가 작으면 부피가 작다. 예를 들어 풍선을 불면 불수록 풍선이 점점 커지는데 이때 풍선의 부피도 점점 늘어나는 것이다.

부피의 기본 단위는 cm^3(세제곱센티미터)이다. $1\,cm^3$는 한 모서리의 길이가 $1\,cm$인 정육면체의 부피로 '일 세제곱센티미터'라고 읽는다.

부피가 $1\,cm^3$인 정육면체 모양의 쌓기나무를 이용하여 직육면체의 부피를 구할 수 있다.

오른쪽 그림과 같이 밑면의 가로와 세로가 각각 $2\,cm$, $4\,cm$이고, 높이가 $3\,cm$인 직육면체 모양 상자의 부피를 구해 보자. 먼저 부피가 $1\,cm^3$인 정육면체 모양의 쌓기나무를 이 직육면체 모양으로 쌓아 보면 쌓여 있는 쌓기나무의 개수는 모두 $8 \times 3 = 24$(개)이다. 그런데 쌓기나무 1개의 부피가 $1\,cm^3$이므로 상자의 부피는 $24\,cm^3$가 되는 것이다.

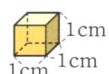

쌓기나무 1개의 부피=$1cm^3$

〈쌓기나무로 부피 구하기〉

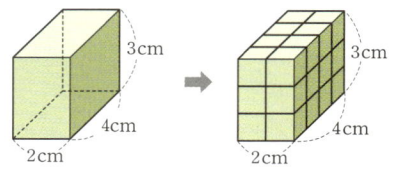

(쌓기나무의 개수)
=(1층에 쌓은 쌓기나무의 개수)×(층수)
=$(2 \times 4) \times 3 = 8 \times 3 = 24$(개)
(직육면체의 부피)
=(쌓기나무의 전체 부피)= $24\,cm^3$

부피의 단위 m^3 (세제곱미터)

큰 부피를 나타내기 위해서는 한 모서리의 길이가 $1\,m$인 정육면체의 부피를 기본 단위로 사용하는 것이 편리하다. 한 모서리의 길이가 $1\,m$인 정육면체의 부피를 $1\,m^3$라고 하고 '일 세제곱미터'라고 읽는다. $1\,m = 100\,cm$이므로 $1\,m^3 = 1000000\,cm^3$이다. 즉 한 변의 길이가 $1\,m$인 정육면체의 부피는 한 변의 길이가 $100\,cm$인 정육면체의 부피와 같다.

입체도형의 모서리의 길이가 m의 단위로 되어 있거나 cm 단위로 나타내었더라도 그 수가 큰 경우에는 m단위로 바꾸어 나타내어 m^3 단위로 부피를 구하는 것이 좋다.

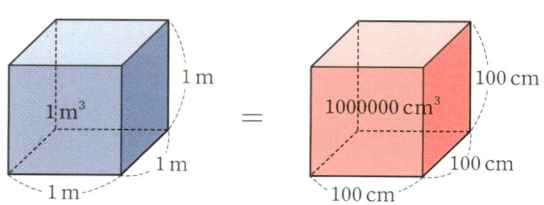

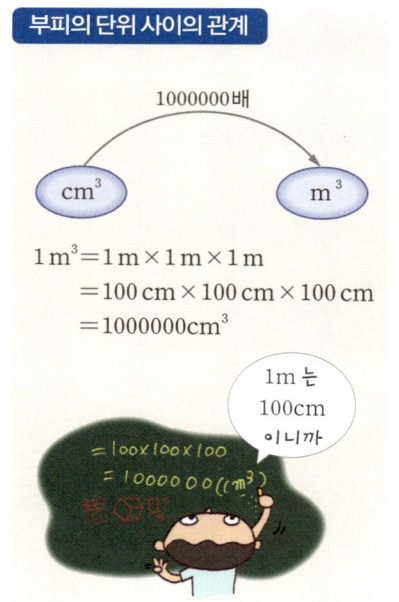

90 입체도형의 부피

- 각기둥과 원기둥의 부피 구하는 방법.
- 각기둥과 원기둥의 부피는 (한 밑면의 넓이) × (높이)로 구한다.

각기둥의 부피

부피가 1 cm³인 정육면체 모양의 쌓기나무를 직육면체 모양으로 쌓았을 때 쌓기나무의 부피는 1층에 쌓여 있는 쌓기나무의 부피와 높이의 곱이다. 그런데 1층에 쌓은 쌓기나무의 부피는 직육면체의 밑면의 가로와 밑면의 세로를 곱한 값, 즉 직육면체의 한 밑면의 넓이와 같으므로 직육면체의 부피는 한 밑면의 넓이에 높이를 곱하면 된다.

정육면체의 부피도 직육면체와 마찬가지 방법으로 한 밑면의 넓이에 높이를 곱하여 구한다. 그런데 정육면체는 모든 모서리의 길이가 같으므로 결국 한 모서리의 길이를 3번 곱한 값이 부피가 된다.

직육면체와 정육면체는 사각기둥이므로 모든 각기둥의 부피는 직육면체의 부피와 같은 방법으로 한 밑면의 넓이에 높이를 곱한다.

부피를 2배로?

기원전 400년경, 그리스의 한 섬에 무서운 전염병이 발생했다. 아폴로 신은 신전 앞에 있는 정육면체 제단과 같은 모양으로 부피가 2배가 되는 제단을 만들면 병을 고쳐 주겠다고 했다. 사람들은 각 모서리의 길이가 2배인 정육면체 제단을 만들어 신전에 바쳤다. 그런데 전염병은 더욱 더 심해지기만 했다. 어떻게 된 일일까? 각 모서리의 길이를 2배로 하면 부피는 2배가 아니라 2×2×2=8(배)가 된다.

결국 사람들은 부피가 2배인 제단을 만들지 못했다. 이것은 오랜 세월 동안 미해결 문제로 있다가 19세기에 이르러서야 불가능한 것으로 밝혀졌다.

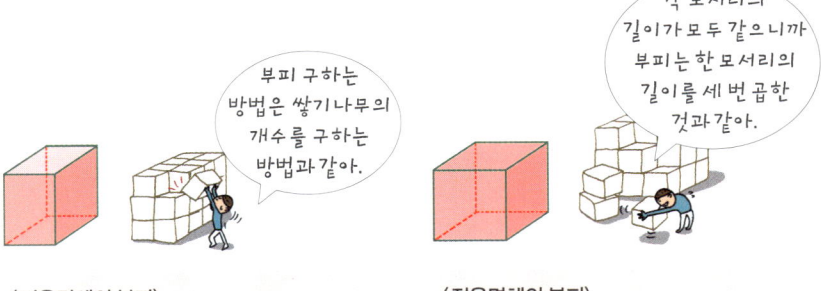

(직육면체의 부피)
= (한 밑면의 넓이) × (높이)
= (밑면의 가로) × (밑면의 세로) × (높이)

(정육면체의 부피)
= (한 모서리의 길이) × (한 모서리의 길이) × (한 모서리의 길이)

원기둥의 부피

원기둥을 한없이 잘게 잘라 붙이면 직육면체 모양이 만들어진다. 따라서 원기둥의 부피는 직육면체의 부피와 같아진다. 이때 직육면체의 가로는 원기둥의 밑면의 원주의 $\frac{1}{2}$이고, 세로는 원기둥의 밑면의 반지름과 같다. 또 높이는 원기둥의 높이와 같다.

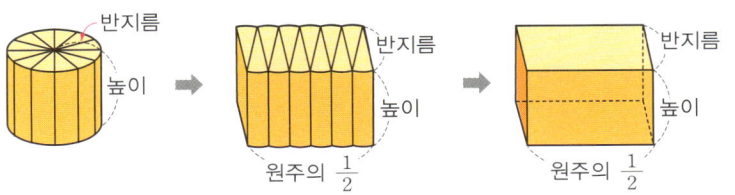

(원기둥의 부피) = (원주의 $\frac{1}{2}$) × (반지름) × (높이)
= (반지름) × 2 × 3.14 × $\frac{1}{2}$ × (반지름) × (높이)
= (반지름) × (반지름) × 3.14 × (높이)
= (한 밑면의 넓이) × (높이)

91 부피와 들이 사이의 관계

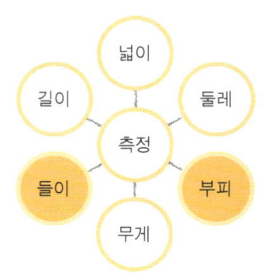

- 부피의 단위와 들이의 단위 사이의 관계.
- $1\,cm^3 = 1\,mL$이고,
  $1000000\,cm^3 = 1\,m^3 = 1000000\,mL = 1000\,L = 1\,kL$이다.

부피와 들이의 차이

부피와 들이는 비슷하지만 다른 개념이다. 부피는 어떤 입체가 차지하는 공간의 크기이고, 들이는 그릇 안쪽의 부피를 말한다. 예를 들어 빈 컵 안에 물을 가득 채웠을 때, 컵 안에 채워진 물의 부피와 컵의 들이와의 관계를 짐작할 수 있다. 물은 컵의 빈 공간만큼만 채워지므로 컵의 들이는 채워진 물의 부피와 같다고 말할 수 있다.

cm^3와 mL의 관계, cm^3, mL, L의 관계

한 모서리의 길이가 $1\,cm$인 정육면체의 부피인 $1\,cm^3$는 $1\,mL$와 같은 양이다. 즉 $1\,cm^3 = 1\,mL$이다. 따라서 cm^3를 mL로 바꿀 때에는 수는 그대로 쓰고, 단위만 바꾸면 된다.

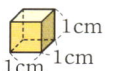 $1\,cm^3 = 1\,mL$

또 $1000\,cm^3 = 1000\,mL$이고, $1000\,mL = 1\,L$이므로 $1000\,cm^3 = 1\,L$가 된다. 즉 $1000\,cm^3 = 1000\,mL = 1\,L$인 것이다.

cm^3, m^3, mL, L, kL의 관계

한편 $1\,m^3 = 1000000\,cm^3$를 이용하여 더 큰 부피와 들이의 관계를 알 수 있다. $1000\,cm^3 = 1\,L$이므로 1000배를 하면 $1000000\,cm^3 = 1000\,L$이다. 즉 $1\,m^3 = 1000\,L$이다. 그런데 $1000\,L = 1\,kL$이므로 결국 $1\,m^3 = 1\,kL$이다.

밀리(milli), 센티(centi), 킬로(kilo)의 뜻

길이, 넓이, 부피의 단위 앞에 붙는 밀리(milli), 센티(centi), 킬로(kilo)는 각각 $\frac{1}{1000}$, $\frac{1}{100}$, 1000라는 뜻이 있다.

예를 들어 1밀리미터(mm)는 $\frac{1}{1000}$ 미터(m)이고, 1 밀리리터(mL)는 $\frac{1}{1000}$ 리터(L), 1 밀리그램(mg)은 $\frac{1}{1000}$ 그램(g)이다.

또 센티(centi)의 센트 (cent)는 100이라는 숫자와 관련이 있다. 100년을 '1세기'라고 하는데 이것은 영어로 센트리(centry)이다.

또 미국의 화폐 1달러의 $\frac{1}{100}$ 을 1센트(cent) 라고 한다.

한편 킬로(kilo)는 1000을 뜻하는 말로 일상생활에서 컴퓨터의 메모리 용량을 말할 때 킬로바이트(KB)는 1000바이트(B)이다.

부피와 들이 단위 사이의 관계

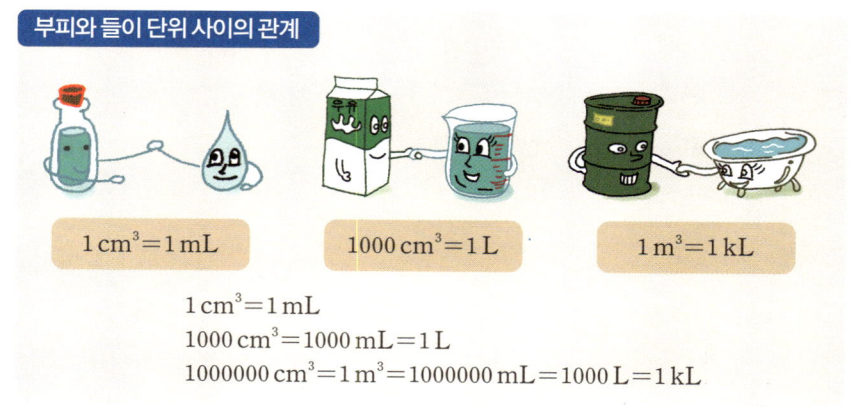

$1\,cm^3 = 1\,mL$
$1000\,cm^3 = 1000\,mL = 1\,L$
$1000000\,cm^3 = 1\,m^3 = 1000000\,mL = 1000\,L = 1\,kL$

92 부피, 들이, 무게 사이의 관계

- 부피의 단위, 들이의 단위, 무게의 단위 사이의 관계.
- $1\,m^3 = 1000000\,cm^3 = 1000000\,mL = 1000\,L = 1\,kL$
  $= 1000000\,g = 1000\,kg = 1\,t$

부피, 들이, 무게 사이의 관계

같은 부피를 가지고 있더라도 물체마다 무게가 다르다. 그래서 g, kg과 같은 무게의 단위를 결정할 때, 물의 무게를 이용한다.

물은 4 ℃일 때 부피가 가장 작아지는데, 이 때의 물의 무게를 기준으로 삼는다. 즉 4 ℃의 물 $1\,cm^3$의 무게를 1 g으로, 4 ℃의 물 $1000\,cm^3$의 무게를 1 kg으로 정한 것이다. 이 때의 물은 불순물이 전혀 없는 증류수이여야 한다. 따라서 $1\,cm^3 = 1\,mL = 1\,g$이고 이러한 부피, 들이, 무게의 단위 관계를 이용하면 나머지 단위의 관계도 알 수 있다.

부피의 단위 사이의 관계를 이용하면 4 ℃의 물 $1\,m^3$의 무게가 얼마인지 쉽게 알 수 있다. 즉 $1\,m^3 = 1000000\,cm^3$이고, $1000\,cm^3$의 무게는 1 kg이므로 $1000000\,cm^3$의 무게는 1000 kg이 된다. 그런데 $1000000\,g = 1000\,kg = 1\,t$이므로 결국 4 ℃의 물 $1000000\,cm^3 = 1\,m^3$의 무게는 1 t이 된다.

$1\,cm^3 = 1\,mL = 1\,g$을 이용하여 부피, 들이, 무게 단위 사이의 관계를 정리하면 다음과 같다.

부피, 들이, 무게 단위 사이의 관계

$1\,cm^3 = 1\,mL = 1\,g$
$1000\,cm^3 = 1000\,mL = 1\,L = 1000\,g = 1\,kg$
$1\,m^3 = 1000000\,cm^3 = 1000000\,mL = 1000\,L = 1\,kL = 1000000\,g$
$= 1000\,kg = 1\,t$

토성을 물에 띄우는 방법

찰흙이나 지점토 덩어리는 물 속으로 가라앉지만, 그릇 모양은 물 위에 뜨는 것을 볼 수 있을 것이다. 이는 배가 뜨는 원리인 '부력'과 같다. 부피가 커지면 부력이 커지는데, 그릇 모양의 배는 덩어리보다 부피가 크기 때문에 부력이 커져서 물에 뜨는 것이다.

이와 같은 원리로 토성도 물에 넣으면 뜬다. 토성의 무게는 지구의 95배나 되지만 공기로 이루어져 있고 부피는 거의 지구의 750배나 된다. 즉 무게에 대한 부피의 비가 상대적으로 크기 때문에 만약 토성을 물에 넣을 수만 있다면 둥둥 뜨게 될 것이다.

부피, 들이, 무게 사이의 관계는 시험에 종종 나와. 각각의 관계를 잘 기억해 둬.

93 둘레

- 도형의 각 변의 길이의 합.
- 정다각형은 한 변의 길이만 알면 둘레의 길이를 구할 수 있다.

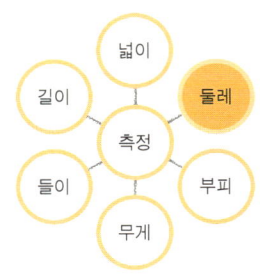

다각형의 둘레

'둘레'는 사물의 가장자리를 한 바퀴 돈 길이를 말한다. 평면도형의 둘레는 도형의 각 변의 길이를 모두 합하여 구한다.

따라서 삼각형의 둘레는 세 변의 길이의 합을 구하면 된다. 예를 들어 세 변의 길이가 각각 4 cm, 6 cm, 9 cm인 삼각형의 둘레의 길이는 4+6+9=19(cm)이다.

또 사각형의 둘레는 네 변의 길이의 합을 구하면 된다. 예를 들어 네 변의 길이가 각각 5 cm, 3 cm, 4 cm, 2 cm인 사각형의 둘레는 5+3+4+2=14(cm)이다.

오각형, 육각형 등 변이 아무리 많은 다각형도 이와 같은 방법으로 둘레의 길이를 구하면 된다.

정다각형의 둘레

정다각형은 변의 길이가 모두 같으므로 한 변의 길이만 알면 둘레의 길이를 쉽게 구할 수 있다.

예를 들어 한 변의 길이가 6 cm인 정삼각형의 둘레의 길이는 6+6+6=6×3=18(cm)로 구한다. 즉 정삼각형의 둘레의 길이는 '(한 변의 길이)×3'과 같다.

한 변의 길이가 5 cm인 정사각형의 둘레의 길이는 5+5+5+5=5×4=20(cm)이다. 즉 정사각형의 둘레의 길이는 '(한 변의 길이)×4'와 같다.

한 변의 길이가 4 cm인 정오각형의 둘레의 길이는 4×5=20(cm), 즉 정오각형의 둘레의 길이는 '(한 변의 길이)×5'와 같다.

한 변의 길이가 3 cm인 정육각형의 둘레의 길이는 3×6=18(cm), 즉 정육각형의 둘레의 길이는 '(한 변의 길이)×6'과 같다.

이와 같이 정다각형의 둘레의 길이는 '(한 변의 길이)×(변의 수)'로 구할 수 있다.

다각형의 둘레 구하기

(삼각형의 둘레)=㉮+㉯+㉰

(사각형의 둘레)=㉮+㉯+㉰+㉱

(오각형의 둘레)
=㉮+㉯+㉰+㉱+㉲

정다각형의 둘레 구하기

- 정삼각형 : (한 변의 길이)×3
- 정사각형 : (한 변의 길이)×4
- 정오각형 : (한 변의 길이)×5
- 정육각형 : (한 변의 길이)×6
  ⋮
- 정■각형 : (한 변의 길이)×■

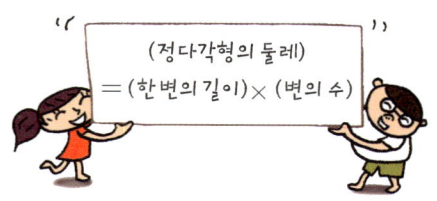

"(정다각형의 둘레)=(한 변의 길이)×(변의 수)"

여러 가지 사각형의 둘레

직사각형, 평행사변형, 마름모 등 여러 가지 사각형의 둘레의 길이는 그 도형의 특징을 알면 쉽게 구할 수 있다. 직사각형은 마주 보는 두 변의 길이가 같으므로 직사각형의 둘레를 구할 때에는 네 변의 길이를 모두 더해도 되지만 길이가 다른 두 변, 즉 가로와 세로의 길이를 더한 다음 2배를 해도 된다. 평행사변형도 마주 보는 두 변의 길이가 같으므로 직사각형의 둘레와 같은 방법으로 구하면 된다. 또 마름모는 네 변의 길이가 모두 같으므로 정사각형의 둘레와 같은 방법으로 한 변의 길이에 4를 곱하면 된다.

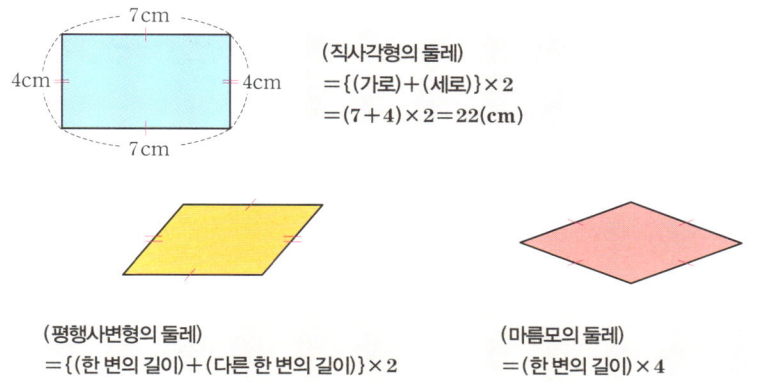

(직사각형의 둘레)
= {(가로)+(세로)}×2
= (7+4)×2 = 22(cm)

(평행사변형의 둘레)
= {(한 변의 길이)+(다른 한 변의 길이)}×2

(마름모의 둘레)
= (한 변의 길이)×4

복잡한 도형의 둘레

오른쪽 그림과 같은 모양의 도형의 둘레의 길이는 어떻게 구할까? 우선 도형의 모양을 잘 살펴본 다음 알맞은 곳에 선분을 그어 도형을 나눈 다음 생각하면 쉽다.

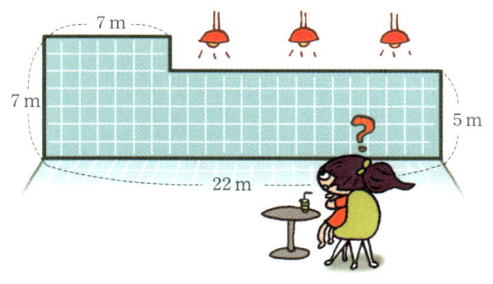

방법 1

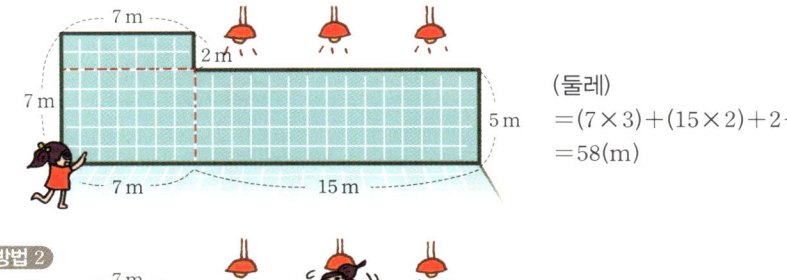

(둘레)
= (7×3)+(15×2)+2+5
= 58(m)

방법 2

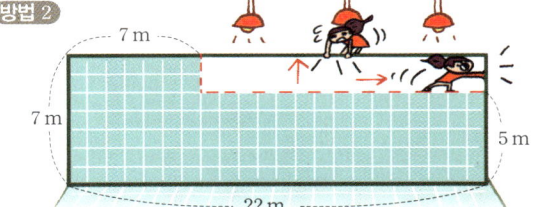

(둘레)
= (22+7)×2
= 58(m)

사람에서 유래한 우리나라의 단위

m, m², m³, g 등의 단위는 모두 지구와 물에서 유래했지만 우리나라의 단위는 모두 사람에서 유래했다.

〈우리나라의 여러 단위〉

폭 : 한 폭은 사람의 가슴 너비

발 : 한 발은 어른이 팔을 벌렸을 때 양손 끝 사이의 너비

길 : 한 길은 어른의 키 높이

척 : 한 척은 발목에서 무릎 또는 팔목에서 팔꿈치 사이의 거리로 약 30 cm

촌 : 한 촌은 손가락 한 마디로 약 3 cm

보 : 한 보는 한 걸음으로 70~80 cm

장 : 한 장은 사람이 크게 내딛어 뛸 수 있는 거리로 약 3 m

리 : 십 리(4 km)는 한 시간 동안 걸어갈 수 있는 거리

평(坪) : 한 평은 성인 어른 한 명이 큰 대(大)자로 누울 수 있는 넓이로 약 3.3 m²

홉 : 한 홉은 어른이 한 번에 마실 수 있는 물의 양으로 180 mL

되 : 한 되는 10 홉

말 : 한 말은 10 되

개념쌤의 1분 특강

도형의 둘레의 길이를 구한 다음 답을 쓸 때에는 단위에 주의해야 해. 간혹 m의 단위로 나타낸 도형의 둘레의 길이를 cm 단위로 묻거나 그 반대의 경우도 있으니까 잘 살펴봐.

94 넓이

- 어떤 장소나 물건, 도형 등의 넓은 정도.
- 넓이의 단위에는 cm^2, m^2, a, ha, km^2가 있다.

단위넓이

넓이란 어떤 장소나 물건, 도형 등의 넓은 정도를 나타내는 것으로 넓이를 비교할 때에는 '넓다', '좁다'와 같은 말을 사용한다. 또 도형에서는 넓이의 단위를 사용하여 그 도형의 넓이를 나타내고 비교한다.

어떤 공간이나 물건의 넓이를 잴 때 기준이 되는 넓이를 '단위넓이'라고 한다. 다음 그림에서 모눈 한 칸을 단위넓이로 하여 색칠된 부분의 넓이를 비교해 보면 가, 나, 다는 단위넓이가 각각 4개, 10개, 9개씩 들어가므로 가장 넓은 도형은 나이다.

$1cm^2$는 '일 제곱센티미터'라고 읽고, $1m^2$는 '일 제곱미터'라고 읽는다.

단위넓이를 이용하여 직사각형의 넓이 구하기

넓이의 단위에는 $1\,cm^2$와 $1\,m^2$가 있다. $1\,cm^2$는 한 변이 $1\,cm$인 정사각형의 넓이를 말하며 '일 제곱센티미터'라고 읽는다. 또 $1\,m^2$는 한 변이 $1\,m$인 정사각형의 넓이를 말하며 '일 제곱미터'라고 읽는다.

도형의 넓이를 나타낼 때에는 주로 $1\,cm^2$와 $1\,m^2$를 단위넓이로 사용한다. 다음과 같이 모눈종이에 직사각형과 정사각형을 그린 다음 각 도형에서 가로와 세로로 놓여 있는 모눈의 개수를 각각 세어 보자.

그리고 모눈 1개의 넓이가 $1\,cm^2$임을 이용해서 넓이를 구하면 직사각형의 전체 모눈의 개수는 $7 \times 3 = 21$(개)이므로 직사각형의 넓이는 $21\,cm^2$가 된다. 또 정사각형의 전체 모눈의 개수는 $3 \times 3 = 9$(개)이므로 정사각형의 넓이는 $9\,cm^2$가 된다.

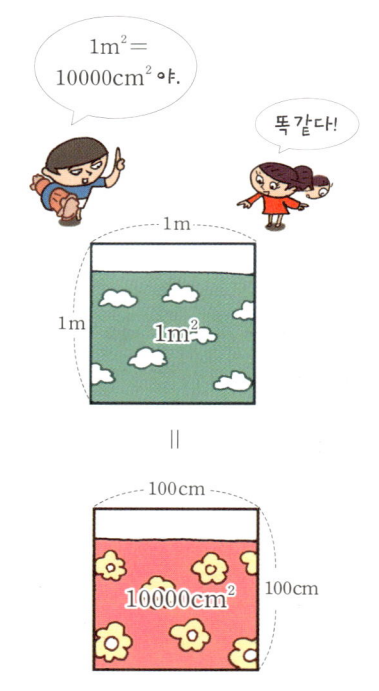

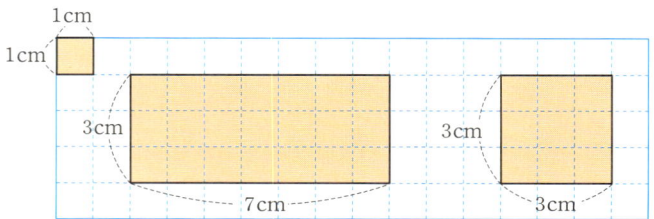

직사각형의 모눈의 개수는 모두 21개이므로 직사각형의 넓이는 $21\,cm^2$이다.
정사각형의 모눈의 개수는 모두 9개이므로 정사각형의 넓이는 $9\,cm^2$이다.

도형의 넓이를 나타낼 때에는 주로 한 변이 $1\,cm$인 정사각형의 넓이인 $1\,cm^2$와 한 변이 $1\,m$인 정사각형의 넓이인 $1\,m^2$를 단위넓이로 사용한다.

직사각형과 정사각형의 넓이

앞의 모눈종이에 그려진 직사각형과 정사각형을 보면 직사각형 안에 있는 단위넓이의 합은 결국 직사각형의 가로와 세로를 곱한 값이다. 또 정사각형 안에 있는 단위넓이의 합도 정사각형의 (한 변의 길이)×(한 변의 길이)이다. 따라서 직사각형과 정사각형의 넓이 구하는 방법은 각각 다음과 같다.

정사각형과 넓이의 단위

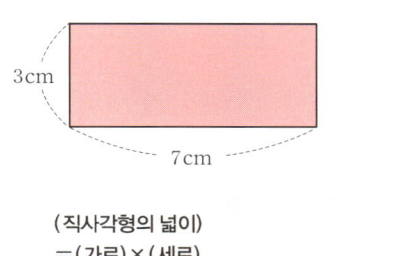
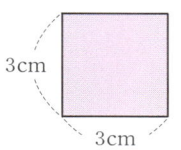

(직사각형의 넓이)
=(가로)×(세로)
➡ $7 \times 3 = 21 (cm^2)$

(정사각형의 넓이)
=(한 변의 길이)×(한 변의 길이)
➡ $3 \times 3 = 9 (cm^2)$

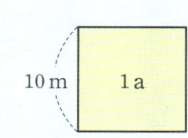
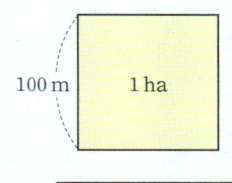
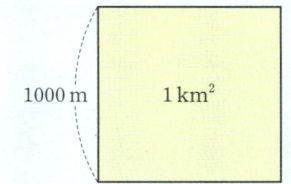

큰 넓이의 단위

cm^2, m^2보다 큰 넓이의 단위도 있다. 그것은 바로 a(아르), ha(헥타르), km^2(제곱킬로미터)와 같은 단위들이다.

한 변이 10 m인 정사각형의 넓이를 1 a라고 하고 '일 아르'라고 읽는다. 한 변이 10 m인 정사각형의 넓이는 $10 \times 10 = 100 (m^2)$이므로 $1 a = 100 m^2$이다. 즉 1 a는 $1 m^2$의 100배이다. 또 한 변이 100 m인 정사각형의 넓이를 1 ha라고 하고 '일 헥타르'라고 읽는다. 한 변이 100 m인 정사각형의 넓이는 $100 \times 100 = 10000 (m^2)$이므로 $1 ha = 10000 m^2$이다. 즉 1 ha는 $1 m^2$의 10000배이다. 한편 $1 km^2$는 한 변이 1000 m인 정사각형의 넓이를 말하는 것으로 $1 km^2$은 '일제곱킬로미터'라고 읽는다. 한 변이 1000 m인 정사각형의 넓이는 $1000 \times 1000 = 1000000 (m^2)$이므로 $1 km^2 = 1000000 m^2$이다. 즉 $1 km^2$는 $1 m^2$의 1000000배이다.

a와 ha와 같은 중간 단위는 $1 m^2$와 $1 km^2$의 넓이의 차가 매우 커서 중간 크기의 땅을 나타내기 어려웠기 때문에 생겨난 넓이의 단위이다.

넓이의 단위 사이의 관계

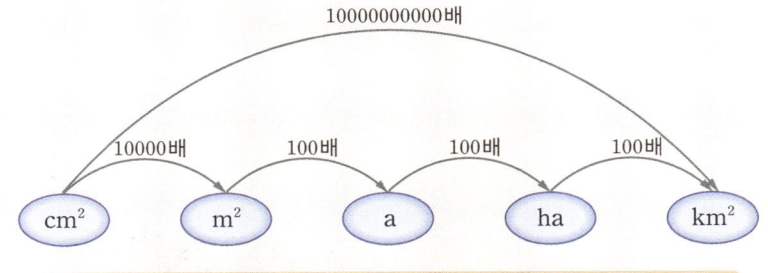

$1 km^2 = 100 ha = 10000 a = 1000000 m^2 = 10000000000 cm^2$

개념쌤의 1분 특강

넓이의 단위는 보통 길이의 단위에 ²(제곱)을 붙여서 나타내. 그렇다고 해서 a, ha도 $1 a^2$ 또는 $1 ha^2$로 나타내면 안돼.

95 다각형의 넓이

- 평행사변형, 삼각형, 사다리꼴, 마름모의 넓이.
- 평행사변형이나 삼각형, 사다리꼴, 마름모의 넓이는 도형을 자르거나 잘라 붙여서 넓이를 구할 수 있다.

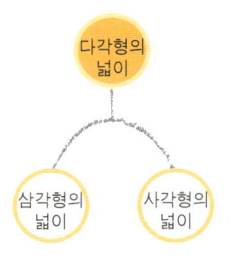

평행사변형의 넓이

다음과 같이 모눈종이에 평행사변형을 그린 다음 자를 이용해서 평행사변형 안쪽에 밑변에 수직인 선, 즉 높이를 긋고 가로로 자른 다음 두 도형을 붙여 보자.

이때 붙인 도형은 직사각형이 되고, 평행사변형의 밑변과 높이는 각각 직사각형의 가로와 세로가 되는 것을 알 수 있다. 따라서 (직사각형의 넓이)=(가로)×(세로)이므로 (평행사변형의 넓이)=(밑변)×(높이)로 구할 수 있다.

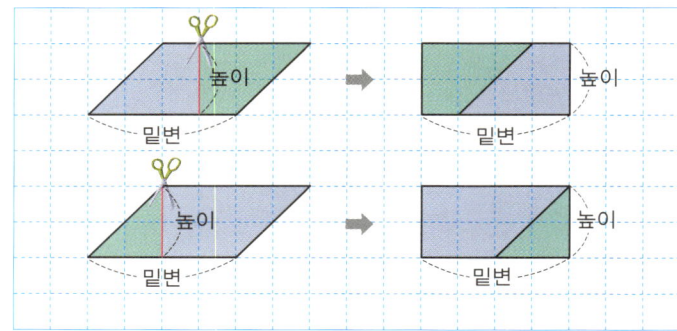

(평행사변형의 넓이)
=(직사각형의 넓이)
=(밑변)×(높이)

삼각형의 넓이

삼각형의 넓이는 평행사변형이나 직사각형의 넓이를 이용하여 구할 수 있다.

모눈종이에 평행사변형이나 직사각형을 그린 다음 도형의 이웃하지 않는 두 꼭짓점을 이은 대각선을 따라 가위로 잘라 보자. 이때 잘려진 두 도형은 서로 합동인 삼각형이 된다는 것을 알 수 있다. 즉 삼각형의 넓이는 평행사변형이나 직사각형의 넓이의 반이 된다. 따라서 (삼각형의 넓이)=(밑변)×(높이)÷2로 구할 수 있다.

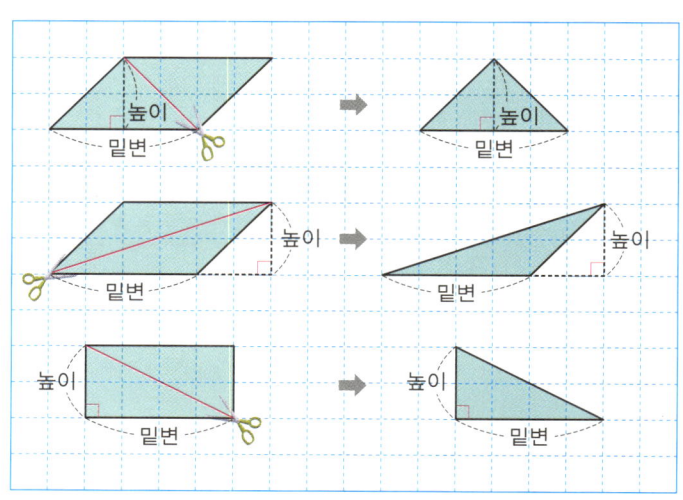

(삼각형의 넓이)
=(평행사변형의 넓이)÷2
=(밑변)×(높이)÷2

(삼각형의 넓이)
=(평행사변형의 넓이)÷2

사다리꼴의 넓이

사다리꼴의 넓이는 다음과 같이 두 개의 삼각형이나 평행사변형과 삼각형으로 나누어 구할 수 있다. 또 서로 합동인 2개의 사다리꼴을 이어 붙인 평행사변형으로 만들어서 구할 수 있는데, 방법3 에서 알 수 있듯이 사다리꼴의 넓이는 {(윗변)+(아랫변)}×(높이)÷2로 구할 수 있다.

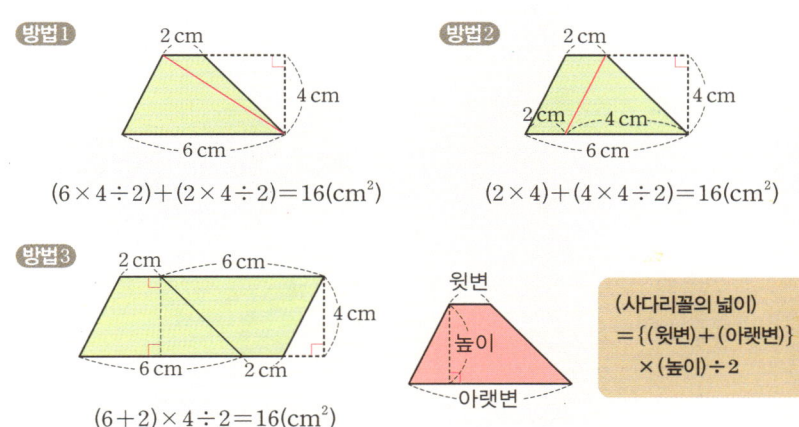

다각형의 넓이 공식

- (직사각형의 넓이)
  =(가로)×(세로)
- (정사각형의 넓이)
  =(한 변의 길이)×(한 변의 길이)
- (평행사변형의 넓이)
  =(밑변)×(높이)
- (삼각형의 넓이)
  =(밑변)×(높이)÷2
- (사다리꼴의 넓이)
  ={(윗변)+(아랫변)}×(높이)÷2
- (마름모의 넓이)
  =(한 대각선의 길이)×(다른 대각선의 길이)÷2

마름모의 넓이

마름모의 넓이는 두 대각선으로 나누어진 삼각형의 넓이를 이용하거나 마름모를 둘러싸는 직사각형을 만들어서 넓이를 구할 수 있다. 방법4 에서는 마름모의 두 대각선의 길이가 각각 직사각형의 가로, 세로의 길이와 같으므로 마름모의 넓이는 직사각형 넓이의 반이다.

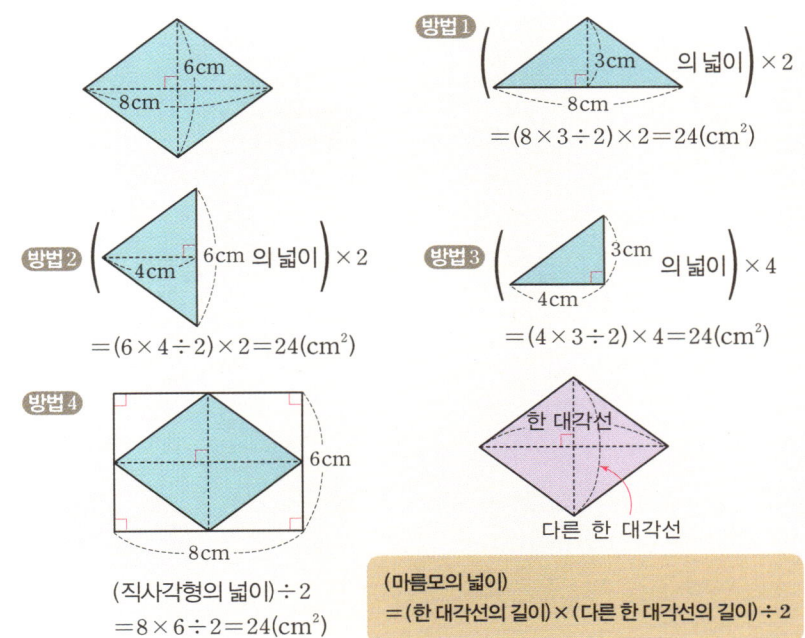

개념쌤의 1분 특강

다각형의 넓이는 중학교 때까지 여러 곳에서 쓰여. 각 도형의 넓이를 구하는 공식을 꼭 기억해 두는 게 좋아.

96 원주

- 원의 둘레.
- 원주율은 원주를 지름으로 나눈 값으로 원의 크기가 달라도 항상 일정하다.

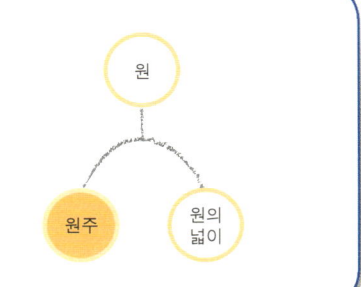

원주와 원의 지름과의 관계

원의 둘레를 '원주'라고 한다. 원주는 동그랗기 때문에 자로 잴 수 없다. 그래서 원주의 모양대로 자유자재로 구부러지는 실을 이용하여 재면 간단하다. 실로 원주를 둘러 잰 다음, 그 실의 길이를 자로 재어 보면 원주를 알 수 있다. 물론 잘 구부러지는 줄자를 옆으로 세워 원주를 잴 수도 있다.
원기둥의 옆면의 둘레는 밑면인 원의 둘레, 즉 원주와 길이가 같다. 따라서 원의 지름이 커질수록 밑면의 원주가 커진다는 것을 알 수 있다.
다음은 풀, 주스 캔, 페인트 통의 밑면의 원주와 밑면의 지름을 잰 것을 표로 나타낸 것이다. 또 원주를 밑면의 지름으로 나누어 그 값을 함께 나타내었다.

원주는 동그랗기 때문에 자로 잴 수 없다. 그럼 어떻게 재면 좋을까? 실을 이용하면 간단하다. 실로 원주를 잰 다음, 그 실의 길이를 자로 재어 보면 원주를 알 수 있다.

원기둥	풀	주스 캔	페인트 통
밑면의 원주 (cm)	6.28	15.7	21.98
밑면의 지름 (cm)	2	5	7
(원주)÷(지름)	3.14	3.14	3.14

위의 표에서 보면 원의 크기가 각각 달라도 (원주)÷(지름)은 약 3.14로 모두 같음을 알 수 있다. 즉 원주와 지름의 비는 약 3.14로 일정한 것이다.

원주와 원주율

원주와 지름의 비를 '원주율'이라고 한다. 즉 위의 표에서 원주율은 (원주)÷(지름)으로 구하고 그 값은 약 3.14이다. 따라서 원의 지름만 알면 그 원의 밑면의 원주를 구할 수 있다. 즉 원의 둘레를 지름으로 나누면 원주율이 되므로 반대로 지름에 원주율을 곱하면 밑면의 원주를 구할 수 있다. 따라서 원주는 (지름)×3.14 또는 (반지름)×2×3.14로 구할 수 있다.
한편 원주율은 3.14로 정확히 떨어지는 소수는 아니다. 즉 원주율은 소수점 아래 자리가 끊임없이 계속되는 무한소수이다.

원주와 원주율

(원주율)=(원주)÷(지름)=3.14
(원주)=(지름)×(원주율)
　　　=(지름)×3.14
　　　=(반지름)×2×3.14

97 원의 넓이

- 원의 크기.
- 원을 한없이 잘게 잘라 이어 붙이면 직사각형 모양이 되므로 원의 넓이는 직사각형의 넓이 구하는 방법으로 구할 수 있다.

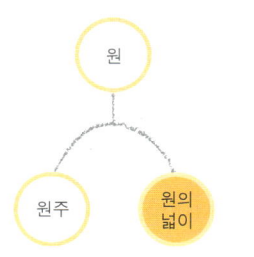

원의 넓이 구하는 방법

원을 등분하여 등분한 조각을 이어 붙이면 원의 넓이를 구할 수 있다. 원을 8등분한 다음 등분한 선을 따라 잘라 자른 조각을 이어 붙이면 다음과 같은 모양이 된다.

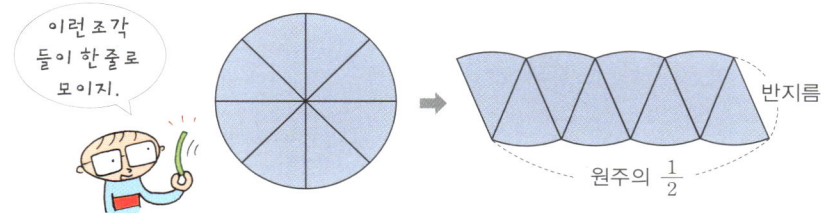

이번에는 16등분, 32등분, 64등분, ……으로 나눈 조각을 이어 붙여 보자. 아래 그림처럼 원을 한없이 잘게 잘라 이어 붙이면, 그 모양이 점점 직사각형에 가까워진다는 것을 알 수 있다.

즉 원을 아주 잘게 자르면 가로가 원주의 $\frac{1}{2}$과 같고, 세로는 반지름의 길이와 같은 직사각형이 만들어진다. 결국 원의 넓이는 직사각형의 넓이와 같아지는 것이다. 따라서 원의 넓이는 직사각형의 넓이를 구하는 방법으로 구할 수 있다.

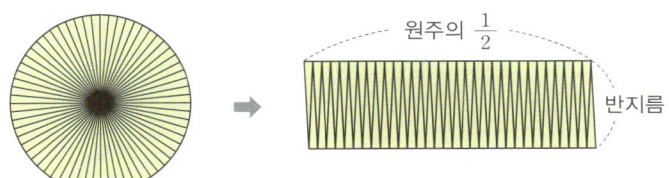

원을 한없이 잘게 잘라 이어 붙이면 직사각형 모양이 된다.

직사각형의 넓이는 (가로)×(세로)이므로 원의 넓이는 원주의 $\frac{1}{2}$에 반지름을 곱한 값이다.
따라서 원주는 (반지름)×2×3.14이므로 원의 넓이는 (반지름)×2×3.14×$\frac{1}{2}$×(반지름)=(반지름)×(반지름)×3.14로 구할 수 있다.

원의 넓이

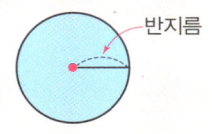

(원의 넓이)
= (원주의 $\frac{1}{2}$) × (반지름)
= (반지름) × 2 × 3.14 × $\frac{1}{2}$ × (반지름)
= (반지름) × (반지름) × 3.14

어느 것이 더 넓을까?

지름이 2m인 원 모양의 책상과 한 변의 길이가 2m인 정사각형 모양의 책상 중 어느 것이 더 넓을까?

먼저 원 모양의 책상은 반지름이 1m이므로 넓이는 1×1×3.14=3.14(m²)이고, 정사각형 모양의 책상은 한 변의 길이가 2m이므로 넓이는 2×2=4(m²)이다. 따라서 정사각형 모양의 책상이 더 넓은 것을 알 수 있다.
실제로 원의 지름과 정사각형의 한 변의 길이가 같을 때 두 도형을 겹쳐서 그려 보면 아래 그림과 같이 정사각형 안에 원이 그려진다. 따라서 정사각형이 색칠한 부분만큼 더 넓은 것이다.

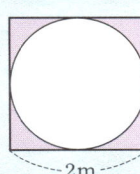

개념쌤의 1분 특강

원의 넓이는 반지름과 원주율을 이용하여 구한다는 거~

98 겉넓이

- 입체도형을 이루고 있는 모든 면의 넓이의 합.
- 직육면체의 겉넓이는 (한 밑면의 넓이)×2+(옆면의 넓이)이고, 정육면체의 겉넓이는 (한 면의 넓이)×6이다.

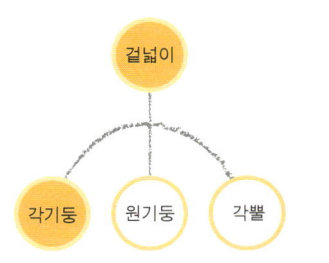

직육면체의 겉넓이

겉넓이란 어떤 도형의 겉면의 넓이, 즉 입체도형을 이루고 있는 모든 면의 넓이의 합을 말한다. 따라서 입체도형의 겉넓이를 구하려면 그 입체도형을 이루고 있는 면의 개수와 모양을 먼저 알아보아야 한다.

직육면체는 직사각형 모양의 면 6개로 이루어져 있으므로 6개의 직사각형의 넓이의 합이 직육면체의 겉넓이가 된다. 즉 직육면체의 겉넓이는 6개의 면의 넓이를 각각 구한 다음 모두 더하면 된다.

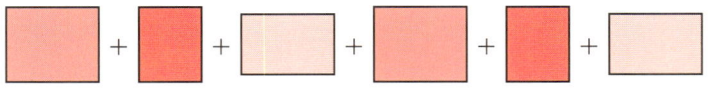

또 직육면체의 6개의 면에는 같은 모양이 2개씩 있다. 따라서 직육면체의 겉넓이는 다음과 같이 서로 다른 3개의 면의 넓이의 합에 2배를 하여 구할 수도 있다.

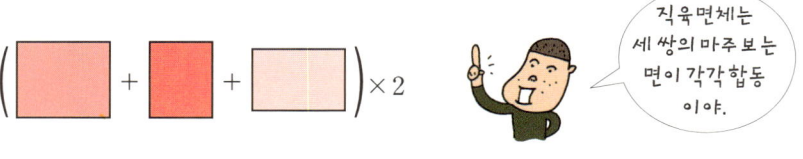

또한 직육면체의 전개도를 그려서 생각해 보면 직육면체의 겉넓이는 넓이가 같은 2개의 밑면의 넓이와 옆면의 넓이를 더한 것이라는 것을 알 수 있다.

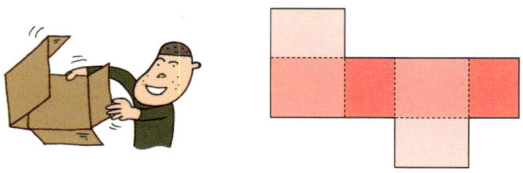

정육면체의 겉넓이

한편 정육면체는 겉면을 이루는 6개의 면이 모두 합동이므로 정육면체의 겉넓이는 한 면의 넓이를 6배 하면 된다.

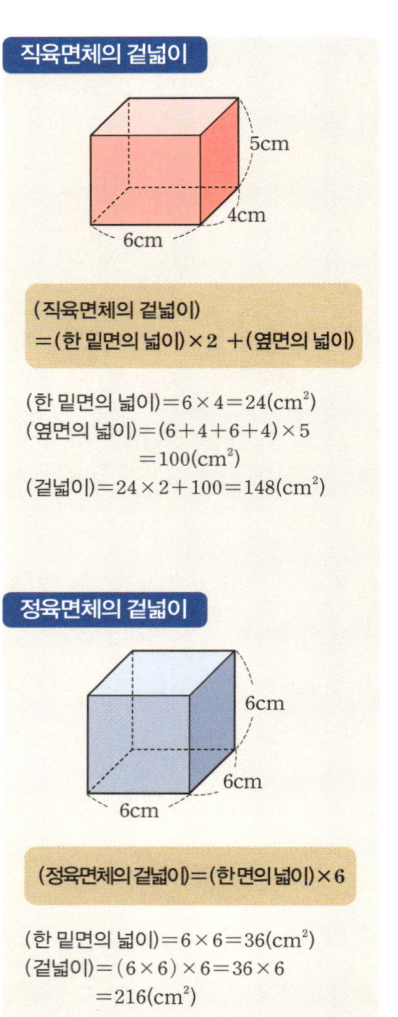

99 여러 도형의 겉넓이

- 원기둥, 각기둥, 각뿔의 겉넓이.
- 원기둥과 각기둥의 겉넓이는 (한 밑면의 넓이)×2+(옆면의 넓이)이고, 각뿔의 겉넓이는 (밑면의 넓이)+(옆면의 넓이)이다.

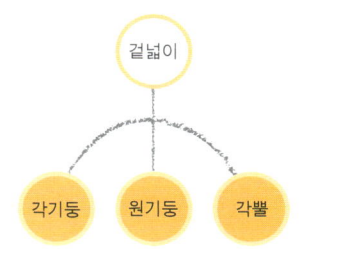

원기둥의 겉넓이

원기둥의 밑면은 2개이지만 옆면은 한 개이다. 즉 원기둥을 펼쳐 보면 2개의 밑면은 합동인 원이고, 옆면은 직사각형이다. 따라서 원기둥의 겉넓이도 직육면체의 겉넓이를 구하는 것처럼 넓이가 같은 2개의 밑면의 넓이와 옆면의 넓이를 더해서 구하면 된다.

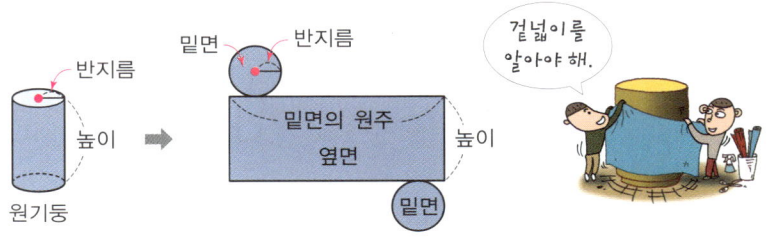

(한 밑면의 넓이)=(반지름)×(반지름)×3.14
(옆면의 넓이)=(밑면의 원주)×(높이)=(지름)×3.14×(높이)
(원기둥의 겉넓이)=(한 밑면의 넓이)×2+(옆면의 넓이)

각기둥과 각뿔의 겉넓이

직육면체나 정육면체는 사각기둥이다. 따라서 삼각기둥, 오각기둥, 육각기둥과 같은 각기둥의 겉넓이도 직육면체, 정육면체와 마찬가지 방법으로 구하면 된다.

또한 각뿔은 밑면이 한 개밖에 없으므로 각뿔의 겉넓이는 더 간단하게 구할 수 있다. 즉 각뿔의 겉넓이는 밑면의 넓이에 옆면의 넓이를 더하면 된다.

각기둥의 겉넓이

(각기둥의 겉넓이)
=(한 밑면의 넓이)×2+(옆면의 넓이)

각뿔의 겉넓이

각뿔의 겉넓이를 구할 때, 밑면의 넓이를 2배 하지 않도록 주의해.

(각뿔의 겉넓이)
=(밑면의 넓이)+(옆면의 넓이)

우리 몸의 겉넓이는 어떻게 구할까?

독일의 어느 예술가는 넓이가 1 cm²인 정사각형 모양의 스티커 수천 개로 자신의 몸의 겉넓이를 쟀다. 이렇게 스티커를 직접 붙여 보지 않고, 우리 몸의 겉넓이를 알 수 있는 방법은 없을까? 가장 간단한 방법은 사람의 키에 넓적다리 둘레의 길이를 곱해서 얻어진 값의 2배라고 한다. 또 대체로 손바닥 넓이의 100배가 신체의 표면을 덮게 되기 때문에 손바닥의 넓이를 이용하는 방법도 있다. 그리고 사람의 양팔의 길이와 키는 거의 같아서 양팔의 길이를 가로, 키를 세로로 한다면 정사각형이 되는데 우리 몸의 겉넓이가 이 정사각형의 넓이의 $\frac{3}{5}$이 된다는 이야기도 있다.

물론 사람에 따라 다르겠지만 이런 방법을 통해서 몸의 겉넓이를 짐작할 수 있다고 한다.

개념쌤의 1분 특강

겉넓이를 구하려면 밑면의 넓이와 옆넓이를 알아야 해.

100 근삿값

- 어떤 것을 재었을 때 실제의 값에 아주 가까운 값.
- 근삿값은 정확한 값이 아니므로 '약 ~ 쯤이다.'라고 말하는 것이 좋다.

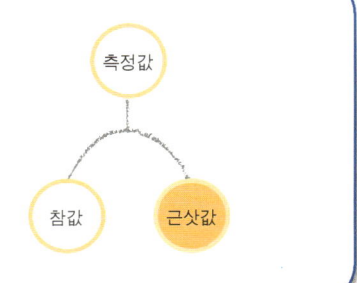

참값과 근삿값

어떤 것을 재었을 때 실제의 값을 '참값'이라고 하고, 실제의 값에 아주 가까운 값을 '근삿값'이라고 한다. 참값은 달라도 근삿값은 같을 수 있다. 그런데 근삿값은 정확한 값이 아니므로 '약 ~ 쯤이다.'라고 말하는 것이 좋다.

이러한 근삿값은 일상생활에서 참값만큼이나 자연스럽게 사용되고 있다. 예를 들어 몸무게나 키를 말할 때 흔히 소수점 아래의 단위는 생략하고 자연수의 단위로 말하기도 한다. 예를 들어 키가 149 m라면 150 m라고 올려서 말하거나 몸무게가 51 kg이라면 50 kg이라고 내려서 말하기도 한다.

그런데 정확히 말하자면 키의 경우에는 cm나 mm 단위까지, 몸무게의 경우에는 g 단위까지 말해야 할 것이다. 더 엄밀히 말하면 키와 몸무게는 소수점 아래로 무수히 이어지는 무한소수로 표현해야 할 것이다. 그러나 이것은 우리가 살아가는 데 있어 참값을 사용하는 일이 굉장히 번거로운 일이라는 것을 말해 준다. 또 일상생활에서 정확한 참값은 필요하지 않는 경우가 많기 때문에 근삿값을 사용하는 것이다.

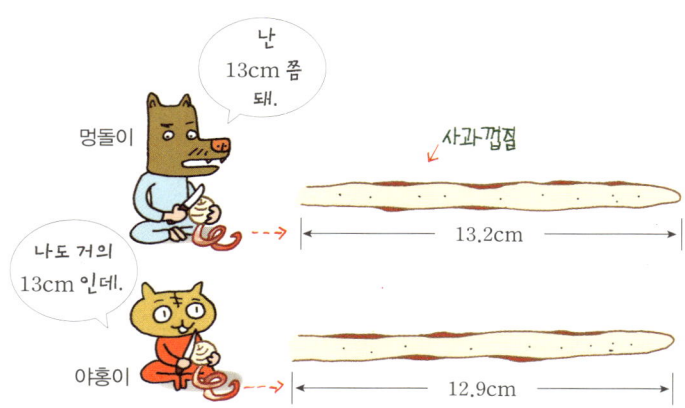

근삿값의 사용

150.2와 149.7을 각각 반올림하여 일의 자리까지 나타내면 모두 150이다.

근삿값과 참값의 차이, 오차

근삿값과 참값의 차이를 '오차'라고 한다. 오차는 양수 또는 음수로 나타낼 수 있다. 만약 오차가 양수이면 근삿값이 참값보다 크고, 음수이면 근삿값이 참값보다 작은 것이다. 초등학교 과정에서는 근삿값이라는 말 대신 '어림수'라는 말을 사용한다.

101 수의 범위

- 이상, 이하, 초과, 미만과 같이 수를 나타내는 범위.
- 이상과 이하는 그 수를 포함하고, 초과와 미만은 그 수를 포함하지 않는다.

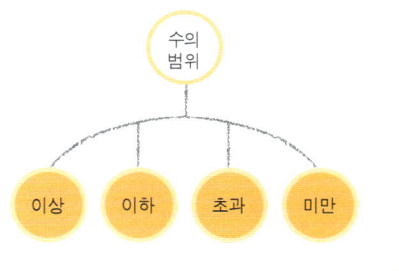

이상과 이하

이상, 이하, 초과, 미만과 같은 말을 사용하여 일정한 수의 범위를 나타낼 수 있다. 이상은 어떤 수보다 크거나 같은 수이고, 이하는 어떤 수보다 작거나 같은 수이다. 예를 들어 '5 이상'은 5, 5.1, 9, 100, …… 등의 수이고, '5 이하'는 5, 4.9, 0.05, …… 등의 수이다.

이상과 이하는 수직선을 사용하여 아래와 같이 나타낼 수 있다. '5 이상인 수'는 5에 ●를 그린 후 오른쪽으로 선을 긋는다. 그리고 '5 이하인 수'는 5에 ●를 그린 후 왼쪽으로 선을 긋는다. ●는 '포함된다'는 의미를 가지고 있다.

초과와 미만

초과는 어떤 수보다 큰 수이고, 미만은 어떤 수보다 작은 수이다. 초과와 미만은 이상과 이하와는 달리 그 수는 포함하지 않는다. 예를 들어 '5 초과'는 5.01, 6, 99, …… 등이고, '5 미만'은 4.99, 1, 0.05, …… 등이다. 초과와 미만은 수직선을 사용하여 아래와 같이 나타낼 수 있다. 이상과 이하는 ●를 그리지만, 초과와 미만은 ○을 그린다. ○는 '포함되지 않는다'는 의미를 가지고 있다.

2개의 수의 범위를 수직선에 나타내는 방법

2개의 수의 범위를 수직선에 나타낼 수도 있다.
예를 들어 다음과 같이 30 초과 80 이하인 수는 30은 포함되지 않고, 80은 포함되게 그 사이의 수를 수직선으로 나타내면 된다. 또 30 이상 80 미만인 수는 30은 포함되고 80은 포함되지 않게 그 사이의 수를 수직선으로 나타낸다.

⟨30 초과 80 이하인 수⟩

⟨30 이상 80 미만인 수⟩

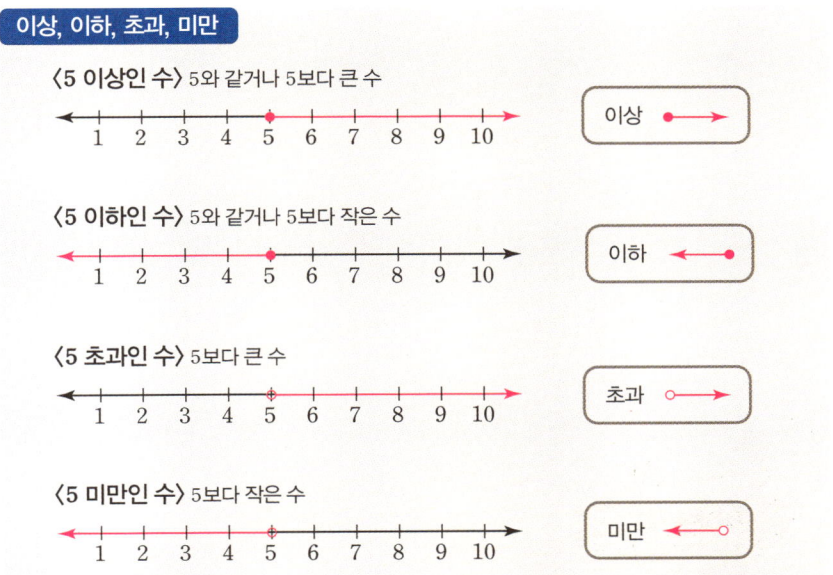

개념쌤의 1분 특강

이상과 이하는 그 수를 포함하고, 초과와 미만은 그 수를 포함하지 않는 것에 주의해.

102 올림, 버림, 반올림

- 올림은 구하려는 자리 미만의 수를 올려서 나타내는 방법.
- 버림은 구하려는 자리 미만의 수를 버려서 나타내는 방법.
- 반올림은 구하려는 자리 바로 아래 자리의 숫자가 0, 1, 2, 3, 4이면 버리고 5, 6, 7, 8, 9이면 올리는 방법.

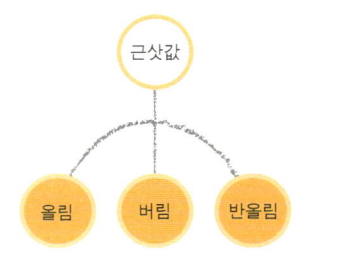

올림

색종이와 같은 물건은 몇 장씩 묶음 단위로 판다. 대형 마트에 가면 100장씩 한 묶음으로 파는 경우도 있다. 그래서 때로는 물건을 필요한 양보다 조금 많이 사게 되는 경우가 생긴다. 이와 같이 필요한 물건을 상자 단위 또는 묶음 단위로 사는 경우에 올림을 이용한다.

올림은 구하려는 자리 미만의 수를 올려서 나타내는 방법이다. 즉 구하려는 자리의 아래에 0이 아닌 수가 있으면 구하려는 자리의 수를 1 '크게' 하고, 그 아래 자리의 수를 모두 0으로 나타낸다. 만약 구하려는 자리의 아래 숫자가 모두 0이면 올리지 않는다. 예를 들어 302를 올림하여 십의 자리까지 나타내면 일의 자리 숫자 2를 10으로 보고 310으로 나타낸다. 또 올림하여 백의 자리까지 나타내기 위하여 백의 자리 미만을 올림하면 400이 된다.

올림하여 나타내기

① 올림하여 십의 자리까지 나타내기 : 3572 → 3580
    └─ 올린다.

② 올림하여 백의 자리까지 나타내기 : 3572 → 3600
    └─ 올린다.

③ 올림하여 천의 자리까지 나타내기 : 3572 → 4000
    └─ 올린다.

만약 구하려는 자리의 아래 숫자가 모두 0이면 올리지 않는다.

버림

사과 674개를 100개씩 상자에 넣어서 상자 단위로만 판다고 할 때, 74개는 100개가 되지 않으므로 600개만 팔 수 있다. 이와 같이 물건을 일정한 개수나 묶음 단위로 파는 경우에는 버림을 이용한다.

예를 들어 은행에서 동전을 지폐로 바꾸는 경우에도 마찬가지이다. 만약 8470원을 1000원짜리 지폐로 바꾼다면 8000원까지만 바꿀 수 있다. 이것은 버림을 이용하여 어림한 것이다.

버림은 구하려는 자리 미만의 수를 버려서 나타내는 방법이다. 즉 구하려는 자리의 아래의 수를 모두 0으로 나타내는 방법이다. 예를 들어 42590을 버림하여 백의 자리까지 나타내면 백의 자리 미만인 90을 0으로 보고, 42500으로 나타낸다. 또 버림하여 천의 자리까지 나타내기 위해 천의 자리 미만을 버림하면 42000이 된다.

버림하여 나타내기

① 버림하여 십의 자리까지 나타내기 : 3572 → 3570
    └─ 버린다.

② 버림하여 백의 자리까지 나타내기 : 3572 → 3500
    └─ 버린다.

③ 버림하여 천의 자리까지 나타내기 : 3572 → 3000
    └─ 버린다.

102 올림, 버림, 반올림

반올림

반올림은 어떻게 어림하는 방법일까?
다음 수현이와 엄마의 대화를 살펴보자.

수현: 2005년에 우리 나라의 인구가 47051434명이었는데, 남자와 여자 중 누가 더 많았을까요?
엄마: 글쎄다. 비슷하지 않을까?
수현: 남자는 23465650명, 여자는 23585784명이었대요.
엄마: 그래? 그렇다면 남자는 약 2350만 명, 여자는 약 2360만 명이었구나.

길이, 무게, 인구 등을 측정하거나 수량을 그래프로 그리는 통계 자료는 대부분 사용되는 수가 크고 복잡하기 때문에 수를 간단하게 나타내기 위해서 반올림을 이용한다. 그럼 반올림은 어떻게 하는 것일까?
올림과 버림은 구하려는 자리의 아래 수를 모두 살펴보아야 하지만 반올림은 구하려는 자리의 한 자리 아래 숫자만 살펴보면 된다. 즉 반올림은 구하려는 자리의 바로 아래 숫자가 0, 1, 2, 3, 4이면 버리고, 5, 6, 7, 8, 9이면 올리는 방법을 말한다. 즉 올림이나 버림과는 달리 구하려는 자리의 바로 아래 숫자에 따라 올릴 수도 있고 버릴 수도 있다.

근삿값과 오차

어떤 수를 올림, 버림, 반올림하여 구한 근삿값은 참값과 차이, 즉 오차가 생길 수 있다.
예를 들어 실제의 키는 153.8 cm인데, 소수 첫째 자리에서 반올림하여 약 154 cm라고 한다면 두 값의 오차는 154 cm에서 153.8 cm를 뺀 0.2 cm이다.

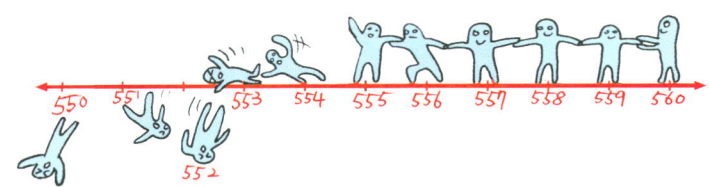

위의 수직선에 있는 수들은 각각 550과 560 중 어느 쪽에 가까운지 살펴보자. 554는 550에 가깝고 558은 560에 가깝다. 따라서 반올림하여 십의 자리까지 나타내면 554는 550이 되고 558은 560이 된다. 즉 반올림은 더 가까운 수가 되도록 버림하거나 올림하는 것이다. 그럼 550과 560 중간에 있는 555는 올림을 해야 할까? 버림을 해야 할까? 어림하는 자리의 수가 5일 때에는 특별히 올리기로 약속을 했다. 따라서 555를 반올림하여 십의 자리까지 나타내면 560이 된다.

반올림하여 나타내기

① 반올림하여 십의 자리까지 나타내기: 3572 → 3570 (버린다.)

② 반올림하여 백의 자리까지 나타내기: 3572 → 3600 (올린다.)

③ 반올림하여 천의 자리까지 나타내기: 3572 → 4000 (올린다.)

개념쌤의 눈 특강

올림은 구하려는 자리 미만에 0이 아닌 수가 하나라도 있으면 무조건 구하려는 자리의 수를 1 크게 하면 돼. 그리고 버림은 구하려는 자리 미만의 수를 무조건 0으로 만들어.

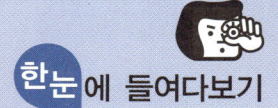

토성에서 달리기 하기

육상 경기를 보면 200m나 400m 달리기 선수들의 출발점이 모두 다르다. 그 이유는 각 선수들이 같은 거리를 뛰어야 하는데, 레인(선수들이 뛰어가는 길)의 모양이 조금씩 다르기 때문이다. 직선으로 된 레인에서는 상관없지만, 곡선으로 된 레인을 달릴 때에는 안쪽보다 바깥쪽의 선수가 더

우주선을 타고 토성의 띠 위에서 달리기를 해 볼까?

우주선을 타고 우주로 날아가 볼까? 수성, 금성, 지구, 화성, 목성, 토성, …… 등의 행성을 만날 수 있다. 특히 토성 주위에는 7개의 띠가 있다. 토성의 띠 위에서 우주선을 타고 달리기를 한다면, 달리기 코스(달리기를 위해 만들어진 길)를 어떻게 만들어야 할까?

토성은 구 모양이고, 토성 주변에 만들어진 띠는 원 모양을 하고 있다.

토성 주변을 도는 달리기 코스는 원 모양을 하고 있다. 따라서 우주선은 원 모양의 길을 달려야 한다. 우주선이 달리는 레인의 폭을 5m로 정하고, 달리기 코스는 토성에서 멀리 떨어진 달리기 코스일수록 더 먼 거리를 돌아야 한다. 따라서 달리는 거리를 일정하게 하기 위해 출발점의 위치를 각각 다르게 해야 한다.

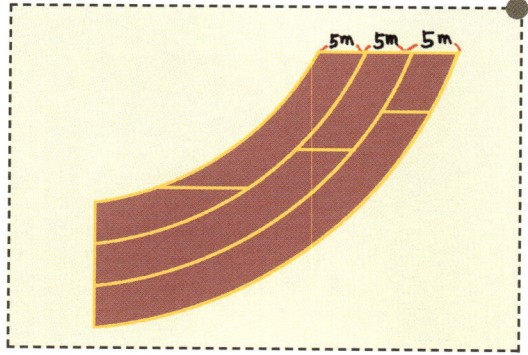

긴 거리를 달리게 된다. 그래서 선수들이 모두 같은 조건에서 달리기를 할 수 있도록 출발점의 위치를 모두 다르게 만든다. 만약 토성 주위의 띠 위에서 달리기를 한다면 어떻게 달리기 코스를 만들어야 할까?

각각 몇 m 차이를 두고 출발해야 할까?

먼저, 토성의 띠의 둘레의 길이를 알아보아야 하는데 실제 토성 띠의 지름은 매우 길다. 따라서 첫째 번 레인의 지름을 □라 생각하고, 둘레를 구해 보자.

첫째 번 레인의 둘레 : □ × 3.14

둘째 번 레인은 첫째 번 레인의 지름보다 10m가 더 길다. 왜냐하면 달리기 코스의 폭을 5m로 정했기 때문이다. 즉 첫째 번 레인의 둘레보다 10 × 3.14 = 31.4(m)가 더 길다.

둘째 번 레인의 둘레 : □ × 3.14 + 10 × 3.14

셋째 번 레인은 둘째 번 레인의 지름보다 10m가 더 길다. 따라서 둘째 번 레인의 둘레의 길이보다 31.4m가 더 길고, 첫째 번 레인의 둘레보다는 62.8m가 더 길다.

셋째 번 레인의 둘레 : □ × 3.14 + 10 × 3.14 + 10 × 3.14

따라서 각각의 출발점에서 둘째 번 레인은 첫째 번 레인보다 31.4m 앞에 그려야 하고, 셋째 번 레인은 둘째 번 레인보다 31.4m 앞에 그려야 한다.

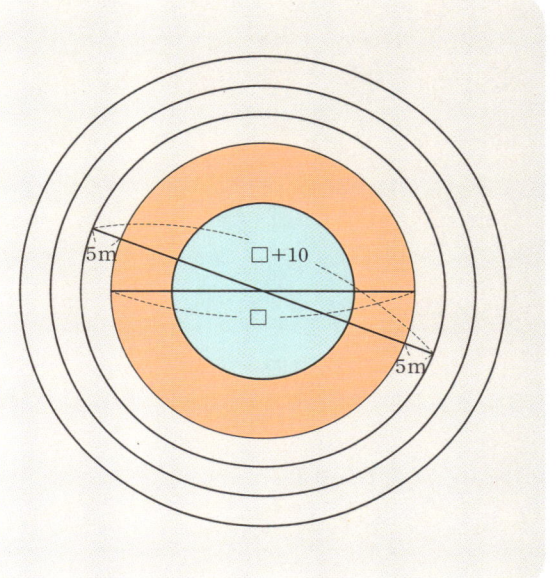

각각 31.4m씩 차이나게 출발점을 정하면 되는 거야.

확률과 통계

- **103** 분류
- **104** 표와 그래프
- **105** 막대그래프
- **106** 꺾은선그래프
- **107** 그림그래프
- **108** 줄기와 잎 그림

109 비율그래프
110 평균
111 경우의 수
112 나뭇가지 그림
113 리그전과 토너먼트
114 확률
115 집합
● 한눈에 들여다보기

103 분류

- 같은 성질을 가진 것끼리 종류별로 나누어 놓는 것.
- 분류 기준은 사물의 성질 등을 알기 쉽게 구분하여 종류별로 나누는 기준이다.

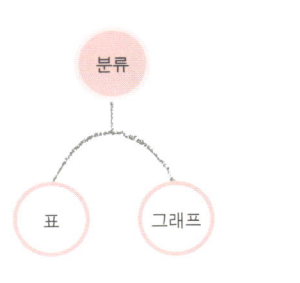

같은 종류끼리 분류하기

시장에 가면 파는 물건에 따라 과일 가게, 생선 가게, 채소 가게 등으로 나누어져 있다. 또 가게에서 과일이나 생선을 진열할 때에도 과일의 종류별로, 생선의 종류별로 구분하여 놓는다. 특히 대형 마트에 가도 여러 가지 물건을 종류별로 나누어 진열해 놓은 것을 쉽게 볼 수 있다. 이와 같이 같은 성질을 가진 것끼리 종류별로 나누어 놓는 것을 '분류'라고 한다. 분류를 할 때에는 어떤 기준을 세워 비슷한 종류끼리 나누어 놓아야 한다.

아래의 왼쪽 그림은 시장에 있는 물건들을 나열한 것이다. 이렇게 물건이 여기저기 흩어져 있는 경우에는 어떤 종류의 물건이 몇 개씩 있는지 한눈에 금방 알 수 없다.

그럼 이번에는 이 물건들을 같은 종류끼리 분류해서 정리하여 놓아 보자. 즉 과일, 생선, 채소로 분류해서 물건을 나누어 보자.

아래의 오른쪽 그림과 같이 물건을 종류별로 분류하면 과일은 7개, 생선은 5마리, 채소는 6개가 있다는 것을 금방 알 수 있다. 또 과일이 가장 많고, 생선이 가장 적다는 것도 쉽게 알 수 있다.

이와 같이 물건을 종류별로 분류해 놓으면 물건을 찾기도 쉽고, 어떤 물건이 얼마나 있는지 금방 알 수 있다. 또 어떤 물건이 있는지, 없는지도 쉽게 알 수 있다.

종류별로 분류하기

물건을 종류별로 분류해 놓으면 어떤 물건이 얼마나 있는지 쉽게 알 수 있고, 찾기도 쉽다.

분류 기준에 따라 분류하기

물건을 종류별로 나누려면 어떤 기준이 있어야 한다. 책상에 서랍이 3칸이 있다고 생각해 보자. 만약 물건들을 넣어둘 때, 같거나 비슷한 특징을 가진 물건을 종류별로 구분하여 넣는다면 나중에 찾아 쓸 때 편리할 것이다. 이와 같이 사물의 성질 등을 알기 쉽게 구분하여 종류별로 나누는 기준을 '분류 기준'이라고 한다.

위의 여러 가지 종류의 옷을 분류 기준을 정해서 종류별로 나누어 보자. 먼저 옷을 입는 위치에 따라 윗옷과 아래옷으로 나눌 수 있다. 티셔츠나 블라우스는 몸의 위쪽에 입는 윗옷이고, 바지나 치마는 몸의 아래쪽에 입는 아래옷이다. 윗옷과 아래옷의 개수를 세어 표를 만들면 다음과 같다.

〈옷을 입는 위치에 따라 분류하기〉

분류 기준	윗옷	아래옷
수(벌)	6	9

그림에 표시를 하면서 세면 빠짐없이 셀 수 있어.

또 색깔을 분류 기준으로 하여 옷을 분류하여 보자. 위의 그림에서 옷의 색깔은 빨간색, 파란색, 노란색, 초록색이 있으므로 각 색깔별로 옷의 수를 세어 표를 만들면 다음과 같다.

〈옷의 색깔에 따라 분류하기〉

분류 기준	빨간색	파란색	노란색	초록색
수(벌)	3	2	5	5

위와 같이 분류는 한 가지 기준으로도 할 수도 있지만 다음과 같이 두 가지 이상의 기준으로 할 수도 있다. 단, 분류를 할 때에는 분류 기준이 명확해야 한다.

〈두 가지 기준으로 분류하기〉

분류 기준	단추가 있는 윗옷	단추가 없는 윗옷	단추가 있는 아래옷	단추가 없는 아래옷
수(벌)	4	2	2	7

광고지로 공부를 한다?

대형 마트의 광고지를 보면 먹고 싶거나 갖고 싶은 것들이 많이 소개되어 있다. 이 광고지를 이용하여 분류하기 공부를 쉽게 할 수 있다. 광고지에는 여러 가지 물건의 사진과 함께 가격도 나와 있다. 우선 광고지에 있는 물건의 사진을 가격과 함께 오린다. 그런 다음 물건을 종류별로 분류해 보자. 분류 기준은 마음대로 정하면 된다. 식품, 학용품, 의류, ……. 이렇게 나누어도 되고, 가격대별로 나누어도 된다. 이런 분류가 재미없다면 가족들이 좋아하는 물건별로 나누어도 된다. 다양한 방법으로 분류하다 보면 어느 새 분류하기의 달인이 될 것이다.

분류 기준에 따라 답이 달라져. 그러니까 먼저 분류 기준을 어떻게 할 건지 정하는 게 좋아.

104 표와 그래프

- 표는 조사한 자료를 일정한 기준에 따라 직사각형 모양의 칸에 알아보기 쉽게 정리한 것.
- 그래프는 자료를 점, 직선, 곡선, 막대, 그림 등을 사용하여 나타낸 것.

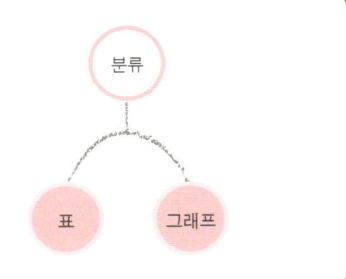

자료를 표로 나타내기

조사한 자료를 정리하여 알아보기 쉽게 나타내는 방법에는 무엇이 있을까? 다음은 학생들이 여름 방학 동안 가고 싶은 여행지를 나타낸 자료이다. 이 자료에서 바다에 가고 싶어 하는 사람은 몇 명일까?

⟨학생들이 가고 싶어 하는 여행지⟩

표 만드는 방법

자료에서 개수를 센 것은 × 표로 지워 나가면서 표를 만들면 자료를 빠뜨리거나 중복되지 않게 셀 수 있다. 또 표에 나타난 수량의 합이 자료의 개수와 맞는지도 확인하여 표에 직접 수를 쓰기 전에 '正'자나 기호 '///' 등으로 개수 표시한 다음, 수로 바꾸어 나타내면 편리하다.

위의 자료만 보면 바다에 가고 싶어 하는 사람은 몇 명인지, 학생들이 가장 많이 가고 싶어 하는 여행지는 어디인지 금방 알 수 없다. 따라서 이 자료를 정리하여 알아보기 쉽게 나타내는 것이 좋은데 이러한 방법 중의 하나가 '표'이다.

표는 조사한 자료를 어떤 기준에 따라 가로, 세로로 나뉘어진 직사각형 모양의 칸에 정리하여 자료에 나타난 수량을 한눈에 알아보기 쉽게 만든 것을 말한다.

다음은 위의 자료에서 여행지별 가고 싶어 하는 학생 수를 세어서 표를 만든 것이다.

⟨여행지별 가고 싶어 하는 학생 수⟩

여행지	바다	산	계곡	놀이 공원	수영장	합계
학생 수(명)	6	3	2	5	5	21

위의 표를 보면, 학생들은 모두 5종류의 여행지에 가고 싶어 하는 것을 알 수 있다. 또 각 여행지별로 가고 싶어 하는 학생 수는 각각 몇 명인지, 가장 많은 학생들이 가고 싶어 하는 여행지는 어딘지도 금방 알 수 있다.

그래프로 나타내기

자료의 수가 적을 때에는 표만으로도 자료에 나타난 수량을 쉽게 알 수 있고, 또 종류별 수량을 비교하기도 쉽다. 그런데 자료의 수가 많아지면 표만으로 수량을 비교하기가 쉽지 않다. 이럴 때 사용하는 것이 바로 그래프이다.

앞에서 표로 나타낸 것을 다음과 같이 동그라미를 이용하여 그래프로 나타내어 보자. 표를 그래프로 나타내는 방법은 쉽다. 각 여행지별로 해당하는 수만큼 동그라미로 표시하면 된다. 그런데 동그라미를 그릴 때에는 분류된 것을 잘 보고, 같은 종류별로 수량에 맞도록 채워 나가야 한다.

이와 같이 자료의 크기 비교나 자료의 변화를 한눈에 알아보기 쉽도록 자료를 점, 직선, 곡선, 막대, 그림 등을 이용하여 나타낸 것을 '그래프'라고 한다.

일상생활에서 사용하는 표와 그래프

표와 그래프는 인구, 날씨 등 일상생활의 여러 가지 통계 자료를 조사하고 분석하는 데 사용이 된다.
신문이나 잡지, 인터넷 등을 주의 깊게 보면 표나 그래프가 사용되는 것을 흔히 볼 수 있을 것이다.
특히 그래프는 굉장히 복잡한 자료를 간단하게 보여 주어서 자료를 비교적 쉽게 해석할 수 있게 해 준다.

〈여행지별 가고 싶어 하는 학생 수〉

학생 수(명) / 여행지	바다	산	계곡	놀이 공원	수영장
7					
6	○				
5	○			○	○
4	○			○	○
3	○	○		○	○
2	○	○	○	○	○
1	○	○	○	○	○

그래프는 표보다 어떤 점이 더 편리할까? 위의 그래프를 보면 그래프는 수가 가장 많은 것, 적은 것을 한눈에 알 수 있을 뿐만 아니라 개수에 따라 많은 것과 적은 것을 순서대로 나타내기도 쉽다는 것을 알 수 있다. 또 어떤 것이 어떤 것보다 얼마만큼 많은지도 쉽게 비교할 수가 있다.

물론 자료가 비교적 간단한 경우에는 표와 그래프의 차이를 느끼지 못할 수도 있지만 만약 학생의 수가 더 많아지고, 여행지의 종류가 더 많다고 생각해 보면 표만으로는 개수를 비교하기가 쉽지 않을 뿐만 아니라 어떤 것이 많고 적은지도 한눈에 들어오지 않을 것이다. 따라서 복잡한 자료일수록 표보다 그래프가 자료를 비교하는 데 더 편리하다.

개념쌤의 1분 특강

그래프는 표보다 어느 것이 많고 적은지 한눈에 비교할 수 있는 장점이 있어.

105 막대그래프

- 조사한 수를 막대로 나타낸 그래프.
- 막대그래프는 수량의 많고 적음을 한눈에 쉽게 비교하기에 편리하다.

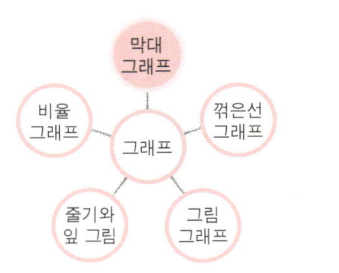

막대그래프 그리기

자료를 비교하기 쉽게 하려면 어떤 그래프를 그리면 좋을까? 다음 현빈이가 만든 표를 보고 수량의 많고 적음을 한눈에 비교하기 쉬운 그래프를 그려 보자.

〈현빈이가 한 달 동안 운동한 날수〉

운동	줄넘기	수영	걷기	배드민턴	달리기	합계
날수(일)	8	5	6	4	7	30

현빈이는 자료의 수량을 다음과 같이 막대로 나타내어 그래프를 그렸다. 이러한 그래프를 '막대그래프'라고 한다. 즉 막대그래프는 조사한 수를 막대로 나타낸 그래프로 수량의 많고 적음을 한눈에 비교하기에 편리하다.

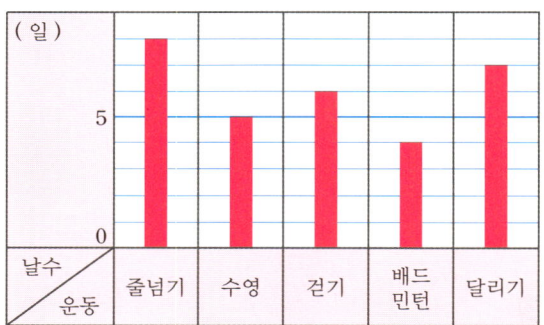

〈현빈이가 한 달 동안 운동한 날수〉

막대그래프를 보면 현빈이가 한 달 동안 가장 많이 한 운동은 줄넘기이고, 가장 적게 한 운동은 배드민턴이라는 것을 쉽게 알 수 있다. 막대그래프는 가로와 세로 눈금에 나타낼 내용에 따라 위와 같이 세로로 긴 막대그래프가 될 수도 있고, 가로가 긴 막대그래프가 될 수도 있다. 또 수량을 나타내는 눈금의 크기에 따라서 막대의 길이가 길어질 수도, 짧아질 수도 있다.

막대그래프 그리는 방법

① 가로와 세로 눈금에 나타낼 것을 정한다.
② 세로 눈금 한 칸의 크기와 눈금 수를 정한다.
③ 조사한 수에 알맞게 막대를 그린다.
④ 알맞은 제목을 붙인다.

두 개 이상의 자료를 동시에 나타낸 막대그래프

서로 다른 두 개의 수량을 동시에 나타낸 막대그래프도 있다. 다음과 같은 막대그래프는 어떤 점이 편리할까?

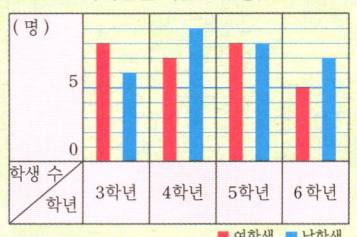

〈학년별 아람단 현황〉

위의 막대그래프를 보면 학년별 학생 수를 비교할 수도 있고, 학년별 여학생 수와 남학생 수를 따로따로 비교할 수도 있다. 또 각 학년에서 여학생이 많은지, 남학생이 많은지도 쉽게 비교할 수 있어서 자료를 다양하게 비교하고 분석하는 데 매우 유용하게 쓰인다.

개념쌤의 1분 특강

막대그래프는 각각의 크기를 비교할 때,
꺾은선그래프는 시간에 따라 변화하는
모습을 비교할때~

106 꺾은선그래프

- 각 수량을 점으로 표시하고 그 점들을 선분으로 이어 그린 그래프.
- 꺾은선그래프는 수량이 변화하는 모양과 정도를 쉽게 알 수 있다.

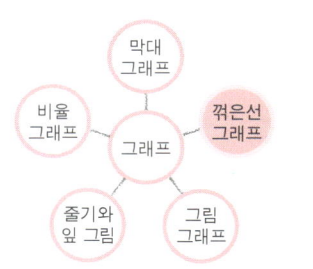

꺾은선그래프 그리기

어떤 자료는 시간이 변화함에 따라 수량도 연속적으로 늘어나거나 줄어든다. 이러한 자료는 어떤 그래프로 나타내는 것이 좋을까?
다음 현빈이네 집에서 기르는 강낭콩의 키를 나타낸 표를 보고, 강낭콩의 키가 변화하는 모습을 더 쉽게 알아보기 위해 그래프로 나타내어 보자.

〈강낭콩의 키〉

요일	월	화	수	목	금
키(cm)	0.8	1.1	1.5	1.9	2.3

위의 표를 보고, 다음과 같이 각 수량을 점으로 표시하고 그 점들을 선분으로 이어 그래프를 그렸다. 이것을 '꺾은선그래프'라고 하는데 꺾은선그래프는 선분의 기울어진 정도에 따라 변화하는 모양과 정도를 쉽게 알 수 있다.

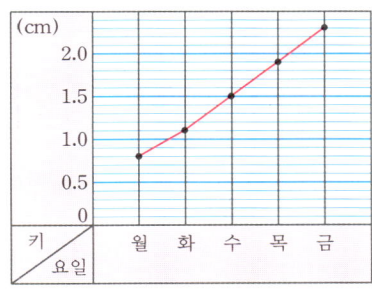

한편 아래의 왼쪽 그래프처럼 변화하는 양의 크기가 작을 때에는 변화하는 모습을 뚜렷하게 알기 위해 세로 눈금 한 칸의 크기를 작게 잡고, 필요없는 부분을 물결선(≈)으로 줄여서 오른쪽 그래프와 같이 나타내면 된다.

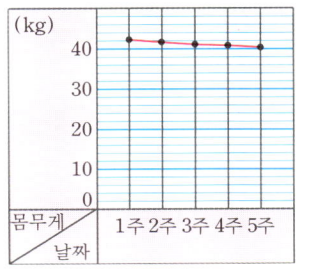

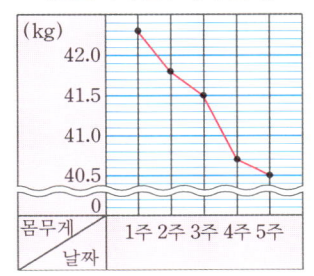

막대그래프와 꺾은선그래프는 어떻게 다를까?

막대그래프는 각각의 크기를 비교할 때 편리하고, 꺾은선그래프는 시간에 따라 연속적으로 변화하는 모양을 나타내는 데 편리하다.
예를 들어 현빈이네 가족의 몸무게를 서로 비교할 때는 막대그래프를, 가족 개개인의 몸무게가 시간의 흐름에 따라 어떻게 변했는지 알아볼 때는 꺾은선그래프를 그리는 것이 좋다.

개념쌤의 1분특강

꺾은선그래프를 곡선으로 그리면 변화하는 모습을 정확히 알 수 없으니까 반드시 선분으로 이어 줘야 한다는 걸 명심해.

107 그림그래프

- 조사한 수를 간단한 그림으로 나타낸 그래프.
- 그림그래프는 지역이나 위치에 따라 수량의 많고 적음을 한눈에 알 수 있다.

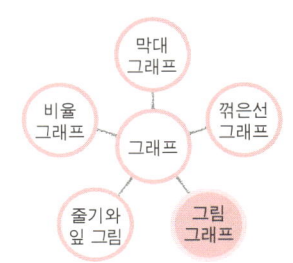

그림그래프 그리기

다음은 소희네 마을의 과수원별 사과 수확량을 나타낸 표이다. 과수원별 사과 수확량을 쉽게 비교하려면 어떤 그래프를 그리면 좋을까?

〈과수원별 사과 수확량〉

과수원	달콤	새콤	아삭	싱싱
수확량(kg)	4000	3600	3800	4300

아래와 같이 조사한 수를 간단한 그림으로 나타낸 '그림그래프'를 그리면 큰 수량을 간단히 나타낼 수 있고 조사한 내용이 무엇인지도 쉽게 알 수 있다. 그림그래프는 지역이나 위치에 따라 수량의 많고 적음을 한눈에 알 수 있게 나타낸 그래프이다.

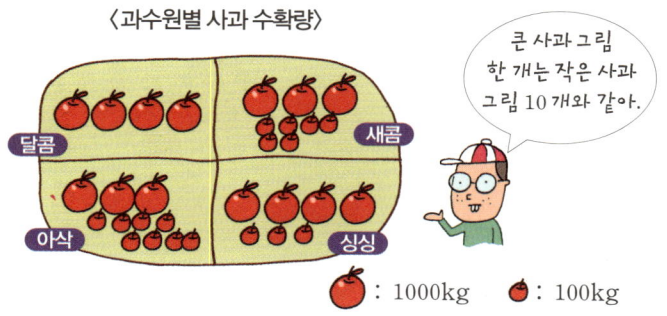

위의 그림그래프에서 달콤 과수원은 큰 사과가 4개이므로 수확량이 4000 kg이고, 아삭 과수원은 큰 사과가 3개, 작은 사과가 8개이므로 수확량이 3800 kg이다. 또한 위의 그림그래프에서 각 과수원별 사과 수확량을 비교할 때에 큰 그림부터 차례로 비교하면 된다. 따라서 싱싱, 달콤, 아삭, 새콤 과수원의 순서로 사과를 많이 수확했음을 금방 알 수 있다. 이와 같이 그림그래프는 그림의 크기와 개수로 수량의 많고 적음을 쉽게 알 수 있다.

그림그래프 그리는 방법

① 조사한 내용에 알맞은 그림을 정한다.
② 단위에 따라 그림의 크기를 다르게 정한다.
③ 조사한 수에 알맞은 그림을 그려 넣는다.
④ 알맞은 제목을 붙인다.

여러 가지 그림그래프

그림그래프는 자료의 수량을 비교할 수 있을 뿐만 아니라 자료의 위치도 동시에 나타낼 수 있다.

다음 마을별 가구 수를 나타낸 그림그래프에서 사랑, 믿음, 햇살 마을은 철길의 위쪽에, 행복, 지혜 마을은 철길의 아래쪽에 위치한다는 것을 알 수 있다.

또 지역별 하룻동안 태어난 아기 수를 나타낸 그림그래프는 우리나라 지도에 그래프를 나타냄으로써 아기가 태어난 지역의 위치까지 정확히 알고 비교할 수 있어서 좋다.

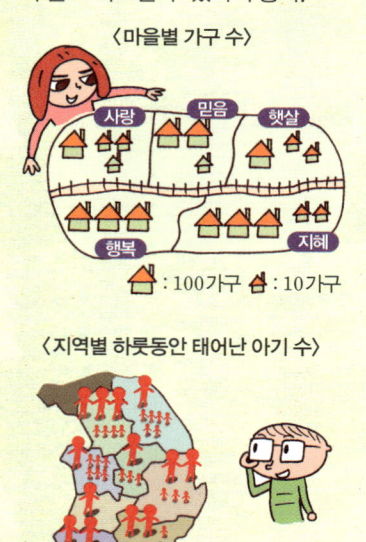

108 줄기와 잎 그림

- 자료에서 큰 수의 자릿값은 줄기에, 작은 수의 자릿값은 잎에 써서 나타낸 그림.
- 줄기와 잎 그림은 자료의 전체적인 분포를 쉽게 알 수 있다.

줄기와 잎 그림 그리기

자료의 수가 많아진다면 표만으로는 수량을 비교하기가 쉽지 않다. 소담이는 다음과 같이 각 과수원을 운영하시는 28명의 어른들의 나이를 자료로 나타냈는데 자료가 한눈에 들어 오지 않는다. 나이의 분포를 한눈에 쉽게 알 수 있는 방법은 없을까?

⟨어른들의 나이⟩ (단위 : 세)

43	61	56	41	39	51	62
33	58	41	30	42	34	67
73	46	37	44	38	49	53
52	45	72	59	43	31	69

줄기와 잎 그림 그리는 방법

① 줄기와 잎을 정한다.
② 세로선을 긋고, 세로선 왼쪽 줄기에 큰 자릿값의 숫자를 쓴다.
③ 세로선의 오른쪽 잎에 작은 자릿값의 숫자를 쓴다.
④ 알맞은 제목을 붙인다.

먼저, 어른들의 나이에서 큰 자릿값을 기준으로 십의 자리의 숫자인 3, 4, 5, 6, 7을 세로선 왼쪽의 줄기에 쓰고, 일의 자리 숫자를 자료에 있는 순서대로 세로선 오른쪽에 있는 잎 부분에 기록해 보자.
이와 같이 어떤 자료를 보고 큰 자릿값은 줄기에, 작은 자릿값은 잎에 써서 나타내는 그림을 '줄기와 잎 그림'이라고 한다.

⟨어른들의 나이⟩ (단위 : 세)

줄기	잎
3	9 3 0 4 7 8 1
4	3 1 1 2 6 4 9 5 3
5	6 1 8 3 2 9
6	1 2 7 9
7	3 2

줄기의 수는 십의 자리, 잎의 수는 일의 자리를 나타내.

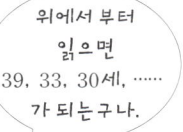
위에서 부터 읽으면 39, 33, 30세, ······가 되는구나.

줄기와 잎 그림에서 왼쪽에 있는 수를 '줄기', 오른쪽에 있는 수를 '잎'이라고 한다. 위의 줄기와 잎 그림에서 줄기가 4인 경우가 가장 많고, 줄기가 7인 경우가 가장 적으므로 40대가 가장 많고, 70대가 가장 적다는 것을 알 수 있다. 이러한 줄기와 잎 그림은 표와 그래프를 혼합한 것으로 각 자료의 수량을 하나도 빠뜨리지 않고 모두 나타낼 수 있고, 자료의 전체적인 특징도 알 수 있다는 장점이 있다. 하지만 자료의 양이 많으면 시간이 오래 걸려서 만들기가 어렵다는 단점도 있다.

개념쌤의 1분 특강

줄기와 잎 그림을 그릴 때는 자료에 있는 순서대로 수를 써 나가는 것이 좋아. 그렇지 않으면 수를 빠뜨리거나 중복되게 쓸 수도 있으니까 주의해.

109 비율그래프

- 전체에 대한 각 항목의 크기를 비율로 나타낸 그래프.
- 비율그래프에는 전체에 대한 각 항목의 비율을 띠 모양으로 나타낸 띠그래프와 원 모양으로 나타낸 원그래프가 있다.

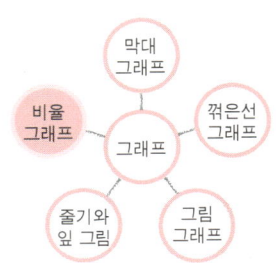

비율그래프의 의미

표나 막대그래프, 꺾은선그래프, 그림그래프, 줄기와 잎 그림은 각 항목별 크기를 알거나 비교할 수는 있지만 각 항목의 크기가 전체의 얼마를 차지하는지 알 수 없다. 다음은 현지네 학교의 전교 회장 선거 결과를 표로 나타낸 것이다. 각 후보의 득표 수가 전체 득표 수의 얼마를 차지하는지 비교하는 방법은 없을까?

〈입후보자별 득표 수〉

입후보자	진주	성민	효중	선아	합계
득표 수(표)	360	180	420	240	1200

'비율그래프'란 띠나 원 등에 전체에 대한 각 항목이 차지하는 비율을 나타낸 그래프이다. 따라서 비율그래프를 그리려면 각 항목이 전체에 대해 차지하는 비율을 알아야 한다. 즉 먼저 오른쪽과 같이 백분율을 구한 다음 그래프를 그려야 한다. 각 입후보자의 득표율을 백분율로 나타내려면 먼저 각 후보의 득표 수를 전체 득표 수로 나눈 다음 100을 곱하면 된다. 이때 구한 백분율의 합은 반드시 100이 되어야 한다.

항목별 백분율 구하는 방법

(항목별 백분율)
$= \dfrac{(\text{후보자별 득표 수})}{(\text{전체 득표 수})} \times 100$

진주: $\dfrac{360}{1200} \times 100 = 30(\%)$

성민: $\dfrac{180}{1200} \times 100 = 15(\%)$

효중: $\dfrac{420}{1200} \times 100 = 35(\%)$

선아: $\dfrac{240}{1200} \times 100 = 20(\%)$

➡ (백분율의 합)
$= 30 + 15 + 35 + 20 = 100(\%)$

띠그래프 그리기

전체에 대한 각 항목의 비율을 띠 모양으로 나타낸 그래프를 '띠그래프'라고 한다. 띠그래프는 비율그래프의 한 종류로 각 항목별 비율에 알맞게 띠를 나누기에 편리하다. 위에서 구한 백분율을 이용하여 각 입후보자별 득표 수를 띠그래프로 나타내면 아래와 같다.

이 띠그래프는 100%를 20칸으로 나누었기 때문에 한 칸은 $100 \div 20 = 5(\%)$임을 알 수 있다. 예를 들어 진주는 30%이므로 6칸을 차지해야 한다. 이와 같이 띠그래프는 전체에 대한 각 부분의 비율을 한눈에 알아보기 쉬울 뿐만 아니라 각 항목끼리의 비율도 쉽게 비교할 수 있다.

〈입후보자별 득표 수〉

| 진주 (30%) | 성민 (15%) | 효중 (35%) | 선아 (20%) |

띠그래프 그리는 방법

① 자료를 보고, 각 항목의 백분율을 구한다. (이때 백분율의 합계가 100%인지 꼭 확인한다.)
② 각 항목들이 차지하는 백분율의 크기만큼 선을 그어 띠를 나눈다.
③ 나눈 각 부분에 각 항목의 이름을 쓴 다음 ( ) 안에 백분율을 쓴다.
④ 알맞은 제목을 붙인다.

원그래프 그리기

'원그래프'는 전체에 대한 각 항목의 비율을 원 모양에 나타낸 그래프이다. 즉 원 모양을 각 항목의 비율만큼 분할하여 나타낸 그래프이다. 따라서 띠그래프처럼 먼저 각 항목별로 백분율을 구한 다음 그래프를 그려야 한다.
다음은 앞에서 구한 백분율을 이용하여 입후보자별 득표 수를 원그래프로 나타낸 것이다.

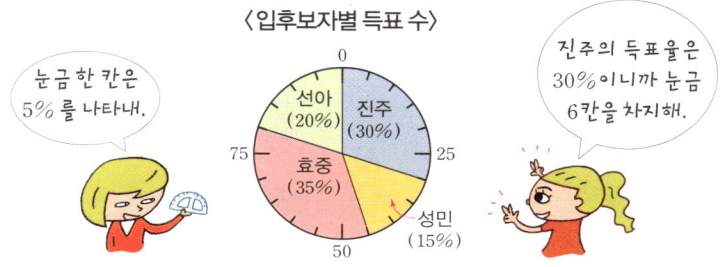

원을 20칸으로 나누었으므로 원그래프의 한 칸은 5%이다. 또 원은 한 바퀴가 360°이므로 한 칸의 중심각의 크기는 360°÷20=18°가 된다. 따라서 선아의 경우 4칸을 차지하므로 중심각의 크기가 18°×4=72°이다.
이와 같이 원그래프도 띠그래프와 마찬가지로 전체에 대한 각 부분의 비율을 한눈에 알아볼 수 있고, 각 항목끼리의 비율도 쉽게 비교할 수 있다. 또 띠그래프는 비율이 작은 부분을 정확하게 표현하기 어렵지만 원그래프는 작은 비율까지도 비교적 쉽게 나타낼 수 있는 장점이 있다.
그렇다면 띠나 원 이외에 다각형으로는 비율그래프를 그릴 수 없을까? 예를 들어 정육각형은 모양과 크기가 같게 6등분, 12등분을 할 수는 있지만 백분율을 나타내기 편하게 20등분, 40등분을 할 수는 없다. 따라서 원 모양이나 띠 모양이 비율그래프를 그리기에 가장 알맞은 모양이다.

원그래프 그리는 방법

① 자료를 보고, 각 항목의 백분율을 구한다.
  (이때 백분율의 합계가 100%인지 꼭 확인한다.)
② 각 항목들이 차지하는 백분율의 크기만큼 선을 그어 원을 나눈다.
③ 나눈 원의 각 부분에 각 항목의 이름을 쓴 다음 ( ) 안에 백분율을 쓴다.
④ 알맞은 제목을 붙인다.

크기, 분포, 변화 등을 나타내기에 좋은 그래프	전체에 대한 부분의 비율을 나타내기에 좋은 그래프
• 막대그래프 : 자료의 크기를 쉽게 비교할 수 있다. • 꺾은선그래프 : 자료의 변화를 한눈에 알 수 있다. • 그림그래프 : 자료의 크기와 분포 상태를 쉽게 알 수 있다. • 줄기와 잎 그림 : 자료의 분포 상태를 쉽게 알 수 있다.	• 비율그래프(띠그래프, 원그래프) : 전체에 대한 부분의 비율을 한눈에 알 수 있다.

110 평균

- 자료 전체의 합을 자료의 개수로 나눈 값.
- 평균은 자료 전체의 합을 자료의 개수로 나누어 구한다.

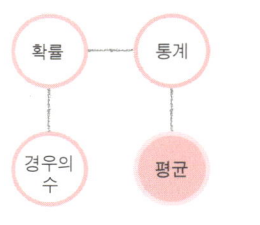

평균의 의미

학교 시험에서 국어 88점, 수학 96점, 사회 84점, 과학 92점을 맞았다. 선생님께서 과목별로 평균 점수가 낮은 사람은 좀 더 노력하자고 하셨다. 그렇다면 평균 점수는 어떻게 구할까?

아래 그림에서 다섯 줄에 있는 블록의 높이는 서로 다르다. 이 블록의 높이를 똑같이 맞출 수 있을까? 높은 줄에 있는 블록을 낮은 줄로 하나씩 옮기면 높이를 같게 만들 수 있다. 즉 한 줄에 쌓여 있는 블록의 개수를 왼쪽부터 차례로 쓰면 3, 5, 4, 2, 6인데 블록의 높이를 같게 만들려면 한 줄에 쌓여 있는 블록의 개수를 모두 4개씩으로 하면 된다.

 → 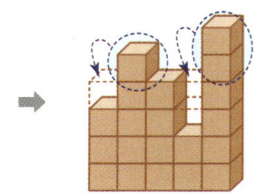 →

그런데 만약 블록의 개수가 매우 많다면 블록을 하나하나 옮겨서 높이를 맞추기가 힘들다. 그럼 어떻게 하면 높이를 쉽게 맞출 수 있을까? 개수가 많아서 일일이 옮기기 어려울 때, 높이를 얼마로 맞추면 될지 미리 알 수 있는 방법이 있다. 그것은 바로 블록 개수의 합을 줄의 수로 나누는 것이다.

위의 블록에서 같게 한 높이만큼의 블록 수가 처음 각 줄에 쌓여 있는 블록 수들의 평균이다. 즉 블록의 개수의 합 20을 줄의 수 5로 나눈 4가 평균이 되는 것이다. 따라서 블록의 개수가 아무리 많아져도 블록의 높이의 평균을 구하면 높이를 같게 만들 수 있다. 이와 같이 '평균'이란 자료 전체의 합을 자료의 개수로 나눈 값을 말한다.

블록을 통해 평균 구하는 방법

① 각 줄에 있는 블록의 개수를 모두 더하기
→ $3+5+4+2+6=20$(개)

② 블록의 개수를 줄의 수로 나누기
→ $20 \div 5 = 4$(개)

$$(\text{평균}) = (\text{자료 전체의 합}) \div (\text{자료의 개수}) = \frac{(\text{자료 전체의 합})}{(\text{자료의 개수})}$$

$$(\text{블록 높이의 평균}) = \frac{3+5+4+2+6}{5} = 4$$

평균으로 자료 해석하기

평균은 자료의 특징을 알고 해석하는 데 도움이 된다.
소희네 모둠 학생들의 윗몸일으키기 기록을 다음과 같이 표로 나타내었다.
소희네 모둠 학생들이 윗몸일으키기 평균은 얼마일까?

〈소희네 모둠 학생들의 윗몸일으키기 기록〉

이름	소희	종현	한수	선아	준배	혜선	상진
횟수(회)	27	53	40	36	39	50	35

$$(평균) = \frac{27+53+40+36+39+50+35}{7} = \frac{280}{7} = 40(회)$$

소희네 모둠 학생들의 윗몸일으키기 기록의 평균은 소희네 모둠 7명의 윗몸일으키기 기록의 합인 280을 학생 수인 7로 나누면 된다. 그럼 윗몸일으키기를 평균보다 많이 한 사람과 적게 한 사람은 각각 누구일까?
종현이와 혜선이의 기록은 평균보다 높고, 소희, 선아, 준배, 상진이의 기록은 평균보다 낮다. 그리고 한수는 딱 평균만큼 했다.

평균 이용하여 문제 해결하기

평균을 알면 빠진 항목의 수를 구할 수 있다. 다음은 소희네 모둠 친구들의 키를 나타낸 표이다. 그런데 소희의 키가 얼마인지 지워져 있다. 이런 경우 평균만 알면 소희의 키를 구할 수 있다.

〈소희네 모둠 학생들의 키〉

이름	소희	종현	한수	선아	준배	혜선	상진
키(cm)	?	145	152	150	146	139	137

만약 소희네 모둠의 평균 키가 145 cm라고 한다면 소희의 키는 얼마일까?
소희의 키를 □ cm라 하고, 평균을 구하는 식을 세워 풀어 보면 다음과 같다.

$$(평균) = \frac{□+145+152+150+146+139+137}{7} = \frac{□+869}{7} = 145$$

➡ □+869 = 145×7
□+869 = 1015
□ = 146

따라서 소희의 키는 146 cm이다. 그럼 소희의 키를 넣어서 모둠 학생들의 키의 평균을 다시 구해 보자. 평균이 145 cm가 나오면 소희의 키를 바르게 구한 것이고, 그렇지 않으면 잘못 구한 것이므로 다시 한 번 확인해 보는 것이 좋다.

구한 답이 맞는지 소희의 키를 다시 식에 넣어서 평균을 구해 봐.

평균에 함정이 있다?

어떤 부족이 다른 부족을 공격하기 위해 병사들을 이끌고 적진으로 향했다. 그런데 적진 바로 앞에 큰 강이 있었다. 강을 건너야 공격을 할 수 있었던 것이다. 이에 부족의 우두머리는 병사들을 이끄는 장군에게 강의 평균 수심이 얼마냐고 물었다. 장군은 140 cm라고 대답했다. 부족의 우두머리는 즉시 강을 건널 것을 명령했다. 병사들의 키는 모두 165 cm 이상이었기 때문이다. 그런데 그만 병사들은 모두 강물에 빠져 버렸다. 강의 한가운데의 수심은 병사들의 키보다 훨씬 깊었기 때문이다. 강을 건너는 데는 평균 수심이 아닌 가장 깊은 곳의 수심이 문제가 되었던 것이다.

> 대장님! 평균 수심이 140 cm입니다.
> 그러면 강을 건너라! 병사들의 키는 모두 165 cm 이상이다. 자 돌격!

개념쌤의 쪽집게 특강

평균을 구할 때 자료의 값이 같은 경우 한 번만 더하는 경우가 있어. 자료 전체의 값을 구할 때에는 같은 값이라도 그 개수만큼 꼭 더해 줘.

111 경우의 수

- 어떤 일이 일어날 수 있는 경우의 가짓 수.
- 두 가지 일이 동시에 일어나는 경우의 수는 짝을 지어 알아본다.

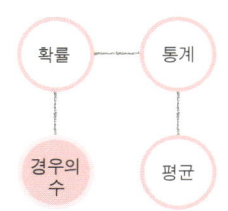

경우의 수의 의미

아래의 왼쪽 그림은 희재가 옷장에서 꺼낸 옷과 모자이다. 희재가 이 옷과 모자를 서로 바꾸어 가면서 입는 경우는 모두 몇 가지인지 알아보자. 희재가 옷장에서 꺼낸 옷은 그림과 같이 윗옷 2개, 아래옷 2개, 그리고 모자 2개이다. 이것을 서로 바꾸어 가면서 입는 경우를 하나씩 그림으로 그려 보면 아래의 오른쪽 그림과 같이 모두 8가지이다. 즉 희재가 옷과 모자를 바꾸어 입는 경우의 수는 8이다. 이와 같이 '경우의 수'란 어떤 일이 일어날 수 있는 가짓 수를 말한다.

상의 2개, 하의 2개, 모자 2개로 입을 수 있는 경우의 수 : 8

경우의 수의 예

⟨딱지치기의 경우의 수⟩

앞면 뒷면

딱지 한 개를 던졌을 때, 나오는 면의 경우의 수는 2이다.

⟨주사위 눈의 경우의 수⟩

주사위 한 개를 던졌을 때, 나오는 면의 경우의 수는 6이다. 또 짝수는 2, 4, 6, 홀수는 1, 3, 5이므로 짝수의 눈과 홀수의 눈이 나오는 경우의 수는 각각 3이다.

⟨가위바위보의 경우의 수⟩

가위바위보에서 한 사람마다 낼 수 있는 경우의 수는 가위, 바위, 보로 3이다.

간단한 경우의 수

딱지 한 개를 쳤을 때 딱지의 면이 나오는 경우를 알아보면 앞면 또는 뒷면이 나올 수 있으므로 2가지이다. 동전도 마찬가지로 숫자면과 그림면이 있으므로 동전 한 개를 던졌을 때, 면이 나오는 경우는 2가지이다. 즉 딱지 한 개를 쳤을 때, 딱지의 면이 나오는 경우의 수와 동전 한 개를 던졌을 때, 동전의 면이 나오는 경우의 수는 각각 2이다.

이번에는 주사위 한 개를 던졌을 때, 나오는 눈의 경우의 수를 구해 보자. 주사위의 눈은 1, 2, 3, 4, 5, 6이므로 주사위 한 개를 던졌을 때, 나오는 눈의 경우의 수는 6이다. 또 짝수는 2, 4, 6이고, 홀수는 1, 3, 5이므로 주사위 한 개를 던졌을 때, 짝수의 눈과 홀수의 눈이 나오는 경우의 수는 각각 3이다. 이외에도 주사위를 이용하여 몇 이상의 수, 몇 미만의 수가 나오는 경우의 수 등 다양한 경우의 수를 구할 수 있다.

가위바위보를 할 때 한 사람이 낼 수 있는 경우의 수는 얼마일까? 사람의 수가 아무리 많아져도 한 사람은 가위 또는 바위 또는 보를 낼 수 있으므로 경우의 수는 3이다.

두 가지 일이 동시에 일어나는 경우의 수

앞면과 뒷면이 다른 두 종류의 딱지가 있다. 이 딱지 2개를 던졌을 때 면이 나오는 경우의 수는 얼마일까?

이와 같이 두 가지 일이 동시에 일어나는 경우에는 두 가지의 일을 서로 짝지어 경우의 수를 구하면 된다. 즉 딱지 한 개에 면이 각각 2개씩 있으므로 짝을 지어 생각해 보면 (앞, 앞), (앞, 뒤), (뒤, 앞), (뒤, 뒤)로 면이 나오는 모든 경우의 수는 4이다.

〈딱지 2개를 동시에 던졌을 때의 경우의 수〉
- 둘 다 앞면이 나올 경우 : (앞면, 앞면) → 1가지
- 하나는 앞면, 다른 하나는 뒷면이 나올 경우 : (앞면, 뒷면), (뒷면, 앞면) → 2가지
- 둘 다 뒷면이 나올 경우 : (뒷면, 뒷면) → 1가지
  ➡ 딱지 2개를 동시에 던졌을 때, 나오는 면의 경우의 수 : 4

여러 가지 경우의 수

다음과 같이 견우와 직녀가 직사각형을 3개 붙인 모양의 길에서 만나려고 한다. 견우가 가장 가까운 길로 가서 직녀와 만나는 경우의 수는 얼마일까?
이런 경우에는 직접 그림을 그려서 알아보면 경우의 수를 쉽게 구할 수 있다.

견우가 가장 가까운 길로 가는 경우는 아래와 같이 4가지이므로 경우의 수는 4이다.

흥미로운 경우의 수

바둑돌이 든 통 3개에 쓰여 있는 말은 모두 거짓이다. 이 중 어느 두 통을 골라 각각 바둑돌을 2개만 꺼내어 보고 각 통에 어떤 색의 바둑돌이 들어 있는지 정확히 알아낼 수 있을까?

(나)에서 바둑돌 한 개를 꺼냈더니 흰색이 나왔다고 하자. 그러면 이 통의 바둑돌은 흰색이거나 섞인 것이다. 따라서 (가)의 바둑돌의 색은 다음과 같이 2가지 경우이다.
① (나)가 흰색이면 (가)는 섞인 것, (다)는 검은색
② (나)가 섞인 것이면 (가)는 검은색, (다)는 흰색
이제 어느 한 통에서 바둑돌 한 개만 꺼내어 보면 각 통의 바둑돌의 색을 정확히 맞힐 수 있다.
정답은 (다)이다. (다)는 섞인 것이라고 쓰여 있으므로 (다)의 바둑돌은 한 가지 색이다. 만약 (다)에서 검은 돌이 나왔다면 정답은 ①번, (다)에서 흰 돌이 나왔다면 정답은 ②번이다.

두 가지 일이 동시에 일어나는 경우의 수는 각각의 일어나는 경우의 수를 곱하면 돼.

112 나뭇가지 그림

- 어떤 사건이 일어나는 모든 경우를 나뭇가지가 나뉘어지는 것처럼 그림으로 나타낸 것.
- 순서가 있는 경우의 수를 구할 때에는 나뭇가지 그림을 그려서 알아본다.

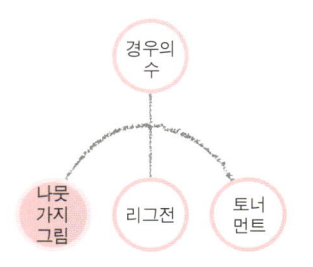

나뭇가지 그림 그리기

경민, 준성, 혜영 세 사람이 이어달리기 선수로 뽑혀서 날마다 순서를 바꾸어서 연습을 하기로 했다. 세 사람이 서로 순서를 바꾸어 달리는 방법은 모두 몇 가지가 있을까?

경민, 준성, 혜영이가 각각 첫째 번으로 달리는 경우의 수는 각각 같다. 따라서 세 사람이 서로 순서를 바꾸어 달리는 경우의 수는 경민이가 첫째 번으로 달리는 경우의 수를 구한 다음 3을 곱하면 된다.

이와 같이 순서가 있는 경우의 수를 구할 때에는 순서대로 모든 경우를 늘어놓아 전체의 가짓수를 구한다.

⟨세 사람이 이어달리기를 하는 순서의 경우의 수를 (첫째, 둘째, 셋째)로 나타내면⟩

경민이가 첫째인 경우 : (경민, 준성, 혜영), (경민, 혜영, 준성)
준성이가 첫째인 경우 : (준성, 경민, 혜영), (준성, 혜영, 경민) ➡ 경우의 수는 $2 \times 3 = 6$
혜영이가 첫째인 경우 : (혜영, 경민, 준성), (혜영, 준성, 경민)

위와 같이 세 사람이 이어달리기를 하는 순서의 경우의 수를 알아볼 때 다음과 같은 그림을 그리면 빠뜨리지 않고 셀 수 있어서 좋다. 이러한 그림을 '나뭇가지 그림'이라고 한다. 나뭇가지 그림은 어떤 사건이 일어나는 모든 경우를 나뭇가지가 나뉘어지는 것처럼 그림으로 나타낸 것이다. 그래서 특히 순서가 있는 경우의 수를 구할 때 사용하면 편리하다.

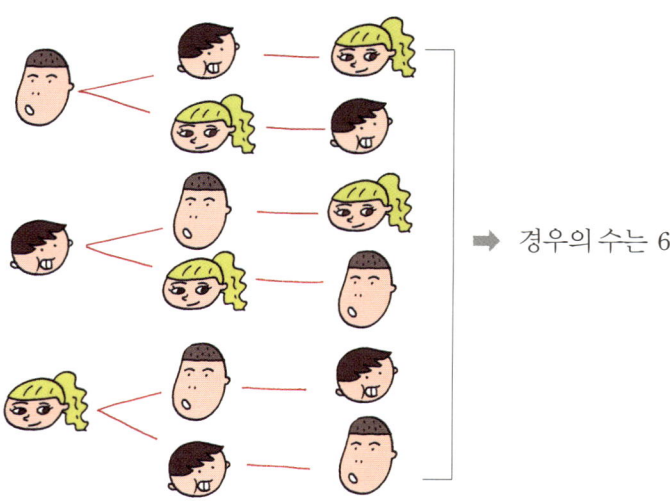

➡ 경우의 수는 6

숫자 카드로 네 자리 수 만들기

0, 2, 4, 7 네 장의 숫자 카드로 네 자리 수를 만드는 경우의 수를 알아보면 백의 자리에 올 수 있는 수는 2, 4, 7이고, 이때 각각 6가지 경우의 수가 있으므로 전체 경우의 수는 $6 \times 3 = 18$이다.

먼저 백의 자리에 올 수 있는 숫자부터 정해.

0은 백의 자리에 올 수 없으니까 주의해야 해.

개념쌤의 눈 특강

숫자 카드로 종종 수를 만드는 문제가 나와. 이때 첫째 자리에는 0이 올 수 없는 거 알지?

113 리그전과 토너먼트

- 리그전은 속한 팀과 한 번도 빠짐없이 한 차례씩 경기를 치르는 것.
- 토너먼트는 경기를 할 때마다 진 팀을 제외시키면서 이긴 팀끼리 겨루어 최후에 남은 두 팀으로 우승을 가리는 것.

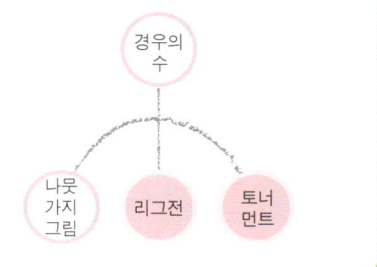

리그전

종수네 학교 6학년 4개 반이 서로 한 번씩 경기를 해서 가장 많이 이긴 팀에게 상을 주기로 한다면, 피구 경기를 하는 경우의 수는 얼마일까?

■팀이 서로 한번씩 경기를 할 때의 경기 수는 (■−1)+(■−2)+ ······ +2+1(번)이야!

두 팀 사이에 그은 선의 수가 경기의 수이다. 이와 같이 참가 팀들이 모두 서로 한 번씩 경기를 하여 그중 가장 성적이 좋은 팀을 뽑는 경기 방식을 '리그전'이라고 한다. 즉 리그전은 속한 팀과 한 번도 빠짐없이 경기를 하는 방식이다.

〈4개의 반이 서로 한 번씩 경기를 하는 경우의 수〉

(1반, 2반), (1반, 3반), (1반, 4반), (2반, 1반), (2반, 3반), (2반, 4반), (3반, 1반), (3반, 2반), (3반, 4반), (4반, 1반), (4반, 2반), (4반, 3반)이라고 해서 경기를 모두 12번 한다고 생각하면 안 된다. 예를 들어 (1반, 2반)과 (2반, 1반)은 같은 경우이므로 한 번으로 생각해야 한다. 따라서 중복되는 경우를 제외하면 실제 경기의 수는 선으로 묶은 6가지 경우이다.

토너먼트

이번에는 6학년 4개 반에서 두 반씩 경기를 하고, 이긴 팀끼리 경기를 해서 우승팀을 가리려고 한다. 경기를 하는 경우의 수는 어떻게 구할까?

이와 같이 참가 팀들이 2팀씩 경기를 해서 진 팀은 탈락하고, 이긴 팀만 다시 경기를 하는 과정을 반복해서 최종 우승팀을 뽑는 경기 방법을 '토너먼트'라고 한다. 토너먼트는 리그전과는 경기 횟수가 다른데 먼저 두 팀이 경기를 한 다음 이긴 팀끼리만 경기를 한 번 더 하면 되므로 경우의 수는 3이다.

월드컵으로 알아보는 리그전과 토너먼트

월드컵은 리그전과 토너먼트를 혼합하는 방식으로 경기를 한다.
먼저 32강에서는 4팀씩 8그룹으로 나눠서 한 그룹 안에 있는 4팀이 리그전으로 경기를 한 다음 2팀씩을 뽑는다. 즉 한 그룹 안에서 각각 6번씩의 경기가 이루어지는 것이다. 그리고 16강부터는 토너먼트이다. 따라서 16강, 8강, 4강, 결승전이 되는 것이다. 한편 4강에서 탈락한 두 팀끼리는 3, 4위전을 한다. 그래서 월드컵에서는 모두 16번의 경기가 이루어진다.

16강에서는 8팀, 8강에서는 4팀, 4강에서는 2팀, 결승전에서는 한 팀이 탈락해서 최종 우승자를 가려.

개념쌤의 1분 특강

A팀과 B팀이 경기 한 것과 B팀과 A팀이 경기 한 것은 같은 경기야. 그러니까 리그전에서 경기의 수를 셀 때 중복되지 않도록 주의해.

114 확률

- 어떤 일이 일어날 수 있는 가능성의 정도.
- 확률은 $\dfrac{(어떤 사건이 일어날 경우의 수)}{(모든 경우의 수)}$ 이다.

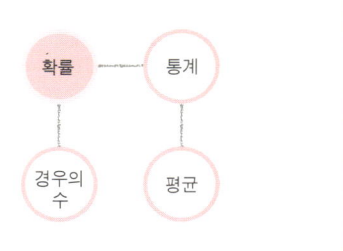

확률의 의미

일기예보에서 내일 비가 올 확률이 70%라고 한다면 내일 비가 온다는 것일까? 오지 않는다는 것일까? 이러한 경우 이외에도 일상생활에서 '확률'이라는 말은 흔하게 쓰인다.

확률은 어떤 일이 일어나는 가능성 정도를 말한다. 가능성이 높으면 그 일이 자주 일어나고, 가능성이 낮으면 그 일이 적게 일어나는 것이다. 다음의 예를 살펴보자.

어느 백화점에서 원판을 돌려 경품을 맞히는 사람에게 맞힌 경품을 주는 행사를 했다. 원판에는 각 경품이 차지하는 비율이 달랐다. 즉 꽝이 나오는 비율은 높았고, 상품권이 나오는 비율은 낮았다. 하지만 원판을 돌릴 때마다 항상 꽝이 많이 나오고, 상품권이 적게 나오는 것은 아니다. 운이 좋으면 비율이 낮은 상품권이 자주 나올 수도 있다. 이렇게 확률은 실제로 일어나는 상황과는 다를 수 있다. 하지만 원판을 수없이 많이 돌렸을 때는 비율이 높은 순서대로 결과가 나오게 될 것이다.

확률 구하는 방법

수학에서의 확률은 모든 경우의 수에 대한 어떤 사건이 일어날 경우의 수의 비율이다. 따라서 확률을 구하려면 먼저 경우의 수가 얼마인지 알아야 한다. 예를 들어 100원짜리 동전 한 개를 던졌을 때 그림면이 나오는 확률을 직접 구해 보자.

100원짜리 동전 한 개를 던지면 그림면이 나오거나 숫자면이 나올 수 있으므로 동전의 면이 나오는 경우의 수는 2이다. 그중에서 그림면이 나오는 경우의 수는 1이므로 그림면이 나오는 확률은 $\dfrac{1}{2}$이다. 마찬가지 방법으로 숫자면이 나오는 경우의 수도 1이므로 숫자면이 나오는 확률도 $\dfrac{1}{2}$이 된다.

이때 그림면과 숫자면이 나오는 확률을 더하면 $\dfrac{1}{2}+\dfrac{1}{2}=1$이 된다. 즉 어떤 사건이 일어나는 모든 경우에 대한 확률의 합은 1이다.

(동전의 그림면이 나올 확률)$=\dfrac{(동전의 그림면이 나오는 경우의 수)}{(동전을 던져 나오는 면의 모든 경우의 수)}=\dfrac{1}{2}$

확률

확률은 어떤 일이 일어나는 가능성을 뜻한다. 그렇다고 실제로 확률대로 일어나는 것은 아니며, 횟수가 많아질수록 확률에 가까워진다.

확률 구하는 방법

(확률)$=\dfrac{(어떤 사건이 일어날 경우의 수)}{(모든 경우의 수)}$

생활 속 여러 가지 확률

두 사람이 가위바위보를 했을 때 이길 확률은 얼마일까? 어떤 사람은 계속 이길 수 있고, 어떤 사람은 계속 질 수도 있다. 또 계속 비길 수도 있다. 그러나 가위바위보를 할 때 이기거나 지거나 비기는 것을 확률로 따지면 다음과 같이 모두 같다.

A, B 두 사람이 동시에 가위바위보를 했을 때,
➡ 두 사람이 낼 수 모든 경우의 수는 9
A가 이기는 경우 (B가 지는 경우) (A, B) : (가위, 보), (바위, 가위), (보, 바위)
➡ 확률은 $\frac{3}{9} = \frac{1}{3}$
A가 지는 경우 (B가 이기는 경우) (A, B) : (가위, 바위), (바위, 보), (보, 가위)
➡ 확률은 $\frac{3}{9} = \frac{1}{3}$
A와 B가 비기는 경우 : (가위, 가위), (바위, 바위), (보, 보)
➡ 확률은 $\frac{3}{9} = \frac{1}{3}$

우리가 낼 수 있는 모든 경우의 수는 9야.

그럼 제비뽑기에서 당첨 제비를 뽑을 확률은 얼마일까? 어떤 경품 행사에서 상자 안에 경품이 적힌 종이나 공을 넣어 두고 한 개를 뽑게 하는 경우가 있다. 예를 들어 상자 안에 100개의 제비가 들어 있을 때, 그중 한 개의 제비를 뽑아 당첨될 확률은 다음과 같다.

뽑을 수 있는 모든 경우의 수가 100일 때,
당첨 제비가 1개일 경우 한 개의 제비를 뽑아 당첨될 확률
➡ $\frac{1}{100}$
당첨 제비가 10개일 경우 한 개의 제비를 뽑아 당첨될 확률
➡ $\frac{10}{100} = \frac{1}{10}$
당첨 제비가 50개일 경우 한 개의 제비를 뽑아 당첨될 확률
➡ $\frac{50}{100} = \frac{1}{2}$

당첨 제비가 하나도 없을 경우에는 당첨될 확률은 0이야.

이번에는 원판 돌리기에서의 확률을 구해 보자. 아래의 오른쪽 그림과 같은 원판을 돌렸을 때, 각 색깔이 나오는 확률은 얼마일까? 원판을 똑같이 8등분 한 것 중에 빨간색은 4칸, 파란색은 3칸, 노란색은 1칸이므로 빨간색이 나올 확률이 가장 높고, 노란색이 나올 확률이 가장 낮다.

빨간색이 나오는 경우의 수 : 4 ➡ 확률은 $\frac{4}{8} = \frac{1}{2}$
파란색이 나오는 경우의 수 : 3 ➡ 확률은 $\frac{3}{8}$
노란색이 나오는 경우의 수 : 1 ➡ 확률은 $\frac{1}{8}$

확률을 나타내는 방법

비가 올 확률, 복권에 당첨될 확률 등 일상생활에서 많이 사용하는 확률은 분수 이외에 소수, 백분율, 할 푼리 등 다양한 비율로 나타낼 수 있다.

예를 들어 비가 올 확률이 70%라는 것은 $\frac{7}{10}$, 0.7, 7할 등으로 나타낼 수 있다.

일기예보를 할 때에는 주로 백분율을 사용하지만 야구 경기에서 타율은 할푼리를 사용한다.

어떤 야구 선수의 타율이 3할 2푼 4리라는 것은 타석에 1000번 들어섰을 때, 324번의 안타를 친다는 말이다.

이러한 확률의 범위는 0부터 1까지의 수이고, 백분율로 나타내면 0%부터 100% 사이의 수가 된다.

100%이면 그 일은 반드시 일어나.

개념쌤의 1분 특강

확률이 0이면 불가능한 일이고, 확률이 1이면 반드시 일어나는 일이야. 간단하지?

115 집합

- 어떤 주어진 조건에 따라 그 대상을 분명하게 알 수 있는 것들의 모임.
- 집합을 벤 다이어그램으로 나타내면 집합 사이의 관계를 쉽게 알 수 있다.

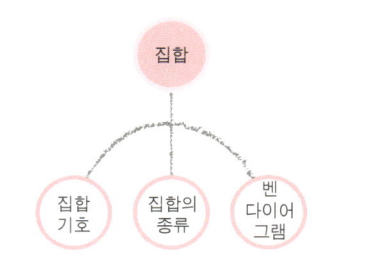

집합의 의미

'키 큰 사람은 오른쪽에, 작은 사람은 왼쪽에 집합', 그리고 '여학생은 교실에, 남학생도 운동장에 집합'이라고 했을 때 나는 어디에 서야 할까?
수학에서 어떤 주어진 조건에 따라 그 대상을 분명하게 알 수 있는 것들의 모임을 '집합'이라고 한다. 그럼 위의 예에서 집합을 될 수 있는 것은 어느 것이고, 집합이 될 수 없는 것은 어느 것일까?
우선 여학생들과 남학생들의 모임은 조건이 명확하므로 집합을 만들 수 있다. 즉 교실에 모이는 사람은 여학생들의 집합이고, 운동장에 모이는 사람은 남학생들의 집합이다. 그러나 키가 큰 사람은 집합이 될 수 없다. 왜냐하면 키가 크고 작은 것을 나누는 명확한 기준이 없기 때문이다. 그러나 만약 키가 150 cm 이상인 사람은 오른쪽에, 150 cm 미만인 사람은 왼쪽에 서라고 했다면 조건이 명확하므로 집합이 될 수 있다. 이러한 집합의 대상은 수는 물론이고, 글자, 사람 등 존재하는 모든 것이 가능하다.

남학생들의 모임과 여학생들의 모임은 집합이다.

집합 기호와 유한집합, 무한집합, 공집합

집합은 기호 { }을 사용하여 나타낸다. 또 집합을 이루는 대상 하나하나를 '원소'라고 한다. 예를 들어 10보다 작은 2의 배수의 집합은 {2, 4, 6, 8}로 나타내고, 이때 2, 4, 6, 8을 이 집합의 원소라고 한다. 그리고 이와 같이 원소의 개수가 유한개인 집합을 '유한집합'이라고 한다. 또 원소의 개수가 무수히 많은 집합을 '무한집합', 원소의 개수가 하나도 없는 집합을 '공집합'이라고 한다. 공집합은 기호 ϕ로 나타낸다.
다음 몇 가지 집합의 예를 보고 유한집합, 무한집합, 공집합을 찾아보자.

키가 150 cm 이상인 사람의 모임과 키가 150 cm 미만인 사람의 모임은 집합이다.

- 자연수의 집합 : {1, 2, 3, ……}
- 2 이상 5 미만의 짝수의 집합 : {2, 4}
- 5보다 크고 7보다 작은 홀수의 집합 : ϕ

자연수는 셀 수 없이 많으므로 자연수의 집합은 무한집합이다. 또 2 이상 5 미만의 짝수의 집합은 원소의 개수가 2개이므로 유한집합이다. 그리고 5보다 크고 7보다 작은 홀수는 없으므로 공집합이다. 공집합도 유한집합이다.

집합의 포함 관계

일반적으로 집합은 알파벳의 대문자 A, B, C, ……를 써서 나타내고 원소는 소문자 a, b, c, ……를 써서 나타낸다. 또 어떤 원소가 집합에 속해 있는지 없는지 나타낼 때에는 기호 '∈'나 '∉'를 사용한다.

예를 들어 집합 A={1, 2, 3, 4, 5}라고 할 때, 3은 집합 A에 속한다는 것과 6은 집합 A에 속하지 않는다는 것을 각각 다음과 같이 나타낸다.

3∈A   6∉A

3은 집합 A에 속한다.   6은 집합 A에 속하지 않는다.

또 집합 A의 모든 원소가 다른 집합 B의 원소가 될 때 'A는 B에 포함된다.' 또는 'B는 A를 포함한다'라고 한다. 이때 A는 B의 '부분집합'이라고 한다. 이러한 집합과 집합 사이의 포함 관계는 기호 ⊂나 ⊄ 또는 =를 써서 나타낸다.

예를 들어 집합 A={1, 3, 5}이고 집합 B={1, 2, 3, 4, 5}일 때 '집합 A는 집합 B에 포함된다' 또는 '집합 B는 집합 A를 포함한다'라고 하고 A⊂B로 나타낸다.

한편 공집합은 모든 집합의 부분집합이고, 모든 집합은 그 자신의 부분집합이 된다.

벤 다이어그램

집합을 원, 타원, 직사각형 등의 그림으로 나타낸 것을 '벤 다이어그램'이라고 한다. 즉 벤 다이어그램은 집합 사이의 관계를 쉽게 설명하기 위해서 나타낸 그림이다.

벤 다이어그램은 집합을 나타내는 도형을 그리고 테두리에 집합 기호를 대문자로 쓴다. 그리고 도형 안에 수나 기호, 문자 등의 원소를 쓰면 된다. 이때 두 집합에 공통인 원소가 있는지 없는지에 따라 벤 다이어그램의 모양이 달라진다.

또 다음과 같이 두 집합 A, B가 속하는 전체의 큰 집합이 있을 때에는 집합 A, B를 포함하는 전체 집합을 직사각형 모양으로 그린다. 이러한 벤 다이어그램은 집합 사이의 관계를 쉽게 알 수 있게 하고, 집합의 원소의 개수를 구하는 등의 문제 해결에 유용하게 쓰인다.

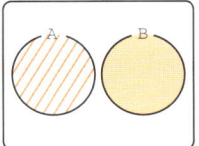
집합 A와 집합 B에 공통인 원소가 없다.

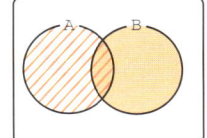
집합 A와 집합 B에 공통인 원소가 있다.

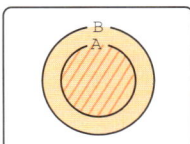
집합 A의 모든 원소가 집합 B의 원소에 포함된다.

벤 다이어그램은 누가 만들었을까?

벤 다이어그램은 1834년 잉글랜드에서 태어난 논리학자이자 철학자이고 수학자인 존 벤이 최초로 고안하고 사용한 그림이다.

벤 다이어그램은 서로 다른 집합들 사이의 관계를 단순히 숫자나 공식, 기호에 그치지 않고 그림으로 나타냄으로써 쉽게 이해할 수 있게 도와준다.

집합에는 2개 이상의 부분집합과 그 집합들을 포함하는 전체집합이 있다.

또 그 부분집합들의 원소를 중복되지 않게 나열한 합집합이 있고, 부분집합의 공통된 원소들만 속하는 교집합 등이 있다.

벤 다이어그램은 자칫 복잡하기 쉬운 이러한 집합 사이의 관계를 간단하게 정리해 준다.

개념쌤의 1분 특강

집합일까? 아닐까? 헷갈리지? 먼저 조건이 명확한지 생각해 봐.

생활을 편리하게 하는 퍼지이론

퍼지이론은 무엇일까?

퍼지(fuzzy)이론은 1965년 미국 캘리포니아 주 버클리 대학의 제데(Zedeh) 교수에 의해 처음 제안되었다.

제데 교수는 자기 부인의 아름다운 외모를 정확한 수치로 환산해서 '아름다움의 절대 평가 기준'을 만들기 위해 퍼지이론을 도입하였다고 한다. 0과 1이라는 기준으로 움직이던 컴퓨터가 퍼지이론을 통해 인간이 할 수 있는 생각, 학습 등을 좀더 근접하게 할 수 있도록 만들어졌다.

퍼지는 '애매하다', '모호하다'라는 뜻으로 퍼지이론은 애매하고 불분명한 상황에서 여러 문제들을 판단, 결정하는 과정에 대하여 수학적으로 접근하려는 이론을 말한다. 즉 '예' 또는 '아니오' 등의 2가지 방법밖에 처리할 수 없었던 컴퓨터 시스템을 인간이 생각하는 것처럼 다양한 결정을 할 수 있게 만든 이론이 퍼지이론이다.

'조금 크다'와 '조금 작다' 등으로 표현할 수 있는 퍼지이론

우리 반 친구들의 키를 조사하였더니 가장 작은 친구는 100cm이고, 가장 키가 큰 친구는 135cm이다. 그리고 우리 반의 평균 키를 알아보았더니 121cm였다. 이때 평균 키보다 큰 친구는 '키가 크다'고 정하고 평균 키보다 작으면 '키가 작다'라고 정해 보자. 그러면 122cm이면 키가 큰 것이고, 120cm이면 키가 작은 것이 된다. 이를 퍼지이론을 적용해서 그래프로 나타내어 보자.

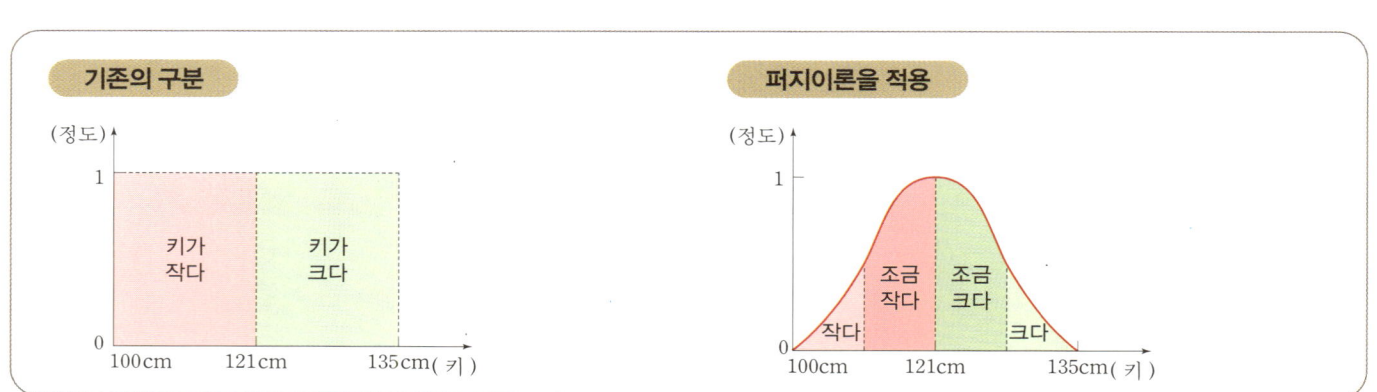

퍼지이론이 나오기 전까지 컴퓨터로는 키가 큰 것과 키가 작은 것만을 구별할 수 있었다. 그러나 퍼지이론이 적용된 후에는 '크다', '작다' 외에 '조금 크다'와 '조금 작다'를 알 수 있게 되었다. 그럼 우리 일상생활에서는 어떤 점이 좋아졌는지 알아보자.

📖 생활을 편리하게 하는 퍼지이론

컴퓨터가 사용되는 곳곳에 퍼지이론의 활용으로 우리 생활이 점점 편리해지고 있다.
퍼지이론이 적용되는 곳은 다음과 같다.

기존의 지하철

퍼지이론이 적용된 지하철

지하철

지하철을 운행할 때 자동으로 정지하는 시스템을 활용하게 되는데, '예' 또는 '아니오' 방식으로 운행할 때에는 갑자기 속도가 줄어들거나 또는 빨라져서 덜컹거리는 움직임이 많았다. 하지만, 퍼지이론이 적용되고 난 후에는 무리하게 멈추는 현상이 줄어들어 지하철을 훨씬 편하게 탈 수 있게 되었다. 이것은 속도가 늘어나고 줄어드는 단계를 여러 단계로 나누어서 늘어나거나 줄어들 수 있도록 퍼지이론을 적용했기 때문이다.

밥솥

밥을 해서 전기밥솥에 넣어 두면 밥을 항상 따뜻하게 유지할 수 있다. 기존의 전기밥솥은 스위치가 있어서 밥의 온도가 내려가면 자동으로 'on'이 되어 밥을 다시 데워 주고, 일정 온도가 되면 더 이상 올라가지 않도록 자동으로 'off'가 되도록 되었다. 즉 밥통에 전원을 들어오게 했다가 꺼지게 했다가 하는 2가지 방식으로 밥의 온도를 유지해 주었다. 하지만, 요즘에 만들어지는 퍼지 밥솥은 아래 표와 같이 기존의 전기 밥솥보다 좀 더 세밀하게 온도를 통제해 주고 열을 가해 주므로 좀더 양호한 상태로 밥의 온도를 유지해 줄 수 있다.

	낮은 온도	기준 온도	높은 온도
온도 올라감	조금 가열	가열 중지	가열 중지
온도 고정	가열	조금 가열	가열 중지
온도 내려감	세게 가열	가열	조금 가열

기존의 전기밥솥

퍼지이론이 적용된 전기밥솥

퍼지이론의 가로등

가로등

가로등은 어두운 길을 밝혀 주기 때문에 날이 어두워지면 켜지고, 날이 밝으면 꺼져야 한다. 하지만 매일매일 해 뜨는 시각과 해 지는 시각이 달라진다. 따라서 "아침 7시에 꺼지고, 저녁 7시에 켜라"라는 명령어를 "가로등을 날이 밝으면 꺼지고 날이 어두워지면 켜져라"로 바꾸면 전기를 낭비하는 일이 없어질 것이다.

규칙성과 문제해결

- **116** 규칙
- **117** 곱셈표의 규칙
- **118** 무늬 만들기
- **119** 도형 덮기
- **120** 대응
- **121** 일대일 대응
- **122** 정비례
- **123** 반비례
- **124** 비와 비율
- **125** 백분율
- **126** 할푼리
- **127** 비례식

128 연비	**135** 간단히 하여 풀기
129 비례배분	**136** 거꾸로 생각하여 풀기
130 방정식	**137** 식을 세워 풀기
131 예상하고 확인하여 풀기	**138** 나뭇가지 모양의 그림으로 풀기
132 표 만들어 풀기	● 한눈에 들여다보기
133 그림 그려 풀기	
134 규칙 찾아 풀기	

116 규칙

- 모양이나 수 또는 색깔 등 어떤 요소가 일정하게 변하는 법칙.
- 규칙에는 수, 모양, 색깔 등이 반복되는 규칙도 있고, 일정하게 늘어나거나 줄어드는 규칙 등이 있다.

규칙 ----- 대응

반복되는 규칙의 종류

일상생활에서 모양이나 색깔, 숫자 등이 일정하게 반복되거나 늘어나거나 줄어드는 것을 볼 수 있다. 이렇게 모양이나 수 또는 색깔 등의 어떤 요소가 일정하게 변하는 법칙을 '규칙'이라고 한다.

아래의 그림에서 진영이와 민수가 체조하는 모습을 살펴보자. 진영이는 두 동작을 반복해서 하고 있고, 민수는 세 동작을 반복해서 하고 있다.

이와 같이 반복되는 규칙은 우리 생활에서도 많이 발견할 수 있고, 우리는 반복되는 부분을 통해 다음에 어떤 것이 나올지 미리 예측할 수 있다.

반복되는 규칙의 종류에는 여러 가지가 있다. 오른쪽은 반복되는 규칙의 대표적인 예이다. 이외에도 규칙의 종류는 셀 수 없이 많다.

반복되는 규칙의 종류

AB 형태

ABB 형태

ABC 형태

AABB 형태

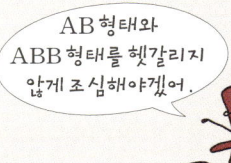
AB 형태와 ABB 형태를 헷갈리지 않게 조심해야겠어.

수의 규칙

일정하게 나열된 수에서도 여러 가지 규칙을 발견할 수 있다.

$1 \div 3 = 0.33333333333\cdots\cdots$, $25 \div 99 = 0.2525252525\cdots\cdots$와 같이 많이 나누어떨어지지 않는 경우에 소수점 아래 숫자가 반복되는 경우가 있다. 이런 수는 소수점 아래 몇째 자리라도 그 숫자가 무엇인지 알아낼 수 있다.

이렇게 단순하게 수가 반복되는 규칙 이외에도 일정한 규칙으로 수가 점점 커지거나 작아지는 규칙도 있다. 또 앞의 두 수와 뒤에 오는 수의 관계에 일정한 규칙이 있는 경우도 있다.

〈수의 규칙〉

1 — 4 — 7 — 10 — 13 ……
  +3 +3 +3 +3

뒤의 수는 앞의 수보다 3씩 커진다.

600 — 500 — 400 — 300 ……
  −100 −100 −100

뒤의 수는 앞의 수보다 100씩 작아진다.

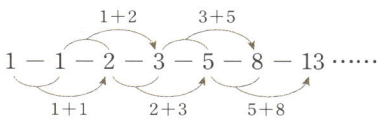

1 — 1 — 2 — 3 — 5 — 8 — 13 ……

맨 앞에 1이 있고, 앞의 두 수를 더하면 다음 수가 된다.

달력의 규칙

달력에는 여러 가지 재미있는 규칙이 숨어 있다.

규칙1 달력에서 볼 수 있는 가장 중요한 규칙은 일, 월, 화, 수, 목, 금, 토로 7일마다 같은 요일이 반복된다는 것이다. 즉 오늘이 일요일이면 7일 후도 일요일, 14일 후도 일요일이다.

규칙2 달력의 수는 오른쪽으로 갈수록 1씩 커진다. 위의 달력에서 보면 1부터 7까지, 8부터 14까지, ……, 각 가로줄에 있는 수가 오른쪽으로 갈수록 차례로 1씩 커진다는 것을 알 수 있다.

규칙3 달력의 수는 아래로 내려갈수록 7씩 커진다. 세로줄은 모두 같은 요일이기 때문이다. 위의 달력에서 수요일인 날짜를 찾아보면 4일, 11일, 18일, 25일로 7씩 커지고 있다.

도형의 규칙

도형의 경우에도 수와 마찬가지로 반복이 되는 규칙도 있고, 도형의 개수가 점점 늘어나거나 줄어드는 규칙이 있다. 또 색칠된 칸의 수가 일정한 규칙으로 많아지거나 색칠된 칸의 위치가 일정한 방향으로 규칙적이게 이동하는 규칙도 있다.

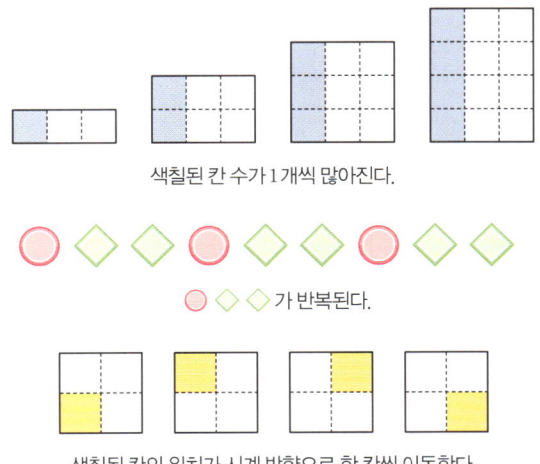

달력의 재미있는 규칙

달력에 있는 수를 3칸씩 3줄로 아무렇게나 직사각형으로 묶어 보자. 예를 들어 다음과 같이 9개의 수를 묶어 보자.

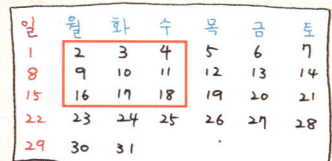

이제 사각형 안에 있는 9개의 수를 더해 보면
2+3+4+9+10+11+16+17+18=90이 된다는 것을 알 수 있다. 그런데 이 계산을 단 2초 만에 할 수 있는 방법이 있다. 그것은 바로 10×9=90과 같이 가운데 수에 9만 곱하면 된다.
왜 그럴까? 이것은 가운데 수를 중심으로 반대쪽에 있는 두 수의 합이 모두 가운데 수의 2배가 되는 규칙이 있기 때문이다.

개념쌤의 1분 특강

규칙은 어떤 수나 식, 도형 전체에 모두 적용이 되는 것이라야 해. 따라서 몇 개의 수나 식, 도형에서 규칙을 발견하면 그 규칙이 전체에도 적용되는 규칙인지 꼭 확인해 봐.

117 곱셈표의 규칙

- 곱셈표에서의 곱의 규칙.
- 곱셈표에서는 가로줄과 세로줄 등에서 수가 일정한 규칙으로 늘어난다.

곱셈표의 규칙

다음은 1부터 9까지의 곱셈구구를 하나의 표로 나타낸 것이다. 이 곱셈표에는 어떤 다양한 규칙이 숨어 있는지 알아보자.

×	1	2	3	4	5	6	7	8	9
1	1	2	3	4	5	6	7	8	9
2	2	4	6	8	10	12	14	16	18
3	3	6	9	12	15	18	21	24	27
4	4	8	12	16	20	24	28	32	36
5	5	10	15	20	25	30	35	40	45
6	6	12	18	24	30	36	42	48	54
7	7	14	21	28	35	42	49	56	63
8	8	16	24	32	40	48	56	64	72
9	9	18	27	36	45	54	63	72	81

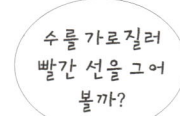

수를 가로질러 빨간 선을 그어 볼까?

먼저 가로줄과 세로줄의 첫째 줄을 보면 1과 어떤 수의 곱은 항상 어떤 수 자신이 된다는 것을 알 수 있다.

또 2의 단에서 일의 자리의 숫자는 항상 짝수이다. 5의 단에서 일의 자리의 숫자는 항상 0 또는 5이다. 9의 단에서 십의 자리 숫자는 1씩 커지고, 일의 자리 숫자는 1씩 작아진다. 특히 9의 단에서 십의 자리의 숫자와 일의 자리의 숫자의 합이 항상 9가 되는 규칙도 찾을 수 있다.

이외에도 빨간 선 위에 있는 수들은 $1 \times 1 = 1$, $2 \times 2 = 4$, $3 \times 3 = 9$, …… 로 첫째 줄에 있는 수를 각각 두 번씩 곱한 수이다.

또 빨간 선을 중심으로 곱셈표를 접었을 때 겹치는 부분은 곱이 같다. 이것은 곱셈의 교환법칙이 성립하기 때문이다. 즉 $2 \times 3 = 6$, $3 \times 2 = 6$과 같이 곱하는 두 수의 위치를 바꾸어도 곱이 같기 때문이다.

이와 같이 곱셈표에서 여러 가지 수의 규칙을 알면 곱셈표의 숫자가 지워져 있거나 채워지지 않은 경우에 일일이 계산을 하지 않아도 비어 있는 칸의 수가 무엇인지 쉽게 구할 수 있다.

신기한 계산식

수를 계산하다 보면 재미있는 규칙을 가진 계산식을 볼 수 있다.

다음과 같이 곱해지는 수를 9, 98, 987, ……과 같이 숫자를 하나씩 작게 하고, 그 수에 9를 곱한 후 7, 6, 5, ……를 더하면 8로만 이어진 수를 만들 수 있다.

계산기로 직접 계산하여 아래의 계산식을 확인해 보자.

$9 \times 9 + 7 = 88$
$98 \times 9 + 6 = 888$
$987 \times 9 + 5 = 8888$
$9876 \times 9 + 4 = 88888$
⋮
$98765432 \times 9 = 888888888$

이번에는 9부터 거꾸로 된 수를 만드는 방법도 있다. 즉 다음과 같이 곱해지는 수를 1, 12, 123, ……과 같이 숫자를 하나씩 크게 하고, 그 수에 8을 곱한 후 1, 2, 3, ……을 차례로 더하면 9부터 거꾸로 된 수를 만들 수 있다.

$1 \times 8 + 1 = 9$
$12 \times 8 + 2 = 98$
$123 \times 8 + 3 = 987$
$1234 \times 8 + 4 = 9876$
$12345 \times 8 + 5 = 98765$
⋮
$123456789 \times 8 + 9 = 987654321$

118 무늬 만들기

- 도형을 밀고, 돌리고, 뒤집어서 규칙이 있는 모양을 만드는 것.
- 한 가지 또는 두 가지 이상의 모양으로 무늬를 만드는 방법은 여러 가지이다.

도형을 움직여 무늬 만들기

밀기, 뒤집기, 돌리기를 사용하여 다양한 무늬를 만들 수 있다. 무늬를 만들 때에는 한 가지 이상의 모양을 사용하여 만들 수 있고, 두 가지 이상의 모양을 사용하여 만들 수도 있다. 또 움직이는 방법도 한 가지 또는 여러 가지 방법을 사용하기도 한다.

다음은 한 가지 모양을 사용하여 만든 무늬이다. 이 한 가지 모양으로도 방법을 달리하여 여러 가지 모양을 만들 수 있다.

  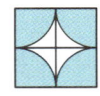 ,

돌리기, 뒤집기   밀기, 돌리기

두 가지 또는 그 이상의 종류의 모양으로도 위와 같이 밀기, 뒤집기, 돌리기를 이용하여 새로운 무늬를 만들 수 있다.

모양이 움직인 방법 찾기

무늬를 보고, 모양이 움직인 방법을 찾아볼 수도 있다.

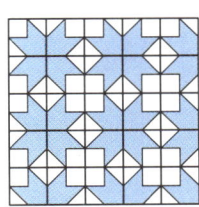 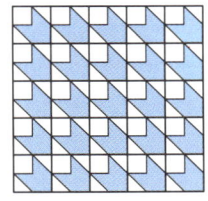

위의 두 무늬를 살펴보면 왼쪽 모양은 모양을 뒤집거나 돌려서 만든 것이고, 오른쪽 모양은 모양을 밀어서 만든 것이다. 이와 같이 한 가지 모양으로 여러 가지 방법을 이용하여 다른 무늬를 만들 수 있다. 또 같은 무늬라도 보는 사람의 생각에 따라 모양이 움직인 방법을 다르게 말할 수도 있다. 즉 같은 무늬라도 무늬를 만드는 방법이 한 가지가 아닐 수도 있다.

아래의 모양은 모양을 뒤집어도, 돌려서도 만들 수 있다.

  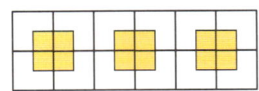

여러 가지 무늬 만들기

〈밀기를 이용하여 무늬 만들기〉

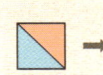 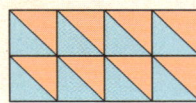

〈뒤집기를 이용하여 무늬 만들기〉

〈돌리기를 이용하여 무늬 만들기〉

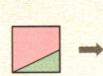 

〈두 가지 모양으로 무늬 만들기〉

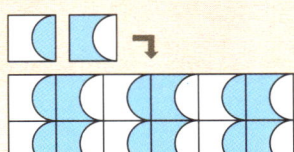

두 가지 모양을 번갈아 밀면서 무늬를 만들기

119 도형 덮기

- 주어진 도형을 다른 도형으로 빈틈없이 겹치지 않게 덮는 것.
- 어느 도형의 각 변의 길이가 배수가 되는 도형은 그 도형으로 완전히 덮을 수 있다.

규칙 — 대응

여러 방법으로 도형 덮기

한 도형을 다른 도형으로 빈틈없이 덮어 보자. 도형을 덮을 때에는 밀기, 뒤집기, 돌리기의 여러 가지 방법을 사용할 수 있다.

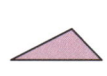  ➡

이번에는 아래 그림과 같이 6종류의 조각을 사용하여 모양을 덮어 보자. 육각형은 삼각형 6개로 덮을 수 있고, 평행사변형은 삼각형 2개로 덮을 수 있다. 또 아래의 그림과 같이 같은 모양이라도 모양이나 종류를 달리하여 여러 가지 방법으로 덮을 수 있다.

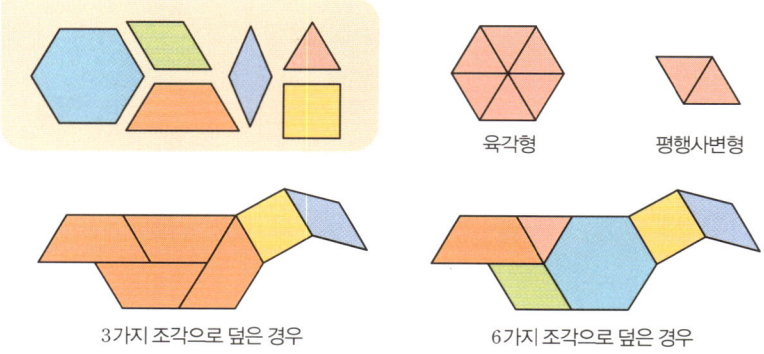

육각형 　 평행사변형

3가지 조각으로 덮은 경우 　 6가지 조각으로 덮은 경우

그림자 퍼즐

퍼즐 조각을 이용하여 주어진 모양의 평면도형으로 덮는 것을 그림자 퍼즐(Silhouette)이라고 한다. 그림자 퍼즐로 널리 알려진 것으로는 학교 수업 시간에도 많이 사용하는 칠교판(Tangram)이 있다.
칠교판은 7개의 조각을 맞추어 여러 가지 모양을 만드는 놀이이다.
칠교판 이외에도 T자 퍼즐, 십자가 퍼즐, 악마 퍼즐 등도 잘 알려져 있다. 그중 악마 퍼즐은 앞뒤로 뒤집으면서 맞춰야 하기 때문에 그 난이도가 더욱 높다고 한다.

십자가 퍼즐
칠교판　악마 퍼즐
T자 퍼즐

서로 닮은 도형 덮기

아래의 두 정삼각형을 한 변이 2 cm인 정삼각형으로 완전히 덮어 보면, 한 변이 6 cm인 정삼각형은 각 변의 길이가 한 변이 2 cm인 기본 모양 조각의 3배이므로 완전히 덮을 수 있다. 즉 도형의 각 변의 길이가 기본 모양 조각의 배수가 되는 도형은 닮은 도형이므로 완전히 덮을 수 있다. 그러나 한 변이 5 cm인 정삼각형은 한 변에 기본 모양 조각이 2개씩 들어가고 일부분이 남게 되므로 도형을 빈틈없이 덮을 수 없다.

 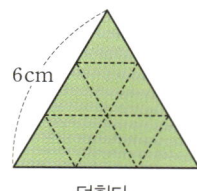 

나로 덮어 봐~ 2cm 　 6cm 덮힌다. 　 5cm 덮히지 않는다.

120 대응

- 두 대상이 주어진 어떤 관계나 규칙에 의해 서로 짝을 이루는 것.
- 두 수 사이의 대응 관계는 덧셈, 뺄셈, 곱셈, 나눗셈 등의 식으로 나타낼 수 있다.

규칙 ――― 대응

규칙 찾기

두 대상이 주어진 어떤 관계나 규칙에 의해 서로 짝을 이루는 것을 '대응'이라고 한다. 일정한 규칙이 있는 두 수 사이의 대응 관계를 찾아 식으로 나타내어 보자.

색 테이프를 잘랐을 때, 자르는 횟수와 도막 수 사이의 규칙은 어떤 식으로 나타낼 수 있을까?

먼저 색 테이프를 가로로 한 번 자르면 2도막으로 나누어진다. 또 2번 또는 3번 자르는 경우를 그림을 그려서 생각해 보면 오른쪽과 같다.

그럼 색 테이프를 □번 자르면 도막 수는 몇 개일까? 이것은 색 테이프를 자른 횟수와 도막 수와의 대응 관계를 잘 살펴보면 쉽게 알 수 있다. 즉 도막 수는 자른 횟수보다 1만큼 더 크므로 색 테이프를 □번 자르면 도막 수는 (□+1)도막이 된다.

규칙을 찾아 식으로 나타내기

〈규칙 찾기〉

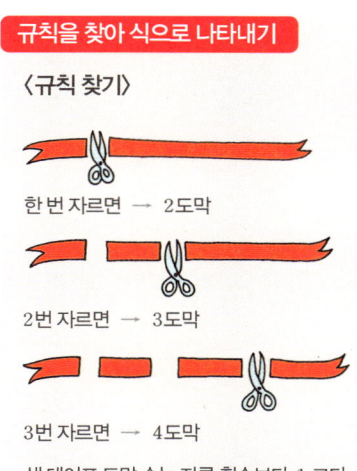

한 번 자르면 → 2도막
2번 자르면 → 3도막
3번 자르면 → 4도막

색 테이프 도막 수는 자른 횟수보다 1 크다.

대응표 만들기

위와 같이 색 테이프를 자른 횟수와 도막 수와의 대응 관계를 그림으로 그려 보면 규칙을 이해하는 데 많은 도움이 된다. 그런데 그림보다 좀더 간편하게 두 수 사이의 대응 관계를 알아보는 방법이 있다. 그것은 바로 오른쪽과 같이 대응표를 완성해 보는 것이다. '대응표'란 어떤 두 대상이 주어진 어떤 관계에 의하여 서로 짝을 이루는 것을 표로 나타낸 것이다.

〈대응표 만들기〉

자른 횟수(번)	1	2	3	4	……
잘린 색 테이프의 수(도막)	2	3	4	5	……

대응표 보고, 식으로 나타내기

대응표를 보고, 자른 횟수와 잘린 색 테이프의 수 사이의 관계를 말로 나타내어 보면 '잘린 색 테이프의 도막 수는 자른 횟수보다 1 크다.'라고 할 수 있다. 또 이것은 등호를 사용하여 '(잘린 색 테이프 수)=(자른 횟수)+1'과 같이 식으로 나타낼 수 있다. 따라서 자른 횟수를 ●, 잘린 색 테이프의 도막 수를 ▲라 할 때 ●, ▲ 사이의 관계를 간단하게 식으로 나타내면 오른쪽과 같다.

〈대응표를 보고, 식으로 나타내기〉

자른 횟수를 ●, 잘린 색 테이프의 도막 수를 ▲라 하면,

▲ = ● + 1 또는 ● = ▲ − 1

식을 바르게 세웠는지 확인해 봐. 식에 수를 넣어 등식이 성립하는지 알아보면 돼.

121 일대일 대응

- 하나의 값에 다른 값이 하나씩 대응되는 것.
- 하나의 값에 대응되는 값이 없거나 2개 이상의 값이 대응되면 일대일 대응이 아니다.

규칙 ——— 대응

일대일 대응의 의미

대응에는 하나의 값에 하나의 값만 대응되는 경우도 있지만 하나의 값에 여러 개의 값이 대응되는 경우도 있다. 만약 대응표를 만들어서 두 수 사이의 관계를 알아보았을 때 하나의 값에 단 하나의 값만 대응이 되면 이를 '일대일 대응'이라고 한다.

일대일 대응의 대표적인 예로 사다리 타기가 있다. 사다리 타기는 오른쪽 그림과 같이 위에서 아래로 선을 따라가면서 위와 아래가 한 개씩 짝지어지게 되므로 일대일 대응의 대표적인 예이다.

자동판매기와 일대일 대응

자동판매기에 동전을 넣고 원하는 음료수의 버튼을 누르면 그 버튼에 해당하는 음료수가 한 개 나온다. 이것은 음료수와 자판기의 버튼이 서로 하나씩 대응되었기 때문이다. 자동판매기는 지정된 버튼을 누르면 그 버튼에 대응되는 물건이 한 개씩 나오도록 되어 있는 구조이다. 그러나 버튼을 한 번 눌렀는데도 물건이 2개 나오는 고장 난 자동판매기의 경우는 일대일 대응이 아니다. 즉 하나의 값에는 하나의 값만 대응되어야 일대일 대응이다.

일대일 대응으로 암호 만들기

아주 오래 전부터 사람들은 자신의 정보나 메시지를 보호하기 위해서 자신만이 아는 방법으로 그것을 바꾸어 기록해 놓곤 했다. 이것을 우리는 '암호'라고 말한다. 암호 중에서는 숫자와 알파벳만을 사용하여 나타내는 방법이 있다. 이것은 숫자와 알파벳에 한글의 자음과 모음을 하나씩 대응시켜 만들 수 있다. 그럼 다음과 같은 순서대로 암호를 직접 만들어 보자.

〈한글의 자음과 모음으로 암호 만드는 방법〉

① 한글의 자음을 순서대로 적고, 각각을 숫자 1부터 순서대로 대응시킨다.

② 한글의 모음을 순서대로 적고, 알파벳 대문자 A부터 순서대로 대응시킨다.

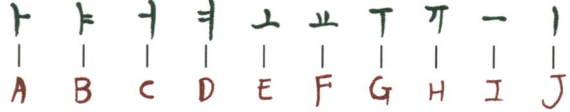

③ 간단한 단어를 한글로 쓴 다음 한글의 자음과 모음을 각각에 해당하는 숫자와 알파벳으로 바꾸어 암호를 만든다.

안녕 ➡ ㅇㅏㄴㄴㅕㅇ ➡ 8A22D8

개념쌤의 1분 특강

하나의 값에 여러 개의 값이 나오거나 여러 개의 값에 하나의 값이 나와도 대응이지만 일대일 대응은 하나의 값에 단 하나의 값만 대응이 되어야 한다는 것을 꼭 기억해!

122 정비례

- 어떤 값이 2배, 3배, 4배, ……로 늘어날 때 다른 값도 2배, 3배, 4배, ……로 늘어나는 관계.
- 정비례 관계를 그래프로 나타내면 직선 모양이다.

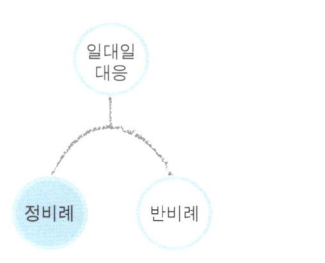

정비례 관계

구슬을 1개 넣으면 구슬 2개가 나오고, 구슬 2개를 넣으면 구슬 4개가 나오고, 구슬 3개를 넣으면 구슬 6개가 나오는 신기한 항아리가 있다. 이 항아리는 구슬을 넣은 개수가 늘어날 때마다 나오는 구슬의 수도 점점 늘어난다.
이때 항아리에 넣은 구슬의 수를 x개, 나온 구슬의 수를 y개로 하여 x와 y의 사이의 관계를 대응표로 나타내어 보면 다음과 같다.

넣은 구슬의 수 : x(개)	1	2	3	4	……
나온 구슬의 수 : y(개)	2	4	6	8	……

위의 대응표를 보면 x의 값이 2배, 3배, 4배로 커질수록 y의 값도 2배, 3배, 4배로 일정하게 커진다는 것을 알 수 있다. 이와 같이 어떤 값이 2배, 3배, 4배, ……로 늘어날 때 다른 값도 2배, 3배, 4배, ……로 늘어나는 관계를 '정비례'라고 한다.

위의 예에서 x와 y 사이의 관계를 식으로 나타내면 $y=2\times x$가 된다. 이와 같은 x와 y 사이의 관계를 '정비례 관계'라고 말한다.

이러한 정비례 관계를 그래프로 나타내면 오른쪽으로 갈수록 점점 올라가는 직선 모양이다. 만약 그래프의 모양이 오른쪽으로 점점 올라가도 직선이 아닌 곡선이거나 꺾여진 직선이면 정비례 관계가 아니다.

또 음수의 경우도 마찬가지로 x의 값이 2배, 3배, 4배, ……로 점점 작아질수록 y의 값도 2배, 3배, 4배, ……로 점점 작아지면 정비례 관계이다.

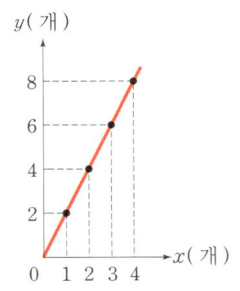

정비례 관계($y=2\times x$)를 그래프로 나타내면 직선 모양이다.

주변에서 볼 수 있는 정비례 관계

공책을 많이 살수록 공책값이 늘어난다.
(공책값)=(공책 1권의 값)×(공책 수)

같은 속력으로 달릴 때 달리는 시간만큼 거리가 늘어난다.
(거리)=(시간)×(속력)

개념쌤의 1분 특강

x의 값이 늘어날 때, y도 값이 늘어난다고 해서 무조건 정비례 관계는 아니야. x의 값이 2배로 늘어날 때 y의 값도 2배로 늘어나고, x의 값이 3배로 늘어날 때, y의 값도 3배로 늘어나야 정비례 관계인 거야.

123 반비례

- 어떤 값이 2배, 3배, 4배, ……로 늘어날 때 다른 값은 $\frac{1}{2}, \frac{1}{3}, \frac{1}{4}$, ……로 줄어드는 관계.
- 반비례 관계를 그래프로 나타내면 곡선 모양이다.

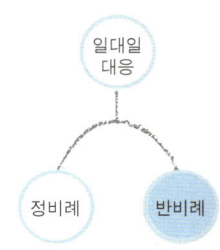

반비례의 의미

현준이가 자동차의 빠르기에 따라 할머니 댁까지 가는 시간이 어떻게 달라지는지 계산해 보았더니 1분 동안 간 거리가 늘어날수록 걸리는 시간이 점점 줄어들었다. 이때 자동차로 1분에 가는 거리를 x km, 걸린 시간을 y분으로 하여 x와 y의 사이의 관계를 대응표로 나타내어 보면 다음과 같다.

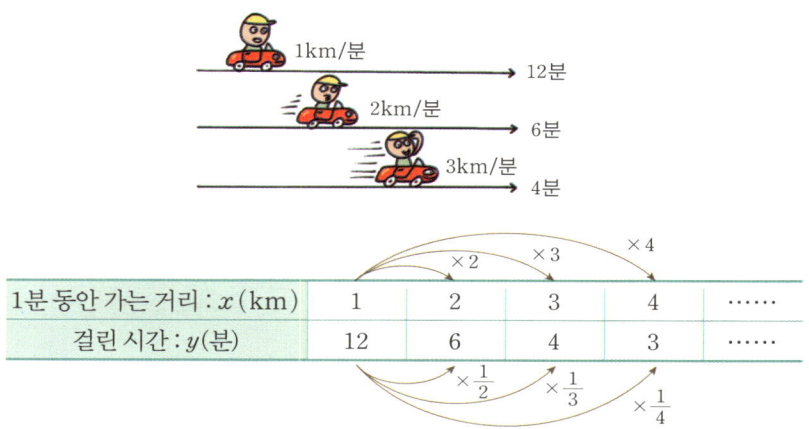

위의 대응표를 보면 x의 값이 2배, 3배, 4배로 커지면 y의 값은 $\frac{1}{2}, \frac{1}{3}, \frac{1}{4}$로 작아진다는 것을 알 수 있다. 이와 같이 어떤 값이 2배, 3배, 4배, ……로 늘어날 때 다른 값은 $\frac{1}{2}, \frac{1}{3}, \frac{1}{4}$, ……로 줄어드는 관계를 '반비례'라고 한다.

반비례 관계

대응표를 보고 x와 y사이의 관계를 식으로 나타내면 (걸린 시간)=(전체 거리)÷(빠르기)이므로 $y=12÷x$, 즉 $y=\frac{12}{x}$가 된다. 이와 같은 x와 y사이의 관계를 '반비례 관계'라고 말한다. 반비례인 경우를 좀더 간단히 찾는 방법은 x와 y의 곱이 항상 같은지 확인하면 된다. 즉 위의 표에서 x와 y의 곱은 항상 12로 일정하므로 x와 y는 반비례 관계이다. 이때 반비례 관계식은 $x×y=12$로도 나타내어도 된다.

주변에서 볼 수 있는 반비례 관계

사람 수가 많아질수록 한 사람이 먹는 조각 수가 줄어든다.

(한 사람이 먹는 조각 수) = $\frac{(전체\ 조각\ 수)}{(사람\ 수)}$

압력이 높아지면 기체의 부피가 줄어든다. ('보일의 법칙'이라고 한다.)

반비례 관계 ($y=\frac{12}{x}$)를 그래프로 나타내면 곡선 모양이다. (단, x는 0보다 크다.)

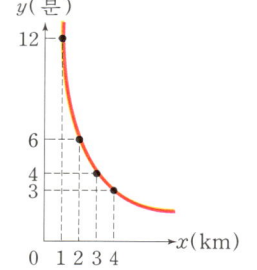

개념쌤의 1분 특강

어떤 두 수가 반비례 관계인지 아닌지 알아볼 때는 무조건 두 수의 곱을 구하면 돼. 곱이 하나라도 다르게 나오면 반비례 관계가 아니야. 쉽지?

124 비와 비율

- 비는 두 수의 양을 기호 : 을 사용하여 나타낸 것.
- 비율은 기준량에 대한 비교하는 양의 크기.
- 비에서 앞에 오는 수와 뒤에 오는 수가 바뀌면 전혀 다른 비가 된다.

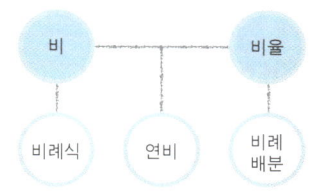

비의 의미

두 팀이 축구 경기를 했을 때 A팀이 3골을 넣고, B팀이 2골을 넣었다면 'A팀이 B팀을 3 대 2로 이겼다.' 또는 'B팀이 A팀에게 2 대 3으로 졌다.'라고 표현을 한다. 여기에서 3 대 2, 2대 3은 두 수 사이의 관계를 나타내는 수학적 표현이다. 3 대 2는 3 : 2로, 2 대 3은 2 : 3으로 나타낸다. 이와 같이 두 수의 양을 기호 : 을 사용하여 나타낸 것을 '비'라고 한다.

기준량과 비교하는 양

비에서 앞에 오는 수를 '비교하는 양'이라고 하고, 뒤에 오는 수를 '기준량'이라고 한다. 예를 들어 3 : 2에서 3은 비교하는 양이고, 2는 기준량이다. 기준량은 비를 읽을 때 '~에 대한'에 해당하는 수이다. 따라서 3 : 2는 '3 대 2', '3과 2의 비', '3의 2에 대한 비', '2에 대한 3의 비'라고 읽는다. 그럼 2 : 3은 어떨까? 2 : 3은 3 : 2와 비슷하지만 두 비는 전혀 다르다. 2 : 3에서는 2가 비교하는 양이고, 3이 기준량이기 때문이다. 따라서 2 : 3은 '2 대 3', '2와 3의 비', 2의 3에 대한 비, '3에 대한 2의 비'라고 읽는다.

읽기 : 3 대 2
3과 2의 비
3의 2에 대한 비
2에 대한 3의 비

비율과 비의 값

두 수의 비를 분수나 소수로 나타낼 수도 있는데 이와 같이 기호 : 을 사용하지 않고, 기준량과 비교하는 양을 분수로 나타내어 비교하는 것을 '비율'이라고 한다. 즉 비율은 기준량에 대한 비교하는 양의 크기를 말한다.
특히 기준량이 1일 때의 비율을 '비의 값'이라고 한다. 만약 비교하는 양과 기준량이 같으면 비율은 당연히 1이다. 그러면 비교하는 양과 기준량이 다르면 비율이 어떻게 될까? 비율은 $\frac{(비교하는 양)}{(기준량)}$이므로 비율을 분수로 나타내었을 때 비교하는 양이 기준량보다 작으면 비율은 1보다 작고, 비교하는 양이 기준량보다 크면 비율은 1보다 커지게 된다.
비율, 기준량, 비교하는 양의 관계를 식으로 나타내면 다음과 같다.

$$(비율) = \frac{(비교하는 양)}{(기준량)} \quad \Rightarrow \quad \begin{array}{l}(비교하는 양) = (비율) \times (기준량) \\ (기준량) = (비교하는 양) \div (비율)\end{array}$$

기준량과 비교하는 양의 관계

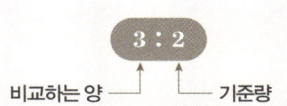

★ : ● 의 비의 값이

$\frac{★}{●} < 1$ 이면 ★ < ●,

$\frac{★}{●} > 1$ 이면 ★ > ●,

$\frac{★}{●} = 1$ 이면 ★ = ●

비율을 보면 비교하는 양과 기준량의 크기를 비교할 수 있다.

125 백분율

- 기준량을 100으로 볼 때의 비율.
- 비율은 그 기준량에 따라 분수, 소수, 백분율, 할푼리와 같이 다양한 방법으로 나타낼 수 있다.

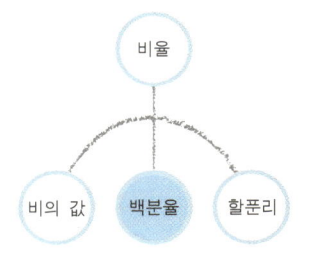

백분율의 의미

'20% 할인', '50% 할인'에서 20%, 50% 등은 비율을 나타낸 수로 '백분율'이라고 한다. 이는 기준량을 100으로 두었기 때문에 붙여진 이름이다. 즉 분수나 소수는 기준량을 1로 했을 때의 비율을 말하고 백분율은 기준량이 100일 때의 비율이다. 백분율은 기호 '%'를 써서 나타내고 '퍼센트'라고 읽는다. 20% 할인은 전체 물건의 값을 100으로 두었을 때 20만큼을 깎아준다는 뜻이다. 예를 들어 10000원짜리의 피자를 20% 할인해서 산다면 8000원에 살 수 있는 것이다.

비를 백분율로 나타내는 방법

비를 백분율로 나타낼 때에는 비율을 분수나 소수로 나타낸 다음 100을 곱하면 된다. 예를 들어 비율은 $\frac{(비교하는 양)}{(기준량)}$이므로 3 : 5의 비를 백분율로 나타내면 3 : 5를 먼저 분수 $\frac{3}{5}$이나 소수 0.6으로 나타낸 다음 이것에 100을 곱하면 된다. 즉 백분율은 (비의 값)×100이다.

〈3 : 5를 백분율로 나타내기〉

- 분수로 고쳐서 백분율로 나타내기 : $\frac{3}{5} \times 100 = 60(\%)$
- 소수로 고쳐서 백분율로 나타내기 : $0.6 \times 100 = 60(\%)$

만약 귤 200개 중에서 50개를 먹었다면 몇 % 먹은 걸까? 이때 귤 200개가 기준량이 되고, 50개가 비교하는 양이 된다. 따라서 귤 200개 중의 50개를 백분율로 나타내면 $\frac{50}{200} \times 100 = 25(\%)$이다.

> 백분율(%) = (비의 값)×100

백분율을 분수나 소수로 나타내는 방법

위와는 반대로 백분율로 나타낸 비율을 분수나 소수를 바꾸어 나타내려면 백분율을 100으로 나누면 된다. 즉 70%는 $\frac{70}{100}$이므로 분수로 나타내면 $\frac{7}{10}$이고, 소수로 나타내면 0.7이다.

엥겔지수

'엥겔지수'란 1857년 독일의 경제학자 엥겔(Engel)이 말한 이론으로 전체 소비지출액 중에서 식료품비로 지출하는 비율을 말한다.
사람은 먹지 않고 살 수는 없으므로 잘사느냐 못사느냐에 관계없이 식료품비는 반드시 소비할 수 밖에 없다. 그러나 매일 먹고만 살 수도 없으므로 소득이 늘어나도 식료품비는 그에 비례해서 늘어나지는 않는다. 그러다 보니 소득이 적은 집일수록 식료품비가 차지하는 비율이 높고, 소득이 많은 집일수록 식료품비가 차지하는 비율이 낮아지게 된다. 소득과 엥겔지수는 반비례 관계에 있으므로 소득이 높을수록 엥겔지수는 낮고, 소득이 낮을수록 엥겔지수는 높다.

60만 원 벌었는데, 그중 30만 원이 식료품비라니……. (엥겔지수)=50%

비를 백분율로 나타낼 때는 100을 곱하고, 백분율을 분수나 소수로 나타낼 때는 100으로 나누고~

126 할푼리

- 비율을 소수로 나타낼 때 소수 첫째 자리, 둘째 자리, 셋째 자리를 부르는 말.
- 할푼리의 할은 기준량이 10, 푼은 기준량이 100, 리는 기준량이 1000일 때의 비율이다.

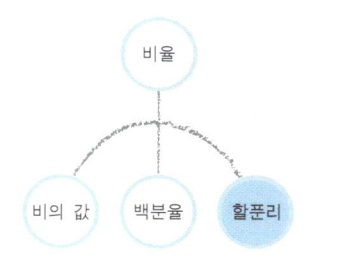

비를 할푼리로 나타내는 방법

'할푼리'란 비율을 소수로 나타내는 데 사용하는 단위로 '할'은 기준량을 10, '푼'은 기준량을 100, '리'는 기준량을 1000으로 했을 때 각각 비교하는 양을 나타내는 비율이다.

할푼리는 야구의 타율을 나타내는 데 흔히 사용한다. 야구에서의 타율이란 타자가 친 안타(1, 2, 3루타, 홈런 포함)의 횟수를 타자가 타석에 들어선 횟수로 나눈 값을 말하는데 이 값을 할푼리라는 비율로 나타내는 것이다.

예를 들어 어떤 야구 선수의 타율이 3할 7푼 5리라고 한다면 이는 타율이 0.375라는 것을 의미한다. 즉 소수 첫째 자리, 소수 둘째 자리, 소수 셋째 자리의 숫자 뒤에 각각 할, 푼, 리를 붙여서 기준량 10, 100, 1000에 대한 비율을 나타내는 것이다.

0.375 ➡ 3할 7푼 5리

타율이 3할 7푼 5리라는 것은 타자가 타석에 1000번 들어갔을 때 안타를 375번 쳤다는 말이야.

0.375

할푼리의 유래

할푼리는 일본에서 유래한 방법으로 할은 0.1, 푼은 0.01, 리는 0.001을 나타낸다. 이때 푼은 1보다 작은 수의 단위 분(分)을 말한다.
야구에서의 타율을 할푼리로 나타내는 이유는 소수 세 자리 수까지 나타냄으로써 그 선수의 타격 능력을 보다 더 정확히 알 수 있기 때문이다. 또 우리나라에 야구가 들어온 시기가 일제 강점기라서 그 당시 사용하였던 비율의 단위를 오늘날까지 쓰게 된 것이다.

할푼리를 분수, 소수, 백분율로 나타내는 방법

할푼리를 다른 비율로 나타내는 방법은 간단하다. 예를 들어 3할은 기준량이 10이므로 0.3, 3할 7푼은 기준량이 100이므로 0.37, 3할 7푼 5리는 기준량이 1000이므로 0.375로 나타낸다.

이와 같이 할, 푼, 리가 나타내는 자릿값에 따라 소수 몇 자리 수인지 알 수 있다. 또 0.3은 $\frac{3}{10}$, 0.37은 $\frac{37}{100}$, 0.375는 $\frac{375}{1000}$와 같이 할푼리를 분수로 나타낼 때에는 소수를 그대로 분수로 나타내면 된다. 마찬가지로 할푼리를 백분율로 나타낼 때에도 소수나 분수에 100을 곱하기만 하면 되므로 3할은 30%, 3할 7푼은 37%, 3할 7푼 5리는 37.5%가 된다.

비	분수	소수	백분율	할푼리
2 : 5	$\frac{2}{5}$	0.4	40%	4할

개념쌤의 1분 특강

결국 비율은 기준량을 얼마로 하느냐에 따라 다르게 표현될 수 있어. 하지만 표현이 다르더라도 같은 비율이 될 수도 있다는 것을 기억해.

127 비례식

- 비의 값이 같은 두 비를 등식으로 나타낸 식.
- 비례식에서 내항의 곱과 외항의 곱은 같다.

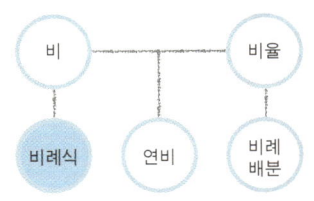

비례식의 의미

비의 값이 같은 두 비는 등호를 사용하여 하나의 식으로 나타낼 수 있다. 예를 들어 $\frac{1}{2}$과 $\frac{2}{4}$는 크기가 같은 분수이므로 등호를 사용하여 $\frac{1}{2}=\frac{2}{4}$로 나타낼 수 있다. 비에서도 마찬가지이다. 1:2와 2:4는 비의 값이 같으므로 1:2=2:4로 나타낼 수 있다. 이와 같이 비의 값이 같은 두 비를 등식으로 나타낸 식을 '비례식'이라고 한다.

전항, 후항, 외항, 내항

비와 비례식에 들어 있는 각각의 숫자들을 '항'이라고 한다. 두 수의 비에서 쓰인 두 수를 모두 항이라 하고, 앞에 있는 항을 '전항', 뒤에 있는 항을 '후항'이라고 한다. 그래서 비례식은 (전항):(후항)=(전항):(후항)으로 표현할 수 있다. 또 비례식에서는 등호를 중심으로 가까이 있느냐, 멀리 있느냐에 따라 항을 구분하기도 한다. 즉 비례식에서 바깥쪽에 있는 두 항을 '외항'이라 하고, 안쪽에 있는 두 항을 '내항'이라고 한다.

각 항의 이름

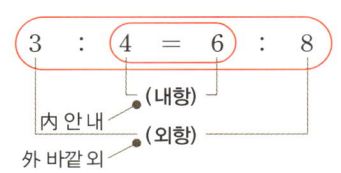

비의 성질

비의 성질을 알면 비의 값이 같은 두 비가 아주 많다는 것을 알게 된다. 비의 성질은 분수의 성질과 비슷하다. 분수에서는 크기가 같은 분수를 만들기 위해 분자와 분모에 0이 아닌 같은 수를 곱해도 크기가 변하지 않는다는 성질을 이용하는데 비에서도 마찬가지이다.

비의 전항과 후항에 0이 아닌 같은 수를 곱해도, 비의 전항과 후항을 0이 아닌 같은 수로 나누어도 비의 값은 같다. 이것은 비를 분수로 나타내면 전항은 분자, 후항은 분모가 되기 때문이다. 결국 비의 성질은 크기가 같은 분수를 만드는 원리와 같다.

비의 성질 1 비의 전항과 후항에 0이 아닌 같은 수를 곱하여도 비의 값은 같다.
$\frac{1}{2}:\frac{1}{3}=(\frac{1}{2}\times 6):(\frac{1}{3}\times 6)=3:2$

비의 성질 2 비의 전항과 후항을 0이 아닌 같은 수로 나누어도 비의 값은 같다.
$30:40=(30\div 10):(40\div 10)=3:4$

비례식의 성질

비례식에서 안쪽에 있는 두 내항끼리 곱하고, 바깥쪽에 있는 두 외항끼리 곱한 다음 두 곱을 비교해 보면 두 곱이 같음을 알 수 있다. 이와 같이 비례식은 내항의 곱과 외항의 곱이 같다. 바꾸어 말하면 내항의 곱과 외항의 곱이 같지 않은 것은 비례식이 아니다. 이것을 '비례식의 성질'이라고 한다.

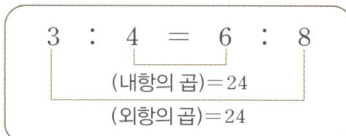

3 : 4 = 6 : 8
(내항의 곱)=24
(외항의 곱)=24

비례식 풀기

비례식에서 모르는 항의 값을 찾는 것을 '비례식을 푼다'고 말한다. 비례식을 푸는 방법은 다양하다. 앞에서 배운 비의 값의 성질, 비의 성질, 비례식의 성질을 이용하면 다음과 같이 모르는 항의 값을 쉽게 찾을 수 있다.

방법 1 비의 값이 같음을 이용한 방법

$3 : 6 = 18 : \square \Rightarrow \dfrac{3}{6} = \dfrac{18}{\square} \Rightarrow \square = 36$

방법 2 비의 성질을 이용한 방법

$3 : 6 = 18 : \square \Rightarrow \square = 6 \times 6 = 36$
(×6)

방법 3 비례식의 성질을 이용한 방법

외항의 곱과 내항의 곱이 같으므로

$3 : 6 = 18 : \square \Rightarrow 3 \times \square = 6 \times 18 \Rightarrow \square = 36$

위의 세 가지 방법 중 어느 방법을 이용하여 비례식을 풀어도 상관없지만 일반적으로 비례식의 성질을 이용한 **방법 3** 이 가장 많이 쓰인다.

위와 같이 방법을 이용하여 비례식을 푸는 것도 중요하지만 비례식을 풀기 전에 식을 바르게 세울 수 있어야 한다.

〈비례식을 세워 문제 풀기〉

3분 동안 6km를 달리는 자동차가 있다. 같은 빠르기로 18분 동안 달린다면 몇 km를 갈 수 있을까?

① 구하려고 하는 것은? 18분 동안 달린 거리
② 주어진 조건은? 3분 동안 6km를 감.
③ 구하려고 하는 것을 □라 하고 (시간) : (거리) = (시간) : (거리)에 맞게 비례식을 세우면?
  $3 : 6 = 18 : \square$
④ 비례식의 성질을 이용해서 비례식을 풀어 보면?
  $3 \times \square = 6 \times 18$, $\square = 36$
  따라서 자동차는 18분 동안 36km를 갈 수 있다.

스피드건의 원리

스피드건은 흔히 경찰관이 자동차의 과속 여부를 측정하거나 야구 경기에서 투수가 던진 공의 속도를 측정할 때 사용하는 속도 측정기를 말한다. 이것은 생긴 모양이 마치 권총과 비슷하다고 해서 총이라는 이름을 붙인 것이다.

레이저는 진동수가 일정한 빛이다. 따라서 빛을 발사한 후 반사되어 되돌아오는 빛 중 같은 진동수를 가지는 빛을 감지해 내고 발사 시간과 도착 시간의 차이를 계산하는 원리이다.

빛의 속도가 일정하다는 사실로 1초 : 30만 km = 시간차 : □ km 라는 비례식을 세울 수 있다. 이 식이 계산되어 스피드건에 자동차의 속도가 표시되는 것이다.

개념쌤의 1분 특강

비례식을 풀어 항의 값을 구한 다음 구한 답이 맞는지 꼭 확인해 봐.
이때 내항의 곱과 외항의 곱이 같은지 다시 한번 확인하는 거야.

128 연비

- 셋 이상의 수나 양을 비로 나타낸 것.
- 두 비를 하나의 연비로 만들 때에는 각 항에 일정한 수를 곱해서 공통인 항의 값이 같도록 맞춰 준다.

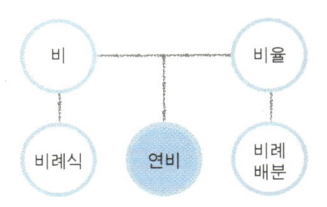

연비의 의미

두 수 뿐만 아니라 세 수 이상의 수도 기호 :을 사용하여 비로 나타낼 수 있는데 이것을 '연비'라고 한다. 즉 연비는 셋 이상의 수나 양을 비로 나타낸 것이다. 비와 마찬가지로 연비도 항의 순서가 중요하므로 항의 위치를 바꾸어 쓰지 않도록 주의해야 한다.

두 비를 연비로 나타내는 방법

서로 다른 두 비는 하나의 연비로 나타낼 수 있다. 예를 들어 한 친구는 토마토와 사과를 2 : 3의 비로 사고, 다른 친구는 사과와 귤을 6 : 15의 비로 샀다. 이와 같이 두 비의 비율이 서로 다르면 무엇이 더 많은지, 적은지를 비교할 수 없다. 그래서 이런 경우에는 두 비를 하나의 비, 즉 연비로 나타내어 양을 비교한다.

두 비를 연비로 나타내는 방법은 간단하다. 그것은 바로 두 비가 주어졌을 때 하나의 항이 공통이면 그 두 비를 하나의 연비로 만들 수 있다. 그래서 연비로 나타낼 때에는 가장 먼저 공통인 항을 찾는다. 그리고 각 항에 일정한 수를 곱해서 공통인 항의 값이 같도록 맞춰 주면 된다.

예를 들어 두 비 2 : 3과 6 : 15에서 2 : 3의 각 항에 2를 곱하면 4 : 6이 되어 사과의 수가 6으로 공통인 항이 된다. 그런 다음 세 수를 비를 그대로 연비로 나타내면 된다.

연비로 나타내기

두 비 가 : 나 와 가 : 다는 가의 항을, 두 비 가 : 다와 나 : 다는 다의 항을, 두 비 가 : 나와 나 : 다는 나의 항을 각각 같게 하여 연비를 만들면 된다. 이때 공통인 항은 두 수의 최소공배수로 값을 통일하면 된다.

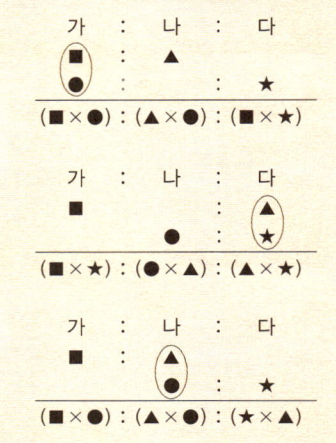

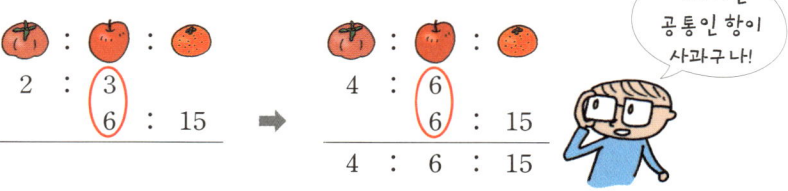

연비의 성질 1	연비의 각 항을 0이 아닌 같은 수로 나누어 간단한 자연수의 연비로 나타낼 수 있다.
	40 : 80 : 120 = (40÷40) : (80÷40) : (120÷40) = 1 : 2 : 3
연비의 성질 2	연비의 각 항에 0이 아닌 같은 수를 곱하여 간단한 자연수의 연비로 나타낼 수 있다.
	0.5 : 0.8 : 1.4 = (0.5×10) : (0.8×10) : (1.4×10) = 5 : 8 : 14

개념쌤의 1분 특강

연비를 나타낼 때 순서를 바꿔 쓰면 다른 연비가 되는 거야. 그러니까 연비는 항의 순서를 주의해서 써.

129 비례배분

- 전체를 주어진 비로 나누는 것.
- 비례배분을 할 때에는 먼저 전체의 양을 비의 각 항의 수를 더한 수로 나누어야 한다.

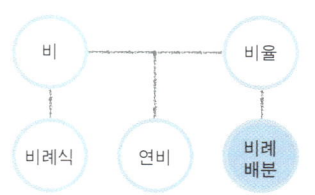

비례배분하기

바나나 10개를 형과 동생이 3 : 2로 나누어 먹으려면 어떻게 해야 할까? 전체를 3 : 2로 나눈다는 것은 전체를 3+2=5로 보았을 때, 한쪽 부분은 전체의 $\frac{3}{5}$이 되고, 다른 쪽 부분은 전체의 $\frac{2}{5}$가 되도록 나누는 것과 같다.

형 : $\frac{3}{(3+2)} = \frac{3}{5}$ 동생 : $\frac{2}{(3+2)} = \frac{2}{5}$

따라서 위의 그림에서 바나나 10개를 3 : 2로 나누어 가지면 형은 10의 $\frac{3}{5}$인 6개를, 동생은 10의 $\frac{2}{5}$인 4개를 가지게 된다.

이와 같이 전체를 주어진 비로 나누는 것을 '비례배분'이라고 한다.

형 : $10 \times \frac{3}{(3+2)} = 6$(개),   동생 : $10 \times \frac{2}{(3+2)} = 4$(개)

연비로 비례배분하기

연비로 비례배분하는 방법은 주어진 연비에 따라 전체에서 차지하는 양을 각각 구하면 된다. 이때 만약 주어진 비가 복잡한 경우라면 먼저 비를 간단한 자연수의 비로 고친 다음 비례배분하면 계산하기가 쉽다.

〈연비로 비례배분하여 문제 풀기〉

색 테이프 300cm를 각각 $0.5 : \frac{1}{3} : \frac{1}{6}$의 비로 나누어 세 개의 리본을 만들려고 한다. 각각 몇 cm씩 나누면 될까?

① 주어진 연비를 간단한 자연수의 비로 나타낸다.
$0.5 : \frac{1}{3} : \frac{1}{6} = (\frac{1}{2} \times 6) : (\frac{1}{3} \times 6) : (\frac{1}{6} \times 6) = 3 : 2 : 1$

② 전체를 3+2+1=6으로 보고 3, 2, 1에 해당하는 값을 각각 구한다.
$300 \times \frac{3}{(3+2+1)} = 150$(cm), $300 \times \frac{2}{(3+2+1)} = 100$(cm),
$300 \times \frac{1}{(3+2+1)} = 50$(cm)
따라서 세 도막의 길이는 각각 150 cm, 100 cm, 50 cm이다.

비례배분으로 국회의원 뽑기

선거 제도 중 비례대표제란 정당이 획득한 득표 수에 비례하여 의원을 선출하는 제도이다. 즉 정당이 선거 전에 비례대표 후보를 발표한 다음 선거에서 얻은 득표율에 따라 비례대표를 배정하는 것이다.

예를 들어 선거에서 A당이 40석을 얻고, B당이 60석을 얻었다면, 비례대표의 의석은 2 : 3으로 나누게 된다. 따라서 만약 의석이 10석이면 A당 4석, B당 6석을 가져가게 된다. 그러나 모든 정당이 비례대표 의석을 받게 되는 것은 아니다. 총 투표 수의 3% 또는 지역구 5석 이상을 차지한 정당만 비례대표 의석을 받게 된다.

개념쌤의 1분 특강

비례배분한 수의 합이 비례배분하기 전의 전체의 수와 같은지 확인하면 실수를 줄일 수 있어.

130 방정식

- 문자가 있는 등식 중에서 대입한 수에 따라 참이 되기도, 거짓이 되기도 하는 식.
- 등식의 성질을 이용하여 방정식을 참이 되게 하는 x의 값, 즉 방정식의 해를 구할 수 있다.

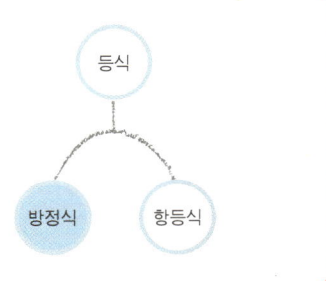

미지수

우리는 모르는 수를 '어떤 수'라 하고 그 어떤 수를 구하기 위해 식으로 나타내어 풀기도 한다. 그러나 어떤 수라는 말을 사용하여 문제를 만들거나 식을 세우거나 풀면 문장 자체가 복잡해져서 불편하다. 따라서 어떤 수라는 말 대신 x(엑스)라는 문자를 사용하여 식을 간단히 하고 문제를 해결한다. 이때 x를 '미지수'라고 한다.

예를 들어 '10에 어떤 수를 더한 값'이라는 말을 식으로 간단히 '$10+x$'라고 나타낸다. 이와 같이 미지수를 문자로 바꾸어 간단한 식으로 나타내면 언어가 통하지 않는 다른 나라 사람들도 식을 이해하고 문제를 해결할 수 있다.

〈미지수를 사용한 식〉

10에 어떤 수 x를 더한 값	➡ $10+x$
강아지 x마리의 다리 수	➡ $4 \times x$
2, 4, 6, 8, ……과 같은 짝수 전체	➡ $2 \times x$
올해 나이가 x살일 때 내년 나이	➡ $(x+1)$살

식의 값

미지수에 수를 대입하여 계산한 값을 '식의 값'이라고 한다. 미지수를 나타내는 문자를 사용한 식에 문자 대신 수를 넣어서 식의 값을 구해 보자. 이때 문자 대신 수를 넣는 것을 '대입'이라고 한다.

미지수 x에 수를 넣어 계산해 보자. 예를 들어 $4 \times x$에서 x가 5일 때 식의 값은 $4 \times 5 = 20$이고, $10+x$에서 x가 5일 때 식의 값은 $10+5=15$가 된다.

등식

여러 가지 식 중에서 등호 '='를 사용하여 나타낸 식을 '등식'이라고 한다. 즉 등식에는 반드시 등호가 있어야 한다. 이러한 등식은 등호를 중심으로 왼쪽과 오른쪽으로 나누어지는데 이때 왼쪽에 있는 식을 '좌변', 오른쪽에 있는 식을 '우변'이라고 한다. 또 좌변과 우변을 통틀어 '양변'이라고 부른다. 등식은 오른쪽 같은 중요한 성질이 있다.

등식

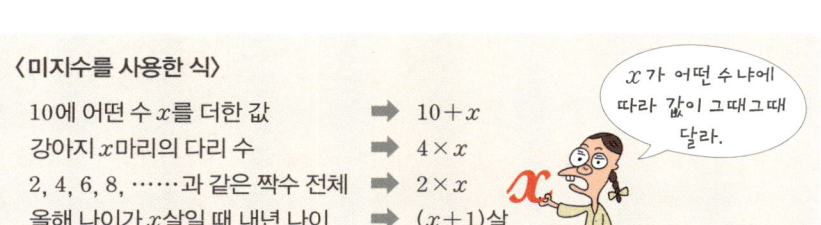

등식의 성질 1
등식의 양변에 같은 수를 더하거나 빼도 등식은 성립한다.

등식의 성질 2
등식의 양변에 0이 아닌 같은 수를 곱하거나 나누어도 등식은 성립한다.

방정식

등식 중에서 미지수에 어떤 수를 대입해도 항상 참이 되는 식은 '항등식'이라고 하고, 그 미지수에 대입한 수에 따라 참이 되기도 하고, 거짓이 되기도 하는 식을 '방정식'이라고 한다. 예를 들어 $2 \times x = 4$라는 식이 있을 때 이 식의 x에 2를 대입하면 $4=4$가 되어 참이 되지만 x에 3을 대입하면 $6=4$가 되어 거짓이 된다. 따라서 $2 \times x = 4$는 대입한 수에 따라 참이 되기도 하고, 거짓이 되기도 하므로 방정식이다.

그럼 다음의 식 $2 \times x + 4 = 10$은 방정식일까? 아닐까?

위의 식을 보면 $x=3$일 때 참이 되므로 $2 \times x + 4 = 10$은 방정식이다. 이때 $x=3$과 같이 방정식을 참이 되게 하는 x의 값을 '방정식의 해'라고 한다.

방정식의 해 구하기

방정식을 참이 되게 하는 x의 값, 즉 방정식의 해를 구하는 것을 '방정식을 푼다'라고 한다.
등식의 성질을 이용하여 등식의 한쪽에는 x만 남기고, 다른 쪽에는 수가 오도록 만들어 방정식의 해를 구할 수 있다.
다음은 등식의 성질을 이용하여 방정식을 푸는 과정을 나타낸 것이다.

① 양변에 같은 수를 더해도 등식은 성립한다.
$$x - 1 = 3$$
$$x - 1 + 1 = 3 + 1$$
$$x = 3 + 1$$
$$x = 4$$

② 양변에서 같은 수를 빼도 등식은 성립한다.
$$x + 1 = 3$$
$$x + 1 - 1 = 3 - 1$$
$$x = 3 - 1$$
$$x = 2$$

③ 양변에 0이 아닌 같은 수를 곱해도 등식은 성립한다.
$$\frac{1}{2} \times x = 3$$
$$\frac{1}{2} \times x \times 2 = 3 \times 2$$
$$x = 3 \times 2$$
$$x = 6$$

④ 양변을 0이 아닌 같은 수로 나누어도 등식은 성립한다.
$$2 \times x = 6$$
$$2 \times x \div 2 = 6 \div 2$$
$$x = 3$$

이와 같이 등식의 성질을 이용하여 방정식의 해를 구할 수 있다. 이때 구한 해를 다시 처음의 방정식의 x에 대입하여 등식이 성립하면 방정식의 해를 바르게 구한 것이다.

디오판토스의 묘비에 있는 방정식 문제

디오판토스는 고대 그리스의 수학자로 대수학의 아버지라고 불린다. 그가 정확히 언제 태어나고 언제 죽었는지는 명확하지 않지만, 그가 죽은 나이는 정확히 알 수 있다. 왜냐하면 디오판토스는 자신의 묘비에 다음과 같이 새겨놓았다고 한다.
"보라! 디오판토스는 그의 생애의 $\frac{1}{6}$을 소년으로 보냈고 $\frac{1}{12}$을 청년으로 보냈으며 그 뒤 $\frac{1}{7}$이 지나서 결혼을 하였다. 결혼한 지 5년 뒤에 아들을 낳았고 그 아들은 아버지의 나이의 꼭 반을 살다 죽었고 아들이 죽은 지 4년이 지나서 세상을 떠났다. 디오판토스는 몇 살까지 살았는가?"
이 문제는 디오판토스가 산 나이를 x로 두고 다음과 같은 방정식을 세워 풀면 디오판토스는 84세 사망했음을 알 수 있다.
$$\frac{x}{6} + \frac{x}{12} + \frac{x}{7} + 5 + \frac{x}{2} + 4 = x$$

개념쌤의 1분 특강

방정식의 해가 맞는지 알아보려면 처음 식에 구한 값을 넣고 계산해 보면 끝~

131 예상하고 확인하여 풀기

문제 푸는 방법 찾기
예상하고 확인하여 풀기

- 문제의 답을 미리 예상해 보고 그 답이 문제의 조건에 맞는지 확인해 보는 과정을 반복하여 문제를 해결하는 전략.
- 예상하고 확인한 후 답을 틀렸으면 예상한 수를 늘이거나 줄여서 다시 예상한다.

예상하고 확인하여 풀기

예상하고 확인하여 풀기는 문제의 답을 미리 예상해 보고, 그 답이 문제의 조건에 맞는지 확인해 보는 과정을 반복하여 문제를 해결하는 전략으로 다음과 같은 단계를 거친다.

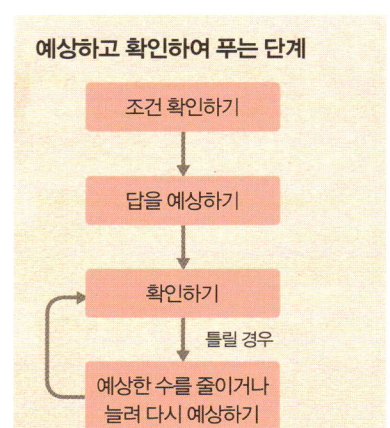

예상하고 확인하여 푸는 단계

조건 확인하기 → 답을 예상하기 → 확인하기 → (틀릴 경우) 예상한 수를 줄이거나 늘려 다시 예상하기

> 12700원으로 800원 하는 사과와 900원 하는 배를 합하여 15개 샀다면, 사과와 배는 각각 몇 개씩 산 것일까?

[조건 확인하기]
사과와 배를 합해 15개의 값은 12700원이고, 사과와 배 한 개의 값을 각각 알고 있다.

[답을 예상하기]
사과를 7개 샀다고 생각하면, 배는 15-7=8(개)를 샀으므로 각각의 과일값을 구해서 더한다.

[확인하기]
사과 1개의 값은 800원이므로 7개의 값은 800×7=5600(원), 배 1개의 값은 900원이므로 8개의 값은 900×8=7200(원)이다. 따라서 두 과일값을 더하면 5600+7200=12800(원)이다.

[다시 예상하기]
주어진 과일값 12700원보다 더 많이 나왔으므로 사과보다 비싼 배의 개수를 줄이고 사과의 개수를 늘려 보자.

[확인하기]
사과를 8개 샀다고 생각하면 배는 15-8=7(개)이므로 각각의 과일값을 구하여 더해 보면 800×8+900×7=6400+6300=12700(원)이다. 따라서 12700원으로는 사과 8개, 배 7개를 살 수 있다.

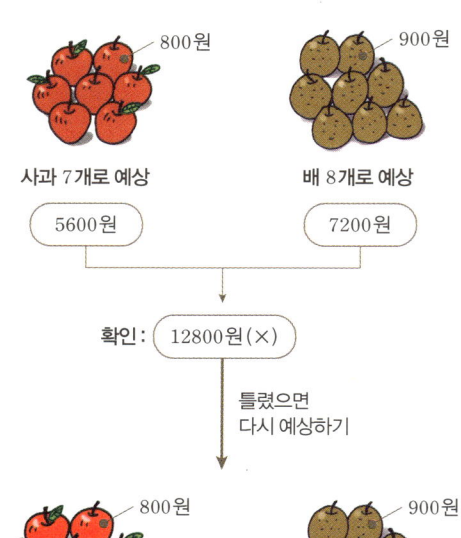

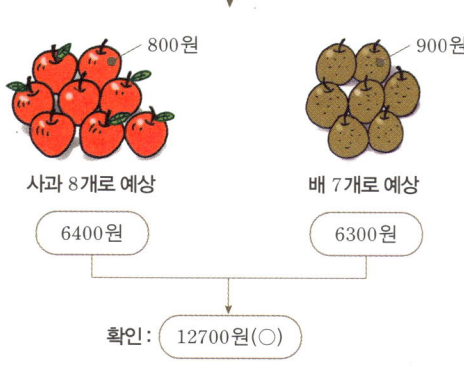

예상한 답이 맞을 때까지 다시 예상하고 확인하기를 반복한다.

개념쌤의 1분 특강

예상하고 확인한 후, 다시 예상할 때에는 수를 더 크게 해야 하는지 작게 해야 하는지 판단해야 해. 또 답에 가까워지도록 수의 범위를 좁히는 것도 중요하지.

132 표 만들어 풀기

- 주어진 조건에 알맞은 표를 만들어 문제를 해결하는 전략.
- 주어진 조건 사이에 일정한 관계나 규칙이 있는 경우 표를 만들어 문제를 해결하면 편리하다.

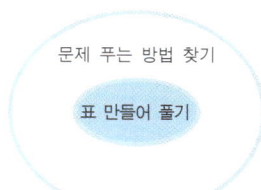

표 만들어 풀기

표 만들어 풀기는 주어진 조건에 알맞은 표를 만들어 문제를 해결하는 전략으로 다음과 같은 단계를 거친다.

5000원짜리 지폐를 1000원짜리 지폐와 500원짜리 동전으로 바꾸려고 한다. 방법은 모두 몇 가지일까?

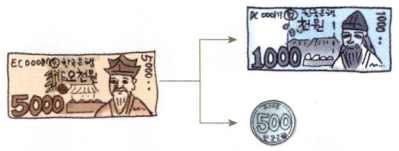

표를 만들어 푸는 단계

조건에 알맞은 표 만들기
↓
주어진 조건의 관계를 따져가며 표 완성하기
↓
표에서 알맞은 답 찾기

[조건에 알맞은 표 만들기]

5000원을 1000원짜리 지폐와 500원짜리 동전으로 바꾸려고 하는 것이므로 표를 두 줄로 만들고 각각의 개수를 써넣을 칸을 만든다.

| 1000원짜리(장) | | | |
| 500원짜리(개) | | | |

[주어진 조건의 관계를 따져가며 표 완성하기]

5000원을 1000원짜리 지폐로만 바꾸면 5장이 되고, 5000원을 1000원짜리 지폐로 4장 바꾸면 500원짜리 동전은 2개가 된다. 이렇게 1000원짜리 지폐가 1장씩 줄어들 때마다 500원짜리 동전은 2개씩 늘어난다.

| 1000원짜리(장) | 5 | 4 | 3 | 2 | 1 | 0 |
| 500원짜리(개) | 0 | 2 | 4 | 6 | 8 | 10 |

1000원짜리 3장은 3000원, 500원짜리 4개는 2000원, 합해서 5000원이지? 이렇게 확인해 보면 돼.

[표에서 알맞은 답 찾기]

5000원을 1000원짜리 지폐와 500원짜리 동전으로 바꿀 수 있는 방법은 모두 6가지임을 알 수 있다. 이때 5000원을 1000원짜리로만 바꾸는 경우와 500원짜리로만 바꾸는 경우를 빠뜨리지 않도록 주의한다.

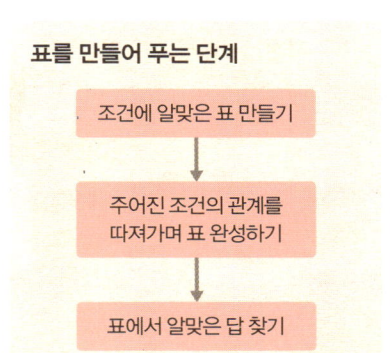

개념쌤의 1분 특강

표에도 여러 종류가 있어. 두 수 사이에 일정한 규칙이 있는 경우에는 두 수의 대응표를 만들고, 주어진 대상이 서로 다른 조건을 가졌을 때는 ○, ×표를 만들어야 해.

133 그림 그려 풀기

- 주어진 조건을 그림으로 나타내어 문제를 해결하는 전략.
- 조건 사이의 관계를 그림으로 나타낸 후, 그림을 보고 바로 답을 구하거나 식을 세워 답을 구할 수 있다.

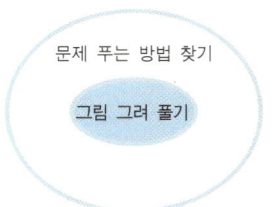

그림 그려 풀기

그림 그려 풀기는 주어진 조건을 그림으로 나타내어 문제를 해결하는 전략으로 다음과 같은 단계를 거친다.

물이 들어 있는 병의 무게를 달아 보았더니 530 g이었다. 병 안에 든 물을 $\frac{1}{3}$ 마시고 무게를 달아 보았더니 380 g일 때, 빈 병의 무게는 몇 g일까?

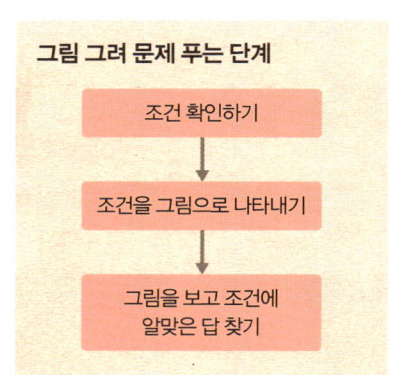

[조건 확인하기]

물병의 무게가 530g인 것은 (물의 무게)+(빈 병의 무게)=530(g)임을 뜻하고, 물의 $\frac{1}{3}$을 마시고 달아 본 무게가 380g이므로 마신 물의 무게는 530−380=150(g)이다.

[조건을 그림으로 나타내기]

먼저 막대를 그린 후 물의 무게와 빈 병의 무게를 나누어서 표시한다. 이때 물과 빈 병의 무게의 합은 알지만 각각의 무게는 알 수 없다. 따라서 물의 무게와 빈 병의 무게를 막대로 나누고, 물의 무게를 다시 3등분하여 나타낸다. 그리고 3등분한 것 중 한 곳에 마신 물의 양을 150g이라고 적는다. 그럼 처음에 들어 있던 물의 무게를 바로 알 수 있다.

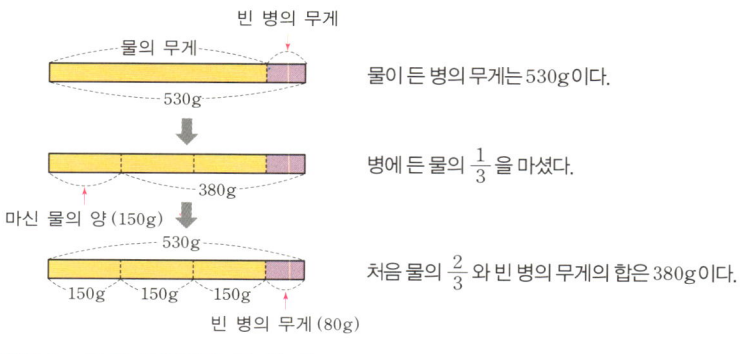

물이 든 병의 무게는 530g이다.

병에 든 물의 $\frac{1}{3}$을 마셨다.

처음 물의 $\frac{2}{3}$와 빈 병의 무게의 합은 380g이다.

[그림을 보고 조건에 알맞은 답 찾기]

150g은 전체 물의 양의 $\frac{1}{3}$이므로 전체 물의 양은 150×3=450(g)이다. 이때, 530g에서 물의 무게 450g을 빼 주면 빈 병의 무게를 구할 수 있다. 따라서 빈 병의 무게는 530−450=80(g)이다.

> **개념쌤의 1분 특강**
>
> 주어진 조건과 구하고자 하는 것을 그림에 함께 나타내어 식을 세워 구하면 돼.

134 규칙 찾아 풀기

- 모양이나 수가 변하는 규칙을 찾아 문제를 해결하는 전략.
- 모양이 일정하게 변하는 규칙 또는 수가 늘어나거나 줄어드는 규칙을 찾아 알맞은 식을 세워 문제를 해결할 수 있다.

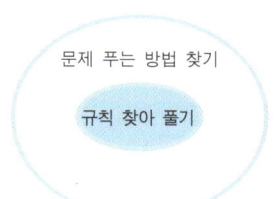

규칙 찾아 풀기

규칙 찾아 풀기는 모양이나 수가 변하는 규칙을 찾아 문제를 해결하는 전략으로 다음과 같은 단계를 거친다.

다음과 같은 방법으로 바둑돌을 놓으면, 열째 번에 놓이는 바둑돌은 모두 몇 개일까?

첫째 둘째 셋째 넷째

규칙 찾아 문제 푸는 단계

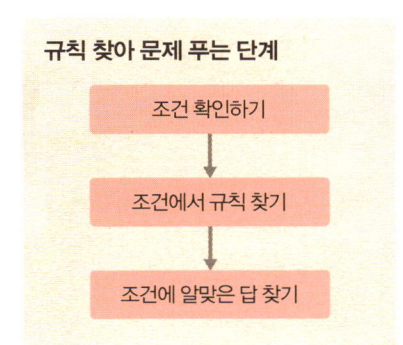

[조건 확인하기]
흰색 바둑돌과 검은색 바둑돌이 번갈아 가며 놓이고, 순서가 늘어날 때마다 바둑돌의 개수가 1개, 3개, 5개, 7개, ……로 2개씩 많아진다.

[조건에서 규칙 찾기]
먼저 바둑돌이 늘어나는 규칙을 알아보면 바둑돌이 1개에서부터 3개, 5개, 7개, ……로 늘어나는 수가 일정하게 2씩 커지고 있다. 이는 홀수를 1부터 해당하는 순서까지 더한 규칙이기도 하다. 따라서 다섯째 번에 놓인 바둑돌의 수는 $1+3+5+7+9$이고, 열째 번에 놓인 바둑돌의 수는 홀수 10개를 더해야 한다. 이번에는 가로, 세로의 변화되는 바둑돌의 개수에서 어떤 규칙이 있는지 알아보면 가로의 수와 세로의 수가 각각 한 개씩 늘고 있다. 이것을 순서대로 숫자로 나타내어 보면 1, 4, 9, 16, ……이다. 따라서 바둑돌의 수는 정사각형의 넓이를 구하는 것과 같이 같은 수의 곱으로 나타낼 수 있다. 즉 첫째는 1×1, 둘째는 2×2, ……이므로 다섯째 번에 놓이는 바둑돌의 수는 $5\times5=25$(개)이다.

[조건에서 알맞은 답 찾기]
아래와 같은 방법으로 열째 번 놓이는 바둑돌의 개수는 100개임을 알 수 있다.

〈늘어나는 수로 규칙 알기〉
첫째 번 : 1, 둘째 번 : $1+3=4$,
셋째 번 : $1+3+5=9$,
넷째 번 : $1+3+5+7=16$
➡ 열째 번 바둑돌의 수 :
$1+3+5+7+9+11+13+15+17+19=100$(개)

〈가로, 세로의 변화되는 수로 규칙 알기〉
첫째 번 : $1\times1=1$, 둘째 번 : $2\times2=4$,
셋째 번 : $3\times3=9$, 넷째 번 : $4\times4=16$
➡ 열째 번 바둑돌의 수 : $10\times10=100$(개)

개념쌤의 1분 특강

규칙은 모든 단계에서 공통으로 적용할 수 있는 규칙이어야만 해. 일부만 보고 규칙을 잘못 찾지 않도록~

135 간단히 하여 풀기

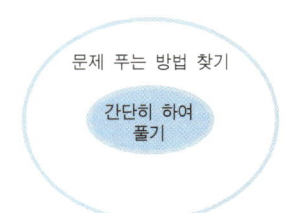

- 주어진 조건을 간단히 하여 문제를 해결하는 전략.
- 조건이 복잡할 때, 먼저 수의 범위나 조건을 간단히 하여 답을 구한 다음, 규칙이나 원리를 찾아 다시 처음의 조건으로 답을 구한다.

간단히 하여 풀기

간단히 하여 풀기는 주어진 조건을 간단히 하여 문제를 해결하는 전략으로 다음과 같은 단계를 거친다.

> 한 변이 40m인 정사각형 모양의 땅 둘레에 2m 간격으로 나무를 심으려고 한다. 나무는 모두 몇 그루 필요할까?

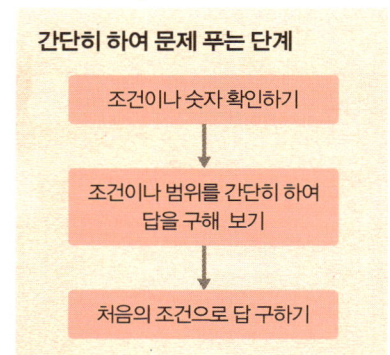

[조건이나 숫자 확인하기]

정사각형의 한 변이 40m이므로 둘레의 길이는 $40 \times 4 = 160$(m)이고, 2m 간격으로 나무를 심어야 한다.

[조건이나 범위를 간단히 하여 답을 구해 보기]

정사각형의 한 변을 10m로 줄여서 생각해 보면 한 변이 10m인 정사각형에 2m 간격으로 나무를 심을 때, 심은 나무의 개수를 구하는 방법은 2가지이다.

방법 1 한 변에 6그루씩 심었다고 생각하면 4개의 변이 있고, 4개의 꼭짓점에 겹치는 나무는 빼 주어야 하므로 $6 \times 4 - 4 = 20$(그루)가 된다.

방법 2 한 줄에 5그루씩 심었다고 생각하면 $5 \times 4 = 20$(그루)로 구할 수 있다. 이 경우엔 겹치는 나무가 없다.

[처음의 조건으로 답 구하기]

앞에서 구한 방법으로 한 변이 40m인 정사각형 모양의 땅에 필요한 나무의 수를 2가지 방법으로 구해 보자.

방법 1 한 변에 21그루씩 네 변에 심는데, 겹치는 나무가 있으므로 $21 \times 4 - 4 = 80$(그루)이다.

방법 2 한 줄에 20그루씩 심었다고 생각하면 $20 \times 4 = 80$(그루)이다.

〈조건 간단히 하여 답 구하기〉

한 변이 10m인 정사각형 모양의 땅의 둘레에 2m 간격으로 나무 심기

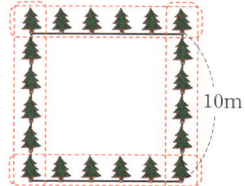

방법 1 한 변에 6그루씩 4개의 변이므로 6×4를 한 후, 겹치는 나무의 수 4를 뺀다. → $6 \times 4 - 4 = 20$(그루)

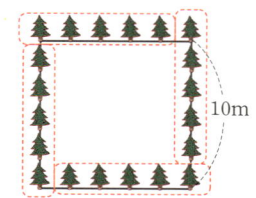

방법 2 나무를 겹쳐서 세지 않도록 한 변의 나무의 수에서 1을 뺀 후 4를 곱한다. → $5 \times 4 = 20$(그루)

〈처음의 조건으로 답 구하기〉

한 변이 40m인 정사각형 모양의 땅의 둘레에 2m 간격으로 나무 심기

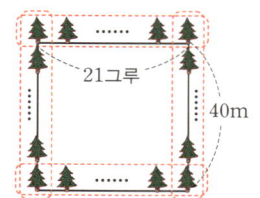

방법 1 한 변에 21그루씩 4개의 변이므로 21×4를 한 후, 겹치는 나무의 수 4를 뺀다. → $21 \times 4 - 4 = 80$(그루)

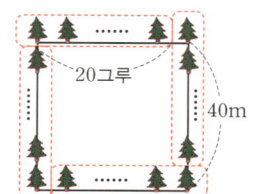

방법 2 나무를 겹쳐서 세지 않도록 한 변의 나무의 수에서 1을 뺀 후 4를 곱한다. → $20 \times 4 = 80$(그루)

136 거꾸로 생각하여 풀기

- 결과에서부터 거꾸로 계산하여 문제를 해결하는 전략.
- 덧셈 결과는 뺄셈으로, 뺄셈 결과는 덧셈으로, 곱셈 결과는 나눗셈으로, 나눗셈 결과는 곱셈으로 구한다.

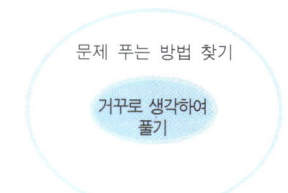

거꾸로 생각하여 풀기

거꾸로 생각하여 풀기는 결과에서부터 거꾸로 계산하여 문제를 해결하는 전략으로 다음과 같은 단계를 거친다.

450원짜리 지우개와 920원짜리 수첩을 사고 남은 돈이 130원이라면 처음에 가지고 있던 돈은 얼마일까?

450원   920원

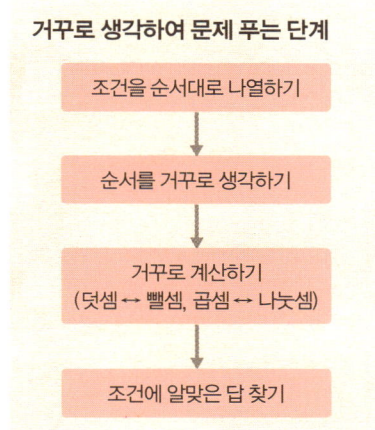

거꾸로 생각하여 문제 푸는 단계

조건을 순서대로 나열하기

↓

순서를 거꾸로 생각하기

↓

거꾸로 계산하기
(덧셈 ↔ 뺄셈, 곱셈 ↔ 나눗셈)

↓

조건에 알맞은 답 찾기

[조건을 순서대로 나열하기]

처음에 가지고 있던 돈이 얼마였는지 모르지만 지우개값과 수첩값, 거스름돈을 알고 있으므로 그림으로 나타내면 아래와 같다.

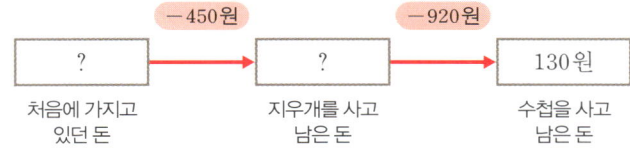

[순서를 거꾸로 생각하기]

수첩을 사고 남은 돈에 920원을 더해 주면 지우개를 사고 남은 돈이 되고, 그 값에 450원을 더해 주면, 처음에 가지고 있던 돈을 구할 수 있다.

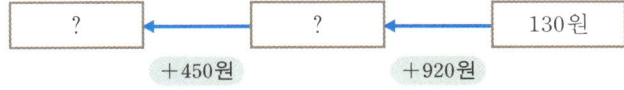

[거꾸로 계산하기]

거꾸로 생각한대로 순서에 알맞게 계산하면 된다. 즉 뺀 값은 더해 주고, 더한 값은 빼 주어야 한다. 이 경우에는 차례로 더해 주어야 한다.

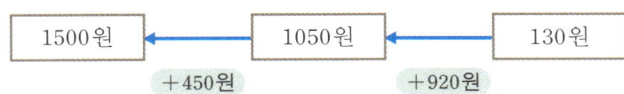

[조건에 알맞은 답 찾기]

처음에 가지고 있던 돈은 1500원이다.

거꾸로 풀고 난 후에는 처음 식에 수를 넣어서 올바른 순서로 꼭 계산해 보기를……

개념쌤의 1분 특강

거꾸로 풀기는 이것만 기억해.

더한 값은 빼 준다.

뺀 값은 더해 준다.

곱한 값은 나누어 준다.

나눈 값은 곱해 준다.

137 식을 세워 풀기

- 주어진 조건에 알맞은 식을 만들어 문제를 해결하는 방법.
- 식을 세워 풀 때 전체의 양은 1, 모르는 수는 □로 하면 계산하기 편리하다.

문제 푸는 방법 찾기

식을 세워 풀기

식을 세워 풀기

식을 세워 풀기는 주어진 조건에 알맞은 식을 만들어 문제를 해결하는 전략으로 다음과 같은 단계를 거친다.

길이가 32 m인 끈이 있다. 이 끈의 $\frac{3}{4}$만큼을 신문지를 묶는 데 사용하고, 남은 끈의 $\frac{3}{4}$만큼을 책을 묶는 데 사용하였다면 책을 묶고 남은 끈은 몇 m일까?

[조건 확인하기]

전체 끈의 길이를 1이라 하면 신문지 묶는 데 $\frac{3}{4}$을 사용했으므로 남은 끈은 $\left(1-\frac{3}{4}\right)$이다. 또 책을 묶는 데 $\left(1-\frac{3}{4}\right)$의 $\frac{3}{4}$을 사용했으므로 책을 묶고 남은 끈의 길이는 $\left(1-\frac{3}{4}\right)$의 $\left(1-\frac{3}{4}\right)$이다.

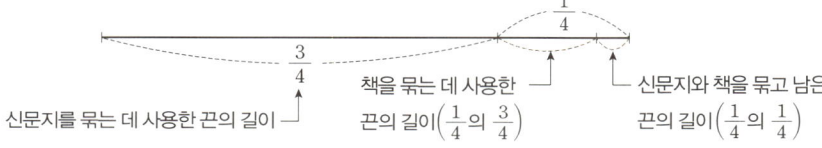

[조건에 알맞은 식 세우기]

전체 끈의 길이를 1이라 할 때 신문지를 묶고 남은 끈의 길이를 먼저 알아본 후, 남은 끈의 길이에서 다시 책을 묶고 남은 끈의 길이의 비율을 알아보는 식을 구해야 한다.

[식에 알맞게 계산하기]

위에서 구한 식을 계산해 보면 $\left(1-\frac{3}{4}\right)\times\left(1-\frac{3}{4}\right)=\frac{1}{4}\times\frac{1}{4}=\frac{1}{16}$에서 남은 끈의 길이는 전체의 $\frac{1}{16}$이므로 $32\times\frac{1}{16}=2(\mathrm{m})$이다.

[답 확인하기]

남은 끈의 길이가 2 m이므로 책을 묶는 데 사용한 끈은 6 m, 신문지를 묶는 데 사용한 끈은 24 m이다. 따라서 2+6+24=32(m)이므로 정답이다.

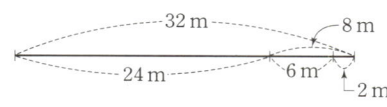

전체가 32일 때 32의 $\frac{3}{4}$이 24이고, 32에서 24를 뺀 것이 8, 8의 $\frac{3}{4}$이 6, 32에서 24와 6을 뺀 나머지가 2가 맞는지 확인한다.

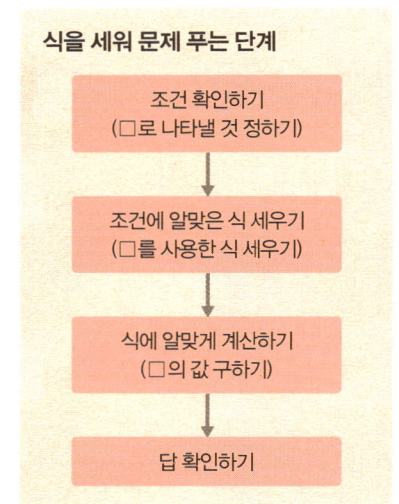

식을 세워 문제 푸는 단계

조건 확인하기
(□로 나타낼 것 정하기)

↓

조건에 알맞은 식 세우기
(□를 사용한 식 세우기)

↓

식에 알맞게 계산하기
(□의 값 구하기)

↓

답 확인하기

개념쌤의 1분 특강

식을 세워 풀라고 해서 꼭 식만 세워야 하는 것은 아니야. 식을 세우는 과정에서 그림을 그리거나 표를 만들면 식을 세우는 데 도움이 되거든.

138 나뭇가지 모양의 그림으로 풀기

- 나뭇가지 모양의 그림을 그려서 문제를 해결하는 전략.
- 순서가 있는 경우의 수를 구할 때, 나뭇가지 그림을 그려서 나타내면 모든 경우를 빠뜨리지 않고 구할 수 있다.

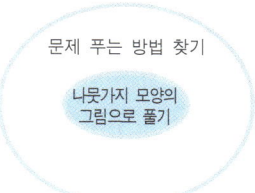

나뭇가지 모양의 그림으로 풀기

나뭇가지 모양의 그림으로 풀기는 나뭇가지 모양의 그림을 그려서 문제를 해결하는 전략으로 주로 순서가 있는 경우의 수를 구할 때 사용한다. 나뭇가지 모양의 그림으로 풀기는 다음과 같은 단계를 거친다.

오른쪽 숫자 카드 4장으로 만들 수 있는 세 자리 수는 모두 몇 가지일까?

나뭇가지 모양의 그림으로 문제 푸는 단계

조건 확인하기
↓
나올 수 있는 경우를 나뭇가지 모양의 그림으로 그려 보기
↓
가짓수를 세어 답 구하기

[조건 확인하기]
카드에 쓰인 숫자는 0, 2, 3, 5로 4개이고, 세 자리 수의 백의 자리에는 0을 놓을 수 없다.

[나올 수 있는 경우를 나뭇가지 모양의 그림으로 그려 보기]
먼저 백의 자리 숫자가 2인 경우를 생각해 보면 백의 자리에 2가 오면 십의 자리에는 0, 3, 5가 올 수 있고, 십의 자리에 0이 오면 일의 자리는 3, 5가, 십의 자리에 3이 오면 일의 자리에는 0, 5가, 십의 자리에 5가 오면 일의 자리에는 0, 3이 올 수 있다.

따라서 백의 자리의 숫자가 2인 경우는 203, 205, 230, 235, 250, 253으로 6가지이다. 마찬가지로 백의 자리에 3이 올 경우, 5가 올 경우에도 만들어지는 수는 각각 6가지이다.

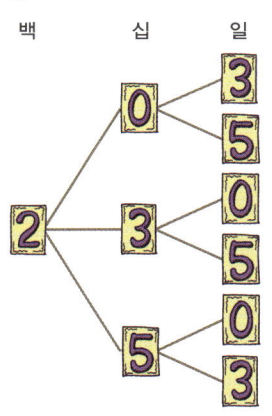

[가짓수를 세어 답 구하기]
백의 자리가 2, 3, 5일 때 만들 수 있는 세 자리 수가 각각 6개씩이므로 4개의 숫자 카드로 만들 수 있는 세 자리 수는 모두 6×3=18(가지)이다.

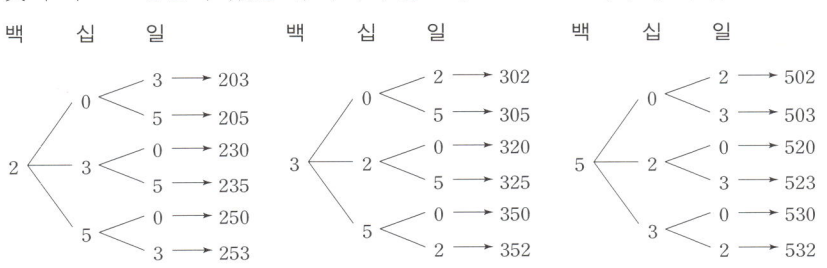

개념쌤의 1분 특강

나뭇가지 모양의 그림을 그려서 구할 때에는 순서가 있는 경우인지 순서에 상관없는 경우인지 문제에 주어진 조건을 정확하게 살펴보는 것이 중요해.

패러독스 (역설)

어떤 사람이 "난 거짓말을 했어."라고 말할 때 그의 말은 옳은 것인지, 아니면 틀린 것인지 알 수가 없다. 만일 그의 말이 옳으면 그는 거짓말을 한 것이고, 그의 말이 틀리면 그는 옳은 말을 한 것이기 때문이다.

거짓말쟁이 패러독스

옛날에 크레타 섬 출신의 예언자 에피메니데스는 "크레타 섬 사람들이 하는 말은 모두 거짓말이다."라는 말을 했다.
이 말을 생각해 보자.
에피메니데스가 말한 대로 크레타 섬 사람들이 하는 말이 모두 거짓말이라면, 크레타 섬 출신인 에피메니데스가 한 말이 거짓말이 된다. 따라서 크레타 섬 사람들이 하는 말은 모두 거짓말이 아닌 게 되는 것이다.
그럼 반대로 에피메니데스가 거짓말을 한 것이라면, 크레타 섬 사람들이 하는 말이 모두 거짓말이 아니어야 하므로 크레타 섬 출신의 에피메니데스가 거짓말을 했다고 할 수가 없게 되는 것이다.
결국은 에피메니데스가 한 말을 옳다고 할 수도, 틀리다고 할 수도 없다.

제논의 패러독스

그리스의 철학자 제논이 말한 내용으로 마라톤의 영웅인 아킬레스와 거북이 달리기를 하는데, 거북이 아킬레스보다 조금 더 앞서서 출발하면 아킬레스가 결코 거북을 따라잡을 수가 없다는 것이다. 왜냐하면 아킬레스가 거북의 출발점에 도착했을 때에는 이미 거북은 조금 앞으로 더 갔을 것이고, 다시 따라 뛰어가도 거북은 이미 그 지점을 지나쳐 버렸기 때문이라는 것이다. 하지만 실제로는 아킬레스가 거북을 따라잡을 수 있다. 이 패러독스의 착각은 시간을 생각하지 않아 생겨난 것이다. 아킬레스가 점점 거북과 간격을 좁힐수록 앞서가는 거북의 위치까지 도달하는 데에 걸리는 시간이 좁혀져서 0이 될 때가 존재하기 때문이다. 즉 아킬레스와 거북이 멈추지 않고 계속해서 달리기를 한다면, 언젠가는 아킬레스가 거북을 추월하게 된다. 이 패러독스의 착각은 아킬레스가 거북을 추월하기 직전까지로 한정하여 생각했기 때문에 일어난 것이다.

이렇게 틀린 것처럼 생각되어도 실제로는 옳고, 옳은 것처럼 생각되어도 실제로는 틀린 경우가 있다. 이와 같이 참(옳은 것)이라고 말하거나 거짓(틀린 것)이라고 말하거나 모두 이치에 맞지 않아서 참이라고도 거짓이라고도 말할 수 없는 모순된 문장이나 관계를 '패러독스(paradox)' 또는 '역설'이라고 한다.

이발사의 패러독스

어느 마을에 자신이 최고라고 생각하는 이발사가 있었다. 어느 날 한 친구가 이발사에게 경쟁 상대가 누구냐고 물었더니 "나의 경쟁 상대는 없어. 이 마을에서는 스스로 수염을 깎는 사람 외에는 모두 내가 수염을 깎아 준다네."라고 했다. 이 말을 들은 친구는 문득 궁금해졌다. "그럼 이발사는 자신의 수염을 스스로 깎을까?"
먼저 이발사 스스로 수염을 깎는다고 생각하면, 자신의 수염을 스스로 깎는 사람에 대해서는 수염을 깎지 않는다고 했으므로 자신의 수염을 자신이 깎을 수가 없다.
이번에는 이발사 스스로 수염을 깎지 않는다고 생각하면, 이발사는 스스로 수염을 깎지 않는 사람에 대해서는 모두 수염을 깎는다고 했으므로 자신의 수염을 깎는 셈이 된다.
결국 이발사는 자신이 한 말로 인해 자신의 수염을 깎을 수도 깎지 않을 수도 없는 처지가 된 것이다.

중국 초나라에 창과 방패를 파는 상인이 있었다. 이 상인이 다음과 같은 말을 했다.
"여기 이 방패로 말할 것 같으면 너무나 단단해서 어떤 창으로도 뚫을 수가 없지요. 그리고 또 이 창을 보십시오. 이 창은 어찌나 끝이 날카로운지 어떤 물건이든 모두 뚫을 수 있답니다."
상인의 방패와 창을 동시에 사용하면 어떻게 될까? 이처럼 앞뒤가 맞지 않는 말을 창 모(矛), 방패 순(盾)을 사용해 '모순'이라고 한다.

수학사

139 가우스의 덧셈
140 피보나치 수열
141 피타고라스의 정리
142 탈레스의 정리
143 유클리드의 정의
144 작도
145 아르키메데스의 원리
146 원주율의 역사
147 파스칼의 삼각형
148 데카르트와 좌표평면
149 뫼비우스의 띠
150 에라토스테네스의 소수

151 　오일러의 정리
152 　토폴로지
153 　에셔의 테셀레이션
154 　만델브로트의 프랙탈
● 　한눈에 들여다보기

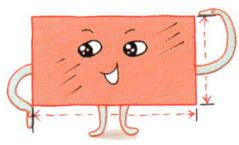

139 가우스의 덧셈

- 연속된 자연수의 합을 구하는 방법으로 연속된 자연수나 연속된 짝수 또는 홀수는 수를 차례로 나열한 다음 거꾸로 나열하여 더하는 방법으로 계산한다.

가우스(1777~1855)

가우스의 덧셈

독일의 창의적인 천재 수학자인 가우스는 19세기의 가장 위대한 수학자로 수학, 천문학, 측지학, 물리학 등 여러 분야에서 위대한 업적을 남겼다. 그는 특히 뛰어난 사고력으로 창의적이고 독특한 덧셈법을 이용한 계산 능력을 발휘했다. 그중 대표적인 것이 바로 가우스의 덧셈이다.

1786년 독일의 한 초등학교에서 선생님께서 학생들에게 1부터 100까지의 수를 모두 더해 보라는 문제를 내셨다. 선생님은 학생들이 이 문제를 푸는 데 최소한 한 시간은 걸릴 것이라고 예상했다. 그런데 얼마 지나지 않아 한 학생이 답을 제출했다. 그 학생은 바로 가우스였다. 그는 어떻게 그렇게 빨리 계산을 하였을까?

가우스는 다음과 같이 먼저 1부터 100까지의 수를 나열한 후에 거꾸로 100부터 1까지의 수를 나열하여 더하는 방법으로 계산을 했다.

$$\begin{array}{r} 1+\ \ 2+\ \ 3+\ \ 4+\cdots+\ 99+100 \\ +)\,100+99+98+97+\cdots+\ \ 2+\ \ 1 \\ \hline 101+101+101+101+\cdots+101+101 \end{array}$$

101이 되는 수가 100개니까 101×100=10100이고, 이것은 1부터 100까지의 수를 두 번 더해 준 것이니까 2로 나누면 답은 5050이야.

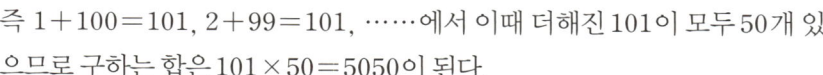

즉 1+100=101, 2+99=101, ……에서 이때 더해진 101이 모두 50개 있으므로 구하는 합은 101×50=5050이 된다.

이와 같은 덧셈 방법을 '가우스의 덧셈'이라고 하는데, 이것은 가우스가 고작 10살 때 생각해 낸 계산법이라고 한다.

가우스의 덧셈은 수학 계산에 있어서 대표적인 창의적 방법으로 여겨지고 있다. 가우스의 덧셈 방법으로 연속된 자연수의 합을 쉽게 구할 수가 있게 되었으니 정말 편리하고 고마운 계산법이 아닐 수 없다. 또 연속된 자연수의 합뿐만 아니라 연속된 홀수의 합, 짝수의 합 등도 가우스의 덧셈법을 이용하여 쉽게 구할 수 있다.

가우스

가우스는 1777년 독일의 브라운 슈바이크에서 태어났다. 아버지는 벽돌을 만드는 기술자였는데 성격이 고지식하고 난폭했다고 한다. 그러나 어머니는 강하고 곧은 성품으로 자상했으며 가우스가 위대한 수학자로 성장할 수 있도록 지켜주었다고 한다.

가우스는 세 살 때 아버지가 직원들의 월급 계산을 잘못했음을 밝혀 내어 주위 사람들을 놀라게 했다고 한다. 또 1801년 이탈리아 천문학자 주세페 피아치가 '세레스'라는 작은 행성을 발견했는데 가우스는 이 행성이 1년 뒤 어느 자리에 나타날지를 정확히 예측했다. 이렇게 행성 궤도를 계산했다는 소식을 들은 당시 프랑스의 수학자이자 천체 연구가였던 피에르 라플라스는 가우스를 세계 최고 수학자라고 칭송했다고 한다.

한편 가우스는 어느 날 자와 컴퍼스만을 이용한 17각형 작도법을 발견하고 너무 기쁜 나머지 자신의 묘비에 17각형 작도법을 새겨 달라는 말을 남겼다. 하지만 묘비를 제작하는 석공이 능력이 안 된다며 새기지 못했다고 한다.

140 피보나치 수열

• 앞의 두 수의 합이 바로 뒤의 수가 되는 수의 배열로 피보나치 수열에서 수는 1, 1, 2, 3, 5, 8, 13, 21, 34, 55, ……로 늘어난다.

레오나르도 피보나치(1170~1250)

피보나치 수열의 원리

피보나치 수열이란 앞의 두 수의 합이 바로 뒤의 수가 되는 수의 배열을 말한다. 이 수열을 처음 소개한 사람은 이탈리아의 수학자 레오나르도 피보나치이다. 그래서 그의 이름을 따서 '피보나치 수열'이라고 부르는 것이다.
피보나치 수열을 처음 소개한 책은 피보나치가 쓴 『산반서』라는 책인데 그 내용은 다음과 같다.

> 어떤 농부가 갓 태어난 토끼 한 쌍을 가지고 있었다. 이 한 쌍의 토끼는 두 달 후부터 매달 암수 한 쌍의 새끼를 낳으며, 새로 태어난 토끼도 태어난 지 두 달 후부터는 매달 암수 새끼를 한 쌍씩 낳는다고 한다. 1년이 지나면 모두 몇 쌍의 토끼가 있을까?

첫 달에 태어난 토끼 한 쌍이 1개월 후에 어른 토끼가 되고, 2개월 후에 토끼 한 쌍을 낳게 된다. 이후 어른 토끼는 매달 토끼를 한 쌍씩 낳게 되고, 새끼 토끼는 한 달 후에 어른 토끼가 되고, 두 달 후부터 토끼를 한 쌍씩 낳게 된다. 이렇게 매달 토끼의 쌍을 세어 보면 1, 1, 2, 3, 5, 8, 13, 21, 34, 55, ……가 되는데 이 수의 배열은 앞의 두 수의 합이 바로 뒤의 수가 된다. 이렇게 나열되는 수의 배열을 바로 피보나치 수열이라고 한다.

개월	처음	1개월 후	2개월 후	3개월 후	4개월 후	5개월 후	……
토끼							……
토끼 쌍의 수	1쌍	1쌍	2쌍	3쌍	5쌍	8쌍	……

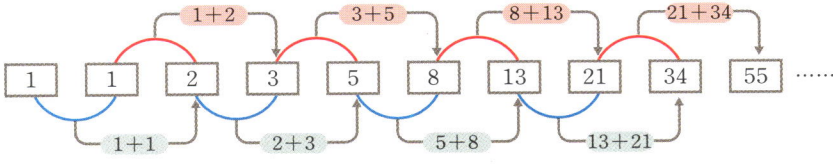

피보나치

레오나르도 피보나치는 이탈리아의 수학자로 이집트, 시리아, 그리스, 시칠리아 등의 나라를 여행하며 아라비아에서 발전된 수학을 두루 섭렵했다. 그리고 이를 유럽인들에게 소개하여 유럽 여러 나라의 수학을 발전시키는 데 영향을 끼쳤다. 특히 그는 아라비아 숫자를 유럽에 보급시키기도 하였다.

〈피보나치 수열과 꽃〉

꽃들이 피보나치의 수만큼의 꽃잎을 갖는 이유는 무엇일까?
꽃이 활짝 피기 전까지는 꽃잎이 봉오리를 이루어 꽃 안의 암술과 수술을 보호하는 역할을 하기 위해 꽃잎들이 이리저리 겹쳐져야 한다. 이때 꽃잎의 수가 3, 5, 8, 13, ……일 때, 꽃잎을 겹치기가 가장 효율적이라고 한다. 또 해바라기가 피보나치 수열로 나선형 배열을 하는 것은 좁은 공간에 많은 씨를 촘촘하게 배열하여 비바람에도 잘 견디기 위함이라고 한다.

141 피타고라스의 정리

- 직각삼각형에서 두 변의 길이의 제곱의 합은 빗변의 길이의 제곱과 같고, 삼각형의 세 변 중 가장 긴 변의 길이의 제곱이 나머지 두 변의 길이의 제곱의 합과 같으면 그 삼각형은 직각삼각형이다.

피타고라스
(기원전 582년~기원전 497년)

피타고라스의 정리

이집트 사람들은 세 변의 길이의 비가 3:4:5일 때 직각삼각형이 만들어진다는 것을 알았다. 하지만 왜 직각삼각형이 만들어지는지에 대해서는 관심이 없었다. 이렇게 이집트 사람들은 경험을 통해 얻은 지식을 체계적으로 정리하지는 않았다. 그러나 그리스의 수학자들은 이집트에서 많은 지식을 배운 다음 왜 그렇게 되었는지 하나씩 따져 가면서 체계적으로 정리했다.
피타고라스의 정리 또한 이러한 과정에서 발견된 것이다.
2명의 농부가 다음과 같은 직각삼각형 모양의 땅을 만들고 직각삼각형의 각 변을 한 변으로 하는 정사각형의 땅을 만들어 똑같이 나누어 가지려고 한다.

피타고라스

피타고라스는 기원전 582년 경 그리스의 에게 해의 사모스 섬에서 태어났다.
어린 피타고라스는 산술과 음악에 뛰어난 재능을 보였다고 한다, 그는 수학자 탈레스에게서 천문학과 수학을 배우고, 이집트와 바빌로니아를 여행하면서 수학, 천문학, 철학을 공부하였다.
피타고라스는 '피타고라스 정리'는 물론 무리수를 발견하는 등 위대한 업적을 남겼다.

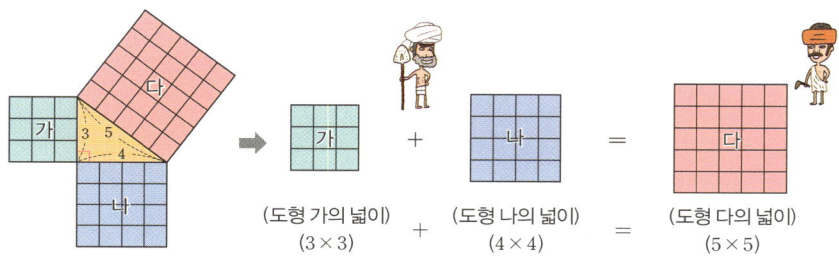

(도형 가의 넓이) + (도형 나의 넓이) = (도형 다의 넓이)
(3×3)   (4×4)   (5×5)

이때 직각삼각형에서 밑변과 높이를 각각 한 변으로 하는 정사각형의 넓이의 합은 직각삼각형의 빗변을 한 변으로 하는 정사각형의 넓이와 같다. 즉 한 명은 가와 나의 땅을 가지고, 다른 한 명이 다의 땅을 가지면 공평하게 나누어 가지게 되는 셈이다.

이와 같은 사실을 알아낸 사람은 바로 피타고라스이다. 이집트 사람들도 직각삼각형을 토지 측량에 이용을 하였지만 이론적으로 왜 그렇게 되는지 설명한 사람은 바로 피타고라스이고, 위의 내용을 일반적으로 정리한 것을 피타고라스의 이름을 따서 '피타고라스의 정리'라고 한다. 즉 피타고라스의 정리는 '직각삼각형에서 두 변의 길이의 제곱의 합은 빗변의 길이의 제곱과 같다'는 것이다.

오른쪽 그림에서 직각삼각형의 빗변은 ㉢이므로 피타고라스의 정리를 식으로 나타내면 다음과 같다.

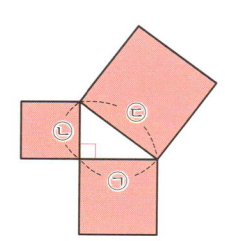

피타고라스의 정리
㉢² = ㉠² + ㉡²

142 탈레스의 정리

- 도형에서 꼭 알아야 할 5개의 정리로 탈레스의 정리는 주로 평면도형의 각에 대한 정리이다.

탈레스
(기원전 625년~기원전 547년)

탈레스의 정리

기하학이 처음 싹튼 곳은 이집트이지만 더욱 발전하여 꽃을 피운 곳은 그리스였다. 그리스의 수학자들은 이집트를 통해 알게 된 지식들을 학문적으로 체계화시키고 발전시켰는데 그 출발점이 된 사람이 그리스의 수학자 탈레스였다. 그는 도형에서 꼭 알아야 할 성질들을 정리하여 제시하였는데 이것이 바로 '탈레스의 정리'이다.

탈레스는 다음과 같은 5개의 정리를 발견하고 증명하기도 했다. 정리란 이미 참이라고 증명된 수학적인 내용이다.

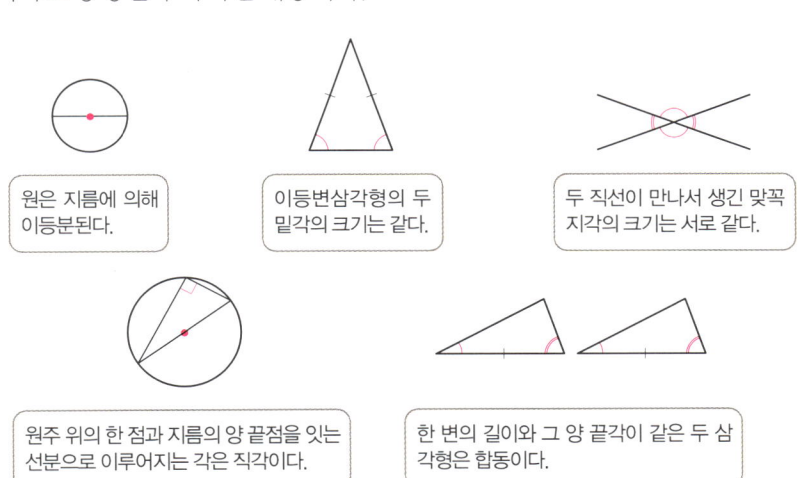

원은 지름에 의해 이등분된다.

이등변삼각형의 두 밑각의 크기는 같다.

두 직선이 만나서 생긴 맞꼭지각의 크기는 서로 같다.

원주 위의 한 점과 지름의 양 끝점을 잇는 선분으로 이루어지는 각은 직각이다.

한 변의 길이와 그 양 끝각이 같은 두 삼각형은 합동이다.

탈레스

천문학, 수학, 과학에 많은 관심을 가진 탈레스는 그리스의 밀레토스라는 작은 도시에서 태어나 젊은 시절부터 이집트를 자주 왕래하였다. 그 당시의 이집트는 문명이 발달한 나라였기 때문에 수학과 천문학에 관한 지식들을 배울 수 있었다. 탈레스는 이집트에서 많은 지식들을 알기 위해 노력하고, 얻은 지식을 바탕으로 듣고 보는 모든 현상을 주의 깊게 관찰하고 연구하여 후세 수학의 발달에 많은 기여를 했다.

또한 탈레스는 일식의 날짜를 예측한 천문학자이기도 하다. 그는 기원전 585년 5월 28일 정확한 날짜에 일식이 일어난다는 것을 예측하여 사람들을 깜짝 놀라게 했다.

탈레스는 태양과 달의 움직임을 관찰하고, 과거에 일식이 일어났던 기록들을 자세히 조사하여 일식이 규칙적으로 일어난다는 것을 발견했던 것이다.

피라미드의 높이를 잰 탈레스

한편 탈레스는 태양에 비친 그림자를 이용하여 거대한 크기의 피라미드의 높이를 알아낸 수학자로도 유명하다. 당시 탈레스의 명성이 이웃나라 이집트에도 알려지면서 이집트 왕이 피라미드의 높이를 구해 줄 것을 요청하였다.

탈레스는 시간마다 태양에 의해 생기는 그림자의 길이가 달라진다는 것을 알고 자신의 그림자의 길이가 자신의 키와 같을 때 피라미드의 그림자 또한 피라미드의 높이와 같을 것이라고 추측하였다. 그리고 이 원리를 이용하여 피라미드의 높이를 재는 데 성공하였다.

143 유클리드의 정의

- 점, 선, 직선, 면을 포함한 23개의 정의로 유클리드의 정의는 기하학과 관련된 용어에 대한 약속으로 유클리드의 『원론』에 실려 있다.

유클리드
(기원전 330년~기원전 275년)

유클리드 『원론』

유클리드는 기원전 300년 경 그리스의 수학자로 도형과 공간의 성질에 대하여 연구하는 학문인 기하학에 관련된 이론을 체계화시켜서 기하학의 아버지라고 불리운다. 그가 기하학의 지식을 체계적으로 정리한 책 유클리드의 『원론』은 기하학과 관련 있는 용어에 대한 약속이 실려 있다. 이것을 '유클리드의 정의'라고 부른다.

유클리드의 『원론』은 모두 13권으로 구성되었으며 1~6권은 평면도형에 관한 내용이고, 7~9권은 정수, 10권은 무리수, 11~13권은 입체도형에 관한 내용이다.

공리와 공준

유클리드『원론』은 대부분 기하학에 대한 내용이다. 그래서 이를 기하학의 원론이라고도 한다. 정리를 하기에 앞서 우선 누구나 옳다고 인정하는 사실을 정해야 한다. 그래서 유클리드는 먼저 『원론』의 기준인 공리와 공준을 정했다. 공리와 공준이란 너무나도 당연해서 증명이 따로 필요하지 않은 수학적인 내용이다.

유클리드의 『원론』에는 23개의 '정의' 외에 5개의 '공리'와 5개의 '공준'이 있다.

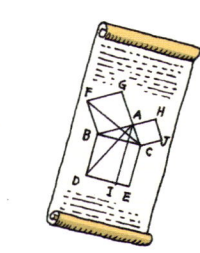

공리

1. 같은 것과 같은 것은 서로 같다.
   ($a=b$, $b=c$이면 $a=c$이다.)
2. 같은 것에 같은 것을 더하면 그 전체는 서로 같다. ($a=b$일 때, $a+c=b+c$이다.)
3. 같은 것에서 같은 것을 빼면 그 나머지는 서로 같다. ($a=b$일 때, $a-c=b-c$이다.)
4. 서로 겹치는 둘은 서로 같다.
5. 전체는 부분보다 크다.

공준

1. 임의의 점으로부터 다른 임의의 점에 대해 직선을 그을 수 있다.
2. 유한의 직선을 계속 곧은 선으로 연장할 수 있다.
3. 임의의 중심과 반지름을 가진 원을 그릴 수 있다.
4. 모든 직각은 서로 같다.
5. 하나의 직선이 두 직선과 만나고 같은 쪽에 두 직각보다 작은 각을 만들 때, 이 두 직선을 한없이 연장하면 두 직각보다 작은 각이 만들어지는 쪽에서 두 직선이 만난다.

유클리드의 정의

유클리드의 『원론』에는 점, 선, 직선, 면을 포함한 다음과 같은 23개의 정의가 들어 있다.

유클리드의 정의

1. 점은 부분이 없는 것이다.
2. 선은 폭이 없이 길이만 있는 것이다.
3. 선의 양 끝은 점들이다.
4. 직선이란 그 위의 점에 대해 한결같이 늘어선 선이다.
5. 면은 길이와 폭만이 있는 것이다.
6. 면의 끝은 선들이다.
7. 평면은 직선들이 쭉 곧게 있는 것이다.
8. 평면에 있는 두 선이 서로 만나고, 그들이 한 직선에 놓여 있지 않을 때, 그들이 서로 기운 정도를 각(평면각)이라 부른다.
9. 각을 만드는 선이 둘 다 직선일 때, 그 각을 직선각(직선으로 만든 각)이라 부른다.
10. 직선에 다른 한 직선을 그었을 때, 이웃한 각들이 크기가 서로 같으면 그 각을 직각이라 부른다. 이때 그은 직선은 원래 직선과 수직이다.
11. 둔각(뭉툭한 각, 무딘 각)은 직각보다 큰 각이다.
12. 예각(뾰족한 각)은 직각보다 작은 각이다.
13. 둘레(경계)는 어떤 것의 끝이다.
14. 도형(꼴)은 둘레나 둘레들에 둘러싸인 것이다.
15. 어떤 선으로 둘러싼 도형이 있어서 한 점에서 직선들을 그었을 때 그 도형에 놓이는 부분이 모두 서로 같으면 그 도형을 원이라 부른다.
16. 이 때 그 한 점을 원의 중점(중심)이라 부른다.
17. 원의 지름은 중점을 지나고 양쪽 다 원 둘레에서 끝나는 직선을 말한다. 지름은 원을 이등분한다.
18. 지름과 지름이 자른 원 둘레로 둘러싸인 도형을 반원이라 부른다. 반원의 중점은 원의 중점과 같다.
19. 다각형은 직선들로 둘러싸인 도형이다. 삼각형은 세 개의 직선으로 둘러싸인 도형이다. 사각형은 네 개의 직선으로 둘러싸인 도형이다.
20. 세 변이 모두 같은 삼각형을 정삼각형이라 부른다. 두 변이 서로 같은 삼각형을 이등변삼각형이라 부른다. 세 변이 모두 다른 삼각형을 부등변삼각형이라 부른다.
21. 직각삼각형은 직각을 가진 삼각형이다. 둔각삼각형은 둔각을 가진 삼각형이다. 예각삼각형은 세 각이 모두 예각인 삼각형이다.
22. 정사각형은 변이 모두 같고 각이 모두 직각인 사각형이다. 직사각형은 각이 모두 직각인 사각형이다. 마름모는 변이 모두 같은 사각형이다. 평행사변형은 마주 보는 변들이 서로 평행한 사각형이다. 이들 이외의 사각형들을 부등변사각형이라 부른다.
23. 평행선이란 같은 평면에 있는 직선들로서 양쪽으로 아무리 길게 늘여도 양쪽 어디에서도 만나지 않는 직선들을 말한다.

유클리드

유클리드는 기하학을 연구한 고대 그리스의 대표적 수학자이다. 그는 탈레스, 피타고라스와 함께 그리스의 3대 수학자로 불린다.
유클리드는 여기저기 흩어져 있던 수학자들의 연구를 한데 모아서 수학적인 문헌 중 가장 훌륭한 걸작품 중 하나로 꼽히는 『원론』이라는 책을 출간했다. 이 책은 2천 년 넘게 기하학의 교과서로 쓰여지고 있고, 지금도 우리가 배우는 수학은 대부분 유클리드의 『원론』을 바탕에 두고 있다.

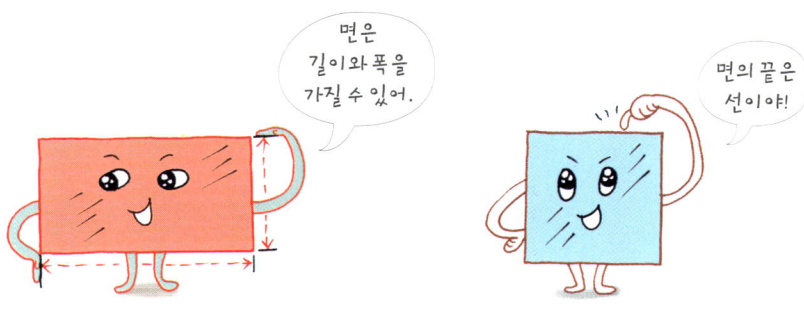

144 작도

- 작도는 눈금 없는 자와 컴퍼스만을 사용하여 도형을 그리는 것으로 눈금 없는 자와 컴퍼스만을 사용하여 길이가 같은 선분과 여러 가지 다각형을 작도할 수 있다.

작도의 의미

'작도'란 눈금 없는 자와 컴퍼스만을 사용하여 도형을 그리는 것이다. 그럼 왜 눈금 없는 자와 컴퍼스만을 사용하는 걸까?
고대 수학자들은 기하학이 가장 아름답고 완전한 학문이라고 생각하여 원과 직선만으로 모든 기하학의 체계를 이루려고 했기 때문에 기하학의 도구로 눈금 없는 자와 컴퍼스 이외에는 인정하지 않았다. 그래서 옛날 수학자들은 이렇게 컴퍼스와 눈금 없는 자로 원과 선분을 그려서 작도했다.

작도하기

선분 ㄱㄴ과 길이가 같은 선분을 작도해 보자. 먼저 자를 이용하여 주어진 선분 ㄱㄴ보다 길게 선분 ㄷㄹ을 그은 다음 컴퍼스를 선분 ㄱㄴ의 길이만큼 벌린 후 점 ㄷ을 중심으로 원을 그린다. 이 원의 반지름은 선분 ㄱㄴ의 길이와 같다. 이때 선분 ㄷㄹ과 원이 만나는 점을 ㅁ이라 하면 선분 ㄷㅁ이 만들어지는데, 이 선분의 길이는 선분 ㄱㄴ의 길이와 같다.

ㄱ ─────────── ㄴ

1. 자를 이용하여 선분 ㄱㄴ보다 더 길게 선분 ㄷㄹ을 긋는다.

ㄷ ─────────── ㄹ

2. 컴퍼스로 점 ㄷ을 중심으로 하고 선분 ㄱㄴ의 길이를 반지름으로 하는 원을 그린다.

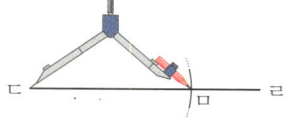

3. 길이가 같은 선분 완성.

또한 크기가 같은 원으로 여러 가지 다각형을 작도할 수 있다. 컴퍼스로 크기가 같은 원을 여러 개 그린 후 원의 중심을 선으로 이으면 다음과 같이 다각형을 그릴 수 있다.

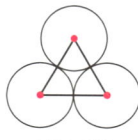 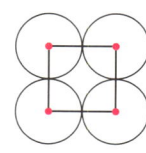 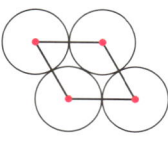 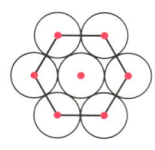

정삼각형 정사각형 마름모 정육각형

3가지 작도 불가능 문제

과학과 예술이 발전했던 그리스에는 소피스트라는 사람들이 있었다. 소피스트들은 웅변술을 가르쳤지만 각 도시를 돌아 다니며 철학, 수학도 가르쳤다.

이들을 중심으로 연구했던 내용 중에는 3대 작도 문제가 있었는데 결국 그 당시에는 해결하지 못했다.

그 3가지의 문제는 각을 3등분하는 것, 원의 넓이와 똑같은 정사각형을 만드는 것, 정육면체의 부피의 2배가 되는 정육면체를 만드는 것이었다. 이것은 결국 1900년대가 되어 눈금 없는 자와 컴퍼스 만으로는 작도할 수 없다는 것이 증명되었다.

145 아르키메데스의 원리

• 아르키메데스의 원리는 물 속에 물체를 넣으면 그 물체와 같은 부피만큼의 물이 흘러 넘치고, 흘러 넘친 물의 무게만큼 물체가 가벼워진다는 원리이다.

아르키메데스
(기원전 287년~기원전 212년)

아르키메데스의 원리

고대 그리스 최고의 수학자이며 물리학자인 아르키메데스는 아르키메데스의 원리, 부력, 지렛대의 원리 등을 발견하고 증명했다. 이 중 아르키메데스의 원리에 관련된 일화는 매우 유명하다.

시라쿠사의 헤론 왕은 어느 날 대장장이에게 순금으로 된 왕관을 만들게 하였는데 이 왕관이 순금이 아니라는 소문이 나돌았다. 그래서 왕은 아르키메데스에게 새 왕관이 순금으로만 만든 것인지, 은도 섞여 있는지 알아보라고 했다.

아르키메데스는 왕관을 쪼개어 연구를 할 수도 없었기 때문에 여러 날 골똘히 고민을 했다. 그러던 어느 날 아르키메데스는 우연히 욕조 안에 들어갔는데 그 순간 자신의 몸이 가볍게 느껴지고, 욕조에 가득 차 있던 물이 넘쳐 흐르는 것을 보게 되었다. 그러자 그는 갑자기 물 속에서 뛰쳐나와 "유레카(알았다)! 유레카(알았다)!"를 외치며 벌거벗은 몸으로 거리로 뛰어 나왔다. 그가 알게 된 것은 무엇일까?

아르키메데스는 물 속에 물체를 넣으면 그 물체와 같은 부피만큼의 물이 흘러 넘친다는 사실을 발견했다. 그리고 흘러 넘친 물의 무게만큼 물체의 무게도 가벼워진다는 것을 알아냈다.

그는 왕에게 이렇게 말했다.

"만약 왕관이 순금이 아니라면 왕관을 넣었을 때 흘러나온 물이 같은 무게의 순금 덩어리를 넣었을 때 흘러나온 물보다 많을 것입니다."

그러고는 실험을 통해 왕관에 은이 섞여 있다는 사실을 밝혀 냈다. 같은 무게라면 은이 금보다 부피가 더 크다. 즉 무게가 같다면 부피가 더 큰 쪽에서 흘러 넘친 물의 양이 더 많은 것이다.

아르키메데스

아르키메데스는 기원전 287년 경 이탈리아 반도 건너편 시칠리아의 시라쿠사 섬에서 태어났다.

그는 해변의 군함을 물에 띄우라는 명령을 받고 지렛대와 도르래를 이용하여 혼자 힘으로 바다에 띄워 사람들을 놀라게 했다. 또 "지구를 충분히 들어 올릴 긴 막대기와 지탱할 곳을 나에게 주면 지구도 움직일 수도 있다."라는 말을 남기기도 했다.

아르키메데스는 특히 원과 구에 관한 연구를 많이 하였는데, 원주율을 계산하고, 원의 면적과 구의 겉넓이와 부피 등에 관한 연구에서 많은 업적을 남겼다.

그는 죽는 순간까지도 도형에 대해 연구를 하였다. 로마 군대가 시라쿠사 섬을 점령했을 때 아르키메데스가 모래 위에 원을 그려 놓고 무엇인가를 골똘히 생각하고 있었는데 로마 병사가 원을 밟고 지나가려 하자. 그는 "내 그림이 망가진다."고 호통을 쳤다. 이에 화가 난 로마 병사는 아르키메데스를 몰라 보고 그만 죽이고 말았다.

원을 너무 사랑했고 그 원 때문에 죽게 된 아르키메데스를 위해 로마 장군 마루켈루스는 그의 유언대로 원기둥에 구가 내접하는 모양을 새긴 묘비를 세우고 아르키메데스를 애도했다고 한다.

146 원주율의 역사

- 원주율은 원주를 원의 지름으로 나눈 값으로 소수점 아래 자릿수가 끝없이 계속되는 소수이고, 현재에도 원주율의 값을 구하는 노력을 계속 되고 있다.

옛날의 원주율 계산 방법

원주율이란, 원주(원의 둘레)를 원의 지름으로 나눈 값, 즉 원주가 지름의 길이의 몇 배인지를 나타내는 것이다. 모든 원의 원주율은 약 3.14이다. 실제로 원주율은 3.14159265358979323846……로 끝없이 계속되는 소수이기 때문에 근삿값인 3.14를 사용하는 것이다.

원주율의 역사는 기원전 2000년경 고대 이집트 시대로 거슬러 올라간다. 당시 이집트인들은 나일강 주변의 모래판 위에서 막대와 끈만으로 원주율을 계산했다. 그들이 계산한 방법은 다음과 같다.

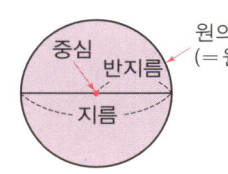

〈이집트인들의 원주율 계산 방법〉

① 먼저 끈의 한 쪽을 막대로 고정하고, 다른 쪽으로 원을 그린다.
② 다른 끈을 이용하여 원의 지름을 잰다.
③ 원의 지름만큼의 끈을 원의 둘레를 따라 두른다.
④ 3번을 두르면, 지름의 $\frac{1}{7}$ 만큼 남는다.

이렇게 해서 얻은 원주율의 값은 $3+\frac{1}{7}=3.142857……$이었다.

또 고대 이집트인들의 실생활 문제를 수록한 세계 최초의 수학책 『린드 파피루스』에는 기원전 1850년 이집트인들은 원주율의 값으로 3.16049……를 사용했다는 것이 기록되어 있다. 이 책에서는 원의 넓이를 원의 지름의 $\frac{8}{9}$이 되는 길이를 한 변으로 하는 정사각형의 넓이와 같다고 생각했다. 즉 원의 반지름을 1이라고 계산하면 정사각형의 한 변의 길이는 $2 \times \frac{8}{9} = \frac{16}{9}$이 되어 (원주율)$=\frac{16}{9} \times \frac{16}{9} = \frac{256}{81} = 3.16049……$가 되는 것이다.

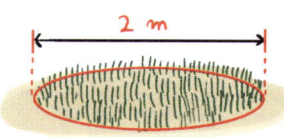

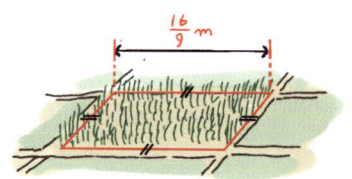

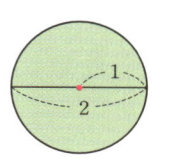 =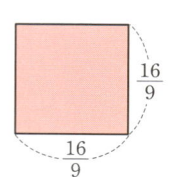

(원의 넓이)$=1 \times 1 \times$(원주율)   (정사각형의 넓이)$=\frac{16}{9} \times \frac{16}{9}$

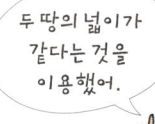
두 땅의 넓이가 같다는 것을 이용했어.

원주율의 계산

측정에 의한 방법이 아니라 수학적인 계산을 통해 처음으로 원주율의 값을 구한 사람은 기원전 3세기경 그리스의 수학자 아르키메데스이다. 그는 원의 안쪽과 바깥쪽으로 접하는 정다각형의 둘레를 이용하여 원주율의 값을 계산했다. 이러한 방법으로 계산하면 원주는 안쪽의 정다각형의 둘레보다는 크고 바깥쪽의 정다각형의 둘레보다는 작게 된다. 정 12각형, 정 24각형, 정 48각형, ……과 같이 변의 개수를 2배씩 계속 늘려서 정 96각형을 그린 다음 그 둘레를 재면, 원의 지름이 1 m일 때, 안쪽과 바깥쪽에 있는 정 96각형의 둘레는 각각 3.1408……m와 3.1428……m가 된다는 것을 알 수 있다.

동양의 수학에서의 원주율

고대 중국에서도 원주율을 계산하여 사용했던 기록이 있다. 기원전 200년경에 쓰여진 중국 최초의 수학책 『구장산술』에는 원주율의 값을 약 3으로 기록하고 있다. 또 3세기쯤 중국의 수학자 유휘는 아르키메데스보다 훨씬 더 정밀한 원주율의 값을 계산해 내었다. 그 후 5세기 후반 송나라의 조충지와 그의 아들 조항지는 아르키메데스의 다각형법으로 3.1415926이라는 원주율의 값을 얻어냈는데 이 값은 1천년 동안 가장 정확한 값이 되었다.

많은 학자들이 정확한 원주율의 값을 계산하려고 도전했지만 서양에서는 15세기까지도 이처럼 정확한 원주율의 값이 나오지 않았다. 이것을 보면 동양의 수학이 서양보다 훨씬 앞섰다는 것을 알 수 있다.

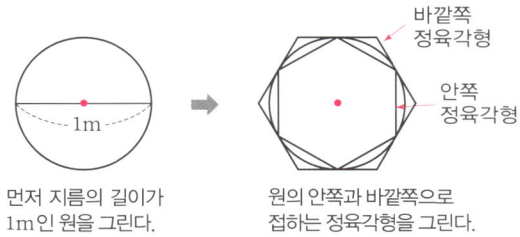

먼저 지름의 길이가 1m인 원을 그린다. → 원의 안쪽과 바깥쪽으로 접하는 정육각형을 그린다.

즉 원주는 이 두 값의 사이에 있는 수가 된다. 이렇게 해서 아르키메데스가 계산한 원주율 3.1418은 현재 원주율의 값인 3.14159……와 약 0.0002의 차이 밖에 나지 않는다.

평생 동안 원주율의 값을 구하는 데 시간을 보낸 수학자도 있었다. 16세기 독일의 수학자 루돌프는 평생 동안 원주율의 값을 계산한 것으로 유명하다. 그는 아르키메데스의 다각형법을 이용하여 원주율의 값을 소수 35자리까지 정확하게 계산했다. 사람들은 루돌프의 유언에 따라 그의 묘비에 그가 구한 원주율의 값을 새겨 넣었다. 이런 루돌프를 기념하여 독일어로 원주율의 값을 '루돌프 수'라고 부르기도 한다.

원주율은 근삿값만 구할 뿐 정확한 값은 구할 수는 없지만 현재에도 원주율의 값을 구하는 노력을 계속하고 있다.

1949년에는 최초로 컴퓨터를 이용하여 70시간에 걸쳐 소수 2037자리까지 원주율의 값을 계산하였다. 현재는 원주율의 값을 소수 1조 2천 4백억의 자리까지 계산했다.

우린 5세기에 이미 알고 있었다 해.

원주율을 구하기 위한 노력

이집트인들의 원주율 → 아르키메데스 → 루돌프 → 컴퓨터의 사용

147 파스칼의 삼각형

- 자연수를 삼각형 모양으로 배열한 것으로 파스칼의 삼각형에서는 여러 가지 수의 규칙을 발견할 수 있다.

블레즈 파스칼(1623~1662)

파스칼의 삼각형

파스칼의 삼각형이란 자연수를 삼각형 모양으로 배열한 것을 말하는 것으로 원래 중국인에 의해 만들어졌으나 프랑스의 수학자 파스칼이 체계적인 이론을 만들고 그 속에서 흥미로운 성질을 발견했기 때문에 '파스칼의 삼각형'이라고 부르게 되었다.

파스칼의 삼각형을 만드는 방법은 간단하다. 아래의 그림과 같이 파스칼의 삼각형에서 각 행의 맨 처음과 끝은 항상 1이다. 그리고 그 사이의 수들은 바로 위의 행의 왼쪽과 오른쪽에 있는 두 수의 합을 적어 넣으면 된다. 이러한 파스칼의 삼각형은 일정한 규칙에 따라 배열된 수의 열을 다루는 '수열' 문제에 활용이 된다.

〈파스칼의 삼각형 만들기〉

시어핀스키 삼각형

시어핀스키 삼각형은 1917년 폴란드의 수학자인 와크로 시어핀스키가 고안했다. 이 삼각형을 그리는 방법은 정삼각형을 한 개 그리고, 정삼각형의 각 변의 가운데 점을 연결하여 합동인 삼각형 4개를 그린 후 가운데 삼각형을 없앤다. 이러한 규칙을 반복해서 만들어지는 도형을 시어핀스키 삼각형이라고 한다. 시어핀스키 삼각형 안에는 무수히 많은 삼각형이 있지만, 과정의 단계 수가 증가함에 따라 삼각형의 넓이는 0에 가깝게 된다. 파스칼의 삼각형에서 홀수 부분만 색칠하면 시어핀스키 삼각형 모양이 된다. 그래서 시어핀스키 삼각형도 파스칼의 삼각형처럼 수열 문제에 다양하게 응용된다.

〈시어핀스키 삼각형 만들기〉

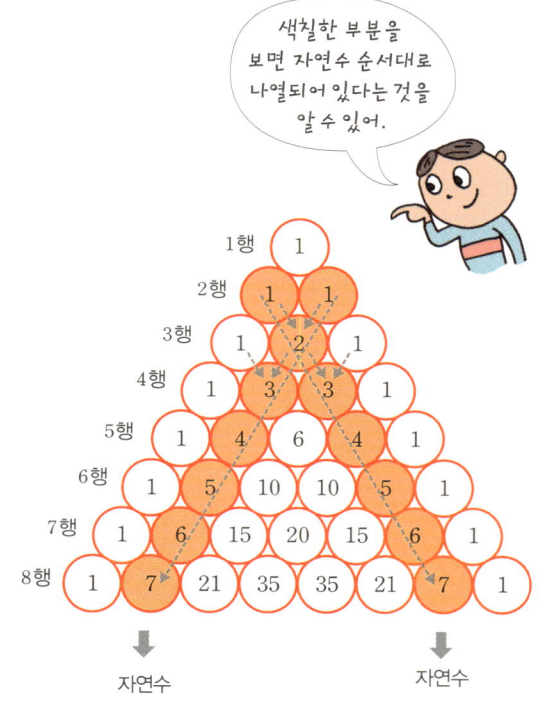

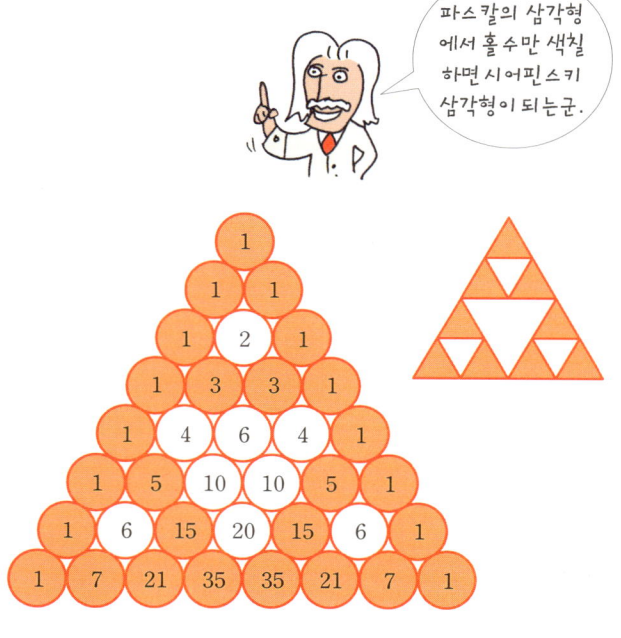

파스칼의 삼각형에서 규칙 찾기

파스칼의 삼각형에서 각 행의 수들의 합을 알아보면 다음과 같은 규칙을 발견할 수 있다.

각 행의 수들의 합을 구해 보자.

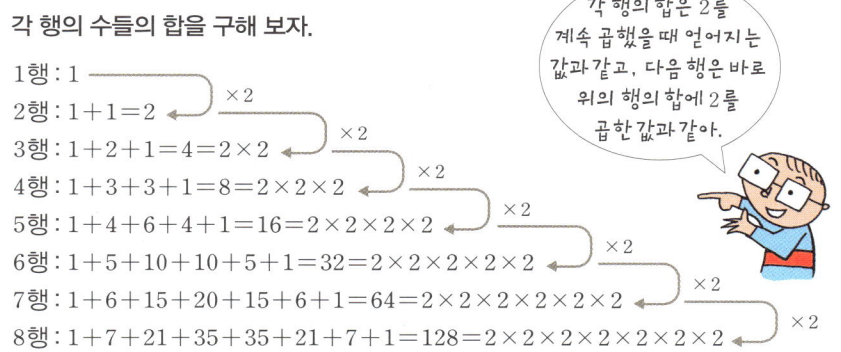

이번에는 파스칼의 삼각형을 직각삼각형 모양으로 바꾸어 놓은 후 수들의 합을 구하면 그림1 과 같이 위에서 아래로 계속 더한 값은 아랫줄 바로 옆에 있는 수와 같고, 그림2 와 같이 대각선 방향으로 수를 더해 보면 피보나치 수열이 만들어진다는 것을 알 수 있다.

파스칼

파스칼은 아버지로부터 직접 교육을 받았다. 파스칼의 아버지는 파스칼이 15세 이전에 수학 공부를 하지 못하게 하려고 수학책을 모두 없애 버리려고 했다. 하지만 이 일로 파스칼은 수학에 더욱 호기심을 갖게 되어 12세부터 혼자 기하학을 공부하기 시작했다.

또한 파스칼은 18살에 세금회계사인 아버지가 항상 일이 많아 고생하는 것을 보고, 수를 계산하는 계산기를 만들었는데 이 계산기가 상업적 판매가 이루어졌던 세계 최초의 계산기라고 한다.

파스칼의 계산기는 톱니바퀴 장치를 사용하여 만든 계산기였는데, 여섯 자리까지의 수를 더하고 뺄 수 있었다고 한다.

이러한 파스칼이 만든 계산기가 발전하여 현재 사용하는 컴퓨터가 된 것이다.

148 데카르트와 좌표평면

- 데카르트가 만든 x축과 y축의 2개의 축으로 이루어진 평면으로 직선, 원, 직사각형, 정사각형, 타원, 곡선 등의 여러 가지 도형들도 좌표평면에 나타내어 식으로 만들 수 있다.

르네 데카르트(1596~1650)

데카르트와 좌표평면

좌표평면과 좌표의 개념을 처음으로 생각해 낸 사람은 해석 기하학의 창시자인 데카르트이다. '해석 기하학'이란 기하학적인 도형이나 길이, 넓이 등을 좌표평면에 나타내어 수학적인 식으로 바꾸어 나타내는 학문으로 점이나 직선, 원, 직사각형, 정사각형, 타원, 곡선 등의 도형을 좌표평면 위에 나타냄으로써 도형을 식으로 나타낼 수 있게 해 주고, 정확한 모양과 길이 등을 정하고 측정할 수 있게 해 준다.

데카르트가 좌표평면이란 개념을 만들게 된 일화는 다음과 같다.

군대에 가게 된 데카르트는 어느 날 침대에 누워 있던 중 천장에 날아다니는 파리 한 마리를 보게 되었다. 그는 '이리저리 움직이는 파리의 위치를 어떻게 정확하게 표현할 수 있을까?'를 고민하던 중 천장에 바둑판 모양의 그림을 그리면 파리의 위치를 정확히 표현할 수 있겠다고 생각하였다.

데카르트

"나는 생각한다. 고로 나는 존재한다"라는 말로 유명한 철학자 데카르트는 근대 철학의 기초를 닦은 인물로 1596년 프랑스의 소귀족 집안에서 태어났다.

그는 태어났을 때부터 몸이 허약했기 때문에 다른 아이들보다 등교를 늦게 했다고 한다. 그를 가엽게 여긴 교장선생님은 데카르트가 학교에 늦게 오는 것을 허락해 주셨고 데카르트는 그 시간 동안 명상을 즐겼다고 한다. 좌표평면도 이러한 명상을 통해 발견한 것이었다.

그의 이런 생각은 진리는 언제나 일상생활 속에 있다는 것을 깨우쳐 주고 있다.

수학사에 위대한 업적을 남긴 데카르트는 허약한 몸을 이기지 못하고 1650년 폐렴으로 젊은 나이에 생을 마감하게 되었다.

데카르트는 파리가 움직이는 위치를 따라 그려지는 기하학적인 도형을 좌표평면에 나타내고, 이것을 식으로 나타내는 발상을 하게 된 것이다.

이와 같이 데카르트가 좌표평면을 생각해 냄으로써 점과 도형을 수나 식과 같은 차원에서 살펴보는 것이 가능해졌고, 도형을 수나 식으로, 수나 식을 도형으로 바꾸어 나타낼 수 있게 되었다.

그는 또 좌표에 0 이하의 수를 표현하기 위해 $-1, -2, -3, -4, \cdots\cdots$와 같은 음수를 최초로 도입하면서 음수에 대한 개념을 구체화하기도 하였다.

좌표는 차원에 따라 그 형태가 달라진다. 일반적으로 1차원은 선, 2차원은 면, 3차원은 공간이다.

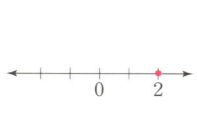

1차원 : 한 개의 좌표

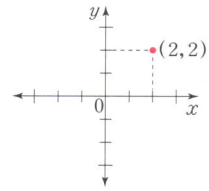

2차원 : 두 개의 좌표

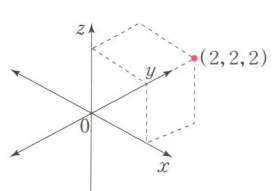

3차원 : 세 개의 좌표

149 뫼비우스의 띠

• 하나의 꼬인 띠로 안쪽과 바깥쪽을 구별할 수 없는 띠를 말한다.

아우구스트 뫼비우스(1790~1868)

뫼비우스의 띠 만들기

직사각형 모양으로 자른 도화지를 2장 준비하여 다음과 같이 서로 다른 방법으로 2개의 띠를 만들어 보자.

그림1 은 직사각형 모양의 도화지의 양쪽 끝을 그대로 붙인 것이고, 그림2 는 직사각형 모양의 도화지의 한쪽 끝을 한 번 꼬아서 양쪽 끝을 풀로 붙인 것이다.

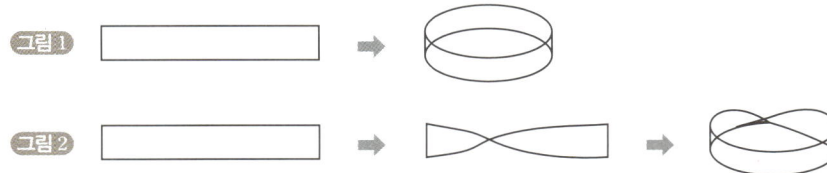

이제 그림1 과 그림2 에서 만든 띠의 안쪽과 바깥쪽을 서로 다른 색으로 칠해 보면, 그림1 의 띠는 안쪽과 바깥쪽을 서로 다른 색으로 칠할 수 있지만 그림2 의 띠는 안쪽과 바깥쪽을 서로 다른 색으로 칠할 수 없다는 것을 알 수 있을 것이다. 즉 그림2 의 띠의 안쪽을 한 가지 색으로 칠해 나가다 보면 띠 전체가 한 가지 색으로만 칠해진다는 것을 알 수 있다. 이것은 그림2 의 띠가 안쪽과 바깥쪽을 구별할 수 없는 도형이 되었기 때문이다. 이러한 도형을 '뫼비우스의 띠'라고 한다.

뫼비우스

뫼비우스는 독일의 수학자이자 대중적인 천문학 논문인『헬리혜성과 천문학의 원리』를 발표한 천문학자이기도 하다.

뫼비우스의 띠를 발견한 이야기는 아주 평범한 하루에서 시작되었다. 해변으로 휴가를 떠나서 파리 때문에 잠을 이루지 못한 그가 양면에 접착제를 바른 띠를 구해 왔다. 그리고 그 띠를 한 번 꼬아 양쪽 끝을 서로 연결한 다음 방에 걸어 두고 잠을 잤다. 그런데 다음 날 파리가 잔뜩 붙어 있는 띠가 특이한 모양을 하고 있다는 것을 알게 된 그는 뫼비우스의 띠를 고안해 낸 것이다.

뫼비우스의 띠의 성질

뫼비우스의 띠는 독일의 수학자 뫼비우스가 처음으로 고안한 것이라고 해서 붙여진 이름이다. 면에는 안과 겉이 있고, 종이는 양면이 있다. 그러나 뫼비우스의 띠는 면이 한 개밖에 없고, 왼쪽과 오른쪽의 방향을 정할 수 없다. 만약 뫼비우스의 띠의 바깥쪽을 따라 선을 그으면 안으로 연결이 되는데 이것을 무한 반복해도 결과는 마찬가지이다.

이제 다음과 같이 뫼비우스의 띠의 가운데를 잘라 보자. 띠는 어떻게 될까? 만약 도넛 모양의 띠의 가운데를 자른다면 2개의 띠로 나누어질 것이다. 그러나 뫼비우스의 띠는 2개로 나누어지지 않고 하나로 연결된 모양이 나온다.

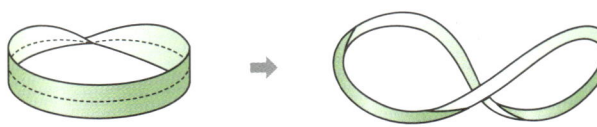

150 에라토스테네스의 소수

- 에라토스테네스가 고안한 소수를 찾는 방법으로 소수는 1을 제외한 1과 자기 자신만을 약수로 갖는 수를 말한다.

에라토스테네스
(기원전 275년~기원전 194년)

소수의 의미

'소수(素數)'란 2, 3, 5, 7, 11, 13, ……과 같이 1을 제외한 1과 자기 자신만을 약수로 갖는 수, 즉 약수가 1과 자기 자신뿐인 자연수를 말한다. 소수는 무수히 많으며, 2를 제외한 모든 소수는 홀수이다.

한편 소수가 아닌 자연수를 '합성수(合成數)'라고 한다. 즉 합성수란 1과 자기 자신 이외의 수로도 나누어떨어지는 수를 말하는 것이다. 이때 1은 특별히 소수도 아니고 합성수도 아니다.

소수 찾기

그리스의 수학자이자 지리학자인 에라토스테네스는 아래와 같이 소수를 찾는 방법을 제시하였는데 이 방법을 '에라토스테네스의 체'라고 부른다.

먼저 2부터 시작하여 자연수를 차례로 쓴 다음, 2 이외의 2의 배수, 3 이외의 3의 배수, 5 이외의 5의 배수, ……의 순서로 수를 차례로 지워 나가면 마지막에 남는 수가 소수이다.

이와 같이 작은 수는 일일이 나누어 보거나 에라토스테네스의 방법으로 소수인지 아닌지 알아볼 수 있지만 큰 수는 시간이 오래 걸리므로 판별하기가 쉽지 않다.

에라토스테네스

에라토스테네스는 지중해 남쪽 연안의 키레네에서 태어났다. 그는 젊은 시절의 대부분을 아테네에서 보냈다. 그러다가 약 40세에 이집트의 톨레미 3세의 초청을 받아 그의 아들의 개인교수 일을 하고 알렉산드리아 대학의 도서관장을 지내기도 했다.

그는 에라토스테네스의 체로 소수를 찾아내었을 뿐만 아니라 지리상의 위치를 위도와 경도로 처음 표시했다. 그는 당시 지식의 모든 분야에서 재능을 발휘하고 '베타'라는 별명으로 불리기도 했다. 그의 광범위한 지식은 그를 제 2의 플라톤으로 여겨지게 했다.

에라토스테네스의 체

```
 2  3  ✗  5  ✗  7  ✗  ✗  ✗
11 ✗ 13  ✗  ✗  ✗ 17  ✗ 19  ✗
✗  ✗ 23  ✗  ✗  ✗  ✗  ✗ 29  ✗
31 ✗  ✗  ✗  ✗  ✗ 37  ✗  ✗  ✗
41 ✗ 43  ✗  ✗  ✗ 47  ✗  ✗  ✗
✗  ✗ 53  ✗  ✗  ✗  ✗  ✗ 59  ✗
61 ✗  ✗  ✗  ✗  ✗ 67  ✗  ✗  ✗
71 ✗ 73  ✗  ✗  ✗  ✗  ✗ 79  ✗
✗  ✗ 83  ✗  ✗  ✗  ✗  ✗ 89  ✗
✗  ✗  ✗  ✗  ✗  ✗ 97  ✗  ✗  ✗
```

151 오일러의 정리

- 평면도형이나 입체도형에서 꼭짓점, 변(모서리), 면 사이의 관계를 정리한 것을 말한다.

레온하르트 오일러
(1707~1783년)

평면도형과 입체도형에 관한 오일러의 정리

18세기 스위스의 수학자 오일러는 도형에서 꼭짓점의 개수를 v, 변이나 모서리의 개수를 e, 면의 개수를 f라고 할 때, 평면도형에서는 $v-e+f=1$이고, 다면체에서는 $v-e+f=2$라는 것을 증명하였다. 이것을 '오일러의 정리'라고 한다.

오일러

오일러는 1707년 스위스 바젤에서 태어났다. 그는 목사였던 아버지의 영향으로 신학을 공부했지만 자신의 재능이 수학에 있다는 것을 깨닫고 수학을 공부하기 시작했다.
수학에 관한 오일러의 업적은 매우 많다. 오일러의 정리, 한붓 그리기의 정리 뿐만 아니라 원주율을 π로 표기하는 등 다양한 수학적 개념을 기호나 식으로 나타내었다.
1783년 당시 76세였던 오일러는 천왕성 궤도의 계산 문제에 관하여 제자와 이야기를 나누던 중 갑자기 쓰러져서 세상을 떠났다고 한다.

〈평면도형에서의 오일러의 정리〉

	삼각형	사각형	오각형
v	3	4	5
e	3	4	5
f	1	1	1
v−e+f	1	1	1

〈다면체에서의 오일러의 정리〉

	정사면체	정육면체	정팔면체
v	4	8	6
e	6	12	12
f	4	6	8
v−e+f	2	2	2

한붓 그리기

한편 오일러는 '한 점을 지나는 선이 짝수 개로만 이루어진 도형이나 한 점을 지나는 선이 홀수 개인 것이 2개인 도형에서 그 한쪽을 출발점, 나머지 한쪽을 도착점으로 하는 경우에만 한붓 그리기(붓을 한 번도 종이 위에서 떼지 않고 같은 곳을 두 번 지나지 않으면서 도형을 그리는 것)가 가능하다'는 한붓 그리기 정리를 발표했다. 이것은 그가 다음의 [그림 1]과 같은 다리 건너기 문제를 연구하던 중 알아낸 것이다.

[그림 2]에서 점 A를 출발하여 선을 따라 연필을 떼지 않고 어느 선도 한 번만 지나도록 그릴 수 있다면 이 문제는 해결되는 셈이다. 그러나 오일러의 한붓 그리기 정리에 의해 이것은 불가능한 것으로 밝혀졌다.

〈쾨니히스베르트히시의 프레겔 강의 7개의 다리를 건너는 문제〉

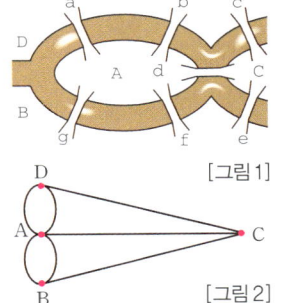

[그림 1]과 같이 A, B, C, D의 4지역으로 나누어지고, 이들 지역을 잇는 7개의 다리 a, b, c, d, e, f, g가 놓여 있다. 그런데 이 7개의 다리에 대해 같은 다리를 두 번 건너는 일 없이 이들 다리를 모두 건널 수 있을까? 이 문제에서 각 지역을 점으로, 다리를 선으로 나타내면 [그림 2]와 같이 된다.

[그림 2]에서 점 A, B, C, D는 각 지역이고, 선은 7개의 다리이다. 점 A를 출발하여 선을 따라 연필을 떼지 않고 어느 선도 한 번만 지나도록 그릴 수 있는 방법은 없다.

152 토폴로지

- 토폴로지에서는 원, 삼각형, 사각형, 오각형, 육각형이 모두 같은 도형이고, 각기둥, 각뿔, 원기둥, 원뿔, 구도 모두 같은 도형이다.

토폴로지로 보는 평면도형과 입체도형

점토로 만든 원이나 다각형을 다시 뭉쳐서 구부리거나 펼치면 원을 다각형으로, 다각형을 원으로, 또는 다각형을 다른 다각형으로 얼마든지 변형할 수 있다.

이와 같이 도형의 길이나 넓이, 부피 등은 생각하지 않고 도형을 늘이거나 줄일 때 변하지 않는 성질 등을 연구하는 기하학의 한 분야를 '토폴로지'라고 한다. 토폴로지에서 도형을 변형할 때는 함부로 자르거나 덧붙이면 안된다. 고무밴드를 이어 붙이거나 자르지 않고, 아래와 같은 평면도형을 모두 만들 수 있다. 즉 토폴로지에서는 원, 삼각형, 사각형, 오각형 등은 모두 같은 도형이다. 한편 고무풍선을 자르거나 붙이지 않고, 불어서 만들 수 있는 도형은 모두 같다. 즉 토폴로지에서는 각기둥, 각뿔, 원기둥, 원뿔, 구 등은 모두 같은 도형이다.

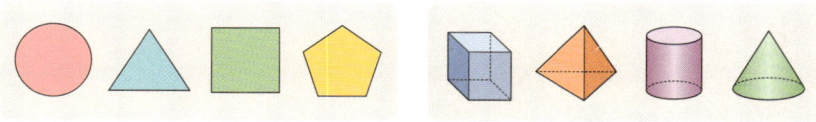

토폴로지에서의 구멍의 개수

토폴로지에서는 구멍의 개수가 중요해서 도형을 나눌 때, 구멍이 있는 것과 없는 것으로 구분하고, 구멍이 몇 개 있느냐로 구분하기도 한다.
오일러는 이러한 토폴로지의 세계와 접목하여 $v-e+f$의 개수로 도형의 종류를 구분하였던 것이다.

〈구멍이 1개인 도형〉

〈구멍이 2개인 도형〉

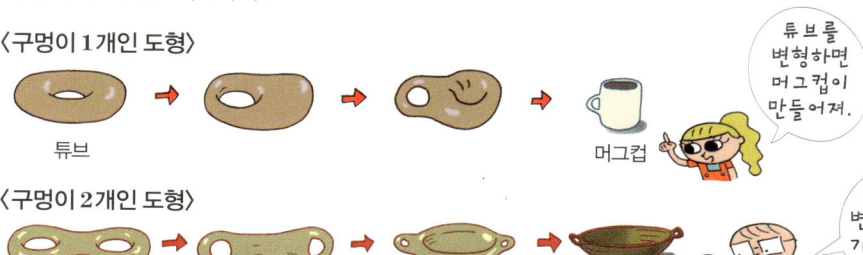

토폴로지와 오일러의 정리

토폴로지 세계에서의 도형의 구분은 오일러의 정리에 의해 더 명확하게 이해할 수 있다.
도형에서 꼭짓점의 개수를 v, 변이나 모서리의 개수를 e, 면의 개수를 f라고 할 때, 평면도형에서는 $v-e+f=1$이고, 다면체에서는 $v-e+f=2$라고 했다. 즉 토폴로지에서 같은 종류의 도형은 $v-e+f$의 개수가 모두 같다.
그런데 모든 다면체에 대해서 $v-e+f=2$가 성립하는 것은 아니다. 오일러는 다음과 같이 도형의 가운데에 구멍이 하나 뚫린 도넛 모양의 도형은 $v-e+f=0$이고, 구멍이 2개 뚫린 도형은 $v-e+f=-1$이 된다는 것을 발견했다. 또한 이와 같이 구멍의 수가 한 개씩 늘어날 때마다 $v-e+f$의 개수가 1씩 작아진다는 것을 알아냈다.

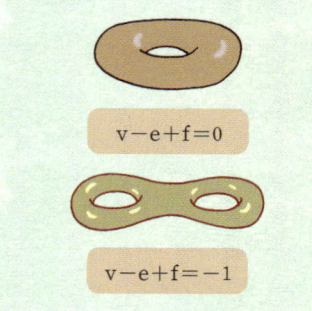

153 에셔의 테셀레이션

- 여러 가지 도형이나 사물들을 같은 모양으로 반복해서 평면 전체를 빈 틈없이 채우는 것으로 테셀레이션의 원리는 모양 밀기, 모양 뒤집기, 모양 돌리기의 방법을 이용한 무늬 만들기이다.

테셀레이션

여러 가지 도형이나 사물들을 같은 모양으로 반복해서 평면 전체를 빈틈없이 채우는 것을 '테셀레이션(tessellation)'이라고 한다. 즉 테셀레이션은 한 가지 이상의 도형을 이용하여 틈이나 포개짐 없이 평면이나 공간을 완전하게 덮는 것을 말한다.

테셀레이션이라는 말은 라틴어 '테셀라(tessella)'에서 유래되었는데 이것은 고대 로마 시대의 모자이크에 사용되었던 작은 정사각형 모양의 돌 또는 타일을 의미한다. 순 우리말로는 '쪽매맞춤'이라고 한다.

테셀레이션은 우리 생활 주변에서 흔히 찾아볼 수 있다. 바닥과 벽에 깔린 타일, 모자이크 등이 그 대표적인 예이다. 이러한 테셀레이션은 기원전 4세기에 이슬람 문화의 벽걸이 융단, 퀼트, 옷, 깔개, 가구의 타일, 건축물 등에서 찾아볼 수 있다. 그중 가장 유명한 것은 스페인의 그라나다에 위치한 이슬람식 건축물인 알함브라 궁전이다.

테셀레이션의 원리

테셀레이션의 원리는 모양 밀기, 모양 뒤집기, 모양 돌리기의 방법을 이용한 무늬 만들기이다. 네덜란드 화가이자 기하학자인 에셔는 이러한 테셀레이션을 미술의 한 장르로 발전시키고 정착시키는 데 공헌하였다.

그는 기하학적으로 특이한 모양이나 공간에서의 착시, 현실적으로 불가능한 장면을 테셀레이션을 이용한 그림으로 사실적으로 묘사하여 주목을 받아왔다. 원래의 테셀레이션은 정삼각형, 정사각형, 정육각형 등과 같은 정다각형만을 사용하여 만들었지만 에셔에 의해 예술의 한 장르가 되면서 어떤 모양이나 도형도 테셀레이션을 만들 수 있게 되었다. 또한 현대의 테셀레이션은 같은 도형의 단순한 반복이 아니라 대칭이나 회전, 평행 이동 등의 수학적 원리를 사용하여 좀더 다양한 반복을 시도하고 있다.

에셔(M.C.Escher, 1898~1972)

네덜란드의 판화가이자 기하학자인 에셔는 어린 시절에는 수학이나 과학에 관심이 없었다. 그는 목공과 목각을 체계적으로 공부하였고 평면의 균등적인 분할과 대칭성에 관한 그림을 그렸다.

그러던 어느 날 그는 스페인 여행을 하던 중 13세기 무어 왕조의 알함브라 궁전을 장식하고 있는 기하학적 무늬에 감명을 받아 이후 작품 성향이 크게 바뀌었다.

그는 평행 이동(밀기), 대칭 이동(뒤집기), 회전 이동(돌리기)의 변환을 더 잘 이해하기 위해 몇 년 동안 기하학을 공부했다. 그리하여 그는 공간에 빈틈이 생기지 않도록 같은 모양을 배열하여 어떤 표면을 덮는 테셀레이션을 창작했다.

그는 특히 2차원 평면 위에 3차원 공간을 표현하였는데 그가 1943년에 그린 작품 파충류에서는 도롱뇽처럼 생긴 동물들이 그림 속의 2차원의 세계와 현실의 3차원의 세계를 넘나드는 듯한 착시를 불러 일으킨다.

154 만델브로트의 프랙탈

- 전체와 부분이 똑같은 형태가 무한히 반복되는 구조로 대표적인 프랙탈 도형은 코흐 눈송이, 시어핀스키 삼각형, 만델브로의 집합 등이 있다.

베누아 만델브로트(1924~2010)

프랙탈 도형

오른쪽 그림과 같이 전체와 부분이 똑같은 형태가 무한히 반복되는 구조를 '프랙탈(fractal)'이라고 한다. 즉 프랙탈 도형이란 도형의 부분의 모양이 전체의 모양과 같거나 닮은 도형을 말한다.

프랙탈이라는 말은 라틴어인 '프랙터스(fraetus)'에서 따온 것으로 '부서진 상태'라는 뜻을 가지고 있다. 이와 같이 프랙탈의 구조는 어느 한 부분을 확대해서 보아도 그 구조가 바뀌지 않고 언제나 전체의 모양과 같은 모양을 유지한다. 또한 그 모양을 무한히 확대하여도 무한히 반복이 되는 특징이 있다.

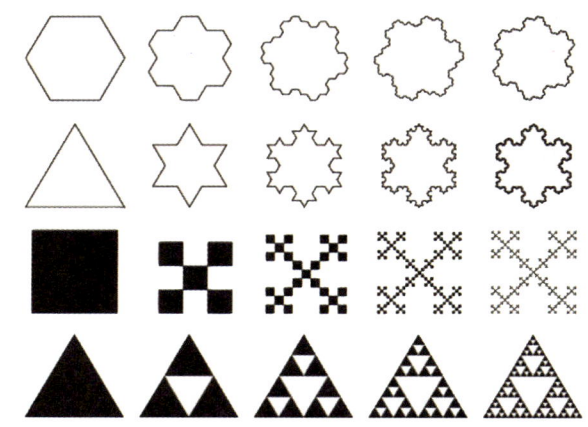

코흐 눈송이

가장 처음에 나온 프랙탈 도형 중의 하나는 1904년 폴란드의 수학자인 헬리에 본 코흐가 고안한 '코흐 눈송이'이다.
코흐 눈송이를 그리는 방법은 다음과 같다.

① 정삼각형을 한 개 그린다.
② 정삼각형의 각 변을 3등분해서 한 변의 길이가 이 3등분한 길이와 같은 정삼각형을 붙인다.
③ ②의 과정을 무한히 반복하면 점점 복잡한 코흐 눈송이가 만들어진다.

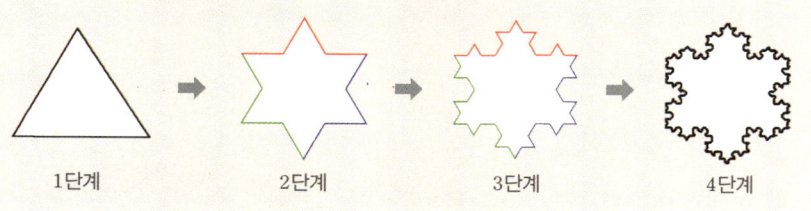

1단계 → 2단계 → 3단계 → 4단계

〈코흐 눈송이의 둘레의 길이〉

1단계: 한 변의 길이가 1인 정삼각형의 둘레의 길이는 3이다.

2단계: 한 변의 길이가 각각 $\frac{1}{3}$로 줄어들고, 개수는 4개로 늘어나므로 둘레의 길이는 $\frac{4}{3}$가 된다.

3단계: 한 변의 길이가 각각 $\frac{1}{9}$로 줄고, 개수는 16개가 되므로 둘레의 길이는 $\frac{16}{9}$이 된다.

4단계: 한 변의 길이가 각각 $\frac{1}{27}$로 줄고, 개수는 64개가 되므로 둘레의 길이는 $\frac{64}{27}$가 된다.

위의 코흐 눈송이에서 1단계의 정삼각형의 한 변의 길이가 1이라고 하고 각 단계의 도형의 둘레의 길이를 구하면 둘레의 길이가 점점 늘어나서 결국 무한히 늘어난다는 것을 알 수 있다. 즉 각 단계마다 둘레의 길이가 $\frac{4}{3}$배씩 늘어난다.

시어핀스키 삼각형

프랙탈 도형의 대표적인 예 중 또 다른 하나는 1971년 폴란드의 수학자인 와크로 시어핀스키가 고안한 시어핀스키 삼각형이다.
시어핀스키 삼각형을 그리는 방법은 다음과 같다.

① 정삼각형을 한 개 그린다.
② 정삼각형의 각 변의 가운데 점을 연결하여 합동인 삼각형 4개를 그린 다음 가운데 삼각형을 없앤다.
③ ②의 과정을 무한히 반복하면 점점 복잡한 시어핀스키 삼각형이 만들어진다.

시어핀스키 삼각형 안에는 무수히 많은 삼각형이 있지만, 코흐 눈송이와 마찬가지로 과정의 단계 수가 증가함에 따라 도형의 둘레의 길이의 합은 무한대로 늘어나고 삼각형의 넓이는 0에 가깝게 된다.

만델브로의 집합

프랙탈 기하학은 컴퓨터가 등장하면서 더욱 발달하게 되었다. 프랙탈이라는 용어를 처음으로 사용하고 프랙탈 이론을 확립한 사람은 폴란드의 수학자인 만델브로트이다. 그는 경제학, 정보과학, 물리학, 생리학, 컴퓨터 그래픽 등 다양한 분야에 프랙탈을 적용하였다.

만델브로트는 컴퓨터에 간단한 수식을 입력하여 다음과 같은 프랙탈 그림을 만들었는데, 마치 벌레처럼 보이는 이 그림은 '만델브로의 집합'이라고 불린다.

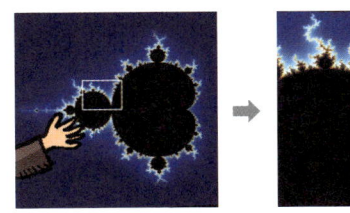  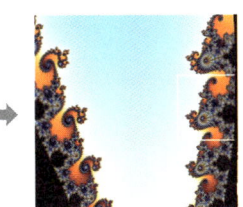

만델브로의 집합 역시 신기하게도 부분이 전체와 닮은 구조를 가지고 있다. 예를 들어 큰 몸통처럼 보이는 부분의 앞에 달린 머리 부분을 확대해 보면 그 앞의 뿔 모양처럼 보이는 부분이 다시 머리 부분과 똑같이 생겼고 이것이 무한히 반복되는 것이다.

이러한 프랙탈은 구조는 자연에서도 쉽게 찾아볼 수 있다. 해안선이나 식물의 잎과 가지, 뿌리가 뻗어 나가는 모양, 눈의 결정의 모양, 번개의 모양, 인간의 뇌 등 자연은 프랙탈 구조를 선택함으로써 보다 효율적으로 진화하게 된 것이다.

만델브로트

프랙탈이라는 용어의 창시자이자 프랙탈의 아버지라 불리우는 만델브로트는 1924년 폴란드의 바르샤바에서 태어났다.

세계대전으로 혼란스러운 시기에 태어난 그는 피난을 다니느라 제대로 된 학교 교육을 받지 못했지만 저명한 수학자였던 외삼촌 솔렘 만델브로트에게 가르침을 받았다.

전쟁이 끝난 후 그는 파리 대학에서 박사학위를 받고 미국 IBM 연구소에서 기하학에 대한 연구를 시작하였는데 수많은 연구 논문을 검토하던 중 부분과 전체가 닮은 패턴과 그 특징에 대해 정리를 해 나가기 시작했다. 그리고 1975년 프랙탈이라는 용어를 처음으로 만들어 발표했다.

만델브로트가 더욱 대단한 평가를 받는 이유는 그가 프랙탈을 여러 가지 학문에 적용하였기 때문이다.

프랙탈 구조는 해안선이나 식물 같은 자연뿐만 아니라 경제학이나 강의 수위 변화의 패턴 같은 통계 수학적 개념에서도 발견이 된다.

최근까지 생존해 있던 가장 유명한 수학자 중 한 사람이였던 만델브로트는 2010년 10월 14일 수많은 업적을 남기고 세상을 떠났다.

한눈에 들여다보기 수학사

> **오리엔트 수학**: 메소포타미아 문명과 이집트 문명에서 수학이 발달하여 진법, 원주율, 무리수 등을 사용하였다.

> **그리스 수학**: 수학이 학문적으로 체계를 갖추었던 시기. 그리스의 수학을 한 마디로 말하면 기하학 특히 유클리드 기하학이다.

고대 수학 (B.C 4000년경~5세기)

B.C 3500년 경 ~ B.C 1500년 경 ▶▶ **B.C 7세기** ▶▶ **B.C 6세기** ▶▶ **B.C 5세기** ▶▶

- **메소포타미아 문명**
  60진법 사용
  이집트
  황금비에 가까운 피라미드 건축
  10진법 사용
  이집트의 아메스
  최초의 수학책
  『린드 파피루스』기록에서
  단위분수, $\sqrt{2}$의 사용
  피타고라스의 정리 활용
  원주율의 값 사용

- **탈레스**
  닮음비를 사용하여 길이 계산

- **피타고라스**
  피타고라스의 정리 증명
  피타고라스학파
  파타고라스의 수 제시
  황금비 제시

- **제논**
  제논의 패러독스 제시
  히파수스
  무리수 발견

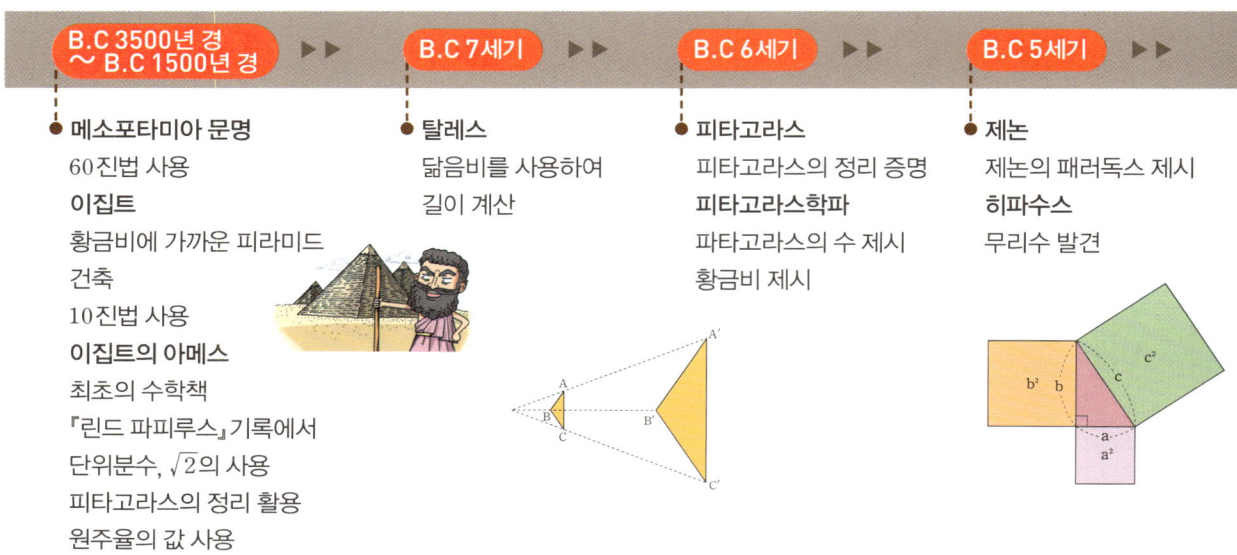

> 무한의 개념 도입. 토폴로지를 다루는 위상 기하학이 등장하였다.

> 수학의 각 분야가 통합되고 체계화된 시기. 유클리드의 기하학(만지는 기하)에서 벗어나 사영 기하학(보는 기하)이 발달하였다.

현대 수학 (19세기 후반~)   근대 수학 (17세기~19세기)

◀◀ **20세기**   ◀◀ **19세기**   ◀◀ **18세기**   ◀◀ **17세기**

- **뫼비우스**
  뫼비우스의 띠 발견
  클라인
  뫼비우스의 띠의 성질을 갖는 클라인병 발견
  만델브로트
  프랙탈 기하학의 등장

- **가우스**
  소행성의 궤도를 정확히 측정
  벤
  벤 다이어그램 고안
  칸토어
  집합의 개념 소개
  집합 사이의 대응으로 무리수를 정의

- **오일러**
  원주율을 π로 나타냄
  다면체의 정리 발표
  함수의 기호 사용

- **뉴턴**
  음의 정수나 분수를 지수로 처음 사용
  데카르트
  좌표평면 최초 도입
  파스칼
  파스칼의 삼각형 고안
  확률의 개념 창안
  메르센
  메르센의 소수 발견
  라이프니츠
  함수라는 용어 사용

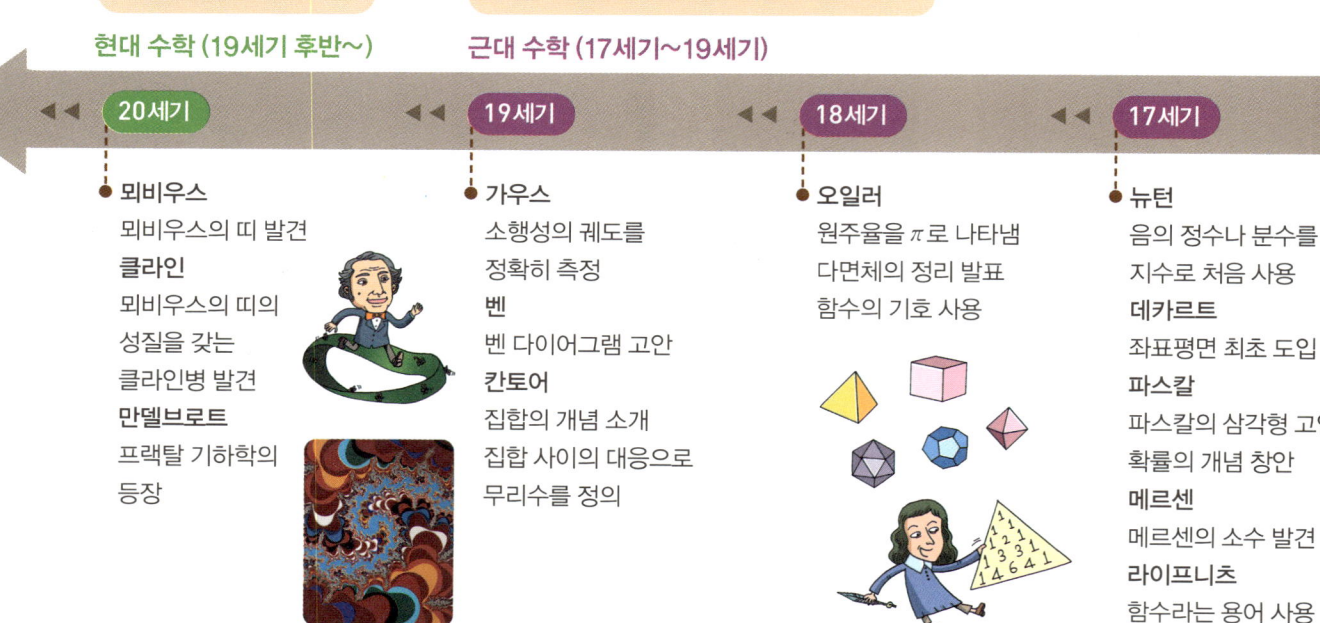

- **플라톤**
  정다면체에 4원소 대입
- **유클리드**
  기하학 『원론』 발표
  소수의 최초 발견

- **히파르코스**
  삼각비를 이용하여 지구와 달까지의 거리 측정

- **브라만굽타**
  숫자로써의 0 인정

- **인도**
  기호로써의 0 발견

 B.C 4세기 ▶▶ B.C 3세기 ▶▶ B.C 2세기 ▶▶ 3세기 ▶▶ 6세기 ▶▶ 7세기 ▶▶

- **에라토스테네스**
  에라토스테네스의 체 고안
  지구의 둘레 측정
- **아르키메데스**
  원주율을 소수 둘째 자리까지 정확히 계산
- **유클리드**
  각뿔의 부피 구하는 공식 증명
  소수가 무한함을 증명

- **디오판토스**
  방정식에 문자와 기호 최초 사용

> 수학뿐만 아니라 모든 학문의 암흑기. 그리스 수학을 멀리하고 자유롭고 유연한 사고로 수학을 연구하였다.

중세 수학 (6세기~16세기)

◀◀ 16세기 ◀◀ 15세기 ◀◀ 12세기 ◀◀ 9세기

- **슈티펠**
  오늘날과 같은 지수 사용
- **카르다노**
  음수의 개념 확립
  확률 이론 최초 연구
- **스테빈**
  최초의 소수 개념 도입
- **페르마**
  페르마의 마지막 정리

- **정사각형과 같은 넓이를 갖는 원의 작도**
  원과 같은 넓이를 갖는 정사각형의 작도

- **피보나치**
  피보나치 수열 최초 연구

- **알카리즈미**
  이차방정식의 풀이 방법 소개
- **보에티우스**
  자연수를 완전수, 부족수, 과잉수로 분류

교과 관련 찾아보기

1학년 1학기

단원명	관련 표제어
1. 9까지의 수	01. 수와 숫자 02. 기수와 서수 03. 숫자 0 07. 수의 크기 비교 08. 수의 단위
2. 여러 가지 모양	48. 평면도형, 입체도형
3. 덧셈과 뺄셈	19. 가르기와 모으기 20. 덧셈 22. 뺄셈
4. 비교하기	83. 측정 86. 길이 87. 들이 88. 무게 94. 넓이
5. 50까지의 수	02. 기수와 서수 04. 진법 07. 수의 크기 비교 12. 짝수와 홀수

1학년 2학기

단원명	관련 표제어
1. 100까지의 수	05. 자릿값
2. 여러 가지 모양	48. 평면도형, 입체도형 70. 각기둥 73. 원기둥
3. 덧셈과 뺄셈(1)	07. 수의 크기 비교 20. 덧셈 21. 덧셈의 방법 22. 뺄셈 23. 뺄셈의 방법 24. 덧셈과 뺄셈의 관계
4. 시계 보기	84. 시각과 시간
5. 덧셈과 뺄셈(2)	19. 가르기와 모으기 20. 덧셈 21. 덧셈의 방법 22. 뺄셈 23. 뺄셈의 방법
6. 규칙 찾기	116. 규칙 117. 곱셈표의 규칙 118. 무늬 만들기

2학년 1학기

단원명	관련 표제어
1. 세 자리 수	05. 자릿값 06. 뛰어 세기 07. 수의 크기 비교 08. 수의 단위
2. 여러 가지 도형	48. 평면도형, 입체도형 56. 삼각형 58. 사각형 60. 다각형과 정다각형 63. 원 116. 규칙 118. 무늬 만들기 119. 도형 덮기
3. 덧셈과 뺄셈	20. 덧셈 21. 덧셈의 방법 22. 뺄셈 23. 뺄셈의 방법
4. 길이 재기	83. 측정 86. 길이
5. 분류하기	103. 분류
6. 곱셈	06. 뛰어 세기 26. 곱셈 28. 곱셈의 방법

2학년 2학기

단원명	관련 표제어
1. 네 자리 수	05. 자릿값 06. 뛰어 세기 07. 수의 크기 비교 08. 수의 단위 09. 큰 수
2. 곱셈구구	25. 곱셈구구 26. 곱셈 28. 곱셈의 방법 117. 곱셈표의 규칙
3. 길이 재기	83. 측정 86. 길이
4. 시각과 시간	84. 시각과 시간
5. 표와 그래프	103. 분류 104. 표와 그래프
6. 규칙 찾기	80. 쌓기나무 116. 규칙 117. 곱셈표의 규칙 118. 무늬 만들기

3학년 1학기

단원명	관련 표제어
1. 덧셈과 뺄셈	20. 덧셈 21. 덧셈의 방법 22. 뺄셈 23. 뺄셈의 방법
2. 평면도형	48. 평면도형, 입체도형 49. 선분과 직선 50. 수직 53. 각 54. 예각, 둔각, 직각 56. 삼각형 58. 사각형
3. 나눗셈	26. 곱셈 27. 나눗셈 28. 곱셈의 방법 29. 나눗셈의 방법 30. 검산
4. 곱셈	26. 곱셈 28. 곱셈의 방법
5. 시간과 길이	84. 시각과 시간 86. 길이
6. 분수와 소수	13. 분수 14. 분수의 종류 15. 분수의 크기 비교 16. 소수 18. 소수의 종류 17. 소수의 크기 비교

3학년 2학기

단원명	관련 표제어
1. 곱셈	26. 곱셈 28. 곱셈의 방법
2. 나눗셈	27. 나눗셈 29. 나눗셈의 방법 30. 검산
3. 원	63. 원 144. 작도
4. 분수	13. 분수 14. 분수의 종류 15. 분수의 크기 비교 39. 분수의 덧셈 40. 분수의 뺄셈
5. 들이와 무게	87. 들이 88. 무게
6. 자료의 정리	103. 분류 104. 표와 그래프 107. 그림그래프 116. 규칙

4학년 1학기

단원명	관련 표제어
1. 큰 수	05. 자릿값 06. 뛰어 세기 07. 수의 크기 비교 08. 수의 단위
2. 곱셈과 나눗셈	26. 곱셈 27. 나눗셈 28. 곱셈의 방법 29. 나눗셈의 방법 30. 검산
3. 각도와 삼각형	53. 각 54. 예각, 둔각, 직각 56. 삼각형 58. 사각형 62. 내각과 외각
4. 분수의 덧셈과 뺄셈	13. 분수 14. 분수의 종류 37. 약분 38. 통분 39. 분수의 덧셈 40. 분수의 뺄셈
5. 혼합 계산	31. 교환법칙, 결합법칙 32. 자연수의 혼합 계산 47. 분수와 소수의 계산
6. 막대그래프	104. 표와 그래프 105. 막대그래프

4학년 2학기

단원명	관련 표제어
1. 소수의 덧셈과 뺄셈	16. 소수 17. 소수의 크기 비교 43. 소수의 덧셈 44. 소수의 뺄셈
2. 수직과 평행	50. 수직 51. 평행 52. 평행선 144. 작도
3. 다각형	56. 삼각형 58. 사각형 59. 사각형의 성질 60. 다각형과 정다각형 61. 대각선
4. 어림하기	100. 근삿값 101. 수의 범위 102. 올림, 버림, 반올림
5. 꺾은선그래프	104. 표와 그래프 106. 꺾은선그래프
6. 규칙과 대응	116. 규칙 120. 대응 121. 일대일 대응 122. 정비례 123. 반비례

5학년 1학기

단원명	관련 표제어
1. 약수와 배수	33. 배수 34. 약수 35. 공배수, 최소공배수 36. 공약수, 최대공약수
2. 직육면체	69. 직육면체, 정육면체 70. 각기둥 71. 각뿔 72. 각뿔대 77. 겨냥도와 전개도
3. 약분과 통분	37. 약분 38. 통분
4. 분수의 덧셈과 뺄셈	37. 약분 38. 통분 39. 분수의 덧셈 40. 분수의 뺄셈
5. 다각형의 넓이	70. 각기둥 93. 둘레 94. 넓이 95. 다각형의 넓이
6. 분수의 곱셈	37. 약분 38. 통분 41. 분수의 곱셈 42. 분수의 나눗셈

5학년 2학기

단원명	관련 표제어
1. 소수의 곱셈	16. 소수 45. 소수의 곱셈 46. 소수의 나눗셈
2. 합동과 대칭	64. 합동인 도형 65. 닮음인 도형 66. 합동인 삼각형 67. 선대칭도형 68. 점대칭도형
3. 분수의 나눗셈	13. 분수 41. 분수의 곱셈 42. 분수의 나눗셈
4. 소수의 나눗셈	16. 소수 45. 소수의 곱셈 46. 소수의 나눗셈
5. 여러 가지 단위	83. 측정 86. 길이 87. 들이 88. 무게 89. 부피 91. 부피와 들이 사이의 관계 92. 부피, 들이, 무게 사이의 관계
6. 자료의 표현	103. 분류 104. 표와 그래프 105. 막대그래프 106. 꺾은선그래프 107. 그림그래프 108. 줄기와 잎 그림 109. 비율그래프

6학년 1학기

단원명	관련 표제어
1. 각기둥과 각뿔	69. 직육면체, 정육면체 70. 각기둥 71. 각뿔 72. 각뿔대 77. 겨냥도와 전개도 78. 입체도형의 전개도
2. 분수의 나눗셈	46. 분수의 나눗셈
3. 소수의 나눗셈	45. 소수의 곱셈 46. 소수의 나눗셈 47. 분수와 소수의 계산
4. 비와 비율	122. 정비례 123. 반비례 124. 비와 비율 125. 백분율 127. 비례식
5. 원의 넓이	94. 넓이 96. 원주 97. 원의 넓이
6. 겉넓이와 부피	89. 부피 90. 입체도형의 부피 94. 넓이 98. 겉넓이 99. 여러 도형의 겉넓이

6학년 2학기

단원명	관련 표제어
1. 쌓기나무	80. 쌓기나무 81. 거울에 비친 모양 82. 성냥개비와 도형
2. 비례식과 비례배분	124. 비와 비율 127. 비례식 128. 연비 129. 비례배분
3. 원기둥, 원뿔, 구	73. 원기둥 74. 원뿔 75. 회전체 76. 회전체의 단면
4. 비율그래프	109. 비율그래프 125. 백분율
5. 정비례와 반비례	122. 정비례 123. 반비례
6. 여러 가지 문제	131. 예상하고 확인하여 풀기 132. 표 만들어 풀기 133. 그림 그려 풀기 134. 규칙 찾아 풀기 135. 간단히 하여 풀기 136. 거꾸로 생각하여 풀기 137. 식을 세워 풀기 138. 나뭇가지 모양의 그림으로 풀기

이름순 찾아보기

ㄱ

가르기	40
가분수	31, 32, 66, 68, 69
가우스	220, 241
각	85, 86, 87, 88, 90, 92, 94, 98, 223, 225, 226
각기둥	80, 111, 112, 113, 114, 120, 122, 236
각기둥의 전개도	122
각도	84, 85, 86, 87
각뿔	80, 112, 113, 115, 120, 122, 236, 240
각뿔대	113
각뿔의 꼭짓점	112, 113
거듭제곱	18, 24
거리	135, 138, 149, 162
거울에 비친 모양	128
겉넓이	116, 156, 157
겨냥도	120
결합법칙	55
경우의 수	178, 180, 182, 215
곡면	114, 115, 116, 123
곡선	80, 81, 85, 88, 92, 232
곱셈	20, 29, 46, 48, 50, 54, 55, 56, 60, 62, 63, 64, 68, 72, 75
곱셈구구	46, 49, 53, 54
곱셈표	47, 192
공배수	59, 62, 63
공약수	63, 64, 65
공통분모	33, 65, 66
교환법칙	55
구	116, 118, 227
규칙	21, 46, 58, 127, 190, 192, 193, 194, 195, 211, 230
그래프	168, 170, 171, 172, 173, 174, 186, 197, 198
그램(g)	134, 142, 146
그림그래프	172, 174, 175
근삿값	158, 161, 228
기수	16, 18
기수법	18
기약분수	64, 66, 67, 68
기준량	199, 200, 201
기하학	77, 223, 224, 226, 231, 232, 236, 237, 240
길이	80, 81, 134, 138, 140, 142, 144, 148, 150, 154
꺾은선그래프	171, 175
꼭짓점	80, 85, 86, 88, 92, 97, 98, 102, 104, 110, 111, 112, 113, 114, 115, 118, 120, 130, 152, 235, 236

ㄴ

나눗셈	20, 45, 47, 49, 52, 54, 55, 56, 59, 60, 62, 63, 64, 69, 73, 74
나머지	49, 52, 54, 60, 62, 73
나뭇가지 그림	180
내각	98, 103, 130
내항	202
높이	88, 92, 111, 112, 113, 114, 115, 123

ㄷ

다각형	96, 97, 98, 111, 112, 113, 114
다각형의 넓이	152
다각형의 둘레	148
단면	118
단위넓이	150
단위분수	31, 33
닮음인 도형	103, 105
대각선	97, 98
대분수	31, 32, 66, 67, 68, 69
대응	195, 196
대응각	102, 103, 106, 108
대응변	102, 103, 106, 108
대응점	102, 103, 106, 108
대응표	195, 196, 197, 198
대칭의 중심	108
대칭축	106
덧셈	20, 29, 41, 42, 45, 48, 50, 55, 56, 65, 66, 67, 70, 74, 137, 213, 220
데카르트	232
도량형	135
도형 덮기	194
도형 돌리기	124
도형 뒤집기	124
도형 밀기	124
동위각	87
둔각삼각형	89, 225
둘레	148, 154, 163, 228, 225, 238
들이의 비교	140
들이의 합과 차	141
등식	202, 206
등식의 성질	206
등호	197, 202, 206
띠그래프	174
뛰어 세기	21

ㄹ

리그전	181
리터(L)	135, 140, 146, 147

ㅁ

마름모	93, 94, 97, 106, 149, 153, 225, 226

마방진	38
막대그래프	170, 171, 174
만	24, 26
만델브로트	238, 239
맞꼭지각	87
면	80, 82, 83
모서리	85, 110, 111, 112, 113, 115, 120, 122, 140, 144, 145
모선	115, 123
모순	217
모으기	40
몫	20, 30, 47, 49, 52, 54, 62, 64, 73, 74, 190
뫼비우스의 띠	233
무게의 비교	142
무게의 합과 차	143
무늬 만들기	193
무리수	37, 55, 222, 224, 240
무한소수	37, 72
물결선	171
미지수	51, 206
미터(m)	135, 138
미터법	135
밀리리터(mL)	140, 146
밀리미터(mm)	138, 146
밑	25
밑면	82, 110, 111, 112, 113, 114, 115, 118, 121, 122

ㅂ

반구	116
반비례	198
반올림	73, 74, 158, 160
반원	116, 225
반지름	100, 104, 116, 224, 226, 228
반직선	81, 85
받아올림	41, 42, 50, 70, 71, 137, 139, 141, 143

방정식	206
방정식의 해	206
배수	58, 61, 62, 65, 194, 234
배열	221, 230
백분율	174, 183, 200, 201
버림	160
변	85, 86, 88, 90, 92, 94, 96, 97, 98, 102, 103, 144, 148, 150
보수	40
부등변삼각형	89
부등호	22
부피	134, 140, 142, 144, 145, 146, 147, 226, 227, 236
부피, 들이, 무게 사이의 관계	147
분류	166
분류 기준	167
분모	30, 31, 32, 34, 37, 64, 65, 66, 67, 68, 69, 74, 202
분수	25, 28, 30, 31, 32, 34, 61, 64, 65, 66, 67, 68, 69, 74, 199, 200, 201, 202, 240
분자	30, 31, 32, 34, 37, 64, 65, 66, 67, 68, 69, 74, 202
분침	136
비	199
비교하는 양	199
비례배분	205
비례식	202
비례식의 성질	202
비율	199
비율그래프	174
비의 값	199, 202
비의 성질	202
뺄셈	20, 29, 43, 44, 45, 54, 55, 56, 65, 67, 71, 75

##

10(십)의 보수	40

10(십)진법	18
12(십이)진법	19
사각기둥	111, 114, 122, 145, 157
사각기둥의 전개도	122
사각뿔	112, 113, 123
사각뿔대	113
사각뿔의 전개도	123
사각형	80, 92, 94, 96, 97, 102, 103, 106, 110, 111, 112, 113, 122, 148, 225
사각형의 내각의 크기의 합	98
사각형의 포함 관계	94
사각형의 성질	94
사다리꼴	93, 94, 97, 106, 113, 152
삼각기둥	111, 122
삼각기둥의 전개도	122
삼각뿔	112, 113, 120, 123
삼각뿔대	113
삼각뿔의 전개도	123
삼각형	80, 88, 90, 92, 95, 96, 97, 98, 102, 103, 104, 106, 108, 111, 112, 113, 118, 122, 129, 148, 152, 194, 222, 225, 230, 235, 236, 237, 238
삼각형의 내각의 크기의 합	98
삼각형의 포함 관계	89
삼각형의 성질	90
서수	16
선대칭도형	106, 108
선대칭의 위치에 있는 도형	106
선분	81, 82, 84, 88, 90, 92, 96, 97, 98, 100, 104, 106, 108, 110, 111, 112, 113, 114, 115, 121, 122, 138, 223, 226
성냥개비와 도형	129
세제곱미터(m^3)	144
세제곱센티미터(cm^3)	144
센티미터(cm)	138
소수	17, 28, 34, 36, 37, 67, 70, 71,

	72, 73, 74, 76, 228, 241
소수(素數)	61, 63, 234, 241
소수점	34, 36, 37, 70, 71, 72, 73, 76, 228
수	14, 16, 18, 20, 21, 22, 24, 26, 27, 28, 30, 34, 41, 43, 46, 48, 49, 58, 60, 178, 190, 220, 240
수선	82, 113
수 세기	14
수의 범위	159, 212
수의 크기 비교	22
수 읽기	20
수직	82, 83, 84, 88, 92, 97, 106, 110, 111, 112, 113, 114, 115, 118, 123, 152, 225
수직선	22, 27, 36, 159, 161
순환소수	37
숫자	14, 17, 18, 20, 21, 22, 26, 27, 28, 29, 35, 36, 37, 38, 42, 44, 51, 52, 59, 71, 72, 73, 76, 180, 190, 192, 196, 201, 202, 212, 215
시각	136, 137
시간	136, 137
시간의 덧셈	137
시간의 뺄셈	137
시어핀스키 삼각형	230
시침	136
식의 값	206
쌓기나무	126

ㅇ

0(영)	17, 27, 46, 50, 53, 60
2(이)진법	18
5(오)진법	18
60진법	19
둔각	86, 89, 225
아라비아 숫자	15
아르(a)	151
아르키메데스	227
약분	63, 64, 66, 67, 68
약수	19, 60, 62, 63, 234
양변	206
양의 정수(양수)	17, 27
어림수	158
억	24, 26
엇각	87
에라토스테네스	234
에셔	237
연비	204, 205
연비의 성질	204
옆면	111, 112, 113, 114, 115, 116, 121, 122, 154, 156, 157
옆면의 넓이	156, 157
예각	86, 89, 225
예각삼각형	89, 225
오각뿔	112, 113
오각형	96, 97, 98, 111, 112, 148, 235, 236
오일러 정리	235
오차	158
올림	160
외각	98
외항	202
우변	206
원	80, 95, 96, 100, 103, 104, 106, 108, 114, 115, 116, 118, 123, 155, 157, 223, 225, 226, 228, 232, 236
원그래프	174
원기둥	80, 115, 116, 118, 120, 123, 145, 154, 157, 227, 236
원기둥의 부피	145
원기둥의 전개도	123
원뿔	80, 115, 116, 118, 120, 123, 157, 236
원뿔의 꼭짓점	115
원뿔의 전개도	123
원의 넓이	155
원의 반지름	100
원의 중심	100, 108, 116
원의 지름	100
원주	145, 154, 155, 157, 223, 227, 228, 235, 241
원주율	154, 228, 240
유리수	28, 37, 55
유클리드	81, 224, 240
유클리드 정리	224
유한소수	37
육각형	96, 98, 111, 236
음의 정수(음수)	17, 27, 55, 158, 232, 241
이등변삼각형	89, 91, 223, 225
일대일 대응	196
입체도형	80, 111, 113, 114, 115, 116, 118, 120, 122, 126, 130, 140, 144, 145, 156, 224, 235, 236

ㅈ

자릿값	15, 17, 18, 20, 23, 26, 34, 173, 201
작도	226
작은 수의 단위	25
전개도	120, 122, 156
전항	202
점	80, 82, 85, 88, 92, 97
점대칭도형	108
점대칭의 위치에 있는 도형	108
정다각형	96, 101, 103, 105, 106, 131, 148, 229, 237
정다면체	130, 241
정비례	197
정사각형	93, 94, 96, 97, 102, 148, 150, 153, 155, 157, 222, 225, 226, 228, 232, 237, 241

정삼각형	89, 90, 96, 105, 106, 112, 130, 148, 225, 226, 230, 237, 238
정수	27, 28, 55, 59, 61, 224
정오각형	96, 131
정육각형	91, 96, 131
정육면체	110, 120, 126, 130, 140, 144, 145, 146, 156, 157, 226, 235
정육면체의 부피	145
제곱미터(m^2)	150
제곱센티미터(cm^2)	150
제곱킬로미터(km^2)	150
조	24
좌변	206
좌표평면	232
줄기와 잎 그림	173, 174
중심	100, 108, 116
증명	223, 235
지름	100, 116
지수	25
직각	82, 84, 86, 88, 93, 94, 116, 223
직각삼각형	89, 116, 153, 222
직각이등변삼각형	89
직선	80, 81, 82, 83, 84, 85, 86, 87, 106, 116, 224
직육면체	84, 110, 111, 114, 120, 122, 144, 145, 156, 157
직육면체의 부피	144, 145
진법	18, 240
진분수	31, 66, 67, 68, 69
집합	184
짝수	29, 58, 178, 184, 192, 206, 220, 235

ㅊ

참값	158

척관법	135
초침	136
최대공약수	63, 64
최소공배수	62, 65, 66, 204
측정	134

ㅋ

크기 비교	22, 32, 36
킬로그램(kg)	135, 142
킬로리터(kL)	140
킬로미터(km)	138

ㅌ

타원	117, 118, 232
탈레스	222, 223
테셀레이션	237
토너먼트	181
토폴로지	236
톤(t)	142
통분	65, 66, 67

ㅍ

파스칼	230
파스칼의 삼각형	230
패러독스	216, 240
퍼지이론	186
평균	176, 186
평면도형	80, 116, 223, 224
평행	83, 84, 92, 94, 110, 111, 113, 114, 120, 122, 225
평행사변형	93, 94, 97, 149, 152, 225
평행선	83, 84, 87
평행선 사이의 거리	84
표	167, 168, 170, 171, 172, 173, 174, 177, 187
프랙탈	238, 239

플라톤	130, 234, 241
피보나치 수열	221, 231, 241
피타고라스	222, 225, 241
피타고라스의 정리	222

ㅎ

할푼리	200, 201
합동	102, 104, 120, 122
합동인 삼각형 그리기	104
항	202
헥타르(ha)	151
혼합 계산	56, 74
홀수	29, 58, 220, 234
확률	182
황금비	76, 240
황금비율	76
회전체	116, 118
회전축	116, 118
후항	202